Die Verbotene Stadt
Aus dem Leben der letzten Kaiser von China

Vorlage: © Edition Paris-Musées/AFFAA, 1996
Die Originalausgabe des Katalogs wurde von der Association Paris-Musées
und der Association Française d'Action Artistique
im Rahmen der Ausstellung, die vom Petit Palais in Paris entworfen, erstellt
und vom 9. 11. 1996 bis 23. 2. 1997 gezeigt wurde, veröffentlicht.

Verbotene Stadt

 REISS-MUSEUM MANNHEIM

Die Verbotene Stadt

Aus dem Leben der letzten Kaiser von China

VERLAG PHILIPP VON ZABERN · MAINZ

Die Ausstellung wird veranstaltet vom
REISS-MUSEUM MANNHEIM
C 5 Zeughaus, 68030 Mannheim

Ausstellungsdauer Mannheim:
30. September 1997 bis 22. Februar 1998

Öffnungszeiten:
Dienstag, Donnerstag bis Samstag
10.00–17.00 Uhr
Mittwoch 10.00–21.00 Uhr
An Sonn- und Feiertagen 10.00–19.00 Uhr
Montag an Werktagen geschlossen

Umschlag vorne:
»Kaiser Qianlong bei der Truppeninspektion«
von Giuseppe Castiglione (1688–1766)
Vorlage reprotechnisch bearbeitet

Umschlag hinten:
Kat.-Nr. 29

Katalog-Handbuch
herausgegeben von Karin von Welck und
Alfried Wieczorek
XVI, 336 Seiten mit 180 Farb- und
148 Schwarzweißabbildungen

© für die deutsche Ausgabe
1997 Reiss-Museum Mannheim
und Verlag Philipp von Zabern, Mainz
Alle Rechte vorbehalten.
Ohne ausdrückliche Genehmigung ist es auch
nicht gestattet, dieses Buch oder Teile daraus
auf photomechanischem Wege (Photokopie,
Mikrokopie) zu vervielfältigen.
ISBN 3-8053-2358-1
ISBN 3-927774-12-X (Museumsausgabe)
Satz: Typo-Service Mainz
Druck: Kunze & Partner, Mainz
Papier: Papierfabrik Scheufelen
Gesamtherstellung:
Verlag Philipp von Zabern, Mainz
Printed in Germany/Imprimé en Allemagne
Printed on fade resistant and archival
quality paper (PH 7 neutral)

Abbildungsnachweis

Fotografien:
Fotografien der Objekte aus dem Katalog:
Liu Zhigang, Palastmuseum Peking.

Hong Kong, Sotheby's: 22
London, British Museum: 26, 89, 91–94, 102, 104, 105
London, Percival David Foundation of Chinese Art: 77, 78
London, Victoria and Albert Museum: 76
Paris, Antoine Gournay: 7, 21, 56, 58, 63, 64, 71, 72
Paris, Christophe Walter, © Paris-Musées: 16, 17
Paris, collection Roger Viollet: 28
Paris, musée national des Arts asiatiques – Guimet: 81
Paris, R.M.N.: 70, 82
Peking, Palastmuseum: 2, 5, 6, 10–14, 20, 45, 90, 97, 99, 100, 108

Reproduktionen:
Christophe Walter, © Paris-Musées
Nach J.-J. Matignon, 1903: 34
Nach Wang Bomin: 102
In »À la Une« n° 16, cliché R. Lalance, Paris, 1979, Éditions Atlas: 29
In Gugong bowuyuan (musée du Gugong éd.), Qingdai gongting huihua (englischer Titel: Court Paintings of the Qing Dynasty of the Collection in the Palace Museum), Peking, 1992, Wenwu chubanshe: 38, 41, 44, 46, 75, 80, 86, 96, 98
In Healand, I. T., Court Life in China, New York, Fleming R. Revell, 1909: 40, 47
In Kaogu xuebao n° 3, 1985, Sichuan sheng wenwu guanli weiyuanhui: 103
In Maybon, A., La vie secrète de la cour de Chine, Paris, Jiven, 1909: 35, 43
In Ogawa, K., Photographs of Palace Buildings of Peking compiled by the Imperial Museum of Tokyo, 1906, Tokyo: 1, 15, 24, 30, 51, 55, 62, 65–68, 70, 84, 85, 88, 101, 107
In Sirén, The Walls and Gates of Peking, London, 1924, J. Lane The Bodley End: 27, 52, 54, 73
In Tenri Daigaku (Hrsg.), Tenri Daigaku fuzoku tenri sankokan zôhin – pekin no kamban, Tenri, Tenriko doyusha: 106
In Wan Yi, Wang Shuqing, Lu Yanzhen (Hrsg.), Qingdai gongting shenghuo, 1985, Hong Kong, The Commercial Press: 8, 32, 37, 39, 59, 69
In Wan-go Weng et Yang Boda, The Palace Museum: Peking
Treasures of the Forbidden City, 1982, New York, Harry N. Abrams: 3, 4, 33, 42, 49
In Yu Zhuoyun (Hrsg.), Zijincheng gongdian, 1982, Hong Kong, The Commercial Press: 9
Museum von Shenyang, in Tie Yuqin: 25
Palastmuseum (Hrsg.), in Interior Design, 1995, Zijincheng chubanshe: 74, 83
Palastmuseum, in cat. expo. Lisbonne: 87
Palastmuseum, in Pang Mae Anna (Hrsg.), Dragon Emperor, Treasures from the Forbidden City, Melbourne, National Gallery of Victoria, 1988: 36
Palastmuseum, in Zijincheng/la Cité interdite: 50, 95

Das Reiss-Museum dankt folgenden
Freunden des Hauses für die großzügige
Unterstützung des Ausstellungsprojekts:

Herrn Heinrich Vetter
Mannheimer Morgen
Verkehrsverein Mannheim
Gemeinnützige Förderungsgesellschaft mbH
für das Reiss-Museum
Lufthansa City Center Mannheim
engelhorn & sturm
Rhein-Neckar-Fernsehen
Papierfabrik Hahnemühle

Inhalt

Grußwort VII
Geleitwort IX
Vorwort zur Ausstellung in Mannheim X
Zeittafeln XV

Essays

Hu Jianzhong
Die Verbotene Stadt – Zentrum der
politischen Macht in der chinesischen
Feudalgesellschaft 3

Pierre-Etienne Will
Das »Innen« und das »Außen« 19

Gilles Béguin
Synoptische Zeittafel der Qing-Dynastie 36

Marianne Bastid-Brugière
Der Palast unter den Qing 41

Antoine Gournay
Die Architektur der Verbotenen Stadt 67

Michèle Pirazzoli-t'Serstevens
Die Mandschu-Kaiser und die Kunst 91

Pierre-Henri Durand
Die Kaiser und die Literatur 103

Oliver Moore
Die militärischen Traditionen der Qing 107

Dieter Kuhn
Kleidung zur Zeit der Qing-Dynastie 117

Dominique Morel
Die Entdeckung der Verbotenen
Stadt: Eine kritische Übersicht über die
europäische Literatur 127

Katalog

Oliver Moore
Waffen und Rüstungen 136

Ju-hsi Chou
Kaiserliche Porträts 154

Lucie Rault-Leyrat
Musik und Universum 176

Natascha Stupar
Der Buddhismus in der
Verbotenen Stadt 184

Elke Piontek-Ma
Offizielle und inoffizielle
Kleidung am Kaiserlichen Hof der
Qing-Dynastie 204

Claudia Brown
Die Kaiserliche Gemäldesammlung
der Qing 262

Michèle Pirazzoli-t'Serstevens
Giuseppe Castiglione mit
chinesischem Namen »Lang Shining«
(1688–1766) 274

Gilles Béguin
Porzellane 300

Peter Hardie
Chinesisches Glas 311

Antoine Gournay
Die *Penjing* 316

Catherine Jami
Europäische Wissenschaft und
Technik am Hofe der Kaiser von China 320

Anhang

Bibliographie 328
Neue Literatur 333

Die Ausstellung steht unter der Schirmherrschaft von

Dr. Klaus Kinkel
Bundesminister des Auswärtigen
der Bundesrepublik Deutschland

Liu Zhongde
Minister für Kultur
der Volksrepublik China

Grußwort

Am 28. September 1997 wird im Mannheimer Reiss-Museum die Ausstellung »Die Verbotene Stadt – Aus dem Leben der letzten Kaiser von China« eröffnet. Ich freue mich sehr, daß es gelungen ist, in Zusammenarbeit zwischen dem Palastmuseum Peking und dem Reiss-Museum Mannheim die einzigartigen Exponate aus dem ehemaligen Kaiserpalast in China nach Deutschland zu bringen.
Chinas kulturelles Erbe hat die Menschen im entfernten Europa schon immer fasziniert. Bislang war es jedoch nur wenigen Menschen in Deutschland vergönnt, Einblick in die Kunst aus dem »Reich der Mitte« zu nehmen.
Zu den eindrucksvollsten Zeugnissen der chinesischen Geschichte zählt zweifellos das ehemalige Zentrum des chinesischen Kaiserreiches, der Palast der Kaiser, die sogenannte »Verbotene Stadt«. Längst ist der Kaiserpalast keine »verbotene Stadt« mehr. Jährlich besuchen 6,5 Millionen Menschen die riesigen Anlagen des Kaiserpalastes.
Mit dieser Ausstellung in Mannheim werden auch viele Kunstinteressierte in Deutschland Gelegenheit erhalten, die chinesischen Kunstschätze mit eigenen Augen zu sehen, ohne die lange Reise nach China unternehmen zu müssen.
Ich hoffe, daß diese Ausstellung dazu beitragen wird, die guten Beziehungen zwischen der Bundesrepublik Deutschland und der Volksrepublik China noch enger zu gestalten und die Freundschaft der beiden Länder zu festigen.
In diesem Sinne danke ich den Veranstaltern für ihren großen Einsatz und wünsche dieser Ausstellung, daß möglichst viele Menschen aus nah und fern sie sehen mögen.

Bonn, im September 1997

Klaus Kinkel
Bundesminister des Auswärtigen

清
朝

Qing-Dynastie

Geleitwort

Die Verbotene Stadt in Peking diente während der Herrschaft der Ming- und Qing-Dynastien als kaiserlicher Palast. Heute ist aus der Verbotenen Stadt das Palastmuseum geworden, das mit seinen gewaltigen Gebäuden nicht nur Millionen von Besuchern aus China und der ganzen Welt anzieht, sondern auch für seine zahlreichen und vielfältigen Kunstschätze berühmt ist, die in dem Museum bewahrt werden.
Auf Einladung des Reiss-Museums präsentiert das Palastmuseum Peking die Ausstellung »Die Verbotene Stadt – Aus dem Leben der letzten Kaiser von China« in Mannheim. In dieser Ausstellung werden viele kostbare Objekte der Qing-Dynastie gezeigt, die aus den umfangreichen Sammlungen des Palastmuseums ausgewählt wurden. Die Inszenierung eines Thronsaals, wertvolle Paravents, Musikinstrumente und vieles mehr repräsentieren die Würde der Qing-Kaiser. Andere Objekte, wie Porzellangefäße, Schmuck, Buddha-Figuren und Jagdwaffen, dokumentieren das Alltagsleben, die religiösen Vorstellungen und die Jagdgebräuche am kaiserlichen Hof.

Mit Kalligraphien und Rollbildern wird das kulturelle Leben der Kaiser dargestellt. So erhalten die Besucherinnen und Besucher der Ausstellung einen umfassenden Eindruck von dem Leben, das die Kaiser und Kaiserinnen der Qing-Dynastie führten.
Ich bin davon überzeugt, daß die Ausstellung den deutschen Besucherinnen und Besuchern helfen kann, die chinesische Kultur mit all ihren Traditionen besser kennenzulernen. So wird die Präsentation auch zur Völkerverständigung und der Freundschaft zwischen China und Deutschland beitragen.
Ich wünsche der Ausstellung von ganzem Herzen großen Erfolg.

Peking, 12. September 1997

Pei Huanlu
Stellvertretender Direktor des Palastmuseums

Vorwort zur Ausstellung in Mannheim

Die Verbotene Stadt, das heißt das von hohen roten Mauern umgebene Herrschaftszentrum der chinesischen Kaiser, war bis zum Beginn des 20. Jahrhunderts nur wenigen Auserwählten zugänglich. Heute ist der ausgedehnte Palastbezirk eines der faszinierendsten Museen der Welt und wird jährlich von mehr als 6,5 Millionen Menschen besucht.

Die Ausstellung »Die Verbotene Stadt – Aus dem Leben der letzten Kaiser von China«, die das Reiss-Museum Mannheim in Zusammenarbeit mit dem Palastmuseum in Peking veranstaltet, vermittelt einen Eindruck von den Kostbarkeiten, die in schier unendlichen Sälen und unerschöpflichen Magazinen der Verbotenen Stadt aufbewahrt werden. Mit Hilfe der Objekte wird die Lebenswelt der Kaiser der Qing-Dynastie dokumentiert, die mit Kaiser Kangxi, dem Zeitgenossen König Ludwigs XIV. von Frankreich, eine erste Blütezeit erlebte und mit dem unglücklichen Kaiser Puyi im Jahre 1911 zu Ende ging.

Mit Kaiser Kangxi und seinem Enkel, Kaiser Qianlong, brachte die Qing-Dynastie Persönlichkeiten hervor, die nicht nur über ein fast unvorstellbar großes Reich herrschten, sondern hervorragende Kunstkenner und -sammler waren sowie große Förderer der Wissenschaften. Kaiser Qianlong, dessen überlebensgroßes Porträt einen der Glanzpunkte der Ausstellung darstellt, starb 1799, im Todesjahr des Kurfürsten Carl Theodor von der Pfalz. Hätten sie die Möglichkeit gehabt, sich persönlich zu begegnen, wären sich Kaiser Qianlong und Kurfürst Carl Theodor vermutlich sehr sympathisch gewesen, da sie die gleichen Interessen hatten. Beide liebten Musik, Geselligkeit und das gute Gespräch, förderten ihre Porzellanmanufakturen durch fürstliche Aufträge, verbrachten die Sommermonate in ihren schön gelegenen Lustschlössern, waren aber auch sehr engagierte Herrscher, die es sich zum Beispiel angelegen sein ließen, die Handwerker ihrer Länder durch Gestaltungsvorschriften und Musterkollektionen weiterzubilden. So ordnete Qianlong im Jahr 1794 in einem Edikt an, daß Gebrauchsgegenstände wirklich gebrauchsfähig sein müßten, also keine unnützen Zierobjekte sein dürften, und Kurfürst Carl Theodor versuchte mit einer Sammlung von Gefäßen und Behältern aus aller Welt, dem Handel und dem Gewerbe der Kurpfalz Kenntnisse über neue Rohstoffe, Verarbeitungstechniken und Gestaltungsformen zu vermitteln. Für den Besucher des Palastmuseums und der Ausstellung »Die Verbotene Stadt – Aus dem Leben der letzten Kaiser von China« ist es faszinierend zu erfahren, daß es im 18. Jahrhundert in China eine »Europamode« gab, die der zeitgleichen Chinamode in Europa durchaus vergleichbar ist. So wie die modebewußten Mächtigen Europas in dieser Zeit ihre Salons mit Tapeten in chinesischen Mustern schmückten, für Intarsienschränke mit Chinamotiven hohe Preise bezahlten und kostbares chinesisches Porzellan sammelten, liebten die chinesischen Kaiser Kunsthandwerk aus Europa, beschäftigten europäische Künstler an ihrem Hof und waren bereit, für Handelsimporte aus dem Westen viel zu investieren.

Nicht von ungefähr wählten wir in Mannheim für unsere Ausstellung das Reiterporträt Kaiser Qianlongs zum Plakatmotiv: Das eindrucksvolle Porträt des Kaisers entstand aus Anlaß der großen Truppeninspektion des Jahres 1758 in Nanyuan und wurde durch den Italiener Giuseppe Castiglione (1688–1766) geschaffen. Castiglione war Jesuit und gelangte 1715 nach China. Dort begann er sogleich am Hof von Kaiser Kangxi als Maler zu arbeiten. Als 1736 der Enkel von Kangxi, Kaiser Qianlong, den chinesischen Thron bestieg, galt Castiglione bereits als der beste der am Hof arbeitenden europäischen Künstler. Es nimmt nicht wunder, daß Castiglione zum bevorzugten Porträtisten Kaiser Qianlongs wurde, denn im Gegensatz zu den konventionellen, entpersonalisierten Staatsporträts seiner chinesischen Malerkollegen schuf er sehr individuelle Bildnisse des Kaisers, die trotzdem stets die hohe Stellung des Monarchen würdig unterstrichen. Vermutlich hätte es Kaiser Qianlong amüsiert zu erfahren, daß heute zu den Kostbarkeiten des Reiss-Museums ein kleiner chinesischer Pavillon aus Frankenthaler Porzellan zählt, der um 1755/56 geschaffen wurde und ein ebenso zauberhaftes wie beredtes Zeugnis der Chinamode darstellt, von der auch Kurfürst Carl Theodor von der Pfalz beeindruckt war. Der chinesische Pavillon aus Porzellan war Bestandteil der Kunstsammlungen der Markgrafen von Baden und konnte im Zusammenhang mit der Jahrhundertauktion dieser Sammlungen 1995 mit Hilfe einer Spende der Firma Südzucker für das gemeinschaftliche Eigentum der Staatlichen Schlösserverwaltung Baden-Württemberg und des Reiss-Museums Mannheim erworben werden.

Für unser Museum ist es eine große Ehre und Freude, die erlesenen Schätze aus dem Palastmuseum auf Zeit beherbergen zu dürfen. Ohne die Großzügigkeit unserer chinesischen Partner könnte die Ausstellung »Die Verbotene Stadt – Aus dem Leben der letzten Kaiser von China« jedoch nicht in Mannheim stattfinden. Daher sei an dieser Stelle ganz besonders herzlich den Mitarbeitern des Palastmuseums in Peking gedankt, die unser Anliegen in jeder Phase der Vorbereitung rückhaltlos unterstützten und förderten. Neben den Kolleginnen und Kollegen der Ausstellungsabteilung haben wir insbesondere dem Vizedirektor des Palastmuseums, Pei Huanlu, für die Zustimmung zur Ausleihe der Objekte nach Deutschland zu danken. Unserer Kollegin Xia Jinping kann für die Koordinierung unseres Vorhabens im Palastmuseum nicht genug gedankt werden, ebenso wie Chen Ping vom Kulturministerium, der ein wichtiger Vermittler unserer Anliegen in China war. Auch der Botschaft der Volksrepublik China in Bonn mit S. E. Botschafter Lu Qiutian und dem Kulturattaché, Professor Li Shilong, haben wir großen Dank zu sagen für die vielfältige Hilfe bei der Vorbereitung der Ausstellung. Mit dieser Präsentation setzen wir die Tradition der großen kulturhistorischen Ausstellungen des Reiss-Museums fort, die 1989 mit der Kuban-Ausstellung begann und seitdem Hunderttausende von Besuchern in die Quadratestadt zog. Daß es uns auch in Zeiten knappster Kassen möglich ist, diese Ausstellung in Mannheim zu präsentieren, verdanken wir dem Engagement der Bürgermeister unserer Stadt, das heißt Herrn Oberbürgermeister Gerhard Widder sowie dem Kämmerer und Ersten Bürgermeister Dr. Norbert Egger, die sich seit Jahren nicht nur für den Erhalt der Kulturinstitutionen in unserer Stadt einsetzen, sondern auch für die Förderung der Beziehung zwischen China und Mannheim. Der Kulturbürgermeister der Stadt Mannheim, Lothar Mark, hat auch dieses Projekt des Reiss-Museums von Anbeginn befürwortet. Ihm gilt, ebenso wie dem Kämmereidirektor Peter Schill, unser besonderer Dank für die nachdrückliche Unterstützung unseres Vorhabens. Dank gebührt erneut der Gemeinnützigen Förderungsgesellschaft mbH für das Reiss-Museum, mit Dr. Christoph Kirsch und Altstadtrat Willi Menz, die auch für diese Ausstellung eine Ausfallbürgschaft übernommen hat, und dem Fördererkreis für das Reiss-Museum e. V., unter dem Vorsitz von Dr. Klaus Cantzler, der durch vielfältige Aktionen unser Vorhaben unterstützte.

Ein herzliches Dankeschön geht in diesem Zusammenhang an das Ehrenmitglied unseres Fördererkreises und großen Freund unseres Museums, Herrn Heinrich Vetter, der auch bei diesem Projekt überall dort mit Rat und Tat zur Stelle war, wo Hilfe gebraucht wurde – und das war häufig genug der Fall.

Ganz besonderer Dank gebührt zudem den Kolleginnen und Kollegen des Petit Palais in Paris, mit seiner Direktorin Thérèse Burollet, die die Objekte der Ausstellung im Winter 1996/97 präsentierten und uns unterstützten, als es darum ging, unsere Leihanfrage in Peking zu stellen. Der Verwaltung der Paris Musées unter der Leitung von Aimée Fontaine ist für die Zustimmung zu danken, daß wir für unsere Ausstellung den französischen Katalog ins Deutsche übertragen konnten. In diesem Zusammenhang sei darauf hingewiesen, daß wir die Umschriften der chinesischen Termini aus dem französischen Katalog übernommen haben (vgl. auch die Vorbemerkungen S. XIV).

Wie immer bei Projekten vergleichbarer Größenordnung waren hier im Reiss-Museum nahezu alle Mitarbeiterinnen und Mitarbeiter beteiligt. Ihnen allen gilt mein Dank, daß sie sich auch dieses Mal wieder mit viel Begeisterungsfähigkeit für unsere gemeinsame Sache eingesetzt haben. Ganz besonderen Dank verdient Dr. Alfried Wieczorek, der nicht nur ein geschickter Partner bei unseren Verhandlungen in China war, sondern der das schwierige Projekt hier in Mannheim tatkräftig und ideenreich mit Sachverstand und Engagement vorbereitete, sowie Dr. Henning Bischof und Hans-Peter Niers, die die Verpackungsaktionen in Peking begleiteten und zusammen mit Heini Geil, Bernd Hoffmann, Anja Hartmann und unserem Handwerkerteam den Aufbau der Ausstellung in Mannheim durchführten. Große Verdienste um das Projekt erwarb sich zudem Luisa Reiblich, der es in Zusammenarbeit mit dem Verlag Philipp von Zabern, das heißt insbesondere mit dem Verleger Franz Rutzen, Ludwig Kirsch und Dr. Klaus Rob, zu verdanken ist, daß der Katalog pünktlich zur Ausstellungseröffnung in Mannheim vorliegt. Da es uns in der Geschichte des Reiss-Museums zum ersten Mal gelungen ist, auch ein großes Mannheimer Unternehmen für begleitende Veranstaltungen zu einer Ausstellung des Reiss-Museum zu gewinnen, möchte ich Richard Engelhorn, von Engelhorn & Sturm, sehr herzlich danken, daß er sich auf dieses Wagnis eingelassen hat. Markus Mahren war dabei für uns stets ein kreativer Gesprächspartner und tatkräftiger Helfer. Auch dafür großen Dank.

Wir laden die Besucherinnen und Besucher der Ausstellung »Die Verbotene Stadt – Aus dem Leben der letzten Kaiser von China« dazu ein, auch an den Veranstaltungen unseres Rahmenprogramms teilzunehmen, in dem neueröffneten Museums-Shop eine Erinnerung an den Ausstellungsbesuch mitzunehmen, und wir freuen uns natürlich besonders über Gäste, die sich neben der Ausstellung über die Verbotene Stadt auch in den anderen Ausstellungsräumen des Reiss-Museums umschauen, das mit seinen Kunst-, Stadt- und Theatergeschichtlichen Sammlungen im historischen Zeughaus und den Archäologischen, Naturkundlichen und Völkerkundlichen Ausstellungen im Gebäude der Sonderausstellung so viel zu bieten hat, daß sich der Besuch immer wieder lohnt.

Karin von Welck
Ltd. Direktorin
des Reiss-Museums Mannheim

Katalog-Handbuch

Herausgeber:
Karin von Welck und Alfried Wieczorek,
Reiss-Museum Mannheim

Redaktion:
Luisa Reiblich
unter Mitarbeit von Karin von Welck,
Gudrun-Christine Schimpf,
Christmut Präger, Henning Bischof,
Elke Leinenweber, Alfried Wieczorek

Autoren:

Pierre Baptist
Konservator am Musée national des Arts asiatiques – Guimet

Marianne Bastid-Brugière
Directeur de recherche am CNRS

Gilles Béguin
Chefkonservator am Musée Cernuschi

Klaus Brandt
Konservator in der Abteilung Fernöstliche Kunst des Linden-Museums Stuttgart

Claudia Brown
Konservatorin in der Abteilung Asiatische Kunst des Phoenix Art Museum

Ju-Hsi Chou
Professor an der Kunstwissenschaftlichen Fakultät der Universität von Hong Kong

Pierre-Henri Durand
Wissenschaftlicher Mitarbeiter am CNRS

Antoine Gournay
Konservator am Musée Cernuschi

Nicole Halsberghe

Peter Hardie
Konservator der Abteilung Asiatische Kunst und Kulturen im Bristol City

Catherine Jami

Dieter Kuhn
Professor am Sinologischen Institut der Universität Würzburg

Elke Piontek-Ma
Universität Würzburg

Martina Köppel-Yang

Oliver Moore
Konservator in der Abteilung Asiatische Altertümer des British Museum

Dominique Morel
Konservator am Musée du Petit Palais

Michèle Pirazzoli-t'Serstevens
Professorin an der Ecole Pratique des Hautes Etudes (IVe section)

Lucie Rault-Leyrat
Wissenschaftliche Mitarbeiterin der Abteilung Ethnomusik und Musikinstrumentesammlung des Musée de l'homme

Natascha Stupar

James Watt
Brook Russell Astor Senior Curator der Abteilung Asiatische Kunst des Metropolitan Museum of Art, New York

Peter Wiedehage
Direktor des Museums für Kunst und Gewerbe Hamburg

Pierre-Etienne Will
Professor am Collège de France

Der Katalog wurde nach den vom Palastmuseum Peking gegebenen Informationen erstellt.

Wissenschaftliche Mitarbeiter des Palastmuseums Peking:

Hu Desheng, Hu Jianzhong, Pan Chenliang,
Xia Gengqi, Zhang Guangwen,
Zhang Shoushan, Zhang Shuxian,
Zhao Yuliang

Feng Hejun, Guan Xueling, Guo Fuxiang,
Kong Chen, Li Yanxia, Liang Jinsheng,
Liu Baojian, Liu Jing, Lü Chenglong,
Qian Jiuru, Yang Huilan, Yuan Jie, Yun Limei,
Zhang Rong

Cao Lianming, Fang Hongjun, Li Mijia,
Li Zhonglu, Lou Wei, Mao Xianmin,
Ni Rurong, Wang Hui, Wen Jinxiang,
Yang Danxia, Yang Jie, Zhao Hong,
Zhao Yang, Zhou Jingnan

Übersetzungen aus dem Französischen:
Ingrid Schubert-Nix

Lektorat:
Klaus Rob
Verlag Philipp von Zabern

Ausstellungsorganisation

Leitung:
Karin von Welck und Alfried Wieczorek

Ausstellungstexte:
Karin von Welck, Luisa Reiblich,
Christmut Präger, Henning Bischof und
Alfried Wieczorek

Ausstellungsgestaltung:
Karin von Welck und Alfried Wieczorek
unter Mitarbeit von Markus Mahren und
Henning Bischof

Team des Palastmuseums Peking:
Pei Huanlu, Shan Guoqiang, Xia Jinping,
Shao Chang Bo, Wang Baoguang, Song
Yongji, Yan Hongbin, Wan Yun, Yu Zivong,
Yuan Hongqi, Ren Wanping, Sun Qinhang
sowie Chen Ping und Li Kexin

Restauratorisch-konservatorische
Betreuung:
Hans Peter Niers (Leitung), Anja Hartmann,
Heini Geil und Bernd Hoffmann
unter Mitarbeit von Barbara Goldmann
und Martina Klukas

Kulissenaufbau:
Helmut und Hans-Jürgen Katz, Ulrich Debus
unter Mitarbeit von Giuseppe Presentato,
Karl-Heinz Kamin und Orazio Petrosino

Photoarbeiten:
Jean Christen

Ausstellungsgraphik:
Atelier Kai Krippner
Chinesische Kalligraphie: Feiyu Xu

Graphische Gestaltung der Karten
Seiten 23–25:
M. Gilles Huot/HDL Design, Paris

Öffentlichkeitsarbeit und Marketing:
Luisa Reiblich unter Mitarbeit von
Barbara Hirsch und Claudia Braun

Museumspädagogische
Begleitveranstaltungen:
Patricia Pfaff

Veranstaltungsorganisation
Begleitprogramm:
Waltraud Schlepps unter Mitarbeit von
Gabriele von Schemm und Hannelore Gold

Transporte:
Hasenkamp Internationale Transporte, Köln

Versicherung:
Gaederts und Schneider

Vorbemerkungen

Die chinesischen Begriffe und Namen sind im Text in Pinyin-Umschrift wiedergegeben. Der in lateinischen Buchstaben gesetzte Wortlaut in Sanskrit ist nicht transkribiert; der tibetische ist nach dem System Wylie in lateinischen Buchstaben gesetzt.

Die asiatischen Begriffe sind nicht einheitlich.
Die Maße (Höhe, Tiefe oder Durchmesser) entsprechen dem metrischen System.

Zeittafeln

Kaiser der Qing-Dynastie

Die Mandschu-Kaiser sind im Westen im allgemeinen unter dem Namen ihrer Epoche (Regierungsdevise *nianhao*) bekannter als unter ihren Vornamen (*mingzi*), ihren Tempelnamen (*miaohao*) oder ihren posthumen Namen (*shihao*); zum Beispiel: Qianlong (Regierungsdevise), Hongli (Vorname), Goazong (Tempelname), Chunhuangdi (posthumer Name).
Die Kaiser besaßen zu ihren chinesischen Namen Pendants in Mandschurisch. Aufgrund der Abweichungen zwischen chinesischem Mondkalender und gregorianischem Kalender und der auf verschiedene Art und Weise berechneten Regierungsjahre werden in diesem Katalog die folgenden herkömmlichen Zeitangaben für jeden Herrscher verwendet:

Mandschu-Name	Regierungsdevise	Zeitraum	Vorname
Ijishûn dasan	Shunzi	1644–1661	Fulin
Elhe taifin	Kangxi	1662–1722	Xuange
Hûwaliyasun tob	Yongzheng	1723–1735	Yinzhen
Abkai wehiyehe	Qianlong	1736–1796	Hongli
Saicungga fekshen	Jiaqing	1796–1820	Xiongyan
Doro eldengge	Daoguang	1821–1850	Minning
Gûbci elgiyengge	Xianfeng	1851–1861	Yizhu
Yooningga dasan	Tongzhi	1862–1874	Zaichua
Badarangga doro	Guangxu	1875–1908	Zaitian
Gehungge yoso	Xuantong	1909–1911	Puyi

China und die Welt 1644–1911

Zusammenstellung: Alfried Wieczorek

China	Europa	Afrika	Neue Welt
1644 Die Mandschu begründen eine neue Dynastie	1648 Ende des Dreißigjährigen Krieges	1652 Kapkolonie durch die Holländer gegründet	1645 Tasman umsegelt Australien und entdeckt Neuseeland
1689 Vertrag von Nerchinsk regelt den Grenzverlauf und den Handel mit Rußland. 1. Staatsvertrag mit Europäern	1689 Große Allianz gegen Ludwig XIV. von Frankreich wegen seines Eroberungskrieges in der Pfalz	1662 Zerstörung des Kongoreiches der Bantu durch die Portugiesen	1684 Louisiana (Nordamerika) durch La Salle für Frankreich beansprucht
1697 China besetzt die Äußere Mongolei	1697 Zar Peter der Große erlernt den Schiffbau in England und Holland. Prinz Eugen schlägt die Türken entscheidend	1700 Ashanti-Reich an der Goldküste gewinnt an Macht und Ausdehnung	1693 In Brasilien wird Gold entdeckt
1736–1799 Größte Ausdehnung Chinas aufgrund der Kolonialkriege Kaiser Qianlongs	1743–1799 Unter Kurfürst Carl Theodor erlebt die Kurpfalz ihre Blütezeit. 1789 Französische Revolution	Um 1730 Das alte Reich von Bornu im Zentralsudan erlebt eine neue Blüte	1776 Unabhängigkeitserklärung 13 britischer Kolonien in Nordamerika
1840–1842 Opiumkrieg in China schwächt die Zentralregierung. Hongkong muß an die Briten verpachtet werden	1848 Revolutionäre Bewegungen in Europa. Ab 1852 Frankreich wieder Kaiserreich unter Napoleon III.	1810–1828 Chaka, König der Zulu, gründet Großreich im südlichen Afrika. 1837/38 großer Treck der Buren nach Norden	1808–1826 Unabhängigkeitsbewegung in Mittel- und Südamerika (13 Staaten)
1850–1866 Der Taiping-Aufstand verwüstet große Teile Chinas. Briten und Franzosen nutzen die Schwäche des »Reiches der Mitte« zum Krieg, um ihren China-Handel ausweiten zu können	1870–1871 Deutsch-französischer Krieg. Proklamation des zweiten Deutschen Kaiserreiches. 1861 Ende der Leibeigenschaft in Rußland	1869 Der Suezkanal wird eröffnet. 1883 Aufstand des Mahdi im Sudan	1865 Ende des Bürgerkrieges und der Sklaverei in den USA
1894/95 Krieg mit Japan um die Vorherrschaft über Korea geht verloren. Seit 1897 Kiautschou vom Deutschen Reich besetzt, dann auf 99 Jahre gepachtet	1890 Bismarck entlassen. Kaiser Wilhelm II. strebt Weltmachtstatus an. 1894 Dreyfus-Affäre in Frankreich	1896 Menelik II. der Große, Kaiser von Äthiopien, besiegt die Italiener, die Äthiopien zu ihrer Kolonie machen wollten	1898 Krieg der USA gegen Spanien. USA steigen zur Weltmacht auf
1900 Boxeraufstand in China und Eingreifen der europäischen Mächte. Kaiserinwitwe Chixi führt die Regentschaft	1899 Haager Friedenskonferenz über die friedliche Beilegung internationaler Konflikte und die Landkriegsordnung	1899–1902 Burenkrieg im südlichen Afrika	1903 Die Panamakanalzone wird an die USA abgetreten
1911 Revolution der Jungchinesen unter Sun Yat-sen stürzt die Qing-Dynastie. China wird Republik	1914 Ausbruch des 1. Weltkrieges	1914/15 Briten und Franzosen erobern die deutschen Kolonien in Afrika	1910 Beginn der mexikanischen Revolution

牧藏家

Sammler

ESSAYS

Abb. 1 *Blick auf die Verbotene Stadt, 1900.*

Die Verbotene Stadt – Zentrum der politischen Macht in der chinesischen Feudalgesellschaft

Hu Jianzhong

Der Bau der Verbotenen Stadt im Zentrum der alten Hauptstadt begann 1406 im vierten Jahr der Herrschaft des Kaisers Yongle aus der Ming-Dynastie und wurde 1420, in seinem achtzehnten Regierungsjahr, vollendet. Hier sollten vierundzwanzig Kaiser der Ming- und der Qing-Dynastie den Thron besteigen, über China herrschen und inmitten ihres Hofes leben.

Der gewaltige Bau erstreckt sich bei einer Gesamtfläche von 720 000 Quadratmetern über 960 m von Norden nach Süden und über 750 m von Osten nach Westen. Die über 10 m hohen Umfassungsmauern werden von vier Toren unterbrochen: im Süden von der Hauptpforte, dem »Mittagstor« (*Wumen*), im Osten vom »Östlichen Blütentor« (*Donghuamen*), im Westen vom »Westlichen Blütentor«

Abb. 2 *Luftaufnahme der Verbotenen Stadt, 1985.*

Abb. 3 *Das Mittagstor* (Wumen).

(Xihuamen) und im Norden vom »Hinteren Tor«, dem »Tor des Göttlichen Kriegers« (Shenwumen). In den vier Ecken der Mauer erheben sich elegante Türme in ihrer ursprünglichen Form, und ein 52 m breiter Graben umschließt die Mauer und spiegelt sie in seinem klaren Wasser.

Die meisten Gebäude der Verbotenen Stadt erheben sich in Holzbauweise über Steinfundamenten, sie haben zinnoberrote Mauern und gelb glasierte Dachziegel. Die Pavillons mit ihren lebhaften, durch Vergoldungen hervorgehobenen Farben sind zu beiden Seiten einer nord-südlich orientierten Mittelachse errichtet, ihre Dächer in ganz verschiedenen, doch harmonisch geordneten Stilen scheinen, aus der Vogelperspektive betrachtet, ein goldenes Meer zu bilden.

Der kaiserliche Palast der Verbotenen Stadt ist in zwei große Bereiche gegliedert: den Äußeren und den Inneren Hof.

Der Äußere Hof

Der Äußere Hof (Waichao) umfaßt als erster Bereich des Palastes das Areal um die drei südlichen Hallen: die »Halle der Höchsten Harmonie« (Taihedian), die »Halle der Mittleren Harmonie« (Zonghedian) und die »Halle der Wahrung der Harmonie« (Baohedian). Die Hallen der »Literarischen Blüte« (Wenhuadian) und der »Militärischen Tapferkeit« (Wuyingdian) bilden die zwei Flügel. Im Äußeren Hof vollzog der Kaiser meist das Hofzeremoniell und erledigte die öffentlichen Geschäfte der Politik und des Kriegswesens. Der Innere Hof umfaßt im wesentlichen die drei letzten Paläste auf der Hauptachse: den »Palast der Himmlischen Klarheit« (Qianqinggong), den »Palast der Kosmischen Vereinigung« (zwischen Himmel und Erde, Jiaotaidian) und den »Palast der Irdischen Ruhe« (Kunninggong). Hier befinden sich auch die »Halle der Pflege des Herzens« (Yangxindian), die sechs »Östlichen Paläste« (Dongliugong) und die sechs »Westlichen Paläste« (Xilliugong) sowie der des »Ruhevollen Alters« (Ningshougong). Im Inneren Hof nahm der Kaiser die alltäglichen Geschäfte vor, hier residierten er und die Kaiserin, die Favoritinnen und die Konkubinen, die Prinzen und Prinzessinnen.

Das Mittagstor bildet den Hauptzugang zur Verbotenen Stadt, es besteht aus einer großen, von einem Doppeldach überdeckten Halle. Zu seiner Linken und Rechten erheben sich, von Süden aus gesehen, fünf Türme, gewöhnlich die »Fünf Phönix-Türme« (Wufenglou) genannt. Wenn der Kaiser den Hof um sich versammelte oder eine feierliche Handlung in der Halle der Höchsten Harmonie vollzog, wurden die Glocken im Turm geläutet und die Trommeln geschlagen. Jedesmal, wenn die Offiziere und Soldaten im Triumphzug aus dem Krieg zurückkehrten, begab sich der Kaiser persönlich zur großen Halle des Mittagstors, um den Vorsitz bei der Vorführung der Gefangenen einzunehmen. Hinter dem Mittagstor verläuft der Graben des Goldwasser-Flusses, einem Gürtel aus Jade gleich, der sich unter eleganten Brücken aus weißem skulptierten Marmor bis zum »Tor der Höchsten Harmonie« (Taihemen) hin schlängelt. Hier erschienen unter den Ming die Mandarine aus Verwaltung und Militär zur täglichen Morgenaudienz. Unter den Qing empfing hier der Kaiser zu Beginn eines neuen Jahres den Hof und gab ein Bankett.

Hinter dem Tor der Höchsten Harmonie liegen drei prächtige Hallen auf einer in drei Stufen angelegten, weiträumigen Terrasse aus skulpturengeschmücktem weißen Marmor. In der Halle der Höchsten Harmonie (Taihedian), auch »Halle der Goldglöckchen« genannt (Jinluandian, die Glöckchen des kaiserlichen Wagens waren Symbol seiner Anwesenheit), wurden die Inthronisation des neuen Kaisers, die Große Hochzeit des Kaisers, die Investitur der Kaiserin, die Entsendung der Generale in den Krieg sowie die drei großen jährlichen Feste des Neujahrstages, der Wintersonnenwende und der Langlebigkeit des Kaisers (der Geburtstag des Kaisers) gefeiert. Die Halle der Höchsten Harmonie ist, ihrer Konzeption und Funktion nach, das wichtigste unter den Gebäuden der Verbotenen Stadt. Die Stufen der Terrasse, von Marmorbalustraden mit Drachen- und Phönix-Skulpturen flankiert, lassen an einen himmlischen Palast des Kaisers denken. Östlich der Roten Treppe findet sich eine Sonnenuhr, westlich davon ist ein Scheffelmaß aus dem neunten Regierungsjahr des Kaisers Qianlong (1744) aufgestellt, das *jialiang*-Maße aus der Tang-Dynastie (6.–8. Jahrhundert) zum Vorbild hat. An der Roten Treppe stehen oben und unten Dreifüße mit Räuchergefäßen sowie Schildkröten und Kraniche aus Bronze, die die Unvergänglichkeit der Macht des Staates symbolisieren. Die Halle selbst schmücken ein Doppeldach, Vergoldungen, Jadearbeiten sowie Malereien in kräftigen Farben. Auf einem Podest steht der aus vergoldetem Lack in Durchbruchsarbeit gefertigte Thron, der ebenso wie der dazugehörige Wandschirm mit skulptierten Drachen verziert ist. Die fein ziselierte Deckenkassette über dem Thron gibt einen sich ringelnden Drachen wieder, der eine große kostbare Perle im Maul hält. Sechs hohe, vergoldete und von Drachen umwundene Säulen sorgen im Innern der Halle, in der sich die kaiserliche Macht konzentrierte, für ein beeindruckendes Gepränge.

Die Halle der Mittleren Harmonie diente als Stätte der Rast, an der der Kaiser ruhte, bevor er sich in die Halle der Höchsten Harmonie begab. Hier empfing er die Mandarine des Großsekretariats und des Ministeriums der Riten sowie die Huldigungsadressen der Angehörigen der Kaiserlichen Garde. Des weiteren konsultierte der Kaiser hier die Opfertexte, bevor er an den Altären der Erde, der Sonne, der Ernte und des Erfinders des Ackerbaus opferte oder den Ritus der Feldbestellung vollzog. Hier wurden auch die dafür benötigten landwirtschaftlichen Geräte verwahrt. Unter den Qing vollzog der Kaiser an diesem Ort alle zehn Jahre die Zeremonie der Prüfung der Jade-Bücher (*Yudie*), wie die Register der kaiserlichen Linie hießen.

In der Halle der Wahrung der Harmonie fanden unter den Qing die Hochzeitsbankette der Prinzessinnen sowie die Empfangsbankette für die mongolischen Fürsten und die Großen Mandarine aus Verwaltung und Militär statt. In der Mitte und gegen Ende der Qing-Dynastie wurden hier vor allem die Palastexamina oder Beamtenprüfungen durch-

geführt. Diese höchsten kaiserlichen Prüfungen dienten der Rekrutierung der Mandarine, der Kaiser selbst wählte die Themen und bestimmte die erste, zweite und dritte Klasse der Laureaten: Der erste Preisträger der ersten Klasse hieß »Erstes Diplom« (*zhuanggyuan*), der zweite »Zweitplazierter der Kaiserlichen Prüfung« (*bangyan*), der dritte »Der die Blumen erringt« (*tanhua*).

Hinter der Halle der Wahrung der Harmonie befindet sich die größte und schwerste Steinskulptur des gesamten Palastes: 16,57 m lang, 3,07 m breit und 1,70 m dick, wiegt sie mehr als 200 Tonnen, ihre gewaltige Masse bildet einen einzigartigen Konstrast zu ihren feinen und minuziösen Reliefs von Wolken- und Drachen-Symbolen. Nach Augenzeugenberichten brauchte es die Arbeitskraft von 20 000 Personen an 28 Tagen, um diesen gewaltigen Steinblock über eine Entfernung von 100 *li* (ca. 50 km) aus der Umgebung in die Hauptstadt zu transportieren, was damals 110 000 Unzen Silber kostete.

Am Fuße der drei Terrassenstufen zur Halle der Wahrung der Harmonie trennt eine breite Querstraße den Äußeren vom Inneren Hof. Im Westen und im Osten dieser Querstraße befinden sich zwei Tore, das »Tor des Großen Glücks« (*Jingyunmen*) und das »Tor der Erhabenen Vorfahren« (*Longzongmen*). Durch diese Tore gingen die im Dienst stehenden Minister und vom Kaiser einberufene Würdenträger ein und aus, die Leibgarden warteten außerhalb. Nördlich der Querstraße liegt das Haupttor des Inneren Hofes, das »Tor der Himmlischen Klarheit« (*Qianqingmen*). Es wurde unter den Qing zu dem Ort, an dem der Kaiser den politischen Debatten beiwohnte, und trat damit an die Stelle des Tores der Höchsten Harmonie, wo die Ming-Kaiser diese Funktion wahrgenommen hatten.

Der Innere Hof

Die Paläste des Inneren Hofes sind nicht so groß und prächtig wie diejenigen des Äußeren Hofes. Sie haben eine fließende, erlesene Architektur und vielfältigen Schmuck, Pinien und Zypressen, Sträucher und Blu-

Abb. 4 Die fünf Brücken, die den Goldwasserfluß (Jinshuihe) *vor dem Tor der Höchsten Harmonie* (Taihemen) *überqueren.*

Abb. 5 Die dreistufige Terrasse im Zentrum der Verbotenen Stadt.

men beleben ihr friedvolles und anziehendes Ambiente.

Der Palast der »Himmlischen Klarheit« (*Qianqinggong*) ist das Gebäude, in dem der Kaiser schlief und das er häufig mit der Kaiserin teilte. Vom Jahr 1722 an verlegte Yongzheng die kaiserliche Wohnung in die »Halle der Pflege des Herzens« (*Yangxindian*). Im Innern des Palastes der Himmlischen Klarheit, hinter der Blende mit der Inschrift »Treue und Lauterkeit«, wurde seit Yongzheng der von des Kaisers eigener Hand geschriebene, versiegelte und geheime Umschlag aufbewahrt, der den Namen seines Nachfolgers enthielt. Nach dem Tod des Kaisers machten sich einige auserwählte Große Mandarine gemeinsam auf den Weg dorthin und öffneten den Umschlag. Wenn sie sich überzeugt hatten, daß der Name mit einem Dokument, das der Kaiser bei sich trug, übereinstimmte, verkündeten sie öffentlich den Namen des neuen Kaisers und vollzogen seine Inthronisation.

Im gleichen Palast der Himmlischen Klarheit veranstaltete Kaiser Qianlong im Jahre 1785 eine einzigartige Feier: Er lud 5000 Personen über 60 Jahre aus allen Himmelsrichtungen zur Teilnahme am »Bankett der Tausend Greise« ein. Zu Beginn des Festes erhielt jeder ein Geschenk. Diejenigen, denen die Gunst einer Einladung zu dem Gastmahl zuteil wurde, waren natürlich zum größten Teil Personen von Adel oder Vermögen, deren Wohlwollen er erlangen und deren Gewogenheit er sich sichern wollte. Ihre große Zahl sprach für die Zufriedenheit innerhalb der Gesellschaft und die Stärke der Staatsmacht.

Im Palast der Himmlischen Klarheit wurden die Kaiser der Qing-Dynastie nach ihrem Tode auch aufgebahrt. Nach der Totenfeier wurde der Sarg in die »Halle des Rüstigen Alters« (*Shouhuangdian*) oder auch an einen anderen Ort überführt, wo er bis zum Tage des prächtigen Begräbnisses verblieb.

In der Halle der Kosmischen Vereinigung nahm unter den Qing die Kaiserin an ihrem Geburtstag oder an anderen Festtagen die Huldigungsadressen der Favoritinnen, der Konkubinen und der Prinzessinnen entgegen. In der zweiten Hälfte der Qing-Dynastie wurden dort die fünfundzwanzig kaiserlichen Siegel, mittels deren der Kaiser seine Macht in allen politischen und militärischen Bereichen ausübte, aufbewahrt. Inspiriert vom Kapitel der »Großen Ausdehnung« (*Dayan*) im »Buch der Veränderungen« (*Yijing*), erflehte er mit dieser Zahl den himmlischen Segen für den Fortbestand seiner Herrschaft: »Die Anzahl der Himmel beträgt fünfundzwanzig«.

Unter den Ming war der Palast der Irdischen Ruhe die Residenz der Kaiserin, unter den Qing wurde er den Gebräuchen der Mandschu angepaßt. Da die Beheizte Halle bei der Großen Hochzeit des Kaisers zum Brautgemach wurde, wurden in diesem Palast die Hochzeiten der Kaiser Kangxi, Tongzhi und Guangxu gefeiert. Der übrige Palast wurde eine Kultstätte für die Geister. Jeden Tag voll-

Abb. 6 Der kaiserliche Thron in der Halle der Höchsten Harmonie.

Die Verbotene Stadt 9

zog man dort das Morgenopfer, das Opfer der Dämmerung sowie das Große Opfer, an dem Kaiser und Kaiserin persönlich teilnahmen. Unter den Geistern, denen man huldigte, sind Shâkaymuni, der Begründer des Buddhismus, Guan Yunchang, der Han-General aus Sichuan, der im 3. Jahrhundert unserer Zeitrechnung lebte, ebenso mongolische Geister, Geister von Ahnentafeln und viele andere. Zwei gegensätzliche Stimmungen herrschen im Innern des Palastes der Irdischen Ruhe, deren heftige Widersprüche den Qing durchaus vertraut waren: einerseits die Atmosphäre des Brautgemachs und der Hochzeitskerzen, wo bis ins kleinste Detail die Freude betont wurde, andererseits die des Todes und des Opfers, wo über der bedrückenden Stille während der Zubereitung der rituellen Fleischspeisen Blutgeruch liegt.

Die Halle der Pflege des Herzens westlich der drei Hinteren Paläste ist seit Yongzheng zur Wohnung des Kaisers geworden. Hier verwahrte er die Hinterlassenschaft seines Vaters und erkor die Halle in der Folgezeit zum Schlafgemach. Zum Ende des 19. und Beginn des 20. Jahrhunderts wird die Beheizte Halle der Ort, an dem Kaiserinwitwe Cixi hinter einem Vorhang an den politischen Debatten teilnahm. Hier empfing sie die Minister und Mandarine zu Regierungsgeschäften, der junge Kaiser saß dabei auf dem Vorderen Thron – reine Inszenierung, denn alle gehorchten den Befehlen, die sie hinter dem Vorhang erließ. Die Kaiserinwitwe Cixi beherrschte, da zwei Generationen von Kaisern (Tongzhi und Guangxu) zu jung waren, die Politik am Hofe und hielt während achtundvierzig Jahren die Gewalt über Leben und Tod in Händen. Sie wurde zur »Frau Kaiser«, ohne jemals den Thron bestiegen zu haben.

Kaiser Qianlong erbaute am westlichen Ende der Vorderen Halle ein Studierkabinett, wo er die Werke der Kalligraphen der Jin-Dynastie (4. Jahrhundert) um sich versammelte: die Kalligraphien »Aufhellung nach einem kurzen Schneefall« von Wang Xizhi, »Herbstmitte« von Wang Xianzhi und »Für Bo Yuan« von Wang Xun. Da er sie als seltene Kostbarkeiten schätzte, nannte er diesen Raum »Kabinett der drei Kostbarkeiten« und verwahrte dort weitere wertvolle und berühmte alte Kalligraphien. Der Kaiser verbrachte viel Zeit mit diesem Vergnügen. Die Halle der Pflege des Herzens enthielt das Schlafzimmer des Kaisers. Der Raum ist erlesen, kostbar und anziehend ausgeschmückt.

Erst beim abendlichen Mahl nannte der Kaiser den Namen derjenigen, ob Kaiserin oder Favoritin, der er die Ehre gab, ihm hier Gesellschaft zu leisten. Nach der Etikette der Mandschu-Dynastie konnte der Kaiser nicht selbst den Palast der Favoritinnen und Konkubinen aufsuchen, um dort die Nacht zu verbringen.

Der Palast der Frauen

Im Osten und im Westen des Inneren Hofes befinden sich je sechs Paläste, in denen die Kaiserin, die Favoritinnen und die Konkubinen wohnten. Dies sind der »Palast der

Abb. 7 *Der Palast der Barmherzigen Ruhe (Cininggong).*

Gesammelten Essenz« (*Zhongcuigong*), der »Palast des Strahlenden Yang-Prinzips« (*Jingyanggong*), der »Palast des Himmlischen Erbes« (*Chenqiangong*), der »Palast der Ewigen Harmonie« (*Yonghegong*), der »Palast der Strahlenden Menschlichkeit« (*Jingrengong*), der »Palast des Weiten Glücks« (*Yanxigong*), der »Palast des Allumfassenden Glücks« (*Xianfugong*), der »Palast der Gesammelten Eleganz« (*Chuxiugong*), der »Palast des Immerwährenden Frühlings« (*Chanchungong*), der »Palast des Beistandes des Kaisers« (*Yikungong*), die »Halle des Höchsten Prinzips« (*Taijidian*) und der »Palast des Ewigen Alters« (*Yongshougong*). Die sechs Östlichen Paläste und die sechs Westlichen Paläste bilden zwei zusammenhängende Komplexe, deren regelmäßig angeordnete Höfe unendlich vielfältig gestaltet sind. Sie bergen wunderschöne grüne Bäume und Pflanzen, die verschiedenen Bronzetiere und -vögel scheinen lebendig zu sein. Alle diese Paläste sind häufig und mit hohen Kosten restauriert worden. Im Jahr 1884 ließ die Kaiserinwitwe Cixi zu ihrem fünfzigsten Geburtstag die Paläste der Gesammelten Eleganz und des Beistandes des Kaisers wie-

Abb. 8 Blick auf die Dächer des Inneren Hofes (Neichao), *im Hintergrund das Tor des Göttlichen Kriegers* (Shenwumen) *und der Kohlenhügel* (Meishan).

Abb. 9 Das Innere Tor zur Rechten (Neiyoumen), *der Name des Tores ist in mandschurischer und chinesischer Kalligraphie angebracht.*

derherrichten. Außerdem gewährte sie den Mandarinen und Bediensteten Gratifikationen im Werte von 1 250 000 Unzen Weißsilber.

Die zahlreichen Konkubinen der Ming- und Qing-Kaiser waren in eine minuziöse Hierarchie eingegliedert. Unter den Qing nahmen die Gemahlinnen und Favoritinnen des Kaisers eine genau festgelegte gesellschaftliche Stellung ein.

Der im nördlichen Teil der Verbotenen Stadt liegende Palast des »Ruhevollen Alters« (Ningshougong) besteht aus einem Ensemble von Pavillons, das eigens für den »Vater des Kaisers« angelegt wurde. Qianlong hatte zu wiederholten Malen angekündigt, daß seine Herrschaft nicht länger andauern sollte als die sechzig Regierungsjahre seines Großvaters Kangxi. So entsagte er mit 85 Jahren, nach genau 60 Regierungsjahren, der Macht über den Staat und wurde zum »Vater des Kaisers«; tatsächlich hörte er jedoch niemals auf zu herrschen bis zu seinem Tod drei Jahre danach.

Im Nordwestteil der kaiserlichen Stadt liegen die Paläste des »Rüstigen Alters« (Shoukanggong) sowie der »Barmherzigen Ruhe« (Cininggong). Sie sind die Wohnungen der Gemeinschaft der Witwen, die aus der Kaiserinwitwe, den verwitweten Favoritinnen sowie den anderen Favoritinnen und Konkubinen des verstorbenen Kaisers bestand. Nach der Etikette der Qing-Dynastie wurden die Kaiserin und die Favoritinnen des vorangehenden kaiserlichen Haushalts, sobald ein neuer Himmelssohn den Thron bestieg, in den Rang von Kaiserinwitwen und Favoritinnenwitwen erhoben und mußten an diesem Ort leben. Sie durften sich nicht frei bewegen, noch weniger den neuen Kaiser nach eigenem Gutdünken treffen. Ihr einsames Leben entbehrte jeder Abwechslung: Weihrauchopfer, das Psalmodieren der Heiligen Bücher, die Anbetung Buddhas und die Einübung im künftigen »Glück der Welt« boten ihnen seelischen Halt. Eine Ausnahme waren am Ende der Qing-Dynastie und in der Zeit, als das alte System zunehmend zerfiel, die Kaiserinnen und Favoritinnen, die die tatsächliche Macht in Händen hielten.

Die buddhistischen Tempel

Kaiser und Kaiserinnen der Qing-Dynastie hielten ihre Andacht vor Buddha in den zahlreichen Tempeln des Palastes. Diese Bauten bezeugten die Ehrfurcht des Kaisers vor dem tibetischen Buddhismus nach der politischen Maxime: »Herrschen gemäß den hergebrachten Sitten«. Im Innern des Palastes erbauten die Kaiser so viele Tempel für die zahlreichen Zeremonien, daß diese buddhistischen Kultstätten einen bevorzugten Platz sowohl in der Verbotenen Stadt als auch im Leben von Kaiser und Kaiserin einnahmen. Die Tempel unterschieden sich sowohl durch ihre Größe, ihr Aussehen und ihre Inneneinrichtung als auch durch den Zuspruch, den sie genossen.

Die wichtigsten buddhistischen Bauten im Innern des Palastes sind die »Halle der Gerechtigkeit und Redlichkeit« (Zhongzhengdian) mit ihrem gewaltigen Hof sowie zehn größere und kleinere Tempel, die den buddhistischen Ritualen des Kaisers dienten: der »Pavillon des Blütenregens« (Yuhuage), dessen westliche und östliche Seitenflügel, der »Turm der Stifter des Buddhismus« (Fanzonglou) sowie die »Halle des Blütenregens« (Yuhuadian). Hinzu kommen noch einige kleine Geheimkapellen des Kaisers und die dem Vater des Kaisers vorbehaltenen Kapellen, insbesondere in der Beheizten Halle des Westens und den Seitenbauten der Halle der Pflege des Herzens. Etliche befinden sich im »Palast der Barmherzigen Ruhe« (Cishougong), in der »Halle der Pflege des Herzens« (Yangxindian), im »Pavillon der Buddha-Sonne« (Forilu) und im »Pavillon der Blüte des Buddhismus« (Fanhualou). Zahlreich sind die buddhistischen Tempel

Abb. 10 Das Hochzeitszimmer der Kaiser im Palast der Irdischen Ruhe (Kunninggong).

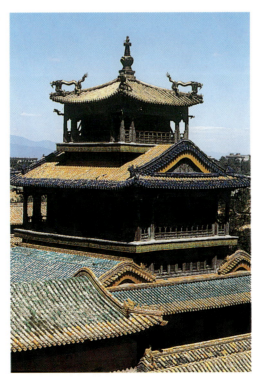

Abb. 11 Der Pavillon des Blütenregens (Yuhuage).

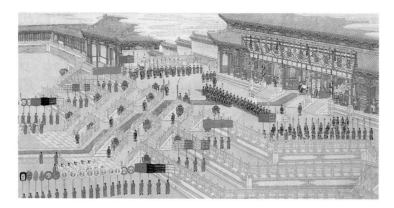

Abb. 12 Hochzeitszeremonie des Kaisers Guangxu. Tusche und Farben auf Seide, 19. Jahrhundert, Palastmuseum Peking.

der Kaiserinwitwe, alle im Palast der Barmherzigen Ruhe. Unter ihnen sind der Große Tempel der Barmherzigen Ruhe und ein Ensemble von dem Buddhismus gewidmeten Sälen. Im Innern des Gartens der Barmherzigen Ruhe befinden sich die »Halle der Allumfassenden Übereinstimmung« (*Xianruoguan*), der »Turm der Kostbaren Erscheinung« (*Baoxianglou*), der »Turm der Zahlreichen Guten Vorzeichen« (*Jiyunlou*) sowie der »Turm der Zuflucht des Mitleids« (*Cityinlou*). Die Kaiserin, die Favoritinnen und die Konkubinen besuchten den »Tempel des Üppigen Blühens« (*Yinghuadian*). Diese Halle war bereits unter den Ming der Andachtsort der Kaiserin und der Favoritinnen, unter den Qing setzte sich dieser Brauch fort. Im Hof geben hohe, gerade und üppig wuchernde *ficus religiosa* Zeugnis vom religiösen Eifer der Kaiserinnen und der anderen Gemahlinnen.

Der Stil der buddhistischen Bauten des Palastes geht meist auf die traditionelle chinesische Bauweise zurück, zeigt jedoch ebenso Merkmale tibetischer Tempel, wie am Tempel des Blütenregens offensichtlich wird. Der viereckige Pavillon mit drei Ebenen und einem spitz zulaufenden und mit vergoldeten Kupferziegeln gedeckten Dach ist das einzige Bauwerk des gesamten Palastes mit wirklich goldenem Dach. Goldene Dächer sind Kennzeichen des tibetischen buddhistischen Stils. Das Rad des Gesetzes zwischen den lagernden Rehen, die Gebetsfahnen und die Fische sind mit Gold geschmückt, worin sich der Triumph des buddhistischen Gesetzes über die anderen Religionen ausdrückt. Auf jedem Dachfirst des Palastes des Blütenregens sitzt ein großer goldener Drache, der sich zu majestätischem Flug zu erheben scheint; er verkörpert die Vereinigung von kaiserlichem und buddhistischem Gesetz. Entsprechend den vier Arten des tantrischen esoterischen Buddhismus hat der Palast des Blütenregens im Inneren vier Ebenen: die erste Ebene verkörpert die »Übung der Erkenntnis« (*kriyâ-tantra*), die zweite die »Praxis tugendhafter Handlungen« (*caryâ-tantra*), die dritte Ebene bildet das »Yoga« (*Yoga-tantra*), die vierte schließlich das »Höchste Yoga« (*anuttarayoga-tantra*). So drückt die Architektur des Palasttempels die »Vier aufeinanderfolgenden Stufen« des tibetischen Tantrismus aus.

Die Halle der Allumfassenden Übereinstimmung unterscheidet sich von der Anlage her stark von den traditionellen Bauten mit ihren drei bis fünf aneinandergereihten Räumen. Sie hat einen quadratischen Grundriß und ähnelt darin den Konventen tibetischer Klöster.

Mit Ausnahme der Tempel des Blütenregens und der Allumfassenden Übereinstimmung sind die buddhistischen Tempel um Höfe herum angeordnet, wie die übrigen Bauten des kaiserlichen Palastes. Lediglich die innere Struktur und die Ausgestaltung zeigen Merkmale des tibetischen Buddhismus.

Im Innern der Verbotenen Stadt finden sich drei Gärten im ursprünglichen Stil: der »Garten des Palastes des Ruhevollen Alters« (*Ningshougongyuan*), oft auch Qianlong-Garten genannt, der »Garten der Barmherzigen Ruhe« (*Cininghuayuan*) sowie im äußersten Norden auf der Hauptachse der »Kaiserliche Garten« (*Yuhuayuan*). In diesem Bereich der Verbotenen Stadt mit seinen hohen Mauern und großen Sälen, einem rotgrundigen, goldgelben Universum, legten die Meister dieser erlesenen Kunst einen Garten an und eröffneten erfindungsreich grenzenlose Horizonte. Die Türme, Terrassen, Pavillons und Kioske des Gartens sind von natürlicher Eleganz, das Smaragdgrün der Pinien und das Dunkelgrün hoch aufragender Zypressen verbinden sich mit einem fast barocken Steingebirge mit gezackten Konturen. Mit jedem Schritt ändert sich die Landschaft, bis man sich in ihr verliert.

Die Verwaltung der Stadt unter den Qing

Die Verbotene Stadt erlebte ihren Höhepunkt während der Regierungszeit der drei Kaiser Kangxi, Yongzheng und Qianlong, deren vielfältige Aktivitäten der Qing-Dynastie eine lange Zeit der Blüte bescherten.

Während dieser Epoche wurde das Hofleben neuen Organisationssystemen unterworfen, die in der täglichen Routine zur Perfektion reiften. Ein komplexes Gebilde aus mit der täglichen Verwaltung und dem Bau des Palastes befaßten Organen nahm nach und nach Gestalt an mit dem Ziel, die Ordnung am Hofe zu bewahren, seine Bedürfnisse zu erfüllen und die kaiserliche Macht zu festigen.

Das wichtigste Verwaltungsorgan für die Palastangelegenheiten war die Abteilung des Kaiserlichen Haushalts, deren Büros im Südwestteil der Verbotenen Stadt lagen. Von ihr waren sieben Direktionen, drei Akademien und eine große Zahl von angeschlossenen Organisationen abhängig. Die Direktion zur gerichtlichen Überwachung befaßte sich speziell mit Auswahl, Versetzung, Belohnung und Bestrafung der Palasteunuchen; außerdem war sie für die Zirkulation der Dokumente innerhalb des Palastes, die Nachtwache und die Patrouillen der Garde verantwortlich. Die in der Kindheit kastrierten und zum Dienst im Palast bestimmten Eunuchen gehörten zu diesem System einer feudalen Diktatur. In der Geschichte Chinas erlangten einige dem Kaiser nahestehende Eunuchen große Macht und bereicherten sich in beträchtlichem Maße; sie durften »heiraten« und »Konkubinen« nehmen. Die Qing-Dynastie war sich der oft mißbrauchten Einwirkung der Eunuchen auf die kaiserlichen Entscheidungen bewußt und schränkte sie durch wirksame Aufsicht und Kontrolle ein.

Im selben Maße wie die Herrscher der Qing-Dynastie die chinesische Kultur in ihrer Gesamtheit übernahmen, akzeptierten sie auch die tibetische Kultur, vor allem den tibetischen Buddhismus. Die Ehrfurcht davor war eines der politischen Fundamente der Qing-Dynastie, das kontinuierlich ausgebaut wurde, um die gewaltigen tibetischen und mongolischen Gebiete an sich zu ziehen.

Der tibetische Buddhismus wurde auch eine wichtige Komponente der Palastkultur unter der Qing-Dynastie. Die Dutzende von großen und kleinen buddhistischen Tempeln in der Verbotenen Stadt wurden bereits erwähnt, dazu gehören noch die acht Pagoden von Chengde, dem zweiten politischen Zentrum der Qing-Kaiser. Alle diese Bauten sind die greifbare Verkörperung einer Kulturpolitik von seiten des Staates. In der Ära der Qing begaben sich religiöse Führer aus Tibet wie der Dalai-Lama und der Panchen-Lama nach Peking, um dem Kaiser ihre Ehrerbietung zu bezeugen. Ihnen allen wurde respektvoll ein feierlicher Empfang am Hofe bereitet, mit dem die engen Beziehungen zwischen dem Zentrum und den Provinzen sowie der feste Zusammenhalt unter den verschiedenen Nationalitäten betont wurden.

Qianlong

In seinen letzten Jahren nannte sich Kaiser Qianlong »der alte Mann mit den zehn Vollkommenheiten«, da seine sechzig Regierungsjahre von »zehn vollkommenen Waffengängen« geprägt waren: zwei Expeditionen zur Befriedung von Dsungarien, eine gegen die muselmanischen Stammesfürsten von Xinjiang, je eine nach Groß- und Klein-Jinchuan in der Provinz Sichuan, die Nieder-

Abb. 13 Der Kaiser Qianlong beim Qin-Spiel. Palastmuseum Peking.

schlagung des Volksaufstandes von Taiwan, zwei Expeditionen in das Land der Gurkhas, je eine nach Birma und Annam. Diese zehn großen Kriege waren darauf angelegt, Aufstände im Inneren niederzuschlagen sowie politische Unsicherheitsfaktoren auszuschalten, und sie waren gegen das Ausland gerichtet. Auf diese Weise konsolidierte sich die Staatsmacht innerhalb der Landesgrenzen, so daß Wirtschaft und Kultur einen glänzenden Aufschwung nahmen. China war damals eines der mächtigsten Länder der Welt.

Die militärischen Siege, die politische Stabilität sowie die wirtschaftliche Prosperität begünstigten die Blüte des Kunsthandwerks. Textilfärberei und Stickereitechniken entwickelten sich vielfältig und zu beachtlicher Höhe. Blaues Porzellan (qinghua) und glasierte Keramik – fünffarbige Keramik (wucai), mit Lackpulver gefirnißte Keramik und Keramik mit Lackglasur (dou) – wurden zu den berühmtesten auf der ganzen Welt. Die Emailkunst, insbesondere die Emailmalerei, nahm unter Qianlong einen offenkundigen Aufschwung. Die Kunst des Lackhandwerks bot eine ganze Skala von Produkten und erreichte absolute Meisterschaft. Die Ebenisten wurden vom westlichen Rokoko beeinflußt und suchten die Schönheit ihrer Werke durch Skulpturen von grenzenloser Vielfalt zu steigern. Die Bildhauer gaben ihrem Ideenreichtum in Werken Ausdruck wie dem Großen Gebirge aus Jade von Qianlong »Dayu beherrscht die Wasser«, das ca. sieben Tonnen wiegt und durch lebhafte Details von der minuziösen Beherrschung des Handwerks zeugt. Das Uhrmacherhandwerk, sehr bedeutend für die Palastwerkstätten, entwickelte sich rasch angesichts der aus England und Frankreich importierten Uhren.

Wissenschaft und Technik unterlagen mannigfaltigen Einflüssen. Auf den Gebieten mit langer eigener Tradition erzielten sie beachtliche Ergebnisse. So wurden alle Arten von astronomischen Instrumenten hergestellt, Rechenmaschinen, Gewehre und Kanonen. Die Fortschritte in Astronomie und Mathematik spiegelten sich in der geographischen Kartographie wider; die »Kaiserliche geographische Karte« von Qianlong ist die genaueste ihrer Zeit. Die ersten offiziellen Kontakte zwischen der chinesischen und der britischen Regierung gab es in der »Epoche der Blüte von Qianlong«. Im Jahr 1792 entsandte der englische König zum 83. Geburtstag von Kaiser Qianlong eine bedeutende Delegation unter der Leitung des Bevollmächtigten Lord George Macartney nach China. Der Kaiser empfing sie und tauschte mit ihr Geschenke aus.

Nach der Regierung von Qianlong jedoch geriet das Reich der Qing in eine Phase des politischen und wirtschaftlichen Niedergangs und trieb dem Untergang zu. In den sechs Regierungszeiten von Jiaqing (1796–1820), Daoguang (1821–1850), Xianfeng (1851–1861), Tongzhi (1862–1874), Guangxu (1875–1908) und Xuantong (1909–1911) gelang es nicht, innere Wirren zu beherrschen und fremde Invasionen abzuwehren, obwohl einige Kaiser sich sehr bemühten, wie die »Renaissance von Tongzhi« oder die »Reformen von Guangxu« bezeugen.

Im Jahr 1911 stürzte die chinesische Revolution die Herrschaft der Qing-Dynastie. Kaiser Puyi dankte mit nur sechs Jahren ab, die abgesetzte kaiserliche Familie bewohnte im Einklang mit den »Bedingungen zur entgegenkommenden Behandlung des Hauses Qing« weiterhin die nördliche Hälfte der Verbotenen Stadt. 1924 vertrieb die nationalistische Regierung Puyi mit seiner gesamten Familie aus dem Palast und zog den Schlußstrich unter die Geschichte der Verbotenen Stadt als Sitz der höchsten Macht des Feudalstaats und Residenz der Kaiser, Kaiserinnen und Konkubinen.

1925 nahm dieser geschichtsträchtige Ort das Kaiserliche Palastmuseum in seinen Mauern auf und wurde zum Museum Gugong, das die Zeugnisse der Kultur und Kunst des alten China ausstellt. Nach und nach präsentierte man viele alte und wertvolle Objekte, die man erforschte und publizierte. Zeitlich begrenzte Ausstellungen wurden arrangiert und besondere Säle eingerichtet, in denen Kalligraphien und Gemälde, Jadeobjekte, Emailarbeiten, religiöse Kunst, Waffen, Möbel, Uhren, Bronzen, Keramiken, Stickereiarbeiten, Spielzeug und vieles andere ausgestellt sind. Das Museum öffnete zunächst jene Gebäude dem Publikum, in denen der Kaiser regiert und gelebt hatte, sodann diejenigen der Kaiserin. So wurden der Hof und seine historisch bedeutenden Objekte quasi in situ ausgestellt.

Im Jahr 1961 nahm der Staatsrat den Palast in die »Vorrangigen Konservierungsvorhaben alter Objekte Chinas« auf; 1987 schließlich verzeichneten die Vereinten Nationen die Verbotene Stadt im Inventar des Weltkulturerbes. Der Kaiserliche Palast genießt sowohl in China als auch im Ausland ein großes Renommee, seiner glänzenden Geschichte, seiner beeindruckenden Majestät und des Reichtums seiner Kunstsammlungen wegen. Die Kulturmuseen aus allen Regionen des Landes präsentieren im Museum Gugong Ausstellungen mit den unterschiedlichsten Themen. Das Museum Gugong selbst veranstaltete wiederholt und mit Erfolg eine Ausstellung über das Herzstück der nationalen Kultur.

In den letzten zehn Jahren organisierte das Palast-Museum umfassende oder thematisch spezialisierte Ausstellungen in den Vereinigten Staaten, Australien, Deutschland, Österreich, Portugal, Spanien, Japan, Singapur, Korea und anderswo. Sie fanden so großen Anklang, daß sie zur Förderung des internationalen Kulturaustausches und zur Vertiefung der Freundschaft zwischen den Völkern der Welt beitragen dürften.

Die Ausstellung »Die Verbotene Stadt – Aus dem Leben der letzten Kaiser von China«, die die Stadt Mannheim übernimmt, ermöglicht es der deutschen Öffentlichkeit, die verschiedenen Aspekte der chinesischen Kultur dieser Epoche zu entdecken.

Abb. 14 *Pavillon im Garten des Qianlong* (Qianlong huayuan).

Abb. 15 Das Tor der Höchsten Harmonie, 1900.

Das »Innen« und das »Außen«

Pierre-Etienne Will

Die wohlgefügte Ordnung des Reiches wird vorrangig durch das Gleichgewicht zwischen dem »Innen« und dem »Außen« repräsentiert, dem *nei* und dem *wai*. Topographisch gesehen ist das *nei* Thema dieser Ausstellung: Die Verbotene Stadt, der Kaiserpalast, dieses zwischen seinen gewaltigen Mauern eingeschlossene Labyrinth, zu dem man immer wieder zurückkehrt (zumindest dieser Teil Pekings läuft nicht Gefahr, abgerissen zu werden) und dessen Bewohner gute Gründe hatten, sich im Zentrum der Welt zu fühlen. Das *wai* war alles andere: alles, was sich außerhalb der Mauern der Verbotenen Stadt befand, von den Stadtvierteln, in denen ein ganzes Volk aus Verwaltungsbeamten, Garnisonsangehörigen, Geschäftsleuten und Angehörigen der Vergnügungsetablissements lebte, bis zu den Grenzen der entferntesten Provinzen. Ein gerade ernannter Provinzbeamter erreichte sie erst nach zweimonati-

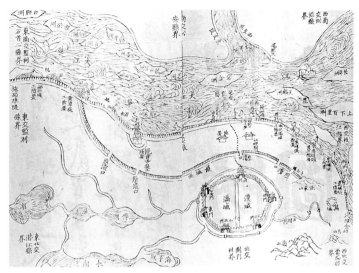

Abb. 16 Karte des Bezirks Jiangling in Hubei nach einer Monographie über den Bezirk Jiangling (Jianglingxian) aus dem 18. Jahrhundert. Der Gouverneurssitz von Jingzhou, von Mauern umgeben, ist in die Chinesenstadt und die Tatarenstadt geteilt.

ger Reise, und die Post der Organe der Zentralregierung, die ohnehin nur den dringendsten Briefen vorbehalten blieb, war zwei Monate und mehr dahin unterwegs[1].

Politisch betrachtet bedeutete das »Innen« die dynastische Macht und ihren »Hof«, das »Außen« die Bürokratie, die ihnen diente. Als einziger Mann residierte der Kaiser inmitten seiner Frauen und seiner Eunuchen im »Großen Innen« (*danei*), hier traf er mit den Spitzen der Bürokratie in den Gebäuden der Verbotenen Stadt zusammen, die als Audienzhallen dienten und die erste Schranke zwischen dem *nei* und dem *wai* verkörperten. Der Kaiser war ein anderes Wesen als selbst seine mächtigsten und gefürchtetsten Minister: er verkörperte das seiner Ahnenreihe vom Himmel anvertraute Mandat. In ihm nahmen Weisheit und Humanitas Gestalt an und bewirkten auf die eine oder andere Weise, daß ein Herrscher immer ein vorbildlicher Herrscher wurde, ein *Yao* oder *Shun*. Dies wurden zumindest die Beamten der Qing-Dynastie nicht müde, in ihren Gesuchen und Berichten zu wiederholen, die sie dem Kaiser täglich unterbreiteten, so wie es schon ihre Vorgänger unter der Ming-, der Song- und den anderen Dynastien taten, womöglich jedoch mit noch größerem Eifer.

Die Grenzen Chinas unter der Mandschu-Dynastie

Das Schicksal wollte es, daß die Mandschu der Qing-Dynastie das Amt innehatten, als die etwas mehr als 21 Jahrhunderte alte Institution des Kaisertums am Ende des Jahres 1911 zu existieren aufhörte. Es ergab sich auch, daß während der gesamten Dauer der Kaiserzeit die Qing-Dynastie die einzige war, mit der die Europäer intensive und andauernde Beziehungen unterhielten, im 17. und 18. Jahrhundert vor allem mit Unterstützung der katholischen Missionen, später, nach vereinzelten Episoden wie der nur allzu bekannten Botschaftsdelegation Macartney (1793), in Gestalt der von den »Mächten« mit Kanonenbooten und Verträgen durchgesetzten »diplomatischen, kommerziellen, religiösen und touristischen« Beziehungen. Aus diesen Gründen war die Vorstellung des »Reiches der Mitte« im Bewußtsein der westlichen Welt mehr oder weniger davon geprägt worden, was die letzten Besitzer des Kaiserlichen Palastes daraus gemacht hatten. Nur war das, was sie daraus gemacht hatten, unter vielen Aspekten neu oder zumindest sehr verschieden vom Vergangenen.

Zuerst der politische Aspekt: Das Regime der Mandschu war nicht das erste, das die kaiserliche Vorherrschaft stark erweiterte, indem es die Stammesfürsten der Steppe entmachtete, aber im Gegensatz zu den Han oder Tang (oder den Mongolen) blieben die von ihnen gewonnenen Gebiete dem Reich auch nach ihrem Scheitern erhalten. Fast bis an die Peripherie (wie dem pazifischen Sibirien oder der Äußeren Mongolei, ohne das heikle Thema Taiwan zu zitieren) sind die Grenzen der Volksrepublik China dieselben, die die Qing gezogen haben. Das Zentrum beherrschte achtzehn chinesische Kernprovinzen und darüber hinaus einen weiten Kreis von Territorien, der von der Grenze zu Korea bis zu den Steppen Zentralasiens und zum Tibetischen Plateau reichte und nunmehr »Äußeres China« heißt. Die Folgen waren weitreichend, vielleicht sogar explosiv. Die post-imperialen Regierungen wurden nicht müde, die absolute Unantastbarkeit dieser Grenzen zu verkünden mit dem Argument, daß sie seit undenklichen Zeiten auf einer Schicksalsgemeinschaft zwischen der die Mehrheit bildenden chinesischen Nation (Han) und der Gesamtheit der »nationalen Minderheiten« gründe. Deren höchste Bestimmung sei die Sinisierung, selbst wenn man zugestehe, daß diese Minoritäten nicht immer gehorsam waren und daß es einigen von ihnen gelungen sei, die dominierende ethnische Gruppe zu unterwerfen, wie es die Mongolen und Mandschu taten, um nur die jüngsten Beispiele zu nennen. Es geht hier nicht darum, diese Meinung zu bewerten, die bei der großen chinesischen Öffentlichkeit viel Anklang findet, auch wenn sie, vorsichtig ausgedrückt, von den Tibetern, Uiguren und einigen anderen nicht einhellig geteilt wird. Es geht nur darum, daran zu

Genealogie der Mandschu-Kaiser (persönlicher Name – Tempelname, *Name der Epoche*, Daten)

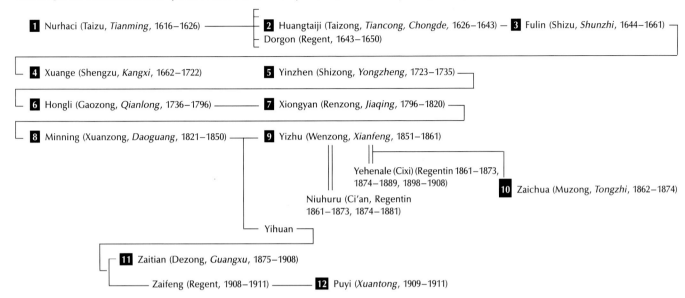

erinnern, daß diese Schicksalsgemeinschaft eben nicht auf die Wurzeln des Kaiserstaates zurückgeht, sondern auf eine umfassende Eroberungspolitik der Mandschu-Kaiser und auf ihre Anstrengungen, eine multiethnische Föderation zu schaffen unter der Herrschaft von Peking, eine Art »Großes Außen«.

Die Mandschu und ihre Methoden des Herrschens

Der Faktor Mandschu, die »Mandschuisierung« des China der Qing, ist von zentraler Bedeutung für das Verständnis der letzten drei Jahrhunderte der Kaiserzeit. Der Kaiserpalast, in dem die Qing-Kaiser residierten, die Hauptstadt, deren Nordhälfte (die »innere Stadt« oder »Tataren-Stadt«) sie für die Mitglieder ihrer Clans sowie ihre direkten Verbündeten reservierten, aber auch das gesamte Kaiserreich und die Art und Weise, in der es regiert wurde, können weder verstanden noch beschrieben werden, ohne unausgesetzt darauf Bezug zu nehmen. In diesem Reich waren die »ethnischen« Mandschu

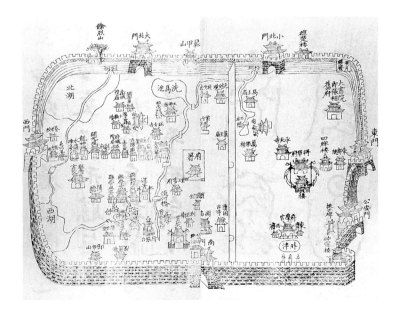

Abb. 17 Stadtplan von Jingzhou, Bezirk Jiangling, in Hubei nach einer Monographie über den Bezirk Jiangling (Jianglingxian) aus dem 18. Jahrhundert. Die Stadt ist zweigeteilt: die Chinesenstadt auf der linken Seite mit dem Gouverneurssitz von Jingzhoou in seiner Ummauerung, und die Tatarenstadt auf der rechten Seite mit dem yamen des mandschurischen Generals.

eine winzige Minorität, und wenn ihren Herrschern auch keine Mühe zu groß war, um in der chinesischen Kultur an die Spitze zu gelangen, so haben sie dieser nichtsdestoweniger ihren Stempel in allen möglichen Bereichen aufgedrückt. Außer in Peking und seinem Hinterland (den von den Vorfahren ererbten Gebieten der Mandschurei) waren die physischen Spuren der Eroberer eher diskret, dennoch waren sie ständig präsent: große Städte wie Jingzhou in Hubei, Nanjing (Nanking), Fuzhou, Guangzhou (Kanton), Hangzhou und andere besaßen Garnisonen mit Truppen der »Acht Banner«[2] unter dem Befehl eines »Tatarengenerals« (wie sie im Westen damals genannt wurden), sie unterlagen mit ihren Familien einer strengen ethnischen Absonderung im Innern ihrer von Mauern umschlossenen Quartiere. Die schlagkräftige Truppe war überall dort sofort zum Einsatz bereit, wo Unruhen auftraten. Bis zum Ende des 18. Jahrhunderts scheint sie ihre Stärke bewahrt zu haben, trotz zunehmender Disziplinlosigkeit und Kompetenzverlust und schließlich immer geringerer Kontrolle der Zentralbehörden über Rekrutierungen, Karrieren und Schulungen sowie der dauerhaften Verarmung dieser »Mandschu der Basis«, der Soldaten der »Banner« und ihrer zahlreichen Familien[3].

Die Spuren, die die Vorherrschaft der Mandschu hinterließ, sind jedoch weit über die im gesamten Land verstreuten Garnisonen hinaus sichtbar, schon in körperlicher Hinsicht. Der Chinese mit rasiertem Vorderschädel und Haarzopf, in der westlichen Vorstellung bis zu Beginn dieses Jahrhunderts der Archetyp des »Himmlischen«, ging auf eine Verordnung der Mandschu zurück. Diese wurde übrigens zu einem größeren Trauma. Seit dem Jahr 1616 hatte Nurhaci, der Begründer der Macht der Mandschu-Dynastie, die Tonsur und den Zopf als Zeichen politischer Loyalität angeordnet. Prinz Dorgon (als Regent für den jungen Kaiser Shunzhi) hielt zunächst an dieser Vorschrift fest, als er im Juni 1644 in Peking eintraf, ließ sie aber schnell fallen angesichts des großen Widerstandes, den sie hervorrief. Er setzte sie allerdings ein Jahr später, nach dem Scheitern des kurzlebigen, von den Ming in Nanjing errichteten Regimes, wieder durch. In die südlichen Provinzen fiel eine Armee ein und ließ keine andere Wahl als die zwischen der ausdrücklich durch die Tonsur gezeigten Unterwerfung und der äußerst brutalen Repression gegenüber denjenigen, die sich verweigerten. »Die Haare schneiden oder sich den Kopf abschlagen lassen« – die Quellen bestätigen, daß dies keine leeren Worte waren. Manche in der Epoche des Überganges abgefaßten Texte, von der Mandschuregierung zensiert, jedoch Ende des 19. Jahrhunderts in Privatsammlungen wieder aufgetaucht, schildern auf pathetische Weise die Zerrissenheit der Eliten zwischen dem Wunsch nach Ordnung (also der Unterwerfung) und dem Widerstand gegen die Unmäßigkeit einer Geste, die ihre kulturelle Identität beeinträchtigte und keine Möglichkeit eines Ausweges ließ. Diese Texte führen uns die Abgründe zwischen den gesellschaftlichen Schichten vor Augen, manchmal auch die zwischen Stadt und Land, wo sich die einen unterwarfen, während die anderen die Boten lynchten, die ihnen den Befehl zur Rasur des Kopfes übermitteln sollten. Ohne diese starre Forderung der regierenden Mandschu, die oft gerade dort zum Widerstand führte, wo die neuen Machthaber wahrscheinlich anerkannt worden wären, wäre der Anschluß von Jiangnan wahrscheinlich schneller und weniger blutig erfolgt, allerdings auf lange Sicht vielleicht nicht so dauerhaft[4].

Man sollte also nicht den Blick dafür verlieren, daß das »Außen«, über welches die 1644 in der Verbotenen Stadt etablierte Staatsmacht herrschte, nicht allein durch Waffengewalt unterworfen wurde, sondern auch durch eine kulturelle Demütigung. Indessen unternahm diese Staatsmacht alle möglichen Anstrengungen, die Kultur der Eroberten zu vervollkommnen und mit einer Freigebigkeit zu fördern, die die aller ihrer Vorgänger übertraf.

Widerstandsbewegungen gegen die Qing-Dynastie

Bis 1911 waren die Tonsur und der Haarzopf das Zeichen *sine qua non* der Loyalität gegenüber dem Regime. Den Zopf abzuschneiden und die Haare wachsen zu lassen bedeutete, den Sprung zu wagen und den öffentlichen Aufstand zu proben. Wenige haben es vor den Taiping riskiert, auf die wir weiter unten zurückkommen werden und die man »die Banditen mit den langen Haaren« (*changfa zei*) nannte. Die Annalen jedoch berichten während des gesamten 18. Jahrhunderts hier und dort von kleinen, in den Hügeln verschanzten Gruppen, die ihre Haare wachsen ließen und eine neue Regierung proklamierten. Sie hatten jedoch nicht die geringste Chance, die Gesellschaft, die den breiten Widerstand gegen die Mandschu mit ihnen teilte, auf ihre Seite zu ziehen (wie es den Taiping nach 1850 gelang), und konnten dies auch nicht ignorieren. Im Jahr 1752 probte in den Bergen an der Grenze zu Hubei und Anhui ein gewisser Ma Chaozhu den Widerstand und verkündete in Reden die unmittelbar bevorstehende Restauration der Ming. Wie so oft, wenn die Legitimität des Regimes in Frage gestellt oder auch nur in Zweifel gezogen wurde, lieferten die eher gemäßigten Aktivitäten des Ma Chaozhu den Anlaß für eine große Polizeiaktion und zahllose Verhaftungen. Katholische Missionare scheinen während dieser Razzien in Haft genommen worden zu sein (wovon in den sogenannten *Erbaulichen und wißbegierigen Briefen* die Rede ist), jedoch Ma selbst wurde nie verhaftet[5]. Der geringste Anschein einer antidynastischen oder gegen die Mandschu – was auf dasselbe hinausläuft – gerichteten Haltung versetzte die Herrscher der Qing-Dynastie in einen Zustand unbeschreiblicher Nervosität[6]. Wir werden weiter unten auf andere Fälle solcher bezeichnender Rebellionen zurückkommen. Oft genügte eine Anspielung oder der Anschein einer Anspielung in irgendeinem Text, einem Gedicht, einem historischen oder wissenschaftlichen

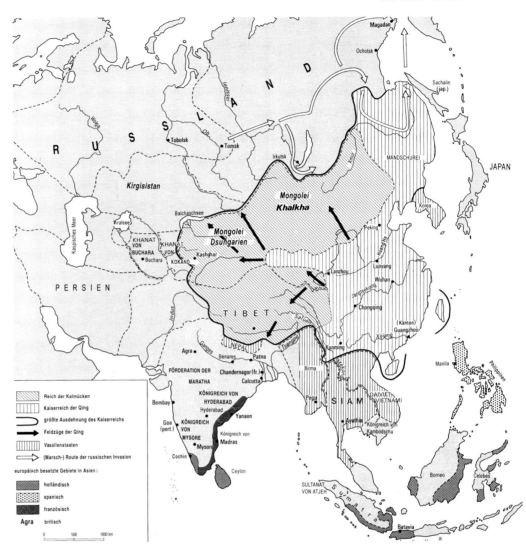

Abb. 18 Größte Ausdehnung des Kaiserreichs der Qing nach der Encyclopaedia Universalis, Artikel »China (Reich der Mitte), Geschichte bis 1949«, S. 530.

Aufsatz, um Repressionen auszulösen. Eine Reihe von Affären »literarischer Inquisition« (*wenzi yu*, wörtlich »juristische Verfahren aufgrund von aufrührerischen Schriften«)[7] kennzeichnete die Regierungen der Monarchen des 18. Jahrhunderts. Die Zwanghaftigkeit kultureller und politischer Vorurteile gegenüber der herrschenden Dynastie – aber auch gegenüber den vorangehenden Dynastien der Dschurchen und der Mongolen – erreichte mit dem vom Palast zwischen 1772 und 1782 angeordneten großen bibliographischen Unternehmen des *Siku quanshu* (Die Enzyklopädie der Vier Schätze) ihren Höhepunkt. Dieses Prestigevorhaben verbindet unausgesprochen und auf verworrene Weise die wissenschaftliche Restauration des intellektuellen und literarischen chinesischen Erbes mit der Legitimation der Fremddynastien in der Geschichte der Kaiser und mit der Jagd auf aufrührerische Schriften[8]. Es fand aber die starke Unterstützung der Publizistik und der Spitze der damaligen Gelehrtenwelt.

Die Mandschu zwischen eigener Tradition und chinesischer Verwaltungstradition

Man kann nicht genug betonen, wie tief das Regime der Qing, die Art seines Funktionierens und sein Verhältnis zur chinesischen Gesellschaft – immer wieder auch das Ver-

24 Pierre-Etienne Will

Abb. 19 Die Aufstände im China des 19. Jahrhunderts.

hältnis zwischen dem *nei* und dem *wai* – von diesem am Anfang stehenden Widerspruch geprägt waren. Sie waren Invasoren und wollten gleichzeitig als Bewahrer der traditionellen Ordnung anerkannt werden, sie wollten das Erbe der anspruchsvollsten und ältesten chinesischen Dynastie fortsetzen und mehren und gleichzeitig stolz darauf sein, »Fremde« zu sein und zu bleiben.

Auf diesem Wege sind die Mandschu viel weiter gegangen als die zahlreichen Eroberer der letzten fünfzehn Jahrhunderte, die in der einen oder anderen Epoche das gesamte Kaiserreich oder Teile davon beherrscht hatten.

Die Qing entschlossen sich rasch, die zivilen Institutionen der aggressiven chinesischen Dynastie fortzusetzen und wiederzu-

Das »Innen« und das »Außen« 25

Abb. 21 Ausländische Invasionen in China im 19. Jahrhundert.

beleben, die China 1368 von den Mongolen befreit hatte und deren letzter Herrscher von dem (chinesischen) Rebellen Li Zicheng aus der Verbotenen Stadt gejagt worden war, einige Monate bevor er selbst vor dem Vormarsch der Mandschu die Flucht ergreifen mußte. Aber wenn auch der allgemeine Rahmen beibehalten wurde, handelte es sich doch von Anfang an um ein Regime, dessen geistige Verfassung und Kräftegleichgewicht außerordentlich verschieden von dem vorigen waren.

Zwangsläufig war der Platz an der Spitze für die Stammesfürsten unter den Eroberern und ihre Anhänger der ersten Stunde reserviert. Die chinesische Verwaltungsmaschinerie befand sich unvermeidlich in einer untergeordneten, unter Aufsicht stehenden Position, so-

Abb. 20 Zeremonien zum 60. Geburtstag des Kaisers Kangxi. Ausschnitt aus der ersten von zwei Querrollen eines unbekannten Künstlers, H.: 0,45 m, B.: 3,911 m, Tusche und Farben auf Seide, 18. Jahrhundert, Palastmuseum Peking.

sehr sie sich auch aus ihren eigenen Reihen ergänzen mochte, ihr die Fortexistenz zugesichert und ihr Mut zugesprochen worden war. Die glänzende Politik der letzten Ming-Regierungen mit ihrer lärmenden Cliquenwirtschaft und dem eifersüchtigen Festhalten der Beamten an ihren materiellen und ideologischen Vorrechten entsprach nicht mehr den Forderungen der Zeit, dies mußten die ersten Regenten und die ersten Kaiser des neuen Regimes schnell feststellen. Der Mandschu-Adel und die Chinesen der »Banner«, die sich in leitenden Stellungen wiederfanden, wurden als Bedienstete des Kaiserclans behandelt, selbst die Mächtigsten unter ihnen. Anders als die großen Bürokraten des vergangenen Regimes waren sie in den Augen des Kaisers nicht Vertreter einer intellektuellen Elite und Bewahrer der politischen Orthodoxie und der Gelehrsamkeit, und weit mehr als ihre Vorgänger wurden sie als dem, der sie ernannt hatte, persönlich Verpflichtete eingeschätzt. Die Haltung äußerster Unterwürfigkeit, zu der sie in ihrem Betragen bei Hofe und in ihrer offiziellen Korrespondenz angehalten waren, bestimmte das Verhältnis zwischen Thron und Bürokratie während der gesamten Dauer des Regimes.

Auch wenn die Art der Verwaltung auf den ersten Blick derjenigen der Ming-Dynastie verwandt schien und obgleich auch die meisten Ming-Kaiser als unerbittliche Autokraten auftraten, wenn es ihnen angebracht schien, hatten die Machtverhältnisse unter den Qing eine ganz andere Qualität. Dies galt auch für das Verhältnis zwischen Hof und Bürokratie, zwischen dem *nei* und dem *wai*, beides ließ sich aus den besonderen Bedingungen einer Fremddynastie erklären. Trotz gegenteiliger Beteuerungen ließen die Mandschu-Kaiser keine Kritik zu, das Zensuramt, dessen Verweise eine von ehrwürdiger Tradition sanktionierte Funktion hatten, wurde de facto entmachtet. Um nur ein Beispiel zu nennen: Die zu Beginn des 17. Jahrhunderts an den Kaiser Wan Li (der sich nicht einmal die Mühe einer Antwort machte) gerichtete Philippika wäre unter den Qing undenkbar gewesen, selbst in den härtesten Krisenzeiten des 19. Jahrhunderts. Der heftige Angriff gegen die Autokratie, von einigen hervorragenden Denkern der Übergangszeit initiiert, fiel sozusagen ins Leere.

Abb. 22 Porträt des mandschurischen Generals Huerchaba. Es stammt aus einer Serie von fünfzig Porträts aus dem Jahre 1760, die für den Pavillon Ziguang *in Auftrag gegeben wurde. Sammlung des Metropolitan Museum of Art, New York, erworben über den Fond Dillon, 1986.206.*

Im Gegensatz zur Nachlässigkeit und Inkompetenz zahlreicher Ming-Kaiser haben fast alle Mandschu-Herrscher darüber gewacht, die Privilegien ihrer politischen Macht zu schützen, nicht nur die Ausnahme-Persönlichkeiten des 18. Jahrhunderts wie Kangxi (Regierungszeit 1662–1722), Yongzheng (Regierungszeit 1723–1735) und Qianlong (Regierungszeit 1736–1796), sondern auch ihre weniger begabten Nachfolger im 19. Jahrhundert. Nicht zu vergessen ist dabei die Kaiserinwitwe Cixi und ihre ein halbes Jahrhundert während Regentschaft. Die Nähe der Institution des Kaisertums zur tatsächlichen Regierung des Reiches war unter den Qing viel größer als unter den Ming. Die Mandschu-Kaiser arbeiteten nicht nur hart, sie haben auch Institutionen und Verfahren geschaffen, die mehr als je zuvor die Macht innerhalb der Verbotenen Stadt konzentrierten. Sie verknüpften den Palast eng mit der Bürokratie, der die Verwaltung des Landes und der Provinzen von der Hauptstadt aus oblag.

Die Kommunikation zwischen Thron und Land war eingeschränkt. Die direkt an den Thron gerichteten »Palastmemoranden« (*zouzhe*), die am Anfang vor allem vertrauliche Informationen und militärische Dinge enthielten, betrafen nach und nach alle Bereiche der Verwaltung. Diese Dokumente wurden unter der Regierung von Yongzheng und zu Beginn der Regierung von Qianlong von den Würdenträgern des »Großen Rates« (*junjichu*) erstellt und im Herzen der Verbotenen Stadt, in unmittelbarer Nähe zum »Großen Innen«, ausgehängt. Der Kaiser selbst überwachte alles und verfaßte seine Anmerkungen.

In Anbetracht hunderttausender in den Archiven aufbewahrter Dokumente ist es berechtigt zu fragen, bis zu welchem Grad die tatsächliche Macht von den Würdenträgern des »Großen Rates« und ihren Experten ausgeübt wurde. Dies ist eine heikle Frage, die je nach Epoche und Problemstellung verschiedene Antworten haben kann[9]. Wichtig ist zu betonen, daß im Gegensatz zum »Inneren Hof« der Ming-Kaiser, der aus Eunuchen und einer Handvoll »Großsekretären« bestand, die sich sehr oft im Konflikt mit der regulären Verwaltung befanden, der »Innere Hof« der Qing eng mit der zentralen Verwaltung und mit den Provinzialverwaltungen zusammenarbeitete und diese direkt kontrollieren konnte. Der Kaiser konnte viele Dinge delegieren, und seine engsten Berater besaßen *per definitionem* großen Einfluß. Sie verfaßten mit wenigen Ausnahmen die zahllosen, in den Annalen aufbewahrten täglichen Erlasse und Proklamationen, in denen sich der Kaiser in der ersten Person ausdrückte (in oft sehr ... persönlicher Weise); der Kaiser behielt sich jedoch die Möglichkeit der direkten Kontrolle vor.

Ein anderes spezifisches Merkmal des von den Mandschu-Souveränen eingeführten Kommunikationsstils zwischen dem »Innen« und dem »Außen« war die Praxis der ständigen Audienzen, die allen neu ernannten, beförderten oder aber gerügten oder degradierten Beamten gewährt wurden. Nicht daß diese Begegnungen zum Ziel gehabt hätten, die unermeßliche Distanz zwischen dem Sohn des Himmels und den Bürokraten zu verringern, weit gefehlt. Aber sie gaben jedem Beamten zumindest einmal (und oft mehrmals) in seiner Laufbahn die Gelegenheit, sei es auf den Knien oder im fortgesetzten Kotau, dieses halb göttliche Wesen, dessen Erlasse eine solch große Sorge um das öffentliche Wohl und eine so tiefe Kenntnis all dessen, was im Reich geschah, erkennen ließen, *mit den eigenen Augen* zu sehen. Den Kaisern ermöglichten die Audienzen, sich einen Eindruck von Physiognomie, Auftreten und Geistesart der Beamten zu verschaffen, deren Laufbahnen im wesentlichen vom Ministerium für die öffentlichen Ämter gesteuert waren, auch wenn sich die Mandschu-Kaiser die letzte Entscheidung bei Ernennung, Beförderung und Entlassung vorbehielten[10].

Die *de facto* routinemäßig vorgezeichneten Karrieren galten indes nur für die Verwaltungsleute der Unterpräfektur oder die

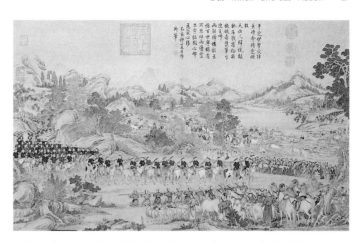

Abb. 23 Siegreiche Rückkehr der kaiserlichen Armeen nach dem Feldzug zur Wiederherstellung des Friedens in Xinjiang. Ausschnitt aus einer Querrolle, Tusche und Farben auf Seide, Palastmuseum Peking.

Beamten der Zentralverwaltung. Die Karrieren der Beamten der mittleren Laufbahn und insbesondere die der hohen Beamten wurden von den Kaisern aufmerksam verfolgt. Die Audienzen (die für die Geladenen aus der Provinz lange Reisen nach Peking mit sich brachten) konnten zu äußerst offenen Unterredungen über die lokalen Verhältnisse führen, obgleich dies in einer solchen Situation relativ gesehen werden mußte. Es fehlt nicht an Beispielen von schnellen Beförderungen nach einer Begegnung, bei der der Kaiser von der Kompetenz oder dem Freimut seines Gesprächspartners beeindruckt worden war[11].

Wie so viele während der ersten Hälfte der Dynastie eingerichteten Institutionen drohte das Audienzsystem zwischen dem Kaiser und den einfachen Beamten zu einer inhaltlosen Formalie zu werden, ohne indessen jemals aufgegeben worden zu sein. Es gab zahllose andere Kommunikations- und Kontrollmöglichkeiten zwischen dem »Innen« und dem »Außen«, offizielle und nichtoffizielle und mit unterschiedlicher Effizienz, die hier unmöglich im einzelnen analysiert werden können. So wurden zum Beispiel die Buchprüfungsverfahren unter den Qing beträchtlich verfeinert und zentralisiert, für die juristischen Revisions- und Appellationsverfahren gilt dasselbe. Die Unterrichtung des Verwaltungspersonals und all derer, die von politischen Handlungen und Entscheidungen sowie Bestimmungen der Zentralregierung betroffen waren, geschah mittels einer Art offiziellen Regierungsblattes, das von den Westlern *Gazette von Peking* genannt wurde und dessen Verbreitung in Öffentlichkeit und Handelswelt noch wichtiger als unter den Ming gewesen zu sein schien[12]. Kurz zusammengefaßt, hat das Regime der Qing ständig versucht, Effizienz und Zentralisierung seiner Verwaltung zu steigern. Darauf bedacht, den chinesischen Untertanen als Vorbild einer guten Regierung zu erscheinen und ihnen Frieden und Prosperität zu bringen, war es gleichzeitig ängstlich bemüht, ihre Bewegungen unter Kontrolle zu halten und sich gegen das Schwelen der legitimistischen Opposition abzusichern.

Die »Mandschuisierung« des Reiches

Dies ist ihm aber nur in gewissen Grenzen gelungen, bis Bevölkerungsexplosion, wirtschaftliche Krise und fremde Aggression zusammen alles zur Explosion zu bringen drohten. Ein Kommunikations- und Kontrollfaktor verdient noch besondere Erwähnung, der (*per definitionem*) dem Qing-Regime zu eigen war: der Gebrauch der mandschurischen Sprache, der einen festen Platz an der Spitze der Macht garantierte. Bis zum Beginn des 19. Jahrhunderts war sie nicht nur die Sprache, in der die Angelegenheiten des kaiserlichen Clans und der »Banner« abgewickelt wurden, sie war auch die der Dokumente der militärischen Chargen und des vertraulichen Umgangs zwischen den Kaisern und ihren Gewährsleuten in der Provinz. Für die Mandschu obligatorisch, wurde das Studium der Mandschu-Literatur aus der Epoche vor der Eroberung auch von einer großen Zahl von chinesischen Gelehrten und Beamten betrieben (mit Hilfe einer vom Mongolischen beeinflußten Schrift), die sich im Umkreis der dynastischen Macht bewegten – nahe dem »Innen«. Es hat sogar den Anschein, als habe die Unterhaltungsliteratur in Mandschurisch, die im 18. und 19. Jahrhundert aufkam, einen gewissen Einfluß auf die chinesische Volkskultur entwickelt, zumindest in den Städten (wie Peking), wo die Mandschu stark präsent waren[13].

Die »Mandschuisierung« des Regimes, auf welche die Frage der Sprache verweist, finden wir selbstverständlich auch beim politischen Personal. Die Verbotene Stadt vertraute vor allem auf ihre eigenen Leute, um das Reich zu kontrollieren – obgleich die Dinge nicht so einfach liegen. Alle Souveräne der Qing führten einen mehr oder weniger subtilen Balanceakt aus zwischen den Angehörigen der »Banner« und den aus den Mandarin-Prüfungen hervorgegangenen chinesischen Bürokraten, die man von Anfang an für sich gewinnen wollte, wenn auch unter unmittelbarer Kontrolle. Während der Konflikte, die den Hof und die Verwaltung um 1712 erschütterten, markiert Kaiser Kangxi auf brutale Weise die Grenzen, über die hinaus sich die Mandschu-Aristokratie den Griff nach der Macht des Himmelssohnes nicht anmaßen durfte[14]. Unter den folgenden Regierungen blieb das Spiel um Einfluß und Macht zwischen Mandschu und Chinesen im Fluß. Kurz zusammengefaßt, blieben die Mandschu während des gesamten 18. Jahrhunderts beachtlich stark, wenn man die höchsten Positionen im Staatsapparat betrachtet (Großer Rat, Ministerpräsidien, Gouverneurs- und Generalgouverneursposten in den Provinzen). Seit der Regierung von Jiaqing (1796–1820) dagegen besetzten chinesische hohe Beamte mehrheitlich die vorderen Ränge der politischen Szene. Unter der langen Regentschaft von Cixi jedoch erhielt die Mandschu-Aristokratie ihre beherrschende Stellung an der Spitze des Staates zurück.

Die Fluktuationen hatten mehrere Ursachen, auf die wir hier nicht im einzelnen eingehen können. Kaiser Qianlong stellte lapidar fest, daß die Mandschu die besseren hohen Beamten sind, weil sie nüchterner in ihrem Lebensstil, härtere Arbeiter und weniger darauf aus seien, Parteiungen zu bilden, um jedoch kurz darauf zu bedauern, daß sie auf dem Wege seien, die schlechten Gewohnheiten der Chinesen anzunehmen. Tatsächlich erklärt das Auftauchen einer neuen Generation von chinesischen hohen Beamten – Moralisten, die leidenschaftlich gegen die Dekadenz der öffentlichen Sitten kämpften, die am Ende der Regierung von Qianlong eingetreten war – zum Teil die Umkehr der Tendenzen, die wir zu Beginn des 19. Jahrhunderts festgestellt haben.

Dieselbe Verschiebung, womöglich noch akzentuierter, läßt sich im militärischen Bereich beobachten. Die Geschichte der Mandschu-Nation ist diejenige einer Kriegsmaschine, die zunehmend an Effizienz und Biß verloren hat, aber sie hat sie nicht sofort verloren. Wir erinnern daran, daß die Mandschu nicht allein in das Kaiserreich der Ming eingedrungen sind. Tatsächlich haben sie sich, von den ersten Anstrengungen an, einen Staat zu schaffen, der fähig war, die Herrschaft der Ming niederzuwerfen, mit chinesischen Generälen und Kontingenten verbündet. Es waren Chinesen aus regulären Kontingenten (im Gegensatz zu denen der »Acht Banner«), in der Mehrzahl Ming-Truppen, die das Gros der Kampftruppen bildeten, die den Zugriff der Dynastie auf das Kaiserreich ermöglicht haben. Die Truppen der »Acht Banner« blieben jedoch bis zum 18. Jahrhundert die Speerspitze, nicht alle, jedoch die Mehrheit der Generäle waren Mandschu (manchmal auch Mongolen oder Chinesen der »Banner«). Diese Truppen und Generäle haben die großen militärischen Aktionen der Regierung Qianlong in Zentralasien, an den Grenzen Chinas, in Birma, Vietnam und Nepal durchgeführt wie vor ihnen die Feldzüge von Kangxi und Yongzheng gegen die westlichen Mongolen. Quianlong nannte sie an seinem Lebensabend nicht ohne eine gewisse Überschätzung die »zehn großen Siege« (*shiquan*), denn einige waren ein Fiasko. Die Kunst der Verteidigung und der Ruhm der martialischen Eigenschaften der Mandschu waren ein Lieblingsthema der Kaiser des 18. Jahrhunderts, die nur eines aus guten Gründen fürchteten: daß ihre Landsleute diese Vorzüge verlieren könnten, wenn es einerseits an Impulsen mangelt und sie andererseits in der chinesischen Gesellschaft aufgehen. Es gab in der Tat eine gewisse Doppelzüngigkeit: einerseits die Betonung der Universalität und der Unteilbarkeit der kaiserlichen Herrschaft, die nicht eine ethnische Gruppe der anderen vorzieht, andererseits (insbesondere bei Kaiser Qianlong) der Ausdruck eines nicht zu leugnenden Überlegenheitsgefühls, sobald es darum geht, die Effizienz, die Rechtschaffenheit und den physischen Mut hervorzuheben, in denen sich die Mandschu vorgeblich von den Chinesen unterscheiden.

Die diesbezüglichen Suggestionen waren besonders in den Erlassen häufig, die mit den

Abb. 24 Skulptierte Steinplatte in der Mitte der nördlichen Treppe zur Halle der Bewahrung der Harmonie (Baohedian), *1900.*

Das »Innen« und das »Außen« 29

gerade erwähnten militärischen Unternehmungen in Zusammenhang stehen. In ihnen verband sich ethnischer mit dynastischem Stolz: die nicht zu besiegende Macht des Reiches beruhe ebenso auf seiner den alten Vorbildern würdigen Blüte wie auf der Überlegenheit der Mandschu-Führer. Ein Beispiel soll genügen. Im Jahre 1748 wurde das mandschurisch-chinesische Expeditionscorps (in diesem Zusammenhang wird der napoleonische Begriff »Große Armee« benutzt, *dabing*) in eine Region namens Jinchuan (Goldfluß) an der Grenze von Sichuan zu Tibet gesandt, um einen Aufstand der eingeborenen Stammesfürsten niederzuwerfen, die sich weigerten, die Herrschaft der Qing anzuerkennen. In einem Erlaß vom Beginn des Jahres 1749 zeigte sich Kaiser Qianlong zufrieden mit dem Eifer, mit dem sich die in Peking ausgerüstete und zusammengerufene große Kriegsmaschine auf den Kampfschauplatz begab, vorwärtsgetrieben von einer komplexen Einrichtung von Postnetzen, welche Tausende von Rüstungen in vier Provinzen mobilisierte.

»*Die Eile, in der die Truppe bereit, für sie wird man im historischen Werk kein Beispiel finden! Dies weil Macht und dynastische Tugend in höchster Blüte sich weit verbreiten und dort, wo die Truppe eintrifft, (jeder) begeistert teilnimmt (an ihrer Versorgung).*«

Aber Ehre gebührt auch den Generälen. Unter den Gouverneuren, die entlang der Route Peking – Jinchuan mit der logistischen Unterstützung beauftragt waren, gab der einzige Chinese, Chen Hongmu (1696–1771), ein vorbildlicher Beamter und Bürokrat von Prestige, Anlaß zu einem verachtungsvollen Kommentar: »Gewiß, er hat Irrtümer begangen, aber in Anbetracht dessen, daß man Chinesen prinzipiell keine dringliche Verantwortung übertragen soll, wird sein Fall nicht dem Ministerium (zwecks Sanktionen) unterbreitet.« Chen Hongmu wurden übrigens rasch verantwortliche Mandschu an die Seite gestellt, darunter sein *alter ego* und Zeitgenosse Yinjishan, dem man befohlen hatte, die logistische Unterstützung der Armee in der Provinz Shaanxi in die Hand zu nehmen, deren Gouverneur Chen war. Dagegen gab Fuheng, der mit Ehren überhäufte Oberbefehlshaber, einer der Sterne der damaligen Mandschu-Aristokratie, Schwager des Kaisers, Vorsitzender des Großen Rates, Anlaß zu den enthusiastischsten Kommentaren wegen seines Draufgängertums, seiner Erfahrung, seiner Heldentaten (er beritt die gebirgige Route zwischen dem Tal der Wei in Shaanxi und Chengdu, der Hauptstadt von Sichuan, mit einem Schnitt von 160 km am Tag!) und seiner Meisterschaft als Chef des Generalstabs[15].

Dies ist nur eine Anekdote, aber sie zeigt deutlich das Monopol der herrschenden Ethnie über die Kriegsmaschinerie des Regimes und ebenso das anmaßende Vertrauen auf den eigenen Wert.

Licht- und Schattenseiten der Qing-Herrschaft

Die Dinge sollten sich bald ändern. Es ist schwierig, die Dekadenz der Kampftruppe der Mandschu seit den letzten Jahren des 18. Jahrhunderts, die wir schon in bezug auf das Garnisonssystem angedeutet haben, genau nachzuzeichnen. Mitte des folgenden Jahrhunderts zeigte sie sich indessen in eklatanter Weise. Ohne vom Desaster des Opiumkrieges zu sprechen, das aus technischen Gründen unvermeidlich war, waren die Schlacht gegen die Taiping und ihre schließliche Vernichtung 1864 das Werk hoher chinesischer Bürokraten, die aus Zufall zu Kriegsherren geworden waren, wie Zeng Guofan (1811–1872), Zuo Zongtang (1812–1885), Li Hongzhang (1823–1901) und andere.

Es waren dieselben, mit ihren Armeen aus chinesischen Söldnern, welche die Aufstände beendeten, die die Zentralgewalt nach der Vernichtung der Taiping bedrohten. Im Jahr 1875 wird Zuo Zongtang der erste Chinese, der als Generalissimus nach Xinjiang (oder Östliches Turkestan) entsandt wurde, obgleich diese Bühne bis dahin den Mandschu-Generälen vorbehalten war. Es gelang ihm, um den Preis von gewaltigen Anstrengungen und kolossalen Kosten, die Herrschaft der Qing über dieses gewaltige Gebiet wiederherzustellen, das aufgrund des Einigungsstrebens seiner turksprachigen Bevölkerun-

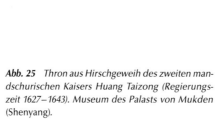

Abb. 25 Thron aus Hirschgeweih des zweiten mandschurischen Kaisers Huang Taizong (Regierungszeit 1627–1643). Museum des Palasts von Mukden (Shenyang).

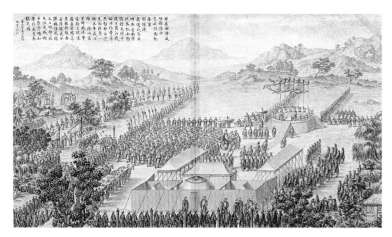

Abb. 26 Siegesbankett, das anläßlich des Mittelasienfeldzuges (1755–1759) vor dem Pavillon Ziguang gegeben wurde. Zeichnung von Giuseppe Castiglione (1688–1766), Kupferstich 1770 von J. P. Le Bas (1707–1783), British Museum, OA 1983.1–29.017.

gen desorganisiert und von Streitigkeiten zwischen moslemischen Sekten geplagt war. Außerdem war es durch die rivalisierenden Manöver von Engländern und Russen in ihrem geopolitischen *Great Game* destabilisiert. Xinjiang ist heute unwidersprochen ein (wenn auch nicht spannungsloser) Bestandteil Chinas, und das derzeitige Regime erweist dem »feudalen Führer« Zuo Zongtang unendliche Dankbarkeit dafür, daß er dies ermöglichte.

Wenn wir die sogenanten *Wahrhaften Annalen* oder die Archive der Qing zum Zeitpunkt ihres Gipfels durchgehen – sagen wir ca. ein Jahrhundert vor den Kriegen des Zuo Zongtang und seiner Kollegen –, ist der Eindruck ambivalent: einerseits die triumphale Bestätigung einer auf Macht und Prosperität gegründeten Legitimität, andererseits die tiefsitzende Furcht vor Laisser-aller, Sabotage und Aufruhr. Das strahlende Antlitz des 18. Jahrhunderts ist wohlbekannt: ein dicht bevölkertes, wie ein Garten kultiviertes Reich, ein gewaltiger Markt, wirtschaftliche Blüte, beeindruckende Infrastrukturen, ein durch die Getreidereserven des Staates garantierter Überfluß[16]; ebenso eine unterworfene und polizeilich überwachte Bevölkerung, eine vielleicht nicht immer sehr ehrenhafte, jedoch kompetente und wachsame Verwaltung, ein glänzendes kulturelles Leben und hohes Ansehen von Literatur und Wissenschaft, nicht zuletzt Waffen, die den Ruhm der Dynastie in die Ferne tragen. Außer den zahlreichen Lobeshymnen der Mandschu-Kaiser auf ihr eigenes Regime haben sicherlich die Missionare des Jesuitenordens aktiv zur Verbreitung dieses schmeichelhaften Bildes im Westen beigetragen. Indessen begegnete man noch im 19. Jahrhundert Besuchern, die ihre gelegentliche oder gar systematische Herablassung nicht daran hinderte, ihrer größten Bewunderung für die Art und Weise, in der diese Gesellschaft organisiert war, Ausdruck zu verleihen. Es seien nur eine Handvoll genannt: der englische Gartenarchitekt Robert Fortune, Père Huc und der merkwürdige Eugène Simon, Vorgänger Claudels im französischen Konsulat in Fuxhou[17].

Wie dem auch sei, der Erfolg des 18. Jahrhunderts hatte auch seine Schattenseiten, dies wird nicht zuletzt durch die zeitgenössischen offiziellen Texte unterstrichen. Kaiser Kangxi war der erste, der seine Beunruhigung (1712) über das zu schnelle Wachstum der Bevölkerung, die begrenzte Menge an Grund und Boden und die zunehmende Zahl der Untätigen zum Ausdruck brachte. Yongzheng, Qianlong und viele ihrer hohen Beamten kamen während des gesamten Jahrhunderts auf diese Probleme zurück und versuchten, drastische Maßnahmen zur Steigerung der landwirtschaftlichen Produktivität sowie zur Limitierung von Handel und Handwerk durchzusetzen und die Bauern zu Sparsamkeit und Eifer bei der Arbeit zu ermutigen. Mit wenig Erfolg indessen, wie sie selbst erkannten. Handel und Vorliebe für Luxus nahmen zu, die Bauern waren nachlässig oder träumten davon, andere Beschäftigungen zu finden, die »Sitten« (*fengsu*) verdarben zunehmend, und es gelang weder, Vagabundentum und Banditenunwesen unter Kontrolle zu halten noch die ketzerischen Sekten zu vernichten.

Ohne Zweifel wäre es übertrieben zu sagen, daß die Verbotene Stadt, metaphorisch gesprochen, in ihren Mauern ein Regime im Belagerungszustand barg. Dennoch, selbst während des langen Friedens der Jahre 1680–1795, als China in den Augen der Besucher Vertrauen und Prosperität auszuströmen schien, fördert die einigermaßen aufmerksame Lektüre der großen Menge der von den Kaisern und ihren Beamten erstellten Texte einen dringlichen und ängstlichen Ton zutage. Er kontrastiert deutlich mit den Routineerklärungen zum herausragenden Erfolg der Dynastie, ihrer fähigen Regierung und der seit dem Altertum »unerreichten« Tugend ihrer Herrscher.

Diese Ängstlichkeit hatte mehrere Gesichter. In der Elite der Bürokraten, die am engagiertesten und leidenschaftlichsten bestrebt waren, ihre Mission im Dienste des Volkes und des Regimes zu vollbringen, war es zunächst die Angst, die hohen Erwartungen nicht erfüllen zu können. Sie vergaßen darüber Essen und Schlaf, wie sie gerne bestätigten. Ihre Aufgabe war so schwer und die Mittel dazu so begrenzt, daß die Kraft dafür nicht ausreichte. Derjenige, in dessen Posi-

Abb. 27 Die Halle der Mittleren Harmonie, 1922.

tion der Abgrund zwischen den an ihn gestellten Erwartungen und den zur Verfügung stehenden Mitteln am meisten zu spüren war, war der Gouverneur; er war der Beamte an der Basis der territorialen Hierarchie, von dem alles erwartet wurde. »Die Gouverneure der Provinzen und der Bezirke«, erläuterte unter vielen anderen ein kaiserlicher Erlaß von 1836, »sind die Beamten, die dem Volk am nächsten stehen. Wenn jeder von ihnen sich als fähig erweist, seine Aufgabe vollständig zu erfüllen, wird wie von selbst überall im Reich Ordnung herrschen.« Aber wie sollten sie dazu in der Lage sein? Als einziger kaiserlicher Beamter an der Spitze eines Verwaltungsbezirks von zwei-, drei- oder vierhunderttausend Einwohnern, die er zu »erziehen« und zu »ernähren« gehalten war, mußte der Gouverneur Ordnung halten, die Mittel für seine Programme beschaffen, die Anforderungen seiner Vorgesetzten zufriedenstellen und die Kontrolle über eine Menge undisziplinierter und bestechlicher Untergebener behalten. Er wurde für alles verantwortlich gemacht, was nicht funktionierte. Da erstaunt es nicht, daß diejenigen, die sich nicht mit den Alltagsgeschäften in Erwartung ihrer nächsten Versetzung zufriedengaben (sie stellen nicht die Mehrheit), eine gewisse Angst empfanden.

Im Falle der Mandschu-Kaiser lagen die Dinge noch komplexer. Auch sie behaupte-ten, eifrig bemüht zu sein, Programme auf den Weg zu bringen und Mitarbeiter zu finden, die fähig waren, ihren Untertanen Frieden und Prosperität zu garantieren. Auch wenn sie sich beständig und lautstark über die Unzulänglichkeit ihrer Bürokratie erregten, wußten sie doch gleichzeitig, wie gewaltig die objektiven Schwierigkeiten waren. Tatsächlich haben wenige Dynastien so viele Herrscher hervorgebracht, die dergestalt kompetent, hart arbeitend und bemüht waren, die Verhältnisse im ganzen Reich bis ins Detail zu verfolgen. Für sie war die Qualität einer Regierung nicht allein ein professionelles Problem oder ein solches der Verwirklichung eines philosophischen Ideals, sondern die Legitimität des Regimes stand auf dem Spiel und damit langfristig seine Existenz. Für die Qing war das Problem, wie wir schon erwähnten, doppelt schwierig, da sie nicht allein das vom Himmel erhaltene Mandat rechtfertigen, sondern zusätzlich als Fremde und »Barbaren« Anerkennung erlangen mußten.

Gewiß wurde dieses China des 18. Jahrhunderts, dessen blühende und wohlgeordnete Gesellschaft die Bewunderung der Reisenden und Missionare fand und das seitens der Kaiser und ihrer Höflinge in Superlativen gerühmt wurde, trotz all dieser Schwierigkeiten fast allein vom Regime, dem Verwaltungsapparat und den Ordnungskräften getragen. Aus den Quellen ist jedoch zuweilen in aller Deutlichkeit eine ganze verborgene Welt ersichtlich, in der ketzerische Ideen, Gleichgültigkeit gegenüber den von der Macht verteidigten Werten und sogar eine explizite Opposition gegenüber der herrschenden Dynastie aufkeimten.

Der Zerfall der Macht

Wir haben bereits die Anzeichen der Opposition gegenüber den Mandschu-Besatzern angedeutet, die hier und dort während des Goldenen Zeitalters des Regimes auftauchten, lange Zeit vor den großen Widerstandsbewegungen des 19. Jahrhunderts. Auch wenn sie den Thron in einen Zustand äußerster Alarmbereitschaft versetzten, fanden diese Kundgebungen kaum Anklang bei der Masse der Untertanen und blieben oft auf Randgebiete beschränkt. Die oben erwähnte Bewegung von Ma Chaozhu hatte sich unter Bergleuten entwickelt, die an einer gebirgigen und praktisch verlassenen Grenze operierten.

Es gab noch andere Dinge, die in der Lage waren, Kaiser Qianlong in einen Zustand nahe der Hysterie zu versetzen. Im Jahr 1751 erfuhr der Thron von einem im Lande umherschweifenden Hitzkopf, der das Regime mit Hilfe der »zehn unverzeihlichen Verbrechen und zehn großen Fehler des Kaisers und einiger seiner nächsten Berater« denunzierte. Der Text, der sich als ein von Sun Jiagan (1683–1753, einem für seinen Freimut bekannten Minister) redigiertes Memorandum ausgab, war eine Fälschung, auch wenn ein ebenso falscher, kaiserlicher Erlaß ihm den Anschein von Authentizität zu verleihen suchte. Das falsche Memorandum des Sun Jiagan wurde niemals wiedergefunden, aber Dekaden von Eintragungen der *Wahrhaften Annalen*, die der zweijährigen Jagd nach dem Mann durch das ganze Land mit Verhören von Verdächtigen zur Aufspürung des Autors gewidmet waren, zeigen, daß es in mehr als der Hälfte der Provinzen gelesen, diskutiert, kopiert und von Hunderten von Personen weitergegeben wurde. Alle Schichten der Gesellschaft waren betroffen: Ladenbesitzer, Kolporteure, kaiserliche Studenten, Beamte, Militärs, Verwaltungsgehilfen, Postbedienstete und selbst Stammesfürsten. Was das Regime am meisten erbitterte, war die Tatsache, daß eine gewisse Anzahl von – auch hohen – Beamten Kenntnis davon besaß und glaubte, dies dem Hofe nicht melden zu müssen, als ob es sich um eine ganz banale Sache handelte, wobei doch ein Fall von Hochverrat vorlag, der mit Tod durch Abschlagen der Glieder zu bestrafen gewesen wäre[18].

Die Affäre ist insofern interessant, weil sie deutlich macht, daß die Verbotene Stadt trotz aller Kommunikations- und Kontrollnetze über das ganze Land auch zur Zeit ihrer höchsten Macht nicht in der Lage war, jede Art illegaler, aufrührerischer oder für das Regime bedrohlicher Aktivitäten zu erkennen und niederzuwerfen, sogar dann nicht, wenn sie wie im vorliegenden Fall im Verdacht gestanden haben, ihre eigenen Netze über weite Regionen auszubreiten. Die Art und Weise, in der das falsche Memorandum über die verschiedenen und manchmal am wenigsten erwarteten Schienen weitergegeben worden war, war symptomatisch für die Zirkulation von Personen, Ideen und Informationen, die sich immer intensiver über das Reich erstreckte; dabei ignorierte sie das von der Gebietsverwaltung auferlegte hierarchische Raster und die polizeiliche Überwachung.

Man könnte viele andere Bereiche anführen, in denen sich das Regime genauso machtlos erwies, die Entwicklung von theoretisch verbotenen und untergründigen Aktivitäten zu kontrollieren, angefangen mit dem Bekehrungseifer der volkstümlichen buddhistischen Sekten, deren überall vermutete Präsenz sich nur in kleinen Rebellionen, die rasch niedergeworfen wurden, als bedrohlich erwies. Diese Beispiele könnten leicht vervielfacht werden. In einem Erlaß von 1748 erwähnte

Abb. 28 Der Angriff auf Nanking, himmlische Hauptstadt der Taiping, 1864, chinesischer Holzstich vom Ende des 19. Jahrhunderts.

Kaiser Qianlong eine Reihe von »Affären« im Zusammenhang mit ketzerischen Kulten, die gleichzeitig in mehreren Provinzen entstanden waren. Wie gewohnt klagte er die Gouverneure heftig an, wie üblich unfähig zu sein, diese Art von Aktivitäten in ihren Verwaltungsbezirken zu unterbinden[19]. Im Jahr 1774 brach eine von den zahlreichen Sekten des sogenannten »Weißen Lotus« beeinflußte chiliastische Rebellion in Shandong aus und bemächtigte sich des großen Lagers von Linqing, am Großen Kanal. Es bedurfte mehrmonatiger Operationen, in die aus der Hauptstadt entsandte Elitetruppen eingebunden waren, um der Lage Herr zu werden[20]. Zwischen 1796 und 1804 wurde das gesamte Grenzmassiv der Provinzen Hubei, Shaanxi und Sichuan von bewaffneten Banden unter dem Befehl von Führern, die als Anhänger des »Weißen Lotus« bezeichnet wurden, mit Feuer und Blut überzogen. Diesmal handelte es sich um einen veritablen Bürgerkrieg, in welchem die Dynastie ihre besten Kräfte und ein Siebengestirn von Mandschu-Generälen einsetzte. Letztere erwiesen sich jedoch als absolut ineffizient, und die militärischen Operationen leerten buchstäblich die Staatskasse[21].

Bis zu diesem Zeitpunkt war das »Innen« nicht direkt bedroht worden. Die Rebellion von Wang Lun im Jahre 1774 hatte gezeigt, daß das Regime in der Lage war, seine für die Niederwerfung notwendigen Kräfte ausreichend schnell zu mobilisieren, um eine Bewegung beachtlichen Ausmaßes erst regional einzudämmen und anschließend auszulöschen. Dies galt genauso für die Rebellion des »Weißen Lotus« an der Wende zum 19. Jahrhundert. Sie band die Kräfte der Dynastie für acht Jahre und richtete beträchtlichen Schaden an, aber es gelang ihr nicht, sich weit über ihren Ursprung auszubreiten. Wenige Jahre danach schafften es zum ersten Mal aufständische Kräfte von außen, in die Nähe der Verbotene Stadt vorzustoßen und gar in sie einzudringen. Es handelte sich auch hier um eine sektiererische chiliastische, sowohl gegen die Qing-Dynastie als auch gegen die Mandschu allgemein gerich-

Abb. 29 Die Aufteilung des Kuchens. Karikatur von H. Meyer, veröffentlicht in Le Petit Journal Nr. 374 vom 16. Januar 1898.

tete Bewegung. Der »Aufstand der acht Trigramme« brach 1813 gleichzeitig in mehreren Städten Nordchinas und in Peking selbst aus. Obgleich der Angriff auf die Verbotene Stadt (im Einverständnis mit den Eunuchen) erfolgreich verlief – der Kaiser befand sich zu der Zeit nicht im Palast –, so scheiterte er doch rasch wegen des amateurhaften Vorgehens und der mangelnden Koordinierung der Rebellen[22]. Er war jedoch kein blinder Alarm, und der Kampf gegen den volkstümlichen Buddhismus der ketzerischen Sekten wurde mehr als zuvor zu einer der Obsessionen des Regimes.

Indessen kommen die gefährlichsten Angriffe auf die Hauptstadt und die Verbotene Stadt von außen. Es ist wahr, die Taiping sind nicht bis unter die Mauern Pekings gelangt, aber sie waren nicht weit davon entfernt, und es handelte sich auf jeden Fall um eine der tödlichen Herausforderungen, mit denen die Bewohner des »Großen Innen« während der gesamten Dauer der Qing-Dynastie konfrontiert waren. Mehr als eine weitere »chinesische Rebellion« (was sie auch war, schon der zahlreichen traditionalistischen Aspekte wegen), verdiente es die pseudo-christliche Bewegung des »Himmlischen Königreiches des Großen Friedens« (*Taiping tianguo*), 1850 in der Gemeinschaft Hakka im äußersten Süden Chinas entstanden, als revolutionär bezeichnet zu werden und, selbst mit dem Maßstab dessen gemessen, was im damaligen China eine »sonderbare Idee« war, als »modern«. So begierig nach persönlicher Macht die Begründer der Bewegung auch gewesen sein mögen, waren sie doch trotz ihres maßlosen Mystizismus von einem wahrlich bilderstürmerischen Reformismus beseelt im Hinblick auf Regierung, wirtschaftliche, kulturelle, religiöse Organisation und selbst auf die Beziehungen zwischen den Geschlechtern und innerhalb der Familie. Es ist auch nicht zu vergessen, daß einige unter ihnen ein lebhaftes Interesse am industrialisierten Westen zeigten; immerhin hatten sie damit begonnen, ihre Programme umzusetzen.

Man kann sich schwerlich eine größere Distanz zwischen dem »Innen« und dem »Außen« vorstellen als zu Zeiten, in denen das »Außen« nicht nur einfach rebelliert, sondern gar von Revolution statt von Restauration spricht. Im übrigen sollten Nationalisten und Kommunisten im nächsten Jahrhundert darin übereinstimmen, in den Taiping die eigentlichen Begründer der revolutionären Bewegung in China zu sehen. Die Verbotene Stadt betrachtete die Taiping mit ihren Proklamationen und ihren abweichenden Programmen als eine kulturelle und ideologische Bedrohung von nie dagewesenem Ausmaß, stellten sie doch eine tödliche politische und militärische Gefahr dar. Sie schwangen als erste die gegen die Mandschu gerichtete Flagge. Außerdem flirteten sie mit den Westlern, die zumindest neugierig auf diese »Christen« waren, mit denen man sich vielleicht besser verstehen konnte als mit den Mandschu. Auf dem Gipfel der Bewegung weiteten die Taiping ihre Herrschaft auf den größten Teil Zentralchinas aus und besetzten einflußreiche Städte in Jiangnan

(Nanking, Suzhou, Hangzhu), die Kangxi und Qianlong im 18. Jahhundert regelmäßig mit ihrer Anwesenheit beehrt hatten. Sie gingen sogar so weit, den neuen offenen Hafen Shanghai zu bedrohen. An diesem Punkt trafen übrigens die westlichen Mächte, für die er den Hauptstützpunkt in China darstellte, schließlich die »gute Wahl«, die Macht vor Ort aufrechtzuerhalten. Schlimmer noch: 1854 wagten die Taiping einen Vorstoß in den Norden und wurden erst in der Umgebung von Tianjin (T'ien-tsin) aufgehalten, wenig mehr als hundert Kilometer von der Hauptstadt entfernt.

Man könnte fragen, was geschehen wäre, und wie insbesondere die Haltung des Westens ausgesehen hätte, wenn es den Taiping, anstatt in Sichtweite von Tianjin zu scheitern, gelungen wäre, ihren Vorteil bis vor die Mauern der Verbotenen Stadt auszuspielen[23].

Sehr kurze Zeit nach diesem fehlgeschlagenen Versuch wurde die Hauptstadt von feindlichen Kräften des Außen geschändet, vom »ozeanischen Ausland« (*waiyang*) diesmal. Die Geschichte ist zu bekannt, als daß sie noch einmal im einzelnen erzählt werden müßte. Genannt seien nur die zwischen den Chinesen und den Westmächten angehäuften Spannungen und Frustrationen seit dem Vertrag von Nanking von 1842, die Entsendung eines englisch-französischen Expeditionscorps und die Einnahme von Kanton im Jahre 1858, das Auftauchen der feindlichen Flotte im Golf von Zhili, die Verhandlungen und der Vertrag von Tianjin, die Aufhebung desselben Vertrages durch die Kriegstreiber des Hofes im Jahr 1859, die Ankunft eines neuen Expeditionscorps im folgenden Jahr. Die Verbotene Stadt selbst mußte dieses Mal nicht herhalten, aber ihr Gegenstück, der Sommerpalast, etliche Kilometer im Nordwesten der Stadt, wurde eingenommen, in Brand gesteckt und von der europäischen Soldateska seiner Schätze beraubt.

Die Ereignisse des Jahres 1860 markierten einen Bruch in den Beziehungen zwischen dem »Innen« und dem »Außen«, sie waren ähnlich und doch auch verschieden von den anderen fremdländischen Invasionen und Plünderungen der kaiserlichen Hauptstädte in der Geschichte Chinas. Kaiser und Hof begaben sich in den Schutz der nicht lange zuvor von Kaiser Kangxi erbauten Residenz Jehol, des wahrhaften »Außen« im Norden der Großen Mauer!

Aber die kaiserlichen Regentinnen (der Kaiser Xianfeng ist im Exil verstorben) kehrten bald zurück. Die Verbotene Stadt hatte ihre Bewohner wieder und bewahrte ihren Platz in der räumlichen und politischen Ordnung des Reiches, die Dynastie sollte noch ein halbes Jahrhundert überleben. Vier Jahre später wurden die Taiping schließlich in den Zentralprovinzen vernichtet, aber seit 1860 kampierten die Repräsentanten des letzten Kreises des »Außen«, die Westmächte, unter den Mauern der Kaiserstadt: die Nordwestecke des Legationsquartiers liegt gegenüber dem Tor des Himmlischen Friedens (*Tianmen*). Die durch die Besetzung der Botschaften im Jahr 1900 angestoßenen Ereignisse ließen die letzten Riegel aufspringen. Die »Boxer« (*Yihetuan*), die eine Wiederbelebung der Sekte der Acht Trigramme darstellten (und ihre Haare wachsen ließen!), befanden sich in der Stadt, mit dem Segen von Cixi und der reaktionärsten der Mandschu-Prinzen. Mit Unterstützung des Hofes, der offiziell mit den Ausländern gebrochen hatte, nahmen sie das Diplomatenquartier ein, das erst nach fünfzigtägiger Belagerung durch ein internationales Expeditionscorps befreit wurde. Die Zerstörungen in der gesamten Stadt und in der Kaiserstadt selbst waren beträchtlich.[24]

Cixi sowie der seit der »Reform der hundert Tage« im Jahr 1898 verborgen gehaltene Kaiser Guangxu und der Hof zogen sich nach Xi'an zurück. Es wurden Berichte von Fremden überliefert, die Gefahr gelaufen waren, sich in dem von seiner Bewohnern verlassenen »Großen Innen« zu verirren . . .

---

[1] Diese Zahlen sind Annäherungswerte und wurden angeregt von den Fristen für den Posttransport zu Fuß und zu Pferd, die in der klassischen Studie von Fairbank und Teng 1939 (sie beschränken sich dabei auf das eigentliche China) für die Südwestprovinzen ermittelt wurden. Man kann vermuten, daß ein reisender Beamter mit seiner Familie und seinen Mitarbeitern viel langsamer vorankam als ein Posttransport zu Fuß.

[2] Die Armee der Eroberer war in drei Abteilungen aus acht »Bannern« gegliedert, die jeweils aus mandschurischen, mongolischen und aus dem Nordosten des Landes stammenden chinesischen Truppen bestanden. Die mandschurischen »Banner« waren die effizientesten und verfügten über die größte Mannschaftsstärke. Die chinesische Komponente des Systems der »Banner«, die zum Zeitpunkt der Eroberung und während der ersten Dekaden sehr einflußreich war, wurde seit Ende des 18. Jahrhunderts mit Absicht marginalisiert.

[3] Zur Geschichte der mandschurischen Garnisonen während der Epoche der Qing siehe die gut dokumentierte Arbeit von Ren Guichun (Kay Soon), 1993.

[4] Zu allen diesen Episoden, siehe Wakeman, 1985 *passim*, insbesondere S. 646–655.

[5] Siehe die Studie von Suzuki, 1980. In den offiziellen »Annalen von Tag zu Tag« (die *Shilu* oder »Wahrhafte Chronik«) aus der Regierungszeit Qianlongs finden sich die Eintragungen zur Rebellion von Ma Chaozhu zwischen weit zahlreicheren über einen anderen Aufstand, der in den Jahren 1751 und 1752 den Hof erschüttert haben muß und auf den wir unten als die Affäre des »Gefälschten Memorandums von Sun Jiagan« zurückkommen werden.

[6] Auch wenn es sich nicht um eine ausgesprochen antidynastische Bewegung handelte, gehörte die damals berühmte und von Kuhn, 1990, rekonstruierte Affäre der »Seelenräuber« zu derselben Kategorie und verursachte dieselbe kopflose Repression. Die »Seelenräuber« waren »Zopfabschneider«.

[7] Das Büchlein von Peng Guodong, 1969, handelt von drei »Affären« (*an*) unter der Regierung von Shunzhi, neun unter Kangxi, acht unter Yongzheng und 46 unter Qianlong (von denen ungefähr zwei Drittel aus der Zeit der unten genannten Unternehmung *Siku quanshu* datieren).

[8] Der wahre Charakter der Unternehmung *Siku quanshu* wurde von der klassischen Studie von Goodrich, 1935, aufgedeckt, der den Begriff »Literarische Inquisition« prägte. Das Thema wurde von Guy, 1987, auf anerkennenswerte Weise wiederaufgegriffen.

[9] Für das 18. und den Beginn des 19. Jahrhunderts findet man die am besten fundierte Ansicht in der meisterlichen Studie von Bartlett, 1991. Der Autor selbst hat die Fragen in der langen Rezension dieses Werkes verfolgt; Will, 1994.

[10] Die Funktion der Audienzen unter diesem Aspekt wird deutlich in den wiedergefundenen Dossiers, in

denen Kaiser Quianlong seine Eindrücke von den Leuten notierte, die er empfangen hat.

[11] Zu der Institution der Audienzen siehe die detaillierte Studie von Huang Shiqing, 1988.

[12] Die Gazette (chinesisch *dibao* oder *jingbao*) ist in der Epoche der Song erschienen.

[13] Zu allen diesen Punkten siehe die gut dokumentierte Studie von Crossley und Rawski, 1993.

[14] Siehe Durand, 1992, Kapitel 10.

[15] Edikte des 12. Monats 1748 und des 1. Monats 1749, zitiert in *Shulu*, Bericht von den Taten der Provinz Jiangxi, QL/16/3/7, Peking, historische Archive Nr. 1, *like tiben*, Aktenpaket 55, Blätter 100–103. Aber die tibetischen Führer von Jinchuan zeigten sich äußerst zäh. Fuheng fand 1770 den Tod an der chinesisch-birmanischen Grenze als Kommandant eines anderen dieser grandiosen Feldzüge, deren Ergebnisse nicht immer die Höhe ihrer Kosten rechtfertigten.

[16] Der politische Einsatz für die wirtschaftliche Sicherheit war einer der großen Triumphe in der ersten Hälfte der Herrschaft der Qing. Siehe Will, 1980 und Will und Wong, 1991.

[17] Siehe Fortune, 1847; Huc, 1926 und Simon, 1885. Eugène Simon vermengt sehr präzise wirtschaftliche Beschreibungen mit reichlich übertriebenen allgemeinen Erwägungen über die Perfektion der chinesischen Regierung und Gesellschaft. Der ihn beseelende leidenschaftliche Antiklerikalismus vermag wahrscheinlich einige seiner Äußerungen zu erklären.

[18] Zu diesem Tod waren schließlich zwei überführte Offiziere verurteilt worden – zu Unrecht, scheint es, aufgrund der Anschuldigung, das gefälschte Memorandum verfaßt zu haben. Siehe zu dieser Affaire Chen Donglin und Xu Huaibao, 1984 und die Anmerkungen des Autors, Will, 1991–1992, S. 687–688.

[19] Edikt vom fünften Monat 1748, zitiert in *like tiben*, Aktenpaket 55, Blätter 69–70.

[20] Die Affaire wird von Naquin, 1981, analysiert.

[21] Die klassische Studie zu dieser Episode, die zeigt, daß sie einen schlimmen Angriff auf die Größe der Dynastie barg, bleibt Suzuki, 1952.

[22] Siehe Naquin, 1976, besonders S. 146–190 über den Angriff auf die Verbotene Stadt.

[23] Aus der sehr reichen Literatur zur Rebellion der Taiping sei die Zusammenschau von Kuhn, 1978 sowie der neuere Essay von Spence, 1996 angeführt.

[24] In seinen stündlichen Notizen beschreibt der Sinologe Paul Pelliot, einer der in den Botschaften Belagerten, für den Nachmittag des 23. Juni den Brand der Bibliothek in der Hanlin-Akademie und die Zerstörung des einzigen Exemplars des *Yongle dadian*, einer riesigen Handschriftensammlung vom Beginn des 15. Jahrhunderts. Siehe Pelliot, 1976, S. 17.

Gilles Béguin: Synoptische Zeittafel der Qing-Dynastie

Regierungszeiten	Innenpolitik	Aufstände	Verbotene Stadt	Kaiserliche Bauten	Kunst und Literatur	Politik in Asien	China und der Westen
1600							1601 – Ankunft von Matteo Ricci (1552–1610) in Peking
						1618 – Nurhaci und seine Dschurdschen-Armeen in der Mandschurei	
						1625 – Moukden, Hauptstadt der Mandschurei	
Chongzhen (1628–1644) (letzter Ming-Kaiser)						Abahai (1627–1644)	
						1636 – Gründung der Inneren Mongolei	
Shunzi (1644–1661)	1644 – Selbstmord Chongzhens	1643 – Sezession von Li Zicheng; Errichtung seiner Hauptstadt in Xiangyang in Hubei					
	1644 – Einnahme Pekings	1644 – Li Zicheng in Peking					
	1645 – Einnahme Yangzhous und Nankings – Diskriminierende Maßnahmen gegenüber Chinesen	1645 – Li Zicheng vernichtend geschlagen					1645 – Pater Johann Adam Schall von Bell (1592–1610) steht dem Kaiserlichen Astronomischen Dienst vor
			1647 – Restaurierung von *Wumen* (Mittagstor) und Errichtung von Jiankang		1650 – *Wuli xiaozhi* von Fang Yizhi (Enzyklopädie der Wissenschaften und der Technik)	Um 1650 – Zheng Chenggong (Koxinga) und seine Piraten vor den südwestlichen Küsten Chinas	
1650			1651 – Wiederaufbau des *Tian'anmen* (Tor des Himmlischen Friedens)	1652 – Yongansi und Dagoba auf der Insel Qionghua (heutiger Behai-Park)			1650 – Pater Schall eröffnet in Peking eine Kirche
	1652 – Der fünfte Dalai Lama in Peking		1654 – Wiederaufbau von *Cininggong* (Palast der Barmherzigen Ruhe)				
	1656 – Wiedereinrichtung der Verwaltungsprüfungen		1655 – Wiederaufbau von *Jinrengong* (Palast der Strahlenden Menschlichkeit), *Yikungong* (Palast des Beistandes des Kaisers), *Chuxiugong* (Palast der Gesammelten Eleganz), *Jiaotaidian* (Halle der Berührung von Himmel und Erde), *Kunninggong* (Palast der Irdischen Ruhe)		1656 – *Huanshu* von Fang Yizhi (Traktat der praktischen Philosophie)		
			1656 – Wiederaufbau von *Fengxiandian* (Halle der Ahnenverehrung)		1657 – Gründung der Akademien		
					1658 – *Mingshi jishi benmo* (Register der in der *Geschichte der Ming* enthaltenen Themen)	1658–1659 – Zheng Chenggong vor den Toren von Nanking	

Synoptische Zeittafel 37

	Regierungszeiten	Innenpolitik	Aufstände	Verbotene Stadt	Kaiserliche Bauten	Kunst und Literatur	Politik in Asien	China und der Westen
1661	Shunzi (1644–1661)	1661 – Vernichtung der Südlichen Ming in Yunnan						
1662	Kangxi (1662–1722)	1667 – Beginn der persönlichen Herrschaft Kangxis 1668 – Verbot der Auswanderung von Chinesen in die Mandschurei 1669 – Rückgabe von Land an freie Bauern		1669 – Wiederaufbau von *Taihedian* (Halle der Höchsten Harmonie)		1670 – *Sechzehn moralische Maximen* von Kangxi 1671 – *Mingzi nanlue*, Geschichte der Südlichen Ming		1669 – Streit zwischen Pater Verbiest (1623–1688) und Yang Guanxian
			Rebellion der Drei Lehnsmänner (1673–1681)	1679 – Errichtung von *Shuqinggong*		1678 – *Dushifangyujiyao* von Gu Yanwu (Historisch-geographisches Werk) 1680 – Wiedereröffnung der Porzellanfabrik von Jingdezhen 1680–1710 – Zang Yingxuan, Verwalter 1680 – Gründung von 14 Kaiserlichen Palastwerkstätten (*zaobanchu*) durch Kangxi	1678–1679 – Die Tsungaren besetzen Tarim 1683 – Eroberung Taiwans	Pater Verbiest steht dem Tribunal der Mathematik vor
		1684 – 1. Reise Kangxis in den Süden	1683 – Vollständige Eroberung Chinas durch die Qing	1683 – Wiederaufbau von *Taijidian* (Halle des Höchsten Prinzips), *Changchungong* (Palast des Immerwährenden Frühlings), *Xianfugong* (Palast des Allumfassenden Glücks) 1686 – Wiederaufbau von *Jingyanggong* (Palast des Strahlenden Yang) 1687 – Wiederaufbau von *Yonghegong* (Palast der Harmonie und des Friedens)				
		1689 – 2. Reise Kangxis in den Süden		1689 – Erster auf dem Areal von *Ningshougong* (Palast des Ruhevollen Alters) errichteter Bau				1688 – Ankunft von Pater Jean Gerbillon (1654–1707) in Peking 1689 – Für Peking vorteilhafter Vertrag von Nertschinsk mit Rußland 1692 – Toleranzedikt zugunsten des Christentums 1693 – Beginn des Streits um die Riten zu Ehren der Ahnen
					1690 – *Changchunyuan* (Garten des Ewigen Frühlings)		1691 – Konvention von Dolôn nûr, Unterwerfung der Khalkha-Mongolen	
				1695–1697 – Wiederaufbau von *Taihedian* (Halle der Höchsten Harmonie)			1696 – Offensive gegen die Tsungaren. Sieg von Jaomodo (Zün-mod)	
					1698 – Errichtung von *Louyouqiao* (Brücke des Marco Polo) im Südwesten Pekings			
1699		1699 – 3. Reise Kangxis in den Süden				1699 – *Taohuashan*, Theaterstück von Kong Shangren		
1700		1703 – 4. Reise Kangxis in den Süden 1705 – 5. Reise Kangxis in den Süden 1707 – 6. Reise Kangxis in den Süden			1703–1708 – Errichtung von *Bishushanzhuang* in Jehol	1703 – *Quantangshi*, vollständige Sammlung der Werke der Tang-Dichter 1707–1717 – *Huanguguanlan* – Kartographische Erfassung Chinas nach den Empfehlungen Pater Gerbillons	1706 – Absetzung des 6. Dalai Lama	1705 – Mgr. Charles Maillard de Tournon in Peking 1707 – Mgr. de Tournon kritisiert in Nanking die chinesischen Riten zu Ehren der Ahnen
					1709 – Gründung von *Yuanmingyuan* (Garten des Hellen Vollmonds) 1711 – Pavillons im Park von Jehol 1713 – *Purensi* (Tempel der Umfassenden Liebe) in Jehol *Pushansi* (Tempel der umfassenden Güte)		1717 – Die Tsungaren in Tibet 1720 – Feldzug nach Tibet, Rückzug der Tsungaren	1715 – Papst Clemens XI. verdammt die Riten Ankunft von Pater Giuseppe Castiglione (1688–1766) in Peking
1723	Yongzheng (1723–1735)						1723 – Bürgerkrieg in Tibet	
		1729 – Gründung des *Junjichu* (Staatsrat) 1730 – Starkes Erdbeben in Peking		1731 – Errichtung von *Zhaigong* (Palast des Fastens) 1733 – Wiederaufbau von *Yangxindian* (Halle der Pflege des Herzens)	1725 – Erweiterung des *Yuanmingyuan* (Garten des Hellen Vollmonds) 1732 – Teilweise Nutzung des Palastes von Prinz Yinzhen (dem späteren Yongzheng) als lamaistisches Kloster 1734 – Errichtung des *Wofosi* (Tempel des Liegenden Buddha) in den Parfümierten Hügeln im Nordwesten Pekings	1728 – *Tushujicheng*, Große illustrierte Enzyklopädie mit 10 000 Kapiteln 1735 – *Mingshi*, Geschichte der Ming 1735–1756 – Tangying, Verwalter der Fabrik von Jingdezhen		1727 – Verdammung des Christentums Vertrag von Kiakhta mit Rußland

38   Gilles Béguin

Regierungszeiten	Innenpolitik	Aufstände	Verbotene Stadt	Kaiserliche Bauten	Kunst und Literatur	Politik in Asien	China und der Westen
1736 Qianlong (1736–1796)							
			1740 – Bau des Pavillons *Huifeng* vor dem *Jianfugong* (Palast der Glücksgründung)				
				1746 – *Shishengsi* (Tempel des Wahrhaften Sieges) und *Fanxiongsi* in den Parfümierten Hügeln, Gebäude im Inneren von Tuancheng (Runde Stadt) 1748 – Halle von *Luohan* und *Jingangbaozuota* (Pagode des Diamantenthrones) des Biyunsi in den Parfümierten Hügeln 1747–1759 – Palast im europäischen Stil im *Yuanmingyuan* (Garten des Hellen Vollmonds), in der Sommerresidenz Pekings 1749 – *Shishongsi* (Tempel des Wahrhaften Sieges) und *Fanxiongsi* 1749–1751 – *Changchunyuan* (Garten des Ewigen Frühlings) 1749–1752 – Arbeiten am *Tiantan* (Himmelstempel) 1755–1760 – *Puningsi* (Tempel des universellen Friedens) in Jehol 1758 – Instandsetzung von *Dafosi* (Tempel des Großen Buddha) im Nordwesten Pekings 1760 – *Puyousi* (Tempel der Umfassenden Hilfe) in Jehol 1762 – *Baoxiangsi* (Tempel von *Anyanmiao*) in den Parfümierten Hügeln 1764 – *Anyanmiao* (Tempel des Fernen Friedens) in Jehol	1743 – Beginn des Systematischen Katalogs der Kaiserlichen Sammlung 1749 – *Xiqinggujian*, Werk über archaische Bronzen 1751 – *Pingwen hwishu* (chinesisch-mandschurische Doktrin) 1761 – *Wali tongkar*, Historische Forschung zum Altertum	1751 – Feldzug nach Tibet 1756–1767 – Vernichtung der Tsungaren 1758–1759 – Eroberung Tarims	1753 – Portugiesische Gesandtschaft
	1751 – 1. Reise Qianlongs in den Süden 1757 – 2. Reise Qianlongs in den Süden 1762 – 3. Reise Qianlongs in den Süden						
	1765 – 4. Reise Qianlongs in den Süden	1765 – Aufstand der Mohammedaner von Xinjiang 1771–1776 – Aufstände im Nordwesten Sichuans 1774 – Aufstand des *Weißen Lotus* in Nordchina	1765 – Instandsetzung von *Taihedian* (Halle der Höchsten Harmonie), von *Zhonghedian* (Halle der Vollkommenen Harmonie) und *Baohedian* (Halle zur Erhaltung der Harmonie) 1771 – Erweiterung von *Cininggong* (Palast der Barmherzigen Ruhe) aus Anlaß des 80. Geburtstages von Kaiserinwitwe Xiaosheng (1693–1777) 1772–1776 Einrichtung von *Ningshougong* (Palast des Ruhevollen Alters) 1773 – Wiederaufbau von *Huangjidian* (Halle der Kaiserlichen Absolutheit) 1774 – Errichtung von *Wenyuange* (Pavillon der Literarischen Tiefgründigkeit)	1766–1767 – *Pulesi* (Tempel der Allgemeinen Freude) in Jehol 1767–1771 – *Putuozongchengmiao* (Kleiner Potuo-Tempel) in Jehol 1772 – *Guang'an si* (Tempel des Großen Friedens) in Jehol und Errichtung von Quichunyuan 1774 – Luohantang in Jehol 1774–1776 – *Shuxiangsi* (Tempel der Statue von Mañjuçrî) in Jehol 1779 – *Xumifushoumiao* (Tempel des Glücks und der Langlebigkeit) in Jehol 1780 – *Zhaomiao* (Strahlender Tempel) in den Parfümierten Hügeln, Pagode von *Huang si* (Gelber Tempel) in Peking 1783 – Instandsetzung der *Guozijian* (Kaiserliche Akademie)	1770 – *Pinqding Zhimgar fanglue*, Buch über die Kriege gegen die Tsungaren 1772–1782 – Kompilation *Siku Quanshu*, Vollständige Sammlung der Schriften in vier Magazinen	1767–1769 – Feldzüge in Birma	1767 – Russische Gesandtschaft 1773 – Die East Indian Company sichert sich das Monopol im Opiumhandel
	1780 – 5. Reise Qianlongs in den Süden, Heshen (1750–1799) Favorit des Kaisers 1784 – 6. Reise Qianlongs in den Süden	1781–1784 – Aufstände in Gansu 1787–1788 – Aufstände in Taiwan 1793–1795 – Bauernaufstände in Henan, Shaanxi, Sichuan und Hubei 1795–1803 – Aufstand des *Weißen Lotus* in Nordchina				1788 – Feldzug in Vietnam 1791–1792 – Feldzug in Nepal	1793 – Britische Gesandtschaft unter Lord Macartney in Peking und Jehol
1796 Jiaqing (1796–1820)			1796 – Instandsetzung von *Zhaigong* (Palast des Fastens) 1797 – Brand und Wiederaufbau von *Zhaoren* 1798 – Wiederaufbau von *Qianqinggong* (Palast der Himmlischen Reinheit)				

Synoptische Zeittafel 39

Regierungszeiten	Innenpolitik	Aufstände	Verbotene Stadt	Kaiserliche Bauten	Kunst und Literatur	Politik in Asien	China und der Westen
1800 Jiaqing (1796–1820)	1800 – Verbot der Anpflanzung und des Genusses von Opium	1802 – Aufstand in Yunnan 1803 – Aufstand der Triaden in Guandong 1807 – Unruhen in der Armee 1811–1814 – Aufstand der »Kirche der Göttlichen Gerechtigkeit« (Tianlijiao) in Shandong und Hebei	1801 – Instandsetzung von Wumen (Mittagstor) 1802 – Restaurierung von Chuxiugong (Palast der Gesammelten Eleganz)		Um 1800 – Schließung einiger Werkstätten der Verbotenen Stadt durch Jiaqing	1800–1809 – Unterdrückung der Seeräuberei im Süden und in Taiwan	
1821 Daoguang (1821–1850)	1813 – Versuch der Absetzung des Kaisers durch die Mitglieder der Sekte »Kirche der Göttlichen Gerechtigkeit« (Tianlijiao)						1805 – Maßnahmen gegen zum Christentum konvertierte Chinesen 1839 – Lin Zexu läßt in Guandong Opiumkisten verbrennen 1839–1842 – 1. Opiumkrieg 1842 – Vertrag von Nanking 1843 – Freie Betätigung katholischer Missionare
1851 Xianfeng (1851–1861)	1855 – Großes Hochwasser des Gelben Flusses	1850–1864 – Aufstand in Taiping 1855–1873 – Mohammedanisches Königreich der Dali in Yunnan			1842 – Shengwuji von Wei Yuan zur Erneuerung der Bewaffnung und Reform der politischen Institutionen 1855 – Zerstörung der Fabrik in Jingdezhen durch den Aufstand der Taiping		1856 – 2. Opiumkrieg 1858 – Vertrag von Tianjin 1858 – Erste chinesische Zeitung in Hongkong
1862 Tongzhi (1862–1874)	1860–1885 – Bewegung Yangwu (Verwaltung auf europäische Weise) 1868 – Erste in China hergestellte Dampfschiffe 1872 – Chinesische Dampfschiffahrtsgesellschaft	ca. 1860 – Aufstand der Mohammedaner in Shaanxi und Ganzu			1860 – Qingyitongyutu, Karte des Qing-Reiches im Maßstab 1:10⁶ 1864 – Wiedereröffnung von Jingdezhen, Cai Jinqing, Verwalter 1869 – Pingdingyuekou ilue, Geschichte der Niederschlagung der Taiping		1860 – Feldzug der Alliierten nach Peking. Exil des Hofes in Jehol. Plünderung und Brand des Yuanmingyuan (Garten des Hellen Vollmonds), Konventionen von Peking 1872 – Entsendung von Studenten in die Vereinigten Staaten
1875 Guangxu (1875–1908)		1873–1877 – Staat des Yakub-beg in Xinjiang					1876 – Entsendung von Studenten nach England und Frankreich 1877 – Gründung von Guangxuehui: Society for the Diffusion of Christian and General Knowledge among the Chinese 1884–1885 – Chinesisch-Französischer Krieg infolge der französischen Intervention in Tonking
	1880 – Marineakademie in Tianjin 1882 – Elektrizitätsgesellschaft in Shanghai 1886 – Militäringenieursschule in Tianjin, Rüstungsfabrik in Shanghai 1888 – Eröffnung des Eisenbergwerks von Daye in Hubei 1890 – Gießerei in Hanyang 1894 – Eisenbahn Tianjin–Shanghai 1894 – Gründung von Xingzhonghai (Gesellschaft zur Wiedergeburt Chinas) durch Sun Yatsen 1896 – Chinesisches Postwesen 1898 – Persönliche Regierung von Guangxu, »Bewegung von 1898«		1884 – Neueinrichtung von Chuxiugong (Palast der Gesammelten Eleganz) anläßlich des 50. Geburtstages von Cixi 1890 – Wiederaufbau von Taihemen (Tor der Höchsten Harmonie) 1894 – Cixi zieht in den Palast Ningshougong (Palast des Ruhevollen Alters)	1888 – Einrichtung eines neuen Sommerpalastes im Nordwesten Pekings, dem Yiheyuan (Garten der Guten Erholung und der Harmonie)	1887 – Ribengnozhi von Huang Zongxian, Geschichte Japans 1896 – Datongshu von Kong Youwei, Sozialpolitische Utopie – Yongshu von Chen Zhi, Reformvorschläge – Xixueshumubiao von Liang Qichao, Katalog der Übersetzungen europäischer Werke ins Chinesische	1895 – Chinesisch-Japanischer Krieg. Vertrag von Shimonoseki	
1867–1908 Kaiserinwitwe Cixi, geb. 1835, an der Macht		1898–1900 – Antichristliche Bewegung 1900 – Boxeraufstand 1905 – Gründung von Tongmenghui, Vorläufer der Kuomintang 1906–1907 – Aufstand der Bauern und Bergleute von Pingxiang 1911 – Bewegung zum Schutz der Eisenbahnen					1898 – Der »Break up« 1900 – Belagerung des Botschaftsviertels, die »Fünfundfünfzig Tage von Peking« 1901 – »Protokoll der Boxer« 1905 – Die Mandschurei als japanisch-russischer Kriegsschauplatz
1909 Xuantong 1911 (1909–1911)	Revolution von 1911						

Abb. 30 *Die Halle der Höchsten Harmonie* (Taihedian), *1900.*

Der Palast unter den Qing

Marianne Bastid-Brugière

Im Herzen der Hauptstadt gelegen, ist der kaiserliche Palast eine Stadt für sich: Aufgrund seiner enormen räumlichen Ausmaße, seiner Symbole sowie des Lebens, das in ihm geführt wurde, und natürlich aufgrund seiner Geschichte, die mit der des Kaiserreiches identisch und doch von ihr verschieden war. Trotz der zunehmenden Öffnung der Archive bleiben uns weite Bereiche dieser Geschichte und selbst einfacher Alltagsereignisse in diesem abgeschlossenen Rechteck von 720 000 qm Fläche weiterhin verborgen; es birgt den Sitz des Herrschers, das Allerheiligste der um den Kaiser gruppierten Riten und Kulte.

Im Chinesischen trägt der Palast mehrere Namen. *Zijincheng* wird im Deutschen mit »Verbotene Stadt« oder »Rote Stadt« wiedergegeben und bedeutet die dem Herrscher vorbehaltene (*jin*) Zitadelle (*cheng*). Die Bezeichnung »Rot« (*zi*), genauer eine Tönung zwischen Karmin und Violett, leitet sich nicht von der Ummauerung der Stadt mit grauen, rot verputzten Steinen her, sondern geht auf die von der chinesischen Astrologie *Ziweiyuan*, »Verborgener roter Bezirk«, genannte Himmelsregion zurück, den Sitz des strahlenden Polarsterns im Mittelpunkt der himmlischen Welt. Der Palast bildet als Sitz des Kaisers das Zentrum, um das sich die irdische Welt dreht oder zumindest der gesamte Regierungsapparat des chinesischen Reiches. Nach altem Glauben war dieser Himmelsbezirk von zwei Sternenketten wie mit Mauern umgrenzt und von weiteren Sternenkonstellationen durchzogen, die mit dem Verwaltungsapparat und den Emblemen der Herrschaft gleichgesetzt wurden. Er war Sitz eines großen Kaisers, der die Geschicke des Universums leitete. Im 3. Jahrhundert vor unserer Zeitrechnung versuchte Qin, der erste Kaiser und Gründer des geeinigten Reiches, mit dem Bau seiner prächtigen Hauptstadt Xianyang die Anlage seines Palastes mit dieser himmlischen Konfiguration in Einklang zu bringen.

Der Begriff »Rote Verbotene Stadt« stammt aus der Epoche der Ming, in der er den Kaiserpalast in Nanjing (Nanking), Hauptstadt der Dynastie bis 1423, bezeichnete. Der Name spiegelt die politische, rituelle und religiöse Funktion des Palastes wider. Unter den Qing verwendeten die Gelehrten häufig den einfachen Terminus *gong*, »Palast«, oder aber *danei*, was soviel wie das »Große Innere« bezeichnete und damit das Geheimnis beschwor, das das Leben und die Ereignisse am Hof umgab. Die heute übliche Bezeichnung *gugong*, »Alter Palast«, entstand erst nach der Abdankung des Kaisers im Jahre 1911. Sie unterstreicht, daß der Palast in Peking nur eine der Residenzen der Qing-Kaiser war.

Der Aufenthalt der Kaiser

Genaugenommen war die Verbotene Stadt nie ständiger Aufenthaltsort der Kaiser. Im Sommer hielten sich die Ming-Kaiser gerne in den dem Thron gehörenden Gebieten im Süden Pekings auf. Die ersten Herrscher der Qing-Dynastie, die aufgrund ihres nomadischen Ursprungs gerne Jagden veranstalteten und Ortswechsel liebten, begaben sich oft dorthin, um zu jagen und um der einengenden Etikette und den Unbequemlichkeiten der Verbotenen Stadt zu entkommen.
Sie ließen neue Residenzen erbauen, in denen seit den letzten Jahren des 17. Jahrhunderts Kangxi zwei Drittel seiner Zeit lebte. Ab 1725 verbrachte Kaiser Yongzheng gewöhnlich die Monate zwischen Frühling und Herbst im Sommerpalast (*Yanmingyuan*). Anschließend zog der Hof vier bis fünf Monate nach Rehe (Jehol), einem gewaltigen Jagdbezirk in der Provinz von Chengde an den Grenzen zur Mongolei, so daß der Herrscher die Verbotene Stadt nur im tiefsten Winter bewohnte, wenn ihn die Großen Opfer und die feierliche Neujahrsaudienz nach Peking zurückriefen.
Dieser Rhythmus wurde bis 1820 beibehalten, als der Tod des Kaisers Jiaqing, der bei einem Ausritt in Rehe vom Blitz getroffen worden war, zur Aufgabe dieses Ortes führte.
Der Brandanschlag auf den Sommerpalast, den britische und französische Truppen 1860 verübten, setzte den Sommerfrischen des Hofes ein vorläufiges Ende. Danach blieben die Herrscher nahezu dreißig Jahre lang in Peking. Vor allem aus dieser Zeit stammt die heute in den Privatwohnungen des Palastes bewahrte Innenausstattung. Die Kaiserin Cixi, die diese Ausstattung in Auftrag gab, prägte das Interieur durch ihre Vorliebe für florale Ornamente. Die Kaiserin war auch die Auftraggeberin eines neuen Sommerpalastes (*Yiheyuan*) der nach 1860 errichtet wurde[1].
Nachdem im Jahr 1889 ihre erste Regentschaft zu Ende gegangen war, verbrachte Cixi den größten Teil des Jahres im Sommer-

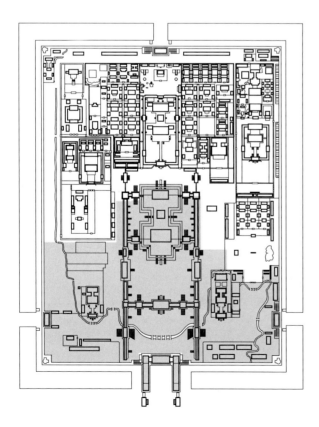

Abb. 31 Grenze zwischen dem Inneren Hof (Neichao) und dem Äußeren Hof (Waichao) im 18./19. Jahrhundert.

palast. Sie residierte dort jeweils vom Frühlingsanfang bis zum Vorabend ihres Geburtstages in der Mitte des Herbstes. Auch nachdem sie im September 1898 wieder die Herrschaft an sich gerissen hatte, behielt die Kaiserin diese Gewohnheit bei und zwang zudem Kaiser Guangxu, auch dort zu wohnen. Zuvor hatte sie die vom Kaiser eingeleiteten Reformen auf brutale Weise rückgängig gemacht. Die etwas vernachlässigte Verbotene Stadt wurde den Plünderungen durch die fremden Truppen nach der Belagerung des Diplomatenviertels im Jahre 1900 überlassen. Nur der letzte Kaiser residierte dort wieder längere Zeit, das heißt während seiner dreijährigen Herrschaft ab dem Jahre 1908 und nach seiner Abdankung.

Bewohner und Benutzer des Palastes

Innerhalb der Verbotenen Stadt unterscheidet man zwei Areale, deren Grenzen ineinanderfließen. Im Süden umfaßte der Äußere Hof (*waichao*) oder Vorhof (*qianchao*) die für das offizielle Leben bestimmten Plätze und Gebäude. Aufgrund der dort angesiedelten Einrichtungen, das heißt dem Großsekretariat, den Archiven, Speichern und Schatzhäusern, war er der »erhabene Ort der Erinnerung«, der Macht und der administrativen Kontinuität des Reiches. Im Norden bildeten die dem Privatleben des Kaisers vorbehaltenen Residenzen und Gärten den Inneren Hof (*neiting*).

Jeden Tag gingen Hunderte von Personen im Äußeren Hof ein und aus. Außer der kaiserlichen Garde wohnte dort jedoch niemand. Man kam durch das Tor des Ostens, das man zu Fuß durchschreiten mußte, es sei denn, man genoß das rare Privileg, den Palast zu Pferde oder im Wagen besuchen zu dürfen. Frauen waren innerhalb des Äußeren Hofes nicht zugelassen. Nur die Kaiserin durfte ihn an ihrem Hochzeitstag betreten. Selbst Cixi wagte es nicht, diese Regel zu verletzen, und gewährte dort niemals Audienzen. Auch das prunkvolle Fest zu ihrem sechzigsten Ge-

Abb. 32 Die Kaiserin erweist der Kaiserinwitwe ihre Reverenz, indem sie ihre Mahlzeit unterbricht. Ausschnitt aus einer Hofmalerei, die zur Ausstellung in den Nebenpalästen zu Neujahr bestimmt war. Die dargestellte Szene spielte sich wahrscheinlich am Hof des Kaisers Xuandi (Regierungszeit 73–49 v. Chr.) der Westlichen Han ab. 18. Jahrhundert, Palastmuseum Peking.

burtstag fand nicht dort statt. Wenn sie das Tor des Westens passierte, um sich zum Sommerpalast zu begeben oder zu den neuen Gärten, die sie um die Seen im Westen der Verbotenen Stadt anlegen ließ, waren die Vorhänge ihrer Sänfte immer sorgfältig geschlossen.

Im Inneren Hof befanden sich die Wohngemächer des Herrschers, seiner Familie und seiner Dienerschaft. Zwar ließen die chinesischen Kaiser niemals ihre Verwaltungs-

beamten bei sich logieren, dennoch lebten mehrere tausend Personen mit ihnen in diesem abgeschlossensten Teil der Verbotenen Stadt. Hier wohnten die Kaiserlichen Gemahlinnen des regierenden Herrschers und die seiner Vorgänger. Nur eine einzige Gemahlin des regierenden Monarchen trug den Titel »Kaiserin« (*huanghou*). Als unter Kangxi für das eheliche Leben der Herrscher neue Regeln erlassen wurden, wollte man sich von dem schlechten Ruf der Ming distanzieren und reduzierte die Hierarchie der Konkubinen von zwölf auf sieben Ränge. Gleichzeitig verringerte man die Zahl der Konkubinen: Für die ersten vier Ränge wurden nur noch eine, zwei, vier beziehungsweise sechs offizielle Konkubinen genehmigt. Für die Besetzung der niederen Ränge galt allerdings keine Einschränkung.

Die Anzahl der kaiserlichen Gemahlinnen war sehr unterschiedlich: Kangxi hatte drei Gemahlinnen und 19 Konkubinen, Qianlong zwei Gemahlinnen und 29 Konkubinen der vier ersten Ränge, Guangxu hatte am Ende der Dynastie nur eine Gemahlin und zwei Konkubinen dritten Ranges.

Nach dem Tod eines Kaisers hatten alle seine Gemahlinnen Wohnrecht im Palast, jede in einer besonderen Wohnung. Die legitime Kaiserin und damit eventuell Mutter des neuen Kaisers erhielt den Titel Kaiserinwitwe (*huangtaihou*). Zum kaiserlichen Frauengemach gehörte ein Kontingent Palastdamen (*gongnü*). Für den persönlichen Dienst standen einer Kaiserinwitwe zwölf, einer Kaiserin zehn, einer Konkubine der zwei ersten Ränge acht, dem fünften Rang vier, dem sechsten Rang drei, dem siebten Rang zwei zur Verfügung.

Die weibliche Palastbevölkerung betrug laut Kangxi unter den Ming 9000 Personen. 1710 zählte sie nur noch 400 bis 500 Personen, 1768 etwa 300 und am Ende des 19. Jahrhunderts weniger als 200 Personen[2].

Die Kinder des Kaisers bewohnten den Inneren Hof. Bis zum Alter von vier oder fünf Jahren wurden sie von Ammen umsorgt. Bis etwa 1800 logierten die Söhne im »Palast der Glückwünsche zur Geburt eines Sohnes« (*Yuqinggong*), danach in weiter südlich gelegenen Pavillons. Mit fünfzehn Jahren erhielten sie meist zugleich mit einem Fürsten-, Adels- oder Militärtitel eine Residenz außerhalb der Verbotenen Stadt und hatten Anspruch auf Unterhalt und Pension. Ob aus Anhänglichkeit oder aufgrund väterlichen Zwangs (Kangxi hatte 56 Kinder, Qianlong 26, Daoguang 19) verließen die Kinder den Palast häufig erst nach dem Tod ihres Vaters. Dann hatte es der neue Kaiser äußerst eilig, seine Brüder auszuschalten. Die Töchter lebten zwar alle zusammen, wurden aber von ihren Müttern getrennt. Die Mädchen hatten nach ihrer meist frühen Heirat – mit wenigen Ausnahmen – die Verbotene Stadt zu verlassen.

Als Dienerschaft für den Kaiser und seine Familie beherbergte der Innere Hof eine große Anzahl von Eunuchen. Kaiser Kangxi behauptete, daß während der Ming-Dynastie 100 000 zu Diensten gestanden hätten, glaubt man dem Archivmaterial, waren es eher 20 000. Über ihre Rekrutierung zu Beginn der Qing-Dynastie ist nichts Genaues bekannt, außer daß es den Mandschu verboten war, sich kastrieren zu lassen. Im Jahre 1751 setzte Qianlong die Zahl der Eunuchen auf 3300 fest. Diese Zahl wurde jedoch niemals erfüllt. 1793 waren es nur 2605, 1842 gar nur 2216 Eunuchen. 1858 wurde die Zahl der Eunuchen rein theoretisch auf 2500 herabgesetzt; indessen zählte der kaiserliche Haushalt im Jahre 1887 lediglich 1693 Eunuchen, 1920 nur noch 800–900[3]. Zu den Eunuchen kam noch eine beträchtliche Anzahl von Bediensteten in mehr oder weniger untergeordneten Stellungen. Oft waren es Abkömmlinge von Kriegsgefangenen oder Zwangsarbeitern. Im 18. Jahrhundert gab es mehr als 5000 Bedienstete, mehrheitlich Frauen, die wechselnde einfache Tätigkeiten verrichteten wie Waschen, Küchenarbeiten, Nähen, Versorgen von Heizung und Beleuchtung, Wassertransport, Instandhaltung und ähnliches. All diese Menschen logierten, wie die Soldaten der kaiserlichen Garde, mehr schlecht als recht im Palast, in an die Mauern des Inneren Hofes grenzenden Bauten, während ihre Familien in der Stadt wohnten. Die Zahl der Dienerschaft nahm im 19. Jahrhundert ab.

Die Bevölkerung der Verbotenen Stadt umfaßte Ende des 18. Jahrhunderts 9000 Personen und wurde Ende des 19. Jahrhunderts auf 6000 geschätzt. Ganz Peking hatte damals ungefähr 70 000 Einwohner.

Der Innere Hof

Die offizielle Palastordnung für den Inneren Hof behielt die drei großen zentralen Paläste dem Kaiser und der Kaiserin vor. Die sechs Paläste des Ostens und die sechs Paläste des Westens beherbergten Konkubinen und Kinder. Aber je nach den Umständen, den Neigungen des Kaisers oder der jeweiligen Zusammensetzung seiner Familie wechselten die Vorlieben für die verschiedenen Bauten des Inneren Hofes häufig. Die kalten, dunklen, gleichwohl festlichen zentralen Paläste dienten rituellen und politischen Zwecken, während sich das »eigentliche Leben« in den seitlichen Palästen und den Pavillons der »Gärten des Westens« (*Xiyuan*) abspielte, welche um die drei Seen längs der Verbotenen Stadt im Westen der Kaiserstadt (*Huangcheng*) angelegt waren.

Die vier letzten Ming-Kaiser bewohnten den »Palast der Himmlischen Klarheit« (*Qianqinggong*). Diese Gepflogenheit blieb zu Beginn der Qing-Dynastie bestehen. Danach zog Kangxi den Aufenthalt im »Palast der Immerwährenden Harmonie« (*Yonghegong*) vor, einem der sechs Paläste des Ostens, wo er als Minderjähriger gewohnt hatte, und nutzte den Palast der »Himmlischen Klarheit« als Arbeitsstätte. Bei seiner Thronbesteigung im Jahre 1723 ließ Yongzheng seine privaten Gemächer im »Palast (oder der Halle) der Pflege des Herzens« (*Yangxindian*) im Süden der sechs Westlichen Paläste einrichten, von wo aus er den Staatsgeschäften nachging. Bis 1898 nutzten auch seine Nachfolger den Palast als Residenz oder tägliche Arbeitsstätte und wählten manchmal zusätzlich eine Wohnung wie etwa Xianfeng, der im »Palast der Grandiosen Tugend« (*Hongdedian*) neben dem Palast der Himmlischen Klarheit logierte. Qianlong hatte 1773 den »Palast des Ruhevollen Alters« (*Ningshougong*) im Osten der sechs Östlichen Paläste erbauen lassen. Dorthin zog er sich nach seiner Abdankung 1795 zurück und starb hier 1799. Kaiserin Cixi richtete sich aus Anlaß der Volljährigkeit von Guangxu 1889 ebenfalls dort ein und blieb hier bis zum Jahr 1900. Beim Eintreffen der Entsatztruppen, die die ausländischen Mächte ausgeschickt hatten, um die Belagerung der Botschaften durch die Boxer aufzuheben, floh sie nach Xi'an.

Cixi war sicherlich die Kaiserin, die am häufigsten ihren Wohnsitz wechselte. Bei ihrem Eintritt in den Palast, als Konkubine im fünften Rang, bewohnte sie den »Palast des Beistandes des Kaisers« (Yikungong), danach denjenigen der »Gesammelten Eleganz« (Chuxiugong) zwischen den sechs Westlichen Palästen; daher rührt auch ihr Beiname »Kaiserin des Westens« (xi taihou). Während der Minderjährigkeit ihres Sohnes Tongzhi residierte sie im Palast der Pflege des Herzens. Als Tongzhi volljährig wurde, zog sie in den »Palast des Immerwährenden Frühlings« (Changchunggong) westlich ihres ersten Wohnsitzes. Während der Minderjährigkeit von Guangxu kehrte sie in den Palast der Pflege des Herzens zurück. Nach dem Jahr 1900 wählte sie ihren Wohnsitz in den Gärten des Westens, im »Pavillon des überbordenden Mitleids« (Huairentang) am Ufer des »Sees der Mitte« (Zhonghai), während Kaiser Guangxu auf der kleinen Insel Yingtai im »See des Südens« (Nanhai) in ihrer Nähe und unter ihrer Aufsicht lebte. Sie hielt ihre Beratungen in der »Halle des Phönix der Zeremonie« (Yiluandian) ab, wo sie schließlich am 15. November 1908 starb. Dort residieren noch heute die Führer Chinas. Der letzte Kaiser erhielt eine Wohnung im Palast der Pflege des Herzens, während der für ihn eingesetzte Regent neben dem Palast der Himmlischen Klarheit seinen Aufenthalt nahm[4].

Der sehr abgeschlossene und geschützte Innere Hof war nicht nur die unverletzliche Residenz der Herrscher mit geheiligtem Charakter, er war ebenso der Ort, an dem die Mandschu-Kaiser nach und nach die Einrichtungen etabliert und konzentriert hatten, die es ihnen erlaubten, das Reich zu regieren, ohne sich, wie die letzten Ming-Kaiser, darauf zu beschränken, nur in der erlesenen Abgeschiedenheit ihres Palastes zu leben und der von den Han beherrschten Bürokratie eine Vollmacht auszustellen. Kangxi hatte seine eigene Verwaltung entwickelt, indem er eine direkte Verbindung zu den Beamten seines Hofstaates und der Provinzen mit Hilfe der Palastmemoranden unterhielt, die ihm direkt zugeleitet wurden, ohne daß das Großsekretariat eingeschaltet wurde. In Verteidigungsangelegenheiten stützte er sich auf einen Rat aus Mandschu-Würdenträgern und für alles andere auf kleine, nach Bedarf zusammengestellte informelle Beratergruppen. Yongzheng führte diese Entwicklung weiter, indem er sich eine zahlenmäßig kleine Schar persönlicher Berater zulegte sowie zwei kleine Gefolgschaften aus Sekretären, die ihm als Exekutive dienten und alle wichtigen politischen Angelegenheiten mit ihm besprachen. Diese Organe wurden zu Beginn der Regierung von Qianlong unter dem Namen »Großer Rat« (Junjichu) zusammengefaßt. Die Macht dieser Entscheidungsinstanz beruhte auf ihren direkten Kommunikationssystemen mit der gesamten Verwaltung sowie den Besetzungsvorschlägen für Vertrauensstellungen. Vom Herrscher vertraulich ernannt und direkt von ihm geleitet, ohne die Zwänge der regulären Verwaltung, verdankte der Große Rat seine Effizienz seiner beschränkten Personenzahl (3 bis 8 Berater und 32 Sekretäre), seiner Schnelligkeit (dringende Angelegenheiten wurden am selben Tag erledigt) und der unerbittlichen Geheimhaltung, mit der er seine Arbeit tätigte und seine Beschlüsse durchführte. Bis zum Mai 1911, als er zugunsten eines dem Parlament verantwortlichen Kabinetts aufgelöst wurde, war er die politische Schaltstelle des Reiches. Die Büros des Großen Rates waren sehr bescheiden im Süden des Inneren Hofes untergebracht, in unmittelbarer Nähe der Paläste der Himmlischen Klarheit und der Pflege des Herzens. Die entscheidende Rolle dieser persönlich vom Kaiser geführten Exekutive erklärt, daß in der Epoche der Qing die Unterschiede zwischen Äußerem Hof und Innerem Hof das politische System spiegelten: die Kluft zwischen der die Herrschaft der Mandschu sichernden, autokratischen Regierung, auch wenn die Mandschu nicht die Mehrheit des politischen Personals darstellten, und der von den Han getragenen Verwaltung, die von den bürokratischen Regeln der langen Tradition der Chinesen beherrscht war.

Die Unterscheidung zwischen Äußerem Hof und Innerem Hof existierte auch in den Lustschlössern des Kaisers. Sie wurde sogar bei den Reisen in die Provinz sichtbar: die Mitglieder des Äußeren Hofs wohnten in weißen Zelten, die des Inneren in gelben. Man kann also festhalten, daß die Grenze zwischen den beiden Höfen keineswegs die Trennlinie zwischen öffentlichem Leben und Privatleben des Monarchen darstellte: Vom Standpunkt der Politik aus gesehen, entsprach die Aktivität des Inneren Hofes der Ausübung der Autorität, die der Kaiser für sich selbst in Anspruch nahm, diejenige des Äußeren Hofes einer durch ihn delegierten Autorität.

Palastverwaltung und Leitung des Kaiserlichen Haushalts

Mit Verwaltung und Leitung der Verbotenen Stadt betrauten die Qing den Kaiserlichen Haushalt (Neiwufu). Diese in der Geschichte Chinas wurzelnde Einrichtung war eines der Instrumente, dank deren die Herrscher dieser Dynastie die Dominanz der Mandschu über das chinesische Kaiserreich festigen konnten. Das Werk »Ritual der Zhou« (Zhouli) aus dem 4. Jahrhundert vor unserer Zeitrechnung beschrieb bereits die komplexe Organisation der Dienerschaft des Kaisers und seiner Familie. Später, ab den Han im 2. Jahrhundert vor unserer Zeitrechnung, waren es besonders die Eunuchen, denen die chinesischen Kaiser den Dienst in ihrem Haushalt übertragen. Zu Beginn der Qing-Dynastie wurde die beträchtliche Macht, die sich die Eunuchen unter den Ming angemaßt hatten, sowie ihre Einmischung in die politischen Angelegenheiten von den chinesischen Gelehrten als Hauptursache für den

Abb. 33 Der Thronsaal des Palastes der Pflege des Herzens (Yangxindian), in dem die Kaiserinwitwe Cixi während der Unmündigkeit von Tongzhi und Guangxu bei politischen Audienzen den Vorsitz auf dem Thron »hinter dem Vorhang« führte.

Niedergang der Ming-Dynastie angesehen. Die mandschurischen Eroberer teilten diese Ansicht nur zu gern. Sie hatten Eunuchen erst zu Anfang des 17. Jahrhunderts unter chinesischem Einfluß an ihrem Hof aufgenommen. Außerdem hatten sie für den Dienst bei den Prinzen eine besondere Institution geschaffen, die auf der Leibeigenschaft von Kriegsgefangenen, Sträflingen und ihrer Nachkommen beruhte, die in die »Acht Banner« (Ba qi) eingebunden worden waren, in welche die mandschurische Bevölkerung eingeteilt war. Diese unfreien Gefolgsleute (*Baoyi*, die chinesische Umschrift des mandschurischen Begriffes *Boyi*) der drei von Abahai gegründeten höheren Banner bildeten den Kaiserlichen Haushalt (*Neiwufu*), den Abahai 1638 in seinem Palast von Shenyang eingerichtet hatte.

Da die Palasteunuchen der Ming sich beim triumphalen Einzug der Qing in Peking 1644 den Qing angeschlossen hatten, durften sie in ihren Ämtern bleiben, trotz der Vorurteile der Eroberer gegen sie. 1654 in dreizehn Büros arbeitend (*Shisan yamen*), hatten sie unter Kaiser Shunzi sogar für eine gewisse Zeit das Monopol in den Palastangelegenheiten inne.

Jedoch führten die Intrigen, die die Eunuchen trotz strenger Vorschriften spannen, nach dem Tod von Kaiser Shunzi 1661 zur Wiederherstellung des Kaiserlichen Haushalts. Die Eunuchen wurden ihm unterstellt, dem Kaiser blieb die Befehlsgewalt über die Vorgesetzten der Palastgarde vorbehalten. Diese Regelung wurde bis zum Ende der Qing-Dynastie beibehalten. Ihr ist es zu verdanken, daß der politische Einfluß der Eunuchen unter den Qing viel geringer war als unter ihren Vorgängern.

Dagegen machten die dem Kaiserlichen Haushalt anvertrauten Funktionen ihn zu einem mächtigen Räderwerk, dessen Eigeninteresse schließlich die Interessen der Monarchie aufs Spiel setzte.

Der Kaiserliche Haushalt war insofern einzigartig, als er durch eine Gruppe von Gefolgsleuten gebildet wurde, die in Erbfolge im persönlichen Dienst des Kaisers stand. Er war gleichzeitig eine Verwaltung, deren Umfang und Dienste ständig zunahmen. 1662 zählte er 402 Offiziere, 1796 bereits 1623, am Ende des 19. Jahrhunderts fast 3000, die auf 56 Büros mit zahlreichen Sektionen verteilt waren. Im Unterschied zu den gewöhnlichen Verwaltungsorganen gab es nach den Statuten kein Limit bei der Zahl der Offiziere, so daß diese lukrativen Posten es dem Herrscher erlaubten, sich der Loyalität von begabten Mandschu zu versichern.

Der im ersten Viertel des 18. Jahrhunderts festgelegte Aufbau umfaßte sieben Direktionen und drei sogenannte Höfe (*Of si san* yuan). Von den ersteren war die wichtigste das kaiserliche Schatzamt, zu dem die sechs Magazine (*Liu ku*) gehörten, wo Gold, Silber, Perlen, Edelsteine, Pelze, Seiden, Tee, Porzellan lagerten, einschließlich der Garderobe (*Yiku*). Die anderen Direktionen befaßten sich mit dem Hofzeremoniell und den Eunuchen, der Leitung der kaiserlichen Domänen, der Garde und der Jagd, der Polizei, den Gebäuden, den Weiden und Herden, die das Fleisch für Tafel und Opfer lieferten. Die drei Höfe umfaßten die Reitställe, die Waffenkammer, die Gärten und Parks[5].

Dem Kaiserlichen Haushalt oblag die Rechtsprechung über sämtliche privaten Bereiche des Kaisers außer dem Palast von Shenyang, der von 1625 bis 1643 Residenz der Mandschu-Herrscher war und der dem Kaiserlichen Haushalt 1752 entzogen und von einem anderen Gremium geleitet wurde. Die Hauptverwaltung, über die etliche Oberaufseher aus den Reihen der mandschurischen Prinzen und Adligen den Vorsitz führten, lag im Äußeren Hof in der Nähe des Tores des Westens (*Xihuamen*); seine Dienststellen waren über den Palast, die Stadt und das ganze Reich verstreut.

Der Kaiserliche Haushalt war für die gesamte Leitung des Palastes zuständig. Mit dieser Befugnis war er für alle möglichen »Versorgungsprobleme« verantwortlich: Für Frauen, Eunuchen und Diener ebenso wie für die verschiedensten Naturalien. Alle drei Jahre erstellte der Kaiserliche Haushalt eine Liste der »Eleganten« (*xiunü*) unter den jungen Mandschu- und Mongolen-Frauen von 13 bis 15 Jahren, die – obgleich sie nicht zum kaiserlichen Clan gehörten – aufgrund ihrer familiären Herkunft als Gemahlinnen oder Konkubinen in diesen eintreten konnten. Wenn der Kaiser sich vermählen sollte, wurde die Wahl von der Kaiserinwitwe getroffen, im Falle der Prinzen von der Kaiserin. Die Betroffenen durften höchstens bei der Auswahl der Konkubinen mitentscheiden. Während sich die Auswahl zu Beginn der Qing-Dynastie über das gesamte Kaiserreich erstreckte, wurde sie zunehmend auf die nahe bei Peking liegenden Regionen beschränkt. Die dreimal im Jahr stattfindende Auswahl der Palastdamen (*gongnü*) sowie der Dienerinnen beschränkte sich auf die Töchter von Hausklaven aus den drei kaiserlichen, in Peking ansässigen Bannern. Sie wurden im Alter von 13 Jahren eingestellt und verrichteten, je nach Erscheinung und Erziehung, einen mehr oder weniger niedrigen Dienst. Mit 18 Jahren kehrten sie in ihre Familien zurück, um sich zu verheiraten. Dank ihres angesparten Lohnes galten sie als »gute Partie«. Auch die unter den Mandschu ausgesuchten Ammen erhielten ein gutes Gehalt und blieben im allgemeinen mehrere Jahre im Palast.

Die nicht fest angestellten Arbeitskräfte für die Bauarbeiten konnten unter den Han gedungen werden, aber das übrige einfache technische Personal sowie die in der Verbotenen Stadt vom Kaiserlichen Haushalt angestellte Dienerschaft gingen aus den Reihen der Hausklaven hervor bzw. aus den Bannern von niedrigem Rang, die auf Mandschu *sula* hießen und kein Anrecht auf die unentgeltlichen Zuteilungen von Reis hatten wie ihre Landsleute bzw. die Eunuchen.

Die Zulassung der Eunuchen erfolgte dreimal im Jahr durch die leitenden Offiziere des Hofzeremoniells sowie der Buchhaltung des Kaiserlichen Haushalts entsprechend einer Liste von Kandidaten, die bis 1776 vom Ministerium der Riten geliefert und danach vom Kaiserlichen Haushalt selbst geführt wurde. Ein Unterabteilungsleiter der Eunuchen war für die Zuteilung der jungen Eunuchen verantwortlich. Außer den für den Dienst bei den Prinzen ausgesuchten Eunuchen und den gelegentlich zur Kastration Verurteilten kam die Mehrzahl der Kandidaten im 19. Jahrhundert aus zwei dem Palast benachbarten Ausbildungsstätten, die von einfachen Mandarinen geführt wurden. Diese nahmen die erforderlichen Operationen vor, überwachten die Rekonvaleszenz, lieferten die vorgeschriebene Kleidung und kümmerten sich um die Palastformalitäten, all dies auf der Basis von Vorauszahlungen auf den künftigen Lohn ihrer Schüler. Den Lehrern mußten 180 *tael* bezahlt werden, wobei ein gewöhnlicher Eunuche 2 *tael* pro Monat verdiente. Die Betroffenen entstammten armen Familien aus den Provinzen um Peking, aus dem Süden des jetzigen Hebei sowie aus Shandong. Die Verbotene Stadt rekrutierte nur Kastraten unter 15 Jahren, die unverheiratet waren. Die Ältesten wurden auf die kaiserlichen Domänen geschickt oder in prinzliche und adlige Häuser, denen eine bestimmte Anzahl von Eunuchen gestattet war.

Die Palasteunuchen waren in eine strenge Hierarchie eingegliedert, die seit dem Jahr 1726 von Mandarin-Würdenträgern errichtet worden war, die nicht nur die Höhe des Lohns in Naturalien oder Bargeld, sondern auch die Zulagen festsetzten. Beförderungen und Bestrafungen oblagen dem Vorgesetzten der Eunuchen, der seinerseits den Oberaufsehern des Kaiserlichen Haushalts unterstellt war. Die Eunuchen waren verschiedenen Büros zugeteilt (127 Mitte des 18. Jahrhunderts, 102 zu Beginn des 19., 63 zu Beginn des 20. Jahrhunderts), die entweder für eine spezifische Funktion zuständig waren, wie für die Heizung, für die Palastoper oder für ein Gebäude, dessen Dienerschaft oder Garde sie stellten, wie zum Beispiel die für den Palast der »Himmlischen Klarheit«[6].

Abb. 34 Eunuchen des Palastes um 1900.

Allen ihm unterstellten Personen, von der Palastdame bis zum geringsten Eunuchen, verschaffte der Kaiserliche Haushalt eine berufliche Ausbildung in Form einer Einarbeitungsphase, auf die eine mehr oder weniger lange Lehrlingsausbildung unter der Aufsicht eines erfahrenen Dieners folgte, im Falle der für die Schriften und Übersetzungen eingestellten Personen sogar in Form einer schulischen Unterweisung in einer dafür in der Verbotenen Stadt eingerichteten Schule. Tägliche Kontrolle, Benotung, Strafen, Beförderungen, Auszahlung von Löhnen und Gratifikationen oblagen allein dem Kaiserlichen Haushalt, der die gesamte Macht in Händen hielt. Ausgenommen war allein die Bestrafung von Kapitalverbrechen: dafür war das Ministerium für Züchtigung zuständig.

Der Kaiserliche Haushalt versah teilweise die Versorgung der Verbotenen Stadt mit Nahrungsmitteln und anderen Waren. Dank der Lieferungen der Domänen und der kaiserlichen Werkstätten, die er in der Provinz verwaltete, insbesondere der großen Seidenmanufakturen von Suzhou und Hangzhou, verfügte er über üppige Ressourcen. Ein weiterer beträchtlicher Teil von diesen Gütern ging auf Abgaben und Naturalgeschenke zurück, die dem Kaiser von bestimmten Provinzen und abhängigen Ländern gesandt wurden. Aus diesen Quellen stammten auch die zahlreichen Geschenke, die der Kaiser bei verschiedenen Gelegenheiten darbrachte. Um frische Produkte wie zum Beispiel Gemüse, Geflügel usw. zu erwerben, schickte das Amt für die Küchen Aufkäufer zu den Märkten in der Stadt. Seit der Regierung von Qianlong wurde das Wasser jeden Abend von der Jade-Quelle in den Hügeln des Westens durch einen gewaltigen, von einem gelben Lilienbanner überragten Konvoi herbeigeschafft, der vor allen anderen Fahrzeugen Vorfahrt hatte. Der einzige in der Verbotenen Stadt verwendete Brennstoff war Holzkohle aus besonderen Hölzern, die speziell behandelt wurden, um übermäßige Rauchentwicklung zu vermeiden.

Die Direktion der Bauten beschäftigte in ihren Werkstätten Tausende von speziellen Handwerkern und Arbeitskräften für Reparaturen, Ausstattungen und Bauarbeiten im Palast.

In der Verbotenen Stadt unterhielt man Krankenstationen, in denen die Kranken ihrem sozialen Status entsprechend untergebracht waren, sowie einen medizinischen Dienst, in dem 84 Ärzte mit der Behandlung der Patienten und der Herstellung von Medikamenten befaßt waren.

Der Unterhalt von Hof und Palästen verschlang gewaltige Summen, die allerdings anhand der Quellen nicht genau zu beziffern sind. Die Kosten der unter Qianlong zwischen 1735 und 1795 vorgenommenen Arbeiten in der Verbotenen Stadt wurden mit mehr als 76 Millionen *tael* angegeben[7]. Um 1765 betrug das Jahresbudget des Palastes wahrscheinlich 10 Millionen *tael*, das heißt ein Viertel des Staatsbudgets[8]. Das Palastbudget und seine Verwaltung waren nicht Bestandteil der öffentlichen Finanzen. Der Kaiserliche Haushalt stellte ein autonomes Finanzsystem dar, welches weder vom Ministerium für Staatseinkünfte noch von der Kontrolle durch die Verwaltung des Staates abhängig war. Mehr noch: ein Han durfte hier nicht beschäftigt werden.

Mehr Einkünfte als aus den 886 kaiserlichen Domänen flossen aus dem Handel mit Ginseng, für den sich der Kaiserliche Haushalt der Mandschu-Herrscher die Kontrolle im ganzen Reich gesichert hatte. Der Gewinn hieraus deckte etwa ein Zehntel der Haushaltsausgaben. Hinzu kamen andere Handelsaktivitäten, wie der Verkauf von Naturalabgaben, der Getreide- und Metallhandel, die Bankgeschäfte. Eine andere wichtige Einnahme, die mindestens ein Fünftel der Ausgaben deckte, stammte aus Produkt- und Handelszöllen der großen Handelsplätze, darunter der Zoll von Guangzhou (Kanton), der im 18. Jahrhundert von den Europäern erhoben wurde. Der Kaiserliche Haushalt hatte sich zudem einen Teil der Einkünfte aus der Salzsteuer angeeignet. Er führte Beschlagnahmungen durch und erhielt häufig »spontane« Strafzahlungen, die sich die Beamten selbst auferlegt hatten, um der Bestrafung ihrer Unterschlagungen zu entgehen. Für außerordentliche Ereignisse appellierte er an »freiwillige Zuwendungen« der Untertanen: 1,2 Millionen *tael* anläßlich des 25jährigen Regierungsjubiläums von Kaiser Qianlong, 10 Millionen *tael* anläßlich der Vermählung von Tongzhi im Jahre 1873.[9]

Lange Zeit verfügte der Kaiserliche Haushalt über genügend Ressourcen und Handelseinkünfte, um dem Ministerium für Staatseinkünfte regelmäßige Subventionen zu zahlen, dessen Kassen es indessen nicht an Reserven fehlte. Die Mandschu-Kaiser kamen nicht nur für die Aufwendungen ihres Hofstaats und ihrer Paläste aus ihren persönlichen Schatullen auf, sondern sie alimentierten auch die öffentlichen Finanzen. Die Situation änderte sich ab der zweiten Hälfte des 19. Jahrhunderts: Während der inneren Wirren nahmen die Handelsprofite ab und die Unterschlagungen zu, die Abgaben trafen zögerlich ein. Seit 1857 bat der Kaiserliche Haushalt das Ministerium für Staatseinkünfte, das sich selbst in verzweifelter Lage befand, um Subventionen, um seinen zunehmend schlechter zu erfüllenden Verbindlichkeiten nachkommen zu können.

Über zwei Jahrhunderte lang war der Kaiserliche Haushalt dank seiner finanziellen Geschicklichkeit und der Informationen, die die Gewährsleute aus der Provinz lieferten, ein unverzichtbares Räderwerk im Machtgefüge der Mandschu-Kaiser. Im Niedergang des Kaiserlichen Haushalts kündigte sich der Untergang der Monarchie an.

Verteidigung und Sicherheit

Wenn auch der Kaiserliche Haushalt innerhalb der Verbotenen Stadt und der Residenzen des Hofes jene Kompetenzen ausübte, die außerhalb dieser Bereiche den sechs Ministerien der Öffentlichen Verwaltung zufielen, gab es indessen ein Gebiet, auf das er kaum Einfluß hatte: die militärische Sicher-

Der Palast unter den Qing 49

heit. Auf diese Weise sollte ein Putschversuch durch den Kaiserlichen Haushalt vermieden werden.

Die dreifache Mauer der Verbotenen Stadt selbst, der Kaiserlichen Stadt und der Tatarenstadt mit ihren Gürteln aus breiten Gräben sowie ihren Befestigungen bot dem Palast einen eindrucksvollen Schutz. Die Organisation der inneren militärischen Verteidigung des Palastes wies im übrigen drei Besonderheiten auf: Der Kaiser hatte als einziger die Befehlsgewalt über sie; ihr unterstanden nur Mandschu und Mongolen, von denen einzig die der persönlichen Autorität des Kaisers unterstellten Angehörigen der drei höheren Banner im Inneren Hof in Dienst standen; schließlich stützte sich die Verteidigung ebenso auf die Palastwachen wie auf die Leibgarden.

Die Truppen gehörten fünf verschiedenen Corps an: 1266 Leibgarden, die für den Schutz in den Gemächern des Kaisers zuständig waren; 15045 Wachen, die an den Toren und auf der Umfassungsmauer postiert waren; 1800 Gendarmen, die die Befehlsgewalt über die Polizeitruppen hatten; 14000 Männer aus den Regimentern der Haussklaven des Kaiserlichen Haushalts, darunter 10000 Elitesoldaten, die man seit 1861 nach europäischem Vorbild ausrüstete und ausbildete, wurden eingesetzt, um die Toreingänge zu kontrollieren, Wache zu halten und die Eskorten außerhalb des Palastes sicherzustellen. Ihre Kommandanten waren jeweils direkt dem Kaiser unterstellt, übten abwechselnd die Kontrolle über die gesamten Verteidigungseinrichtungen aus und hatten dem Kaiser Bericht zu erstatten. Die Offiziere mußten häufige Inspektionen durchführen, um die Uniformen der Garden und die Strenge der Identitätskontrollen an den Toren – mittels eines wechselseitigen Kontrollsystems der verschiedenen Garden – zu überprüfen.

Nach den schweren Unruhen von 1803 und 1813 wurden die Überwachungssysteme verstärkt. Die Zahl der Sänftenträger, die den Würdenträgern von hohem Rang in den Äußeren Hof folgen durften, wurde herabgesetzt. Beim Eintritt genügte es nicht mehr, aus seiner Equipage zu steigen, man mußte nun seinen vorschriftsmäßig vom Großsekretariat oder dem Kaiserlichen Haushalt ausgestellten Ausweis vorweisen: ein Holzkärtchen, auf dem Name und Funktion eingraviert waren für die Beamten bzw. für das einfache Personal ein an der Kleidung befestigtes Schild in Brusthöhe mit Angabe von Name, Alter, Dienstbezeichnung, Siegel und Ausstellungsdatum. Bis dahin war eine Liste mit den Namen der offiziellen Personen, die den Inneren Hof betreten durften, einmal pro Jahr an einem der Tore hinterlegt worden, und die Besucher trugen beim Eintritt lediglich ihre Namen ein. Nunmehr mußte jeder seiner Stellung entsprechend ein bestimmtes Tor passieren, seinen offiziellen Ausweis beim Wachposten hinterlegen und ihn beim Verlassen unter Nennung des Namens und seiner Funktion wieder an sich nehmen. Die Identität des Dienstpersonals wurde mit Hilfe von Listen kontrolliert, die dem Kontrollbüro vom Kaiserlichen Haushalt ausgehändigt wurden. Jede Warenlieferung war Gegenstand einer vorangehenden

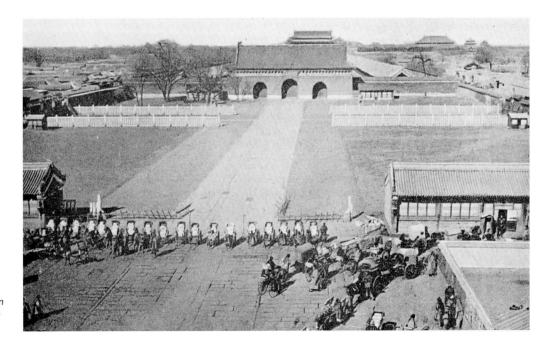

Abb. 35 Tor der Östlichen Blüte (Donghuamen) *während einer Audienz um 1905. Die Rikschas der Mandarine wurden bei dem Häuschen der Wachen angehalten.*

schriftlichen Erklärung und konnte nach der Inspektion durch die Wachen nur dann passieren, wenn sie durch einen dazu bevollmächtigten Angestellten in Empfang genommen wurde.

Wie die Stadttore waren auch die Tore der Verbotenen Stadt von der Dämmerung bis zum Morgengrauen geschlossen. Im Äußeren Hof und im Inneren Hof übten unterschiedliche Kommandos ihren Dienst aus. Während der Nacht mußten in dringenden Fällen die Überbringer von Botschaften an den Kaiser eine Parole nennen, um die Öffnung des Tores zu erwirken.

Aufgrund der Brände, die allzuhäufig Paläste in der Verbotenen Stadt verwüstet hatten, wurde eine Feuerwehr aufgestellt. Seit dem 17. Jahrhundert wurden Soldaten zu Feuerwehrmännern ausgebildet. Die Instandhaltung der 308 Wasserreservoirs oblag den Eunuchen, die den Auftrag hatten, sie im Winter zu beheizen, um Eisbildung zu verhindern. Kangxi hatte aus Furcht vor Feuer sogar das Rauchen in den Palästen verboten. Für Küchen und Heizungen wurde nur eine Holzkohle spezieller Qualität mit langsamer Verbrennung verwendet, die wenig Rauch entwickelte und keine Kamine erforderte.

Indessen ließ die Effizienz des strengen Sicherheitssystems Anfang des 19. Jahrhunderts nach. Im Jahre 1803 war im Inneren Hof eine Destabilisierung der Sicherheit zu verzeichnen, und das kaiserliche Gefolge konnte nur knapp davon abgehalten werden, sich mit dem Messer in der Hand auf die Sänfte des Kaisers zu stürzen. 1805 wurde ein Angehöriger des Großsekretariats im Inneren Hof unter den Augen des Gardecorps beraubt; außerdem entdeckte man, daß ein Eunuche seine Nichte zwei Monate lang in den Küchen verborgen gehalten hatte. Die Ereignisse gipfelten in dem Vordringen einer bewaffneten Bande von Rebellen der »Acht Trigramme« bis in den Inneren Hof dank der Komplizenschaft von einigen Eunuchen. Trotz Verstärkung der Ordnungskräfte setzten sich die Zwischenfälle fort: 1853 erfolgte der Raub der Siegel, 1858 und 1866 Plünderung der Archive sowie wiederholter Waffenraub. 1881 verwüstete ein opiumsüchtiger Eunuche den Palast der »Barmherzigen Ruhe« (Cininggong) zusammen mit seinen Komplizen und enthüllte so die Existenz von 70 Opiumhöhlen und sieben Spelunken im Inneren Hof. Die Gaffer drangen ohne Scham in den Äußeren Hof ein, manche betrieben dort einen kleinen Handel. Gewährsleute berichten, daß die Garden im Morgengrauen unter den Toren am Boden lagen und kaum den Kopf vom Kissen erhoben, um »Hola« zu rufen, und jeden Beliebigen passieren ließen[10].

Allen Versuchen, die Ordnung wiederherzustellen, stand die unübersichtliche Aufteilung der Zuständigkeiten im Wege, da jedes Corps dem anderen die Verantwortung für die Zwischenfälle zuschob. Unter den weniger energischen oder minderjährigen Herrschern verkehrte sich die Idee des Sicherheitssystems, das jede Koordination und Autorität ausschloß, falls diese nicht persönlich vom Kaiser ausging, in ihr Gegenteil.

Riten und Zeremonien

Ebenso wie durch die Mauern und die Palastgarde wurde der geheiligte Charakter des Kaisers durch minuziöse Etikette geschützt und durch Zeremonien zum Ausdruck gebracht. Sie regelten Auftreten, Gebaren und das äußere Erscheinungsbild eines jeden und nahmen einen großen Teil seiner Zeit in Anspruch. Dieser rituelle Aspekt des Palastlebens beschäftigte einerseits die Phantasie des Volkes und diente andererseits der täglichen Unterwerfung der in der konfuzianischen Tradition erzogenen Beamten. Die ersten Qing-Herrscher legten großen Wert auf die Praxis und Kodifizierung der Riten und Zeremonien. Sie bedienten sich ihrer als Herrschaftsinstrumente, die es erlaubten, die Rolle des Kaisers zu überhöhen. Sie zwangen ihre Untertanen in eine hierarchische Ordnung in Form von Statuten und Funktionen, wobei sie deren Selbstachtung anstachelten – und sie so gleichzeitig die Einheit und den allgemeinen Zusammenhang des *tianxia* (wörtlich: das, was unter dem Himmel ist), wie man das Reich nannte, fühlen ließen.

Bei der Errichtung seines kaiserlichen Regierungsapparates hatte der erste Monarch der Mandschu die Übernahme des Ming-Rituals angeordnet. Nach der Eroberung Chinas rief die Ausübung dieses Rituals – das natürlich von der Han-Bürokratie favorisiert wurde, die mit der Abfassung der neuen Verordnungen befaßt war – Widerstand in der Mandschu-Aristokratie hervor, die befürchtete, aufgrund der Vernachlässigung der »Sitten der Vorfahren« den Einfluß ihrer Ethnie zu verlieren. Bestimmte Bräuche der Mandschu wurden während der Minderjährigkeit von Kangxi wiedereingeführt. Indessen hielten seit 1673 die *Neue Verordnung der sechs Ministerien*, dann seit 1690 die *Erste Sammlung der Statuten des Qing-Reichs (Da Qing huidian)* die Vorschriften fest, die im Grunde diejenigen der Ming waren – im Detail ergänzt durch verschiedene alte Sitten oder neue Praktiken der Mandschu. Das rituelle System wurde unter Qianlong wiederbegründet durch die 1742 erschienene Veröffentlichung der *Im Palast angewendeten Regeln (Gong zhong xianxing zeli)* und die 1759 vollendete Sammlung des *Im gesamten Qing-Reich geübten Rituals (Da Qing Tongli)*. Mit gewissen Anpassungen blieb diese Kodifizierung, die behauptete, die von den konfuzianischen Klassikern beschriebenen kanonischen Details wiedereinzusetzen, bis 1911 gültig.

Der gesamte Hof war rituellen Vorschriften unterworfen: Gesten, Sprache, Kleidung, Gegenstände. Dem Kaiser und seinen Gemahlinnen durfte man sich nur auf den Knien nähern; um ihnen auch nur den kleinsten Gegenstand überreichen zu dürfen, mußte man knien, ihn mit beiden Händen präsentieren und dann auf einem Tisch abstellen. Zum Niederknien mußte man zunächst das linke Knie auf den Boden setzen und darauf achten, daß der Zopf auf der Mitte des

Abb. 36 *Die Hochzeit des Kaisers Guangzu. Ausschnitt aus einer Querrolle, L.: 1,16 m, H.: 0,66 m, Tusche und Farben auf Papier, 19. Jahrhundert. Die Geschenke, die für die Familie der Gemahlin bestimmt sind, sind vor der Halle der Höchsten Harmonie* (Taihedian) *ausgestellt.*

Rückens lag. Man hatte voranzuschreiten, ohne den Kopf zu bewegen, und durfte nur leise lachen, mit halb geschlossenen Lippen. Die Palastdamen mußten in Seitenlage schlafen: Auf dem Rücken ausgestreckt, hätten sie sich im Angesicht des Himmels befunden, ein Sakrileg. Weder sie noch die Ehrendamen durften sich ohne ausdrücklichen Befehl und dann nur zu zweit von einem Palast zu einem anderen begeben. Sie durften kein Wort aussprechen, das dieselbe Betonung hatte wie der Vorname des Kaisers, der Kaiserinnen und der Konkubinen bzw. nie Worte benutzen, die Trauer und Tod berührten. Die Art der Ansprache des Kaisers war entsprechend dem jeweiligen Rang des Vortragenden und dem Anlaß minuziös abgestuft. Die Eunuchen sprachen den Kaiser mit »Herr der zehntausend Jahre« an (wansuiye), die Minister mit »Hoheit« (shang).

Die Kaiser Nurhaci und Abahai hatten die Kleidung des Herrschers und des mandschurischen Adels vorgeschrieben. Im Jahr 1647 verkündete der Minister der Riten die für die Beamten und die Bevölkerung der Han geltenden Kleidervorschriften. Nachdem sie unter Qianlong ergänzt worden waren, wurden diese Verfügungen mit Hilfe von bebilderten und streng zu befolgenden Handbüchern verbreitet. Anhand der Farbe, des Schnittes, der Verzierung und der Art des Stoffes diente die Kleidung zur Kennzeichnung des persönlichen Status: Je nach Jahreszeit und Anlaß variierte sie nach einer festgelegten Ordnung. Die Farbe Hellgelb war dem Kaiser und der Kaiserin vorbehalten. Für alle Zeremonialgewänder wurden die auf Bogenschützen der Steppe zurückgehenden »hufeisenförmigen« Manschetten eingeführt. Die Palastdamen durften in der warmen Jahreszeit nur grüne, in Herbst und Winter nur braune oder violette Stoffe tragen. Die Eunuchen waren braun gekleidet. Dem Kaiser standen fünf Varianten der Frisur und sechs der Kleidung zur Verfügung (für die Trauer,

Abb. 37 Eines der Weihrauchgefäße, die zu den *lubu* gehören, den Insignien der kaiserlichen Macht, ausgestellt vor dem Thronsaal bei Zeremonien, Palastmuseum Peking.

Kette sowie selbstverständlich die Farbe des Knopfes auf der Kopfbedeckung waren je nach Rang verschieden und signalisierten so dem Bittsteller, welche Formen in Auftreten und Sprache er zu beachten hatte. Zweimal im Jahr, im Frühling und im Herbst, legte eine Verordnung den genauen Zeitpunkt für den Wechsel der Sommer- und Winterkleidung fest. Jede Übertretung wurde rasch geahndet und bestraft: Den Mandarinen drohte die Degradierung; die Damen des Hofes mußten sich auf allen Vieren niederknien, um Schläge mit einer Holzleiste auf das nackte Gesäß zu empfangen; die Eunuchen wurden auf dieselbe Weise bestraft, jedoch ohne sich entkleiden zu müssen.

Die Etikette war so komplex, daß selbst für das geringste Ereignis und die routinemäßigen Zeremonien das Ministerium oder das für das Hofzeremoniell zuständige Büro des Kaiserlichen Haushalts ein Memorandum mit allen protokollarischen Einzelheiten in Umlauf setzte.

Die feierlichen Audienzen

Dreimal im Jahr (zu Beginn des Mondjahres, am Geburtstag des Kaisers, zur Wintersonnenwende) versammelte der Ritus der Großen Audienz (*da chiao*, wörtlich »großer Hof«) Prinzen, Minister, zivile und militärische Würdenträger der Hauptstadt im Hofe vor dem Thronsaal der Halle der Höchsten Harmonie, damit diese dem Herrscher, unter genauer Anweisung der Protokollbeamten, ihre Glückwünsche überbringen konnten. Dieses Zeremoniell erhielt unter Kangxi seine endgültige Form. Im 18. Jahrhundert war der Ablauf folgender:

Vor Anbruch der Morgendämmerung wurden die Insignien der Kaiserlichen Majestät (*lubu*) an ihren jeweiligen Platz verbracht: Waffen, Pferde, Elefanten und fünf Prunkwagen entlang der zum Mittagstor (*Wumen*) führenden Achse; danach zwei sogenannte Gold- und Jade-Sessel mit je 36 Trägern vor das Tor der Höchsten Harmonie; darüber hinaus, in zwei Rängen beiderseits der Mittelachse des Hofes, Sänften, Fahnen, Sonnenschirme, Fächer; am Fuße der Terrasse des Thronsaales Vasen, Räuchergefäße, Dreifüße sowie alle möglichen Gegenstände aus Gold und Goldbronze; im Vorhof des Thronsaales, auf der linken und der rechten Seite, das sogenannte *zhongheshao*-Orchester – dessen Musik als identisch mit der des mythischen Kaisers Shun gilt – mit seinen Instrumenten aus jeweils zwölf vergoldeten Glöckchen und zwölf Jadestückchen in Form eines Tigers, Trommeln, Gitarren mit sieben, dreizehn und fünfundzwanzig Saiten, Flöten und Mundorgeln (*sheng*). Im Innern spielte das Orchester *danbi* (oder Hofmusik) auf Trommeln, Flöten sowie mit Eisenplättchen versehenen Instrumenten.

Im Morgengrauen versammelten sich die

für den Hof, für glückliche Ereignisse, für den Alltag, für die Reise, für den Regen) mit weiteren Varianten für Sommer und Winter. Die Mandarine verfügten über drei verschiedene Hüte und Amtstrachten (für den Hof, für den Alltag, für den Regen), ebenfalls mit zusätzlichen Varianten je nach Saison. Die Stickereien, die Art des Pelzes, mit dem sie besetzt waren, die Anzahl der Perlen der

Abb. 38 Bankett im Pavillon Ziguang im Jahre 1762, das für die tributpflichtigen Nationen ausgerichtet wurde. Ausschnitt aus einer Querrolle von Yao Wenhan (am Hofe nach 1743 tätig), Tusche und Farben auf Seide, H.: 0,458 m, B.: 4,27 m.

Teilnehmer in ihren Hofroben am Tor des Mittags, das aus diesem Anlaß ebenso geöffnet war wie das Tor des Himmlischen Friedens (*Tiananmen*). Nach einem Kniefall begaben sie sich entsprechend ihrem Rang zu ihren Plätzen: die Prinzen links und rechts auf den zum Thronsaal führenden Treppenstufen; die Mandarine in neun parallel zur Hauptachse verlaufenden Reihen hinter den am Fuße der Treppe aufgestellten kaiserlichen Insignien; die zivilen Beamten im Osten der Hauptachse, die militärischen im Westen, hinter ihnen die Gesandten der tributpflichtigen Reiche auf dem Boden der heutigen Länder Korea, Vietnam oder Birma. Sie erwarteten den Kaiser in aufrechter Haltung. Dann ertönten Glocke und Trommel über dem Mittagstor als Signal für den Beginn des Ritus.

Der Kaiser verließ den Inneren Hof in einer großen Sänfte, umgeben von Würdenträgern des Ministeriums der Riten und den bewaffneten Garden, deren Lanzen mit Leopardenschwänzen geschmückt waren. Er betrat die »Halle der Wahrung der Harmonie« (*Baohedian*) durch den hinteren Eingang und ließ sich auf dem Thron nieder. Von dort aus nahm er die Huldigungen der Offizianten entgegen. Es erklang die Shun-Musik, und die Mandarine vom Büro der Musik intonierten die heilige Hymne, während der Kaiserliche Zug die Halle der Höchsten Harmonie (*Taihedian*) erreichte, die der Kaiser ebenfalls durch den hinteren Eingang betrat und auf deren Thron er Platz nahm. Während dieser Zeit begaben sich draußen auf dem Hof auf Anweisungen der Zeremonienmeister die Mandarine nach vorn und stellten sich in 18 Reihen auf, entsprechend ihrer Stellung innerhalb der neun Ränge des Mandarinats. Markierungen auf dem Boden erleichterten die Ordnung. Gleichzeitig stellte die zentrale Gruppe der Fahnenträger sich am Rande des Hofes auf. Die Musik brach ab. Ein Zeremonienmeister schlug dreimal mit einer Peitsche auf den Boden. Alle knieten nieder. Ein Herold und ein Großsekretär begaben sich nach vorn zum Fuße des Thrones, um mit gebeugtem Knie die Glückwunschadresse darzubringen. Ein anderer Herold verlas sie mit lauter Stimme, dann wurde sie auf einem mit gelber Seide bedeckten Tisch vor dem Thron niedergelegt. Danach ertönte die *danbi*-Musik, während die Versammlung zweimal in Folge auf Befehl der Zeremonienmeister den feierlichsten Gruß entbieten mußte, der darin bestand, dreimal niederzuknien und neunmal mit der Stirn den Boden zu berühren (also dreimal bei jedem Kniefall), indem man sich mit beiden Fäusten auf dem Boden abstützte. Die Musik brach erneut ab. Alle standen wieder auf. Dann ließen die Zeremonienmeister die ausländischen Gesandten nach vorne treten, die nun ihrerseits die feierliche Begrüßungszeremonie mit dem dreimaligen Kniefall durchführten, während die Musik wieder einsetzte. Sobald sie die Zeremonie beendet

Abb. 39 Thron, der zu den *lubu* gehört (vgl. Abb. 37). Palastmuseum Peking.

hatten, erhoben sich die Ausländer. Der Kaiser lud nunmehr die Prinzen, die Mandarine der drei ersten zivilen und diejenigen der zwei ersten militärischen Ränge sowie die ausländischen Gesandten dazu ein, sich auf Kissen im Thronsaal niederzuknien und bot ihnen Tee an. Drei Peitschenhiebe signalisierten das Ende der Zeremonie. Die Shun-Musik setzte wieder ein, während der Kaiser die Halle verließ, um in seine Gemächer zurückzukehren. Sobald die Musik abbrach, wurden die Teilnehmer der Zeremonie aufgefordert, sich zurückzuziehen[11].

Zu Beginn der Qing-Dynastie nahmen die hohen Provinzialbeamten in der Hauptstadt an der Huldigung in der Halle der Wahrung der Harmonie teil; seit 1687 wurde dies durch eine übersandte Glückwunschadresse ersetzt. 1797 wurde die Teezeremonie für die Würdenträger abgeschafft, die Elefanten erst im Jahr 1900. Auch wenn der Kaiser von Peking abwesend oder zu jung war, den Vorsitz zu übernehmen, wurde der Ritus

Abb. 40 Mandschurische Prinzessinnen bei einem Frühstück in der amerikanischen Botschaft im Jahre 1904. Es ist ihre erste Einladung zu ausländischen Diplomaten.

vollzogen, dann aber vor dem Tor der Höchsten Harmonie.
Das Zeremoniell der Großen Audienz diente als Vorbild für die Kleine Audienz (*chang chao*), die dreimal im Monat, am 5., 15. und 25., vor dem Saal der Höchsten Harmonie die in Peking anwesenden Prinzen und Beamten mit einem leicht reduzierten Aufgebot an Garden, Ehrenzeichen und Musik und ohne die Öffnung des Mittagstores versammelte. In den ersten Jahren der Dynastie war dies die Gelegenheit für die Minister, dem Kaiser ihre Berichte auszuhändigen. Aber der zunehmende Umfang der Geschäfte erforderte die tägliche Verständigung. Von 1659 an blieben diese Kleinen Audienzen protokollarischen Formalien vorbehalten: Danksagungen für Beförderungen, Vorstellungen am Hof vor der Entsendung in die Provinz oder am Ende einer Amtsperiode, insbesondere für untergeordnete Beamte. Falls der Kaiser abwesend war, spielte sich das Ritual vor dem Tor der Höchsten Harmonie ab. Diese Audienzen waren am frühen Morgen angesetzt. 1751 wurde die Vorschrift erlassen, daß sie im Winter und Frühling um 7 Uhr morgens und sonst um 5 Uhr morgens stattzufinden hätten. Im Jahr 1883 ordnete die Kaiserin Cixi an, die Audienzen bei Regen, Schneefall oder Trauer ausfallen zu lassen.

Thronbesteigung und Hochzeit

Das Hofzeremoniell bei der kaiserlichen Thronbesteigung und Hochzeit entsprach dem der Großen Audienz, enthielt jedoch zusätzlichen Pomp. Das von Sungzhi 1644 eingesetzte Thronbesteigungsritual begann mit der feierlichen Verkündung des Ereignisses an den Altären des Himmels, der Erde, der Sonne und der Ernte durch den neuen Kaiser. Die Nachfolger von Sungzhi sandten einen Bevollmächtigten zur feierlichen Ankündigung, danach knieten sie in weißer Trauerkleidung vor dem Eintritt in die Halle der Höchsten Harmonie dreimal feierlich vor der Ahnentafel ihres Vorgängers am Tor der Himmlischen Klarheit nieder, um in Ehrfurcht zu bekunden, daß sie das Mandat annahmen. Danach begaben sie sich, bekleidet mit der kaiserlichen Zeremonialrobe, zum Palast der Kaiserinwitwe, um ihr dieselbe Ehrerbietung zu erweisen. Anschließend wurden die Tore des Palastes der Himmlischen Klarheit, wo der Sarg des Verstorbenen aufgebahrt war, geschlossen. Damit wurde dokumentiert, daß die Trauer um den Verstorbenen kurzfristig aufgehoben war. Die Würdenträger erwiesen dem neuen Kaiser ihre Ehrerbietung in der Halle der Wahrung der Harmonie, in der der Mittleren Harmonie und schließlich vor derjenigen der Höchsten Harmonie, wo ihre Glückwunschadressen verlesen wurden. Danach wurde der auf einem Tisch vor dem Thron niedergelegte Thronbesteigungserlaß unter großem Pomp und zum Klang der Musik durch die dem Kaiser vorbehaltenen zentralen Tore getragen: zuerst auf einer Art Sänfte, der Träger mit gelben Sonnenschirmen vorausgingen, dann in einem mit vergoldeten Drachen verzierten Schrein bis auf die Höhe des Tors des Himmlischen Friedens, das aus diesem Anlaß durch zusätzliche vergoldete Pavillons geschmückt wurde. Glocke und Trommel erklangen; der Text wurde von einem Herold verkündet. Zuerst in Mandschu, dann in Chinesisch. Danach wurde der Erlaß in einen Kasten eingeschlossen und in den Rachen eines vergoldeten Behältnisses in Form eines Phönix hinabgelassen und zum Ministerium der Riten getragen, welches damit beauftragt war, die Neuigkeit durch spezielle Kuriere im gesamten Reich – zusammen mit verschiedenen Amnestie- und Gnadenerlassen – bekanntzumachen. Bei Jiaqing, der seinem Vater nach dessen Abdankung nachfolgte, wurde der Trauerritus durch einen Akt kindlicher Pietät von seiten des Sohnes ersetzt, bei welcher der Sohn zu Fuß und in gewöhnlicher Kleidung erschien, um die Entscheidung des Vaters entgegenzunehmen. Eine glänzende, von dem zurückgetretenen Herrscher absichtsvoll geplante Apotheose seiner Herrschaft schloß sich an.
Wie der Thronbesteigung ging auch der kaiserlichen Hochzeit die Ankündigung an den Altären des Himmels und der Erde, aber auch im Tempel für die kaiserlichen Ahnen voraus; dagegen unterblieb die Verkündung an den Altären der Sonne und der Ernte. Danach bestand der erste Teil der Zeremonie aus der Proklamation und der feierlichen Eintragung der Kaiserin in das kaiserliche Stammbuch (*celi*) durch die Prinzen und die Verwaltungsbeamten in Anwesenheit des Kaisers. Eine Teezeremonie folgte. Anschließend las die Kaiserin im »Palast der Irdischen Ruhe« (*Kuninggong*) die Eintragung und erwies

ihren Respekt in Form von rituellen Reverenzen. Am nächsten Tag begab sich der Kaiser zur Kaiserinwitwe, um ihr seine Ehrerbietung zu zeigen, danach fanden die Verlesung der Glückwunschadressen und die feierliche Verkündung des Hochzeitserlasses unter dem Tor des Himmlischen Friedens statt. Die Kaiserin vollzog den Kniefall vor der Kaiserinwitwe, danach vor dem Kaiser und nahm dann, allein auf dem Thron sitzend, im Palast der Irdischen Ruhe die Ehrerbietungen der Konkubinen, der Prinzen und, sofern vorhanden, Nachkommen ihres Gemahls entgegen. Das Hochzeitsgemach befand sich im selben Palast.

Institution und Ritual der Großen Audienz im Palast der Höchsten Harmonie dienten noch zahlreichen anderen Zeremonien, bei denen ein politisches Dokument erster Ordnung für die Dynastie sozusagen geheiligt werden sollte. Dies geschah bei der Übergabe der Aktensammlung der vorhergehenden Regierung, der kaiserlichen Annalen oder der kaiserlichen Genealogie durch die offiziellen Historiographen. Dies geschah auch bei dem alle drei Jahre stattfindenden Empfangsritual der neuen Doktoren, bei dem der Zug der drei ersten den sonst dem Kaiser vorbehaltenen Hauptausgang des Mittagstores passierte, um anschließend die mit den eingravierten Namen der Laureaten versehene Liste, die man in Sichtweite der Öffentlichkeit über dem »Tor des Langen Friedens« (Chang'anmen) aushing, zu eskortieren. Bei der ersten Doktorprüfung, die im Palast in der Halle der Höchsten Harmonie stattfand, danach ab 1789 in der Halle der Wahrung der Harmonie, herrschte ebenfalls großes Hofzeremoniell: Die Prüfer trugen Hofgewänder, und die kaiserlichen Insignien waren ausgestellt. Die Verteilung der Themen erfolgte vor dem Kaiser. Dabei mußten die Kandidaten mehrere Kniefälle ausführen, bevor ihnen ihre Prüfungsthemen mitgeteilt wurden.

Die Staatsopfer

Die Riten und Zeremonien, die im Palast die Beziehungen zwischen dem Kaiser und seinem Haus, dem Hof und der Verwaltung bestimmten, erstreckten sich auch auf sein Verhältnis zum Himmel und zur Welt der Geister. Ein wichtiger Teil dieser Beziehungen bestand aus dem, was man die »Staatsopfer« nannte (guojia zhusi), welche durch die Gesetze vorgeschrieben waren: von Opfergaben begleitete Kulte, Libationen, Gebete und Tieropfer (18 schwarze Rinder, 20 Schweine und Schafe mit durchschnittener Kehle für die kaiserlichen Vorfahren zu Beginn eines jeden Jahres). Die Staatsopfer umfaßten eine Liste von 78 Zeremonien; sie waren in drei Klassen unterteilt, die einer Hierarchie der Würde bzw. Wichtigkeit der Kultobjekte entsprachen sowie den liturgischen Unterschieden hinsichtlich der Offizianten; sie wurden sämtlich außerhalb der Verbotenen Stadt vollzogen, in Heiligtümern der Hauptstadt und der Provinzen. Der Kaiser nahm persönlich an den Zeremonien der beiden ersten Klassen teil oder entsandte einen Beauftragten; in der letzten Klasse war der Hauptoffiziant immer ein Beamter, der im Namen des Herrschers handelte. Zur ersten Klasse gehörten Opfer an den Höchsten Herrn des Himmels, an den Höchsten Geist der Erde, an den des Territoriums des Reiches und des Getreides, an die verstorbenen Kaiser und Kaiserinnen und die augenblickliche Dynastie. Zur zweiten Klasse gehörten zum Beispiel die Opfer an die Sonne, den Mond, den Gott des Bodens und der Feldfrüchte, an die guten Herrscher der vorangegangenen Dynastien, an Konfuzius (der erst 1910 in die erste Klasse aufgenommen wurde), wogegen die Opfer der dritten Klasse dem Gott des Feuers, den Schutzgöttern der Städte, den Drachen, den Ärzten und verschiedenen berühmten Männern dargebracht wurden.

Das großartigste war das zur Wintersonnenwende am Himmelsaltar dargebrachte Opfer, bei dem der Herrscher Rechenschaft über sein Mandat ablegte und seine Legiti-

Abb. 41 *Opfer am Altar des Erfinders des Ackerbaus (Xiannongtan). Ausschnitt aus einer Querrolle eines unbekannten Künstlers, Tusche und Farben auf Seide, H.: 0,62 m, B.: 4,68 m, Epoche Yongzheng, Palastmuseum Peking.*

mität erneuerte. Die Opfer am Altar der Erde zur Sommersonnenwende, an den Altären des Mondes und der Ernte, an den Heiligtümern der Berge, der Flüsse, verstorbener Kaiser und verschiedener Helden veranschaulichten die Kommunion des Kaisers mit den Kräften des Universums, dem Reich und seiner Geschichte. Im Frühling opferte er am Altar des Erfinders des Ackerbaus im Süden von Peking, nahm danach den Pflug, zog die erste Furche in einem heiligen Feld und eröffnete damit die Saison der Feldarbeit im ganzen Reich. Die Kaiserin opferte am Altar der Erfinderin der Seidenzucht im Norden der Verbotenen Stadt, pflückte die ersten Blätter des Maulbeerbaums im Jahr und lud damit die Frauen des Reiches zur Aufzucht der Seidenraupen nach der kalten Jahreszeit ein.

Jedem Opfer ging ein dreitägiges Fasten voraus, das der Kaiser im »Palast des Fastens« (Zhaigong) der Verbotenen Stadt abhielt; bei einem Opfer an den Himmel verbrachte er die Nacht davor im Palast des Heiligtums. Die Reinigung begann mit einem Bad, danach zog der Kaiser Leinenzeug an sowie eine Robe in geeigneter Farbe: Dunkelblau für den Himmel zur Wintersonnenwende, Gelb für die Erde und die Ernte, Rot für die Sonne, Hellblau für den Mond. Das Fasten schloß den Verzicht auf Fleisch, Alkohol, stark gewürzte Gerichte, insbesondere Knoblauch, sowie das Verbot von Musik, Banketten, Enthauptungen, Kontakten zu Frauen, Kranken, Sterbenden und Verstorbenen ein. Außer dem Kaiser mußten auch einige ausgewählte Beamte diese Verbote einhalten. Auf der Strecke des kaiserlichen Zuges zum Sanktuarium sorgte die Garde für Ordnung: alle Nebenstraßen waren mit Bambusvorhängen verschlossen, Fenster und Türen der Häuser zugesperrt, jedermann war es verboten, die Prozession zu beobachten.

Den aus der chinesischen Tradition stammenden Opfern der Staatsreligion und den übrigen ihren Regeln unterworfenen Opfern hatten die Mandschu-Herrscher einen Schamanenkult eigener Tradition zugeordnet, den sie ausschließlich in Gemeinschaft mit Mandschu vollzogen: Dieser bestand aus einem Himmelskult sowie aus Kulten der von ihnen vor ihrem Erscheinen in China verehrten Geister, des Buddha, des Poussah, des Pferdes, des chinesischen Kriegsgottes Guandi sowie ihrer Vorfahren. Der Kult wurde am Mandschu-Altar (tangzi, chinesische Umschrift des die »Geister« bezeichnenden Begriffs), im Südwesten der Verbotenen Stadt, um einen hohen Mast herum zelebriert, an dem Bänder aus bunter Seide aufgehängt waren. Der Kaiser begab sich am Neujahrstag dorthin, noch vor dem Opfer im Tempel der kaiserlichen Vorfahren und der Großen Audienz; außerdem suchte er den Ort vor dem Aufbruch zu oder bei der Rückkehr von einem Feldzug auf, oft auch im Frühling und Herbst. Jeden Monat sandte er einen Würdenträger dorthin, um den Kult mit Anrufungen, Libationen und Hymnen zu zelebrieren[12].

Der Kult der Kaiserlichen Gräber (in Shenyang, im Tal von Malan im Norden von Peking sowie derjenigen von Taiping im Süden) stand wegen seiner Feierlichkeit und den Einschränkungen, die in seinem Zusammenhang der Bevölkerung auferlegt wurden, den Staatsopfern sehr nahe, insbesondere wenn der Kaiser selbst die Pilgerschaft unternahm, wie Qianlong, der sich vierzigmal dorthin begab. Es wurden vier große jährliche Zeremonien vollzogen, bei denen eine Delegation aus Peking erschien, sowie zwei kleinere monatliche Zeremonien, die von den Wächtern der Grabanlagen durchgeführt wurden.

Die Religion des Palastes

Im Inneren des Palastes verteilten sich die religiösen Aktivitäten des Herrschers und seiner Familie auf eine große Anzahl von weiteren Kulthandlungen unterschiedlichster Herkunft: Mandschu-Traditionen, lokale Traditionen der Region um Peking, die von den Eunuchen und der Dienerschaft gepflegt wurden, mischten sich mit denen des Herrschers und seiner Angehörigen oder standen im Gegensatz zu diesen.

Der Kaiser und seine Familie hielten für ihre Vorfahren Hausandachten in mehreren Sanktuarien des Palastes ab, wobei sich im »Palast der Kaiserlichen Langlebigkeit«, (Shouhuangdian) hinter dem sogenannten Kohlehügel, die gemalten Staatsporträts der verstorbenen Herrscher befanden. Der Ritus entsprach der chinesischen Tradition. Das bei allen Kulten im Inneren der kaiserlichen

Abb. 42 Die »Küche der Geister« im Palast der Irdischen Ruhe (Kunningong), in der Fleisch für schamanistische Zeremonien vorbereitet wurde.

Residenz übliche Opfer von Gebäck war jedoch eine mandschurische Besonderheit. Manche Palastkulte ließen den einst von den Eroberern aus der Mandschurei mitgebrachten Schamanenglauben fortleben, wie zum Beispiel der in jeder Saison im »Palast der Irdischen Ruhe« (Kunninggong) veranstaltete »Tanz vor den Geistern«. Eine Schamanin, häufig die Frau eines Angehörigen der Palastgarde, begab sich in der mit Drachen verzierten Tracht, die magische Kopfbedeckung auf dem Haar und die Kupferglocke am Gürtel, vor den Schrein, in dem die Geister der mandschurischen Vorfahren des Begründers der Dynastie wohnten, um eine Anrufung in Mandschu zu verlesen; danach tanzte sie, wobei sie die Kupferglocke am Gürtel erklingen ließ; anschließend wurden Opfergaben aus Gold, Silber, Atlas sowie Wein dargebracht. Während der Feiern zum Jahresbeginn bereitete man in der Palastküche gekochtes Schweinefleisch zu, von zu diesem Anlaß geopferten Tieren, sowie flache, klebrige Hirsekuchen, zu deren Verzehr der Kaiser bestimmte Prinzen und Würdenträger, auch Han-Chinesen, einlud. Auf diese Weise zum »Fleischessen« eingeladen zu werden, wurde als hohe Auszeichnung betrachtet, auch wenn es keinen gastronomischen Genuß bedeutete. Die Geister wurden außerdem täglich im Palast der Irdischen Ruhe geehrt. Weitere Riten mit Schamanen, Tänzen und Pantomimen fanden täglich im Umkreis eines hohen Mastes auf der dem Palast benachbarten Terrasse statt. Vor allem vom kaiserlichen Hof, der Dienerschaft und Mitgliedern des kaiserlichen Clans veranstaltet, scheinen die schamanischen Hausandachten den Herrscher nicht in besonderem Maß angesprochen zu haben, es sei denn im Falle einer schweren Krise, bei der es auf die Einigkeit des Clans ankam: Auf dem Höhepunkt der Allianz mit den Boxern, als sie einen neuen Thronerben proklamierte, um Guangxu zu verdrängen, hielt es Cixi für richtig, mit dem Vater des Prätendenten am »Tanz vor den Geistern« im Palast der Irdischen Ruhe teilzunehmen[13].

Politische Interessen und persönliche religiöse Sensibilität der Herrscher erklären die im Inneren Hof vorhandene buddhistische und lamaistische Frömmigkeit. Im Jahr 1698 machte Kangxi den »Palast der Mitte und Korrektheit« (Zhongzhengdian) zu einem vom Kaiserlichen Haushalt verwalteten lamaistisch-tibetischen Tempel. Hier wurden

Abb. 43 Photographie von Cixi, gekleidet als Guanyin, die Göttin der Barmherzigkeit.

regelmäßige Andachten abgehalten, mit besonderen Gebeten aus Anlaß des Geburtstages der Herrscher. Die benachbarten Pavillons wurden ebenfalls dem lamaistischen Kult mit allen seinen Varianten geweiht, so daß dieser nahe bei den persönlichen Gemächern des Kaisers gelegene Komplex zu einem Mittelpunkt dieser Religion wurde. Er genoß die Aufmerksamkeit von Yongzheng und insbesondere Qianlong, einem eifrigen Anhänger der buddhistischen Lehre, der Tibetisch lernte, um die heiligen Texte lesen zu können, und sich von den großen Lamas der Epoche unterrichten ließ. Jiaqing und seine Nachfolger begaben sich mindestens achtmal im Jahr persönlich dorthin, um Weihrauch zu opfern. Kaiserinnen und Konkubinen besuchten regelmäßig die zahlreichen, ihren Palästen angegliederten buddhistischen Gebetsstätten. Cixi zum Beispiel ließ sich gern in der Verkleidung als Guanyin, Göttin des Mitleids im buddhistischen Pantheon, photographieren und von ihren Eunuchen »Alter Buddha« nennen[14].

Der Alltag im Palast

Im Unterschied zu ihren Vorgängern achteten die Qing-Herrscher sorgfältig darauf, ihre politischen und administrativen Aufgaben zu erfüllen. Jeder hatte seine eigene Methode, seinen Stil, seine Vorlieben entsprechend seinem Charakter, seiner geistigen Fähigkeit und seiner Gesundheit. Die Einrichtung des Großen Rates brachte ab dem Jahr 1730 Änderungen in den Arbeitsgewohnheiten mit sich. Alle Kaiser verbrachten jedoch den größten Teil ihrer Zeit damit, Berichte zu lesen und mit Anmerkungen zu versehen, mit ihren Beratern und Ministern zu debattieren sowie die Beamten und Würdenträger des Reiches zu empfangen. Shunzi erhob sich häufig um 3 Uhr morgens, um gelehrte Werke zu studieren und seine Kenntnisse der chinesischen Schriftzeichen zu verbessern, bevor er das Frühstück einnahm und die Minister und hohen Beamten empfing.

Diese tägliche morgendliche Audienz (sog. *yumen tingzheng*: den Wagen am Tor vorfahren lassen und die Politik anhören), bei der die Staatsgeschäfte auf den Weg gebracht wurden, fand in der Halle der Höchsten Harmonie statt; 1687 verlagerte sie Kangxi zum Tor der Himmlischen Klarheit. Während der kaiserlichen Sommerfrische wurde sie im Sommerpalast abgehalten. Lange Zeit fand sie um 5 Uhr morgens statt. Nach der Aufstellung einer Mannschaft aus persönlichen Beratern und später des Großen Rates versammelte der Herrscher gewöhnlich seine Ratgeber bei sich im Palast der Pflege des Herzens, bevor er je nach Jahreszeit die morgendliche Audienz um 7 oder 8 Uhr eröffnete. An Opfer- oder Zeremonientagen fand lediglich die Beratung statt. Wenn eine gewöhnliche Audienz stattfand, wurde sie dazwischengeschoben.

Oft mußte der Kaiser auch der Vorstellung der Kandidaten beiwohnen, die zur Ernennung zum Beamten vorgeschlagen waren. Der Reihe nach wurde einer nach dem anderen vor die Stufen des Thrones gerufen und vom Kaiser befragt, dem ein Würdenträger vorher einen Personalbogen ausgehändigt hatte. Zu Beginn der Sitzung wurde die kaiserliche Entscheidung über das Schicksal der auf Begnadigung Hoffenden verkündet. Nach der morgendlichen Audienz übergab das Übermittlungsbüro noch die aus den Provinzen eingetroffenen Memoranden. Diese politischen Aufgaben beschäftigten den Kaiser bis er gegen 11 Uhr eine Mahlzeit einnahm. Anschließend unterbreitete man ihm die auf Holzkärtchen geschriebenen Namen der Prinzen und Würdenträger, die um eine persönliche Begegnung nachgesucht hatten. Er wählte die Besucher aus und empfing sie in der Thronhalle neben seinem Kabinett. Nach einem Spaziergang oder einigen Augenblicken der Entspannung, in denen er ein Gedicht verfaßte oder eine Kalligraphie anfertigte, wie es Kangxi oder Qianlong gerne taten, oder eine Uhr auseinandernahm und wieder zusammensetzte, wie es Guangxu von Zeit zu Zeit tat, setzten sich die Unterredungen und Konsultationen bis zum Abendmahl gegen 17 Uhr fort. Meistens nahm der Kaiser, wenn die Kerzenleuchter gegen 20 Uhr abends angezündet wurden, die Lektüre der Memoranden bis spät in die Nacht wieder auf.

Die im Inneren Hof zugelassenen Minister waren von diesem hohen Arbeitspensum nicht ausgenommen. Oft waren sie bis 2 Uhr morgens auf den Beinen, eilten zum Palast, überquerten mühsam die gewaltigen, von der Laterne eines Dieners schlecht beleuchteten Höfe mit ihrem glitschigen Pflaster. Die Ältesten fürchteten am meisten die über einen Kilometer lange, bei Regen schlammige Hauptachse des Palastes, die sie entlanglaufen mußten, wenn sich der Kaiser am Mittleren See aufhielt. Sie versäumten niemals, ihre Knie mit dicken, unter ihren Seidengewändern verborgenen Baumwollwülsten zu umwickeln, um die Tortur eines anhaltenden Kniefalls auf den Thronstufen ertragen zu können. Rücksichtsvoller Weise hatte Qianlong einen Teppich für den Großen Rat verlegen lassen, das Knien blieb jedoch weiterhin sehr mühsam. Am Eingang des Inneren Hofes angelangt, mußten die Minister Diener und Laterne zurücklassen und sich im Dunkeln zur Halle vortasten, wo sie die Arbeit mit den Kollegen vorbereiteten, bevor sie mit dem Herrscher beim Schein einer einzigen Kerze konferierten. Danach blieben sie bis um 15 Uhr im Palast, um die Entscheidungen auf den Weg zu bringen. Die Sekretäre des Großen Rates blieben permanent dort, mit Schichtwechseln im Nachtdienst für dringende Fälle.

Die Beamten des Äußeren Hofes, die zur morgendlichen Audienz in großer Hofrobe erschienen, aßen eine Kleinigkeit unterwegs bei den fliegenden Händlern am Palasteingang, bevor sie eintraten; anschließend warteten sie auf unbequemen Hockern in einem engen Vorzimmer ohne Heizung. Diejenigen, die hier angestellt waren, arbeiteten in spartanischen, schlecht beleuchteten und winzigen Örtlichkeiten[15].

Komfort, Mahlzeiten und Hygiene

Komfort und Luxus des Lebens im Palast waren relativ bescheiden. Zimmer und Kabinette der Residenzen verfügten über Fußbodenheizung, deren Warmluft Holzkohleöfen produzierten, die sich auf den Fluren befanden. Die Thronhallen des Palastes konnten jedoch nicht beheizt werden. Im Winter stellte man deshalb vor dem Kaiser Kohlebecken auf als einzige Wärmequelle bei Temperaturen, die häufig bei 10 oder 15 Grad unter Null lagen. Der Äußere Hof besaß überhaupt keine Heizung. Die Angestellten benutzten deshalb in den Büros kleine, häufig Brände verursachende Holzkohleöfchen, auf denen sie gelegentlich eine Schale Nudeln wärmten. De facto gab es für sie keine Küchen.

Die Tafel des Kaisers unterlag einer ausgeklügelten Ordnung: Die Farbe des Porzellans, die Anzahl und Art der Gerichte variierten je nach Rang: 108 auf gelbem Porzellan servierte Gänge für den Kaiser und die Kaiserinwitwe, 96 für die Kaiserin, 64 für eine Kon-

Abb. 44 Kaiser Jianqing in alter Tracht, umgeben von Kunstobjekten. Ausschnitt aus einer Querrolle von einem unbekannten Künstler, die zum Genre der »Freuden des Lebens« (xingletu) gehört. H.: 1,715 m, B.: 3,157 m, Tusche und Farben auf Seide, 19. Jahrhundert, Palastmuseum Peking.

Abb. 45 Kabinett der Drei Raritäten (Sanxitang) in der Nähe der Halle der Pflege des Herzens (Yangxindian).

kubine ersten Ranges, deren Schalen mit grünen Drachen auf gelbem Grund verziert waren. Die Menus wurden vom kaiserlichen Haushalt zusammengestellt, die Mahlzeiten von den kaiserlichen Küchen zubereitet, die nahezu 2000 Personen beschäftigten, die sich an Hunderten, jeweils einem bestimmten Gericht zugeteilten Öfen zu schaffen machten. Die Küchen verfügten ebenso über Eiskeller, in denen im Winter aus den Kanälen und den benachbarten Flüssen gehauene Eisblöcke gelagert waren. Da die Küchen sehr weit von den Palästen entfernt waren, waren die Gerichte bereits kalt, bevor sie eintrafen. Sie gingen kaum berührt an die Küchen zurück und wurden von der Dienerschaft verzehrt oder verkauft. Den Herrschern und ihren Gemahlinnen war im allgemeinen daran gelegen, eine eigene Küche in der Nähe ihres Palastes einzurichten, in der ihnen Gerichte nach ihrem Geschmack zubereitet und die rituellen Mahlzeiten aufgewärmt wurden. Cixi, die selten mehr als eine Dreiviertelstunde mit dem Großen Rat verbrachte, nahm das Frühstück um 10.30 Uhr ein und ließ sich danach mehrmals am Tag Tee, Früchte und Süßigkeiten bringen. Hingegen hatte Guangxu als Kind aufgrund des kalten, gar verdorbenen Essens, das man ihm brachte, so schlimme Bauchschmerzen, daß sein Erzieher, über seine Zuständigkeit hinaus, mehrfach die Bestrafung der verantwortlichen Eunuchen forderte.

Bei der Ernährung gaben die kaiserlichen Ärzte den Herrschern tagaus tagein Empfehlungen für den Verzehr des einen oder anderen, der Gesundheit zuträglichen Nahrungsmittels; die Zusammenstellung der Menus erfolgte entsprechend den Jahreszeiten. Der Palast verfügte weder über Kanalisation noch Toiletten, das Schmutzwasser wurde in den äußeren Graben geschüttet. In den verschiedenen Gebäuden fanden sich im allgemeinen Verschläge, wo man die Kleidung wechseln konnte, oder ein Kabinett, in dem man einen Toilettenstuhl oder Nachttöpfe benutzte. Unmittelbar nach Gebrauch wurden diese von Eunuchen mit Holzkohleasche aus den Heizungsöfen aufgefüllt und in Behälter entleert, deren Inhalt zu festgesetzter Stunde aus dem Palast gebracht wurde. Danach wurden die Nachttöpfe, deren Material und Dekor übrigens sehr phantasievoll waren, sorgfältig gereinigt: Porzellan, Holz, Silber bzw. vergoldetes Metall, mit oder ohne Deckel. Der Nachttopf von Cixi, der nach einer mandschurischen Sitte den Beinamen »Mandarinhaus« (*guanfang*) trug, bestand aus Sandelholz in Gestalt einer großen Eidechse mit Rubinaugen und einem Deckel, der eine kleine Eidechse darstellte. Er wurde jedesmal feierlich in ihr Gemach gebracht, auf einem Wachstuch abgestellt und von dort wieder weggebracht; zuvor wurde Sägemehl darüber gestreut. Diese Vorsichtsmaßnahme schützte gegen Fliegen, genauso wie die Bambusvorhänge, die man im Sommer vor die offenen Türen hängte – nicht zu vergessen die mit Fliegenklatschen ausgerüsteten Diener, die jedes Insekt am Eindringen hindern sollten.

Im Falle einer Epidemie war besondere Wachsamkeit geboten. Es kam vor, daß jegliche Audienz ausgesetzt wurde, um eine Ansteckung des Herrschers zu verhindern. Zu Beginn der Dynastie wüteten die Pocken in der kaiserlichen Familie. Kangxi, der von seinem Vater ausdrücklich deshalb zum Nachfolger erkoren worden war, weil er die Krankheit überlebt hatte, führte 1876 im Palast die systematische Pockenimpfung ein.

Es gab keine Badezimmer für die tägliche Toilette. Am Morgen brachten Eunuchen oder Diener eine Wanne mit warmem Wasser sowie Tücher, mit denen man Gesicht und Hände befeuchtete. Danach begaben sich die kaiserlichen Gemahlinnen zu ihrem Toilettentisch, wurden von ihren Zofen geschminkt und anschließend von einem darin erfahrenen Eunuchen gekämmt. Kaiser Guangxi ließ den Friseur dreimal im Monat kommen und den Barbier je nach Laune. Die Haarpflege erforderte äußerste Geschicklichkeit, da man niemals Druck auf das Haupt des »Drachen« ausüben, noch ihn gegen den Strich rasieren oder gar, bei Strafe, gegen die Schuppenrichtung des Drachen vorgehen durfte. Das tägliche Bad wurde abends genommen. Die beiden mit Silber verkleideten Wannen aus Holz – eine für den Ober-, eine für den Unterkörper – wurden von Eunuchen in das Gemach gebracht und mit warmem Wasser gefüllt. Cixi nahm im Sommer jeden Tag ein Bad, im Winter alle drei Tage. Dabei wurde sie eingeseift, massiert, abgeduscht und nach dem Bad, auf einem Stuhl sitzend, abgetrocknet – inmitten eines Ozeans aus Düften und bestickten, alsbald weggeworfenen Handtüchern. Häufig nahm sie auch Fußbäder, wozu sie silberne Wannen benutzte[16].

Familien- und Gesellschaftsleben

Der Kaiser und alle Familienmitglieder lebten jeweils allein in ihren Gemächern, umgeben von ihren Eunuchen und Dienern: Die familiären Beziehungen in der Verbotenen Stadt waren äußerst formell. Jeden Morgen entboten der Kaiser, die Kaiserin, die Konkubinen sowie die kaiserlichen Kinder jeweils getrennt der Kaiserinwitwe ihren Gruß, häufig auch den Ahnentafeln. Die Konkubinen und die kaiserlichen Kinder taten dies auch gegenüber der Kaiserin; die Kaiserin begab sich nur am Geburtstag des Kaisers oder ihrem eigenen zur Begrüßung zum Kaiser. Wenn der Kaiser während des Tages einen der Seinen zu sehen wünschte, lud er ihn ein; er begab sich jedoch selbst fast nie zum Palast der Frauen, es sei denn zur Kaiserinwitwe, da er jedesmal unter ermüdendem Zeremoniell angemeldet und empfangen werden mußte. Die Mahlzeiten wurden allein eingenommen, so daß sich dabei keine familiären Zusammenkünfte ergaben. Der Kaiser speiste an besonderen Festtagen, zu ihrer Rechten thronend, mit der Kaiserinwitwe: an Festen des chinesischen Kalenders, wie die »Gerade Sonne« (*duanwu*), am fünften Tag des fünften Monats, am Vorabend ihres Geburtstages sowie an den zwei darauffolgenden Tagen. Wenn der Kaiser eine Favoritin zum Mahl lud, mußte die Nachricht das Büro der Eunuchen durchlaufen, die Eingeladene erschien in der Sänfte und hatte vor der Mahlzeit, danach und bei jedem Bissen unter den Blicken der Eunuchen und der Garden einen Kniefall auszuführen. Beim Diner am Abend legte ein Eunuche dem Kaiser Jadetäfelchen mit den Namen seiner Gemahlinnen vor. Dieser reichte das Täfelchen mit dem Namen der Auserwählten zurück. Bei Anbruch der Nacht wurde diese von einem Eunuchen abgeholt, der sie, um zu verhindern, daß sie eine Mordwaffe verbergen könnte, nackt in eine rote Decke gewickelt in das Gemach des Kaisers trug. Sie kroch zum Fußende des Bettes und glitt unter die Laken. Der Besuch der Frauen beim Kaiser wurde von einem Nachtwache haltenden Kammerdiener sorgfältig registriert. Im Falle einer Schwangerschaft wurden diese Aufzeichnungen konsultiert. Die Beziehungen des Kaisers zu seinen Kindern, insbesondere den Söhnen, waren etwas einfacher. Privat nannten ihn diese ama, »Papa« auf Mandschu. Es kam oft vor, daß der Kaiser die jungen Prinzen im Studierzimmer besuchte oder ihre Waffenübungen beobachtete. Das Leben der jungen Leute war lernintensiv. Im Alter von vier oder fünf Jahren wurden sie den größten Gelehrten des Reiches anvertraut, um Mandschu, Chinesisch und Mongolisch zu lernen; dies geschah gemäß einer stufenweisen Ausbildung, die ihnen erlaubte, umfassend gebildet zu werden. Die Kenntnis der Klassiker, geschichtlicher und philosophischer Werke, Regierungsverträge ebenso wie der Poesie waren selbstverständlich. Je nach Alter erhielten die Prinzen vier bis neun Stunden am Tag, zwischen 5 und 15 Uhr, Unterricht, der nur von einer am Platz eingenommenen Mahlzeit unterbrochen wurde, die Schüler und Lehrer getrennt einnahmen. Der Stundenplan galt für das gesamte Jahr, außer einer Ferienzeit von 20 Tagen während der großen Feste, an denen die Prinzen jedoch an den Zeremonien teilnehmen mußten. Um etwa 1860, also noch zur Ausbildungszeit von Kaiser Tongzhi,

Abb. 47 Die Kaiserinwitwe Cixi steckt sich eine Blume in ihr Haar.

Abb. 46 Kaiser Qianglong im Kreise seiner Familie beim Neujahrsfest. Längsrolle von einem unbekannten Meister. H.: 2,777 m, B.: 1,602 m, Tusche und Farben auf Seide, 18. Jahrhundert, Palastmuseum Peking.

wurde der theoretische Unterricht durch praktische Ausbildung an den Waffen ergänzt. Jeden Morgen begannen die Prinzen mit Übungen im Bogenschießen und Reiten. Während ihre Väter und Vorfahren zumindest die Gesellschaft von Brüdern und Cousins genießen durften, erhielten Tongzhi, und Guangxu eine Einzelerziehung und hatten nur junge Eunuchen als Altersgenossen, von denen sie manches Mal sogar gepeinigt wurden.[17]

Unter der anmutigen Fassade aus ständigem Lächeln und einstudierten Gesten führten die Frauen im Palast in Peking ein äußerst zurückgezogenes und inhaltsloses Leben. Den Konkubinen war es nur ein einziges Mal gestattet, ihre Familien zu besuchen, und zwar erst dann, wenn die Eltern ein hohes Alter erreicht hatten; nur ein- oder zweimal im Jahr durften sie – jedoch nur mit spezieller Erlaubnis – Besuche ihrer Familien empfangen. Man betrachtete es als beispiellose Gunst, daß Xianfeng die Mutter von Cixi anläßlich der Geburt seines Sohnes Tongzhi an das Wochenbett ihrer Tochter rufen ließ. Die Palastdamen sahen ihre Familien von Zeit zu Zeit durch ein Gitter in der Außenmauer des Palastes. Die Kaiserin selbst traf die Ihren nur selten, und dies einzig bei offiziellen Anlässen, ohne ein vertrauliches Gespräch führen zu können. Die Damen verwandten viel Zeit auf ihr Äußeres und die erlesene Zubereitung der Schminke, zum Beispiel Rouge aus lange gepreßten Rosenblättern. Sie fertigten

Abb. 48 *Figuren der Pekingoper.*

auch Stickereien an. Diese Nadelarbeiten der Frauen des Palastes wurden von den Eunuchen in der Stadt teuer verkauft. Die kultiviertesten unter den Palastdamen malten, widmeten sich der Lektüre oder verfaßten Gedichte. Die Kaiser waren im allgemeinen sehr aufgeschlossen für die literarischen und künstlerischen Neigungen ihrer Gemahlinnen. Wegen dieser Talente hatte die Konkubine Perle das Herz von Kaiser Guangxu erobert. Solche Begabungen wurden jedoch von den Han-Gelehrten der Verbotenen Stadt wenig gefördert. Da diese fürchteten, daß sich Frauen, oder auch Eunuchen, nach zuviel genossener Bildung vielleicht in die Politik einmischten, war es den Palastdamen sogar verboten, lesen zu lernen: Man rauchte, nahm den Tee ein, unterhielt sich, spielte mit den Dienerinnen oder sah ihnen beim Federballspiel zu. Das gesellschaftliche Leben der Frauen bezog seine Anregungen aus den Besuchen der Prinzessinnen und der Verwandtschaft des kaiserlichen Clans, welche einen speziellen Zugang zum Palast durch das Nordtor, das »Tor des Göttlichen Kriegers« (*Shenwumen*), hatten, das direkt in den Inneren Hof führte[18].

Diesem regelmäßigen Kontakt mit der Verwandtschaft galt die ständige Aufmerksamkeit des Herrschers. Er wurde insbesondere von Kangxi, Yongzheng, Qianlong und Cixi aus politischer Klugheit gepflegt, ganz wie von Ludwig XIV. gegenüber den Condé, der bourbonischen Seitenlinie. Unter den Prinzen fanden die Kaiser ihre Jagdgenossen, manchmal auch einen Vertrauten. Die Mandschu-Aristokratie bemühte sich sehr um die Posten in der Leibgarde, bei denen man sich ständig an der Seite des Herrschers befand. Auf diese Weise war der schöne und junge Heshen zum mit Ehren und Reichtümern überhäuften Favoriten des alten Kaisers Qianlong geworden.

Zu allen Zeiten forderten der Zwang, die psychische Anspannung und die Intrigen, die unter der friedvollen Maske der Etikette und der Riten im Inneren Hof herrschten, viele Opfer. Ausbruchsversuche und Selbstmorde von Eunuchen und Palastdamen waren an der Tagesordnung. Die Rate der vorzeitigen Todesfälle unter den Prinzessinnen und kaiserlichen Gemahlinnen im Vergleich mit der der Prinzen ist ein weiteres Indiz für die menschlichen Härten einer Existenz, deren materielle Möglichkeiten indessen die der durchschnittlichen Bevölkerung um ein Vielfaches übertrafen.

Dennoch wußten sich die Herrscher mit starker Persönlichkeit, trotz der minuziös geregelten Routine am Hof in Peking, ihren Vorstellungen entsprechend Augenblicke der Entspannung zu verschaffen. Vier oder fünf Jahre lang ließ Kangxi morgens und abends französische Jesuiten in sein Kabinett kommen, um mit ihnen europäische Mathematik zu studieren. Yongzheng genoß lange Spaziergänge und die Lektüre in seinen Gärten oder ging inkognito aus, um sich Opern in der Stadt anzuhören. Qianlong liebte spontane Besuche in verschiedenen Winkeln des Palastes. Zuweilen versammelte er Prinzen und Würdenträger zum Souper, um sich mit ihnen fröhlich und fern der Konvention zu unterhalten. Der junge Tongzhi entschlüpfte nachts aus dem Palast, zum großen Bedauern seiner Mutter Cixi, um in Gesellschaft junger Prinzen die Bordelle der Stadt zu besuchen. Dort holte er sich im übrigen die Syphilis, an der er mit neunzehn Jahren verstarb. Es kam auch vor, daß während feierlicher Audienzen die hinter dem Kaiser postierten Garden scherzhafte Kommentare zum Gebaren der vortretenden Mandarine vor sich hin murmelten, zur größten Belustigung des Kaisers; Cixi betrachtete währenddessen ihre Blumen, Fische und Vögel.

Feste und Oper

Die großen Vergnügungen boten sich bei den jahreszeitlichen Festen des Bauernkalenders und den kaiserlichen Geburtstagen. Die offiziellen Festlichkeiten waren eher eine Bürde, für die Geladenen ebenso wie für die Gastgeber, auch wenn sie in den Annalen festgehalten sind, wie das Bankett im Jahre 1796, bei dem Qianlong fünftausend Greise über 60 Jahre, aus allen Schichten und aus allen Provinzen, einlud, um sein sechzigjähriges Regierungsjubiläum zu feiern. Intimere Gastmähler fanden jedoch an Neujahr statt, mit der kleinen Gruppe der am Inneren Hof verkehrenden Prinzen und Würdenträger, gemeinsam mit den Gemahlinnen und den kaiserlichen Kindern; Qianlong hatte diese Sitte eingeführt. An diesen Tagen lud er auch gerne die Spitzen des mongolischen und

Der Palast unter den Qing 63

Abb. 49 Der Pavillon des Heiteren Klangs (Changyinge), *der als Theater für Opernaufführungen diente.*

Abb. 50 *Bühne für Opernaufführungen im Studio des Rückzuges nach harter Arbeit (Juanqinzhai). Ein auf Papier angefertigtes Deckengemälde (tieluo) täuscht ein Spalier aus blühenden Glyzinien vor. Es könnte sich dabei um ein 1742 von Kaiser Qianlong bei Castiglione für einen anderen Palast in der Verbotenen Stadt in Auftrag gegebenes Gemälde handeln, das umgehängt wurde, als der Kaiser sich in diesem Studio niederließ (vgl. Nie, 1995, S. 54–55).*

muselmanischen Adels sowie verschiedener Minderheiten seines Reiches zu einem Bankett ein, das von Musik, Tänzen und Darbietungen aus ihrer Region begleitet wurde. 1783 gab er für den kaiserlichen Clan ein Fest, zu dem 1308 Gäste kamen[19]. Neben dem Gastmahl, auf welches zuweilen ein Feuerwerk folgte, wenn sich der Hof in der Sommerfrische befand, bestand der Höhepunkt der Veranstaltung aus den Darbietungen der Oper. Unter Qianlong wurden zum Geburtstag des Kaisers oder der Kaiserin fünf Tage lang Opern aufgeführt, häufig auch während des übrigen Jahres. In der Regentschaft Cixis, am Ende des 19. Jahrhunderts, fanden Operndarbietungen im Palast am 1. und 15. jeden Monats, drei Tage lang am Fest der »Geraden Sonne«, am 5. Tag des 5. Mondes, zur Herbstmitte, am 15. Tag des 8. Monats und am 7. Tag des 7. Monats statt. In den ersten 15 Tagen des Jahres wurden jeden Tag Opern aufgeführt; sieben Tage aus Anlaß des Geburtstages der Kaiserinwitwe am 10. des Monats; je drei Tage zum Geburtstag des Kaisers und der Kaiserin.

Die Aufführungen wurden von der Truppe der »Herberge des Südens« gegeben (*Nanfu*), dem von Kangxi nahe dem See des Südens unter Aufsicht des Kaiserlichen Haushalts eingerichteten Schauspiel. Junge Eunuchen sangen die Frauenrollen. Qianlong hatte das Repertoire mit einer Sammlung von Stücken aus dem gesamten Reich wieder eingerichtet, wobei er die als tendenziös betrachteten eliminierte; er hatte die besten Künstler aus den Provinzen nach Peking geholt, welche alle lokalen Opernstile vertraten. Am Ende des 18. Jahrhunderts unterhielt das *Nanfu* 1500 Schauspieler. Seine Besetzung wurde 1825 vom sparsamen Kaiser Daoguang, der zudem die Oper verabscheute, auf 400 herabgesetzt. Aber die Fortentwicklung, aufgegriffen vom Theater, war nicht aufzuhalten: ein neues Genre tauchte auf, die Pekingoper. Xianfeng und insbesondere Cixi, die eine Passion für das Theater hegte, nahmen die Darbietungen bei Hofe sowie die künstlerischen Initiativen der Herberge des Südens wieder auf. Da die Akteure am Hofe jedoch darin fortfuhren, in den hohen Lagen des *gaoqiang* zu singen, die nicht mehr gefielen, verlangte man lediglich eine Pflichtvorführung von ihnen und kam statt dessen häufig auf die Truppe der Pekingoper und die großen Stars der Stunde zurück. Cixi schätzte auch die Oper aus dem Süden Chinas, die *kunju*, so daß das Hoftheater dieses Genre beibehielt, dessen volkstümliches Repertoire weniger anspruchsvoll war.

Das Programm der Darbietungen umfaßte

Stücke für jede Gelegenheit, von denen einige speziell für den Palast geschrieben worden waren. An Neujahr spielte man zum Beispiel »Die goldenen Prinzipien, um zum Guten zu ermahnen« in 240 Akten, in denen die Bestrafung der Bösen genauso wie die kindliche Pietät übertrieben wurde, in einer beeindruckenden Inszenierung mit lebenden Tigern, Elefanten und Pferden. Darbietungen im kleinen Rahmen fanden in den kleinen, nahe bei den »Palästen des kraftvollen Glanzes« (Zhonghuadian) und des »Ruhevollen Alters« (Ningshougong) erbauten Theatern oder im Garten des »Reichtums« (Fengzeyuan), in der Nähe des Sees des Südens, statt. Die großen Veranstaltungen fanden im von Qianlong im Nordostteil des Palastes erbauten »Pavillon der Heiteren Klänge« (Changyinge) statt oder im Palast des »Friedvollen Alters« (Shou'angong), der heute nicht mehr existiert. Diese drei Theater von außergewöhnlichen Ausmaßen besaßen eine Bühne in drei Ebenen, die prächtige Inszenierungen mit einer großen Menge von Darstellern ermöglichte. Die Aufführung begann morgens um 9 Uhr, manchmal schon um 5 Uhr, unterbrochen vom Mittagsmahl um 11 Uhr, einem Imbiß um 14 Uhr und einem Diner um 16.30 Uhr; im Winter wurden gegen 17.30 Uhr die Leuchter angezündet und die Vorführung bis um 20 Uhr oder 21 Uhr fortgesetzt. Prinzen und Prinzessinnen der kaiserlichen Familie und bedeutende Mandarine waren eingeladen und mischten sich ohne allzu strenges Protokoll unter das Publikum. Da indessen die Kniefälle häufig wiederholt werden mußten, die niedrigen Sitze, auf denen man Platz nehmen durfte, wenig komfortabel waren und die unfreiwillige Immobilität lange Zeit andauerte, seufzten viele der Geladenen insgeheim angesichts der ihnen erwiesenen Ehre[20].

Mehr noch als ihren Vorgängern gelang es den Qing-Herrschern, aus ihrem Palast die politische Schaltzentrale des Reiches zu machen, indem sie selbst die Entscheidungsgewalt in die Hand nahmen und sich – dank des Kaiserlichen Haushalts, der Einrichtung des Großen Rats und des Systems der Palastmemoranden – außerhalb der Verwaltung des Staates liegende Instrumente der Intervention und persönlichen Aktion schufen. Es überrascht nicht, daß die Verbotene Stadt als reales Zentrum der Macht voller Geheimnisse die Phantasie der Chinesen in so großem Maße geprägt hat, daß manche Phänomene dieses Geheimnisses von den auf die Monarchie folgenden Regimen bewahrt worden sind.

Nichtsdestoweniger bietet die politische Funktion des Palastes bei der Regierung des Reiches viele Analogien zu ähnlichen Institutionen anderer Kulturen: Man denke nur an das *palatium* im kaiserlichen Rom, an den Palast von Konstantinopel im byzantinischen Reich, an den des ottomanischen Sultans oder an die königlichen Paläste des mittelalterlichen und modernen Europa. Ursprünglicher und spezifischer noch erscheint die Rolle des Hofes in Beziehung zur übrigen Gesellschaft angesichts der den Palast schützenden Verbote, der Segregation zwischen Mandschu und Han und der Trennung zwischen persönlichem und öffentlichem Bereich des Herrschers, die im Prinzip den Palastunterhalt in die Verantwortung des Kaisers stellt. Einen geselligen Hof führten die Qing-Herrscher vor allem in ihren Lustschlössern. In Peking war die gesellschaftliche Kontrolle bei Hofe viel weiter entwickelt. Nur ein kleiner Teil der Prinzenfamilien und des Mandschu-Adels ging in anderer als rein administrativer oder professioneller Eigenschaft bei Hofe ein und aus. Diese Familien verkehrten sehr selten privat mit den Han. Es gab wenig Austausch zwischen den Sitten und der Lebensart bei Hofe und in der Stadt. Hierin unterschied sich die Verbotene Stadt der Qing völlig von den europäischen Höfen des 16. bis 19. Jahrhunderts.

In literarischer und künstlerischer Hinsicht hatten die großen Aufträge von Kangxi, Yongzheng und Qianlong sicherlich bis Ende des 18. Jahrhunderts die Kreativität angeregt; danach jedoch ließ die Schirmherrschaft der Herrscher über die Literatur nach: nur das Hoftheater trug noch dazu bei, das Genre zu erneuern. Als Angestellte des Kaiserlichen Haushalts arbeiteten die Künstler des Palastes kaum für das Publikum außerhalb des Hofes. Besuchern, denen der Zugang zu den Gemächern und eine zur Nachahmung anregende Betrachtung der Innenausstattung gewährt wurden, waren rar. Vor allem bei der Herstellung seltener Stücke als Provinztribute und bei Geschenken an den Herrscher wurde außerhalb des Palastes eine verfälschte Hofkunst aufrechterhalten. Nach Qianlong spielte der Palast kaum noch eine Rolle hinsichtlich der Ästhetik: Er empfing Objekte, nahm jedoch nicht mehr Einfluß auf ihre Entwicklung. In vielerlei Hinsicht ging die gesellschaftliche und kulturelle Ausstrahlung des Qing-Palastes nach und nach zurück.

---

[1] Wang Daocheng, 1985.
[2] Guo Songyi, 1993, S. 35. Ye Zhirn 1988, S. 22.
[3] Wang Shuqing, 1984, S. 7–8. Wan qing shenghuo, S. 10.
[4] Wu Zhenyue, 1855, juan 16–19. Fu Lianzhong, 1986. Arlington, 1935, S. 26–61.
Guo Songyi, 1993, S. 40–42.
[5] Dan Shiyuan, 1986.
[6] Wan Qing shenghuo, S. 159–185. Guo Songyi, 1993, S. 69–73.
[7] Yu Zhuoyun, 1984, S. 326–327.
[8] Guo Songyi, 1993, S. 398–403.
[9] Ye Zhiru, 1990. He Benfang, 1985. Chang Te-ch'ang, 1972. Torbert, 1977.
[10] Qin Guojing, 1990, Qi Rushan, 1968, S. 9–14.
[11] Da qing tongli. Douin, 1910, S. 114–118. Jochim, 1979.
[12] Da qing tongli. Yan Chongnian, 1993.
[13] Douin, 1910. Yan Chopngnian, 1993. Wan qing shenghuo, S. 122–123.
[14] Wang Jiapeng, 1990 und 1991.
[15] Qi Rushan, 1968, S. 12–15.
[16] Jin gong tan mi, S. 138–145, 153–160. Xu Kun, 1994.
[17] Wu Zhenyue, 1855, 4/47–51. Wu Xiangxiang, 1963, S. 196–202.
[18] Qing gong shi. Rongling, 1979, 539/S. 11–15. Jin Yi, 1993, S. 45–56.
[19] Wu Changyuan, 1788, S. 30. Wu Zhenyue, 1855, 15. Yuan Hongqi, 1991. Wan Yi, 1985
[20] Lang Xiuhua, 1991. Rongling, 1979. Vissière, 1900.

Abb. 51 Die erhöhte Allee, von Balustraden begrenzt, führt zum Palast der Himmlischen Reinheit (Quianqinggong), *1900*.

Die Architektur der Verbotenen Stadt

Antoine Gournay

Der Kaiserliche Palast, die ehemalige Verbotene Stadt, wurde zwischen 1406 und 1420 von Yongle (Regierungszeit 1403–1425), dem dritten Kaiser der Ming-Dynastie (1369–1644), errichtet, der den Sitz seiner Hauptstadt von Nanjing (Nanking, Hauptstadt des Südens) nach Peking (Hauptstadt des Nordens) verlegte. Hier residierten seine fünfzehn Nachfolger bis zum Niedergang der Dynastie im Jahr 1644. Die mandschurischen Eroberer, Begründer der Qing-Dynastie (1644–1911), nahmen sie für sich in Besitz. Da sie die gescheiterte chinesische Dynastie fortführen wollten, erneuerten sie den Palast, anstatt ihn dem Erdboden gleichzumachen, und erhoben ihn zu ihrer Hauptresidenz. Der zehnte und letzte Kaiser, Xuantong (Regierungszeit 1909–1911), besser bekannt unter seinem Vornamen Puyi, verließ ihn endgültig 1924, dreizehn Jahre nach der chinesischen Revolution von 1911, da ihm die republikanische Regierung zugestanden hatte, dort einstweilen unter seinem Titel weiter zu residieren.

Seit 1925 ist der Palast ein Museum. Der Zustand, in dem der Palast heute zu sehen ist, entspricht also im wesentlichen dem der letzten Jahre, in denen er von der kaiserlichen Familie der Mandschu bewohnt worden war.

Seit seiner ursprünglichen Gestaltung zu Beginn des 15. Jahrhunderts ist der Palast häufig verändert, zerstört und wiederaufgebaut worden. Dies geschah nicht nur aufgrund politischer Ereignisse, sondern auch infolge von Naturkatastrophen, Erdbeben und Bränden. Wegen der beim Bauen verwendeten Materialien und Techniken erfordert und erlaubt die chinesische Holzarchitektur die regelmäßige Erneuerung der gesamten Bauten oder bestimmter Teile. Deshalb ist es praktisch unmöglich, Gebäude in ihrer Gesamtheit präzise zu datieren, da diese im Laufe ihrer Geschichte ganz oder teilweise erneuert oder wiederaufgebaut werden konnten bzw. mußten.

Der Kaiserliche Palast in Peking stellt aufgrund seiner ununterbrochenen Nutzung seit Beginn des 15. Jahrhunderts ein einzigartiges Phänomen dar. Er ist das vollkommenste, noch heute sichtbare Zeugnis einer lange tradierten Palastarchitektur, die in einigen ihrer Besonderheiten auf die frühesten Dynastien der chinesischen Geschichte zurückgeht. Die Grundzüge dieser offiziellen Architektur können wie folgt zusammengefaßt werden: auf Steinfundamenten ruhende, in mehreren Reihen angeordnete Holzpfeiler tragen allein das schwere, ebenfalls hölzerne Gebälk. Die meisten Gebäude sind eingeschossig, haben aber ein imposantes Dach aus glasierten Ziegeln. Es ruht auf einem komplexen System aus Konsolen (*dougong*), das Vordächer erlaubt, die ihrerseits Wände und Pfeiler gegen die Unbill der Witterung schützen. Die Dachkonstruktion verleiht den Dächern das für die chinesische Architektur typische geschwungene Profil, das aus ästhetischen Gründen mehr oder weniger betont werden kann. Die in den Winkeln als Hebelarme benutzten Balken (*ang*) bewirken eine »Aufstülpung« an den Dachkanten, welche bei manchen Betrachtern die Vorstellung eines Zeltes hervorruft. Im Fernen Osten vergleicht man die großen gekrümmten Dächer gerne mit den Schwingen eines Vogels. Die Höhe dieser Dachkonstruktion und des sie stützenden Konsolensystems ist derjenigen der Pfeiler proportional. Die gesamte Konstruktion ist als Modulsystem angelegt, das die Standardisierung der Baumaterialien sowie einen schnellen Aufbau erlaubt. Die Bauten sind auf Terrassen aus festgestampfter Erde errichtet, mittels überdachter Galerien miteinander verbunden und um rechteckige Höfe (*siheyuan*) angeordnet, deren von Gebäuden eingenommene Seiten den vier Himmelsrichtungen zugeordnet sind. Die Hauptgebäude sind auf einer langen, von Süden nach Norden ausgerichteten Mittelachse aufgereiht, ihre Tore und Frontfassaden blicken nach Süden. Die in ihrer Bedeutung nachgeordneten Bauten liegen symmetrisch gegliedert beiderseits dieser Achse. Der Rang jedes Gebäudes wird von der Zahl seiner Joche bestimmt (*jian*, manchmal mit Säulenabstand übersetzt), welche als Basis für die Flächenberechnung dienen.

Diese bei den Palästen ebenso wie bei den Tempeln für die Ahnen und Götter angewandte offizielle Architektur wird seit mehr als zweitausend Jahren tradiert, trotz stilistischer Veränderungen infolge von Verbesserungen und Weiterentwicklungen im Bauwesen. Daher rührt der Eindruck von Konservatismus und Einförmigkeit bei nicht wenigen westlichen Besuchern, denen kaum bewußt ist, daß auch die klassische Architektur Europas während ihrer langen Geschichte immer wieder etablierte, letztlich von den Griechen und Römern kodifizierte Formen wiederaufgegriffen hat.

Die um die Paläste angelegte Stadt folgt denselben Grundsätzen. Dieses Konzept von Architektur und Städtebau entspricht der chinesischen Vorstellung vom Universum, derzufolge die Gliederung der irdischen Welt (*tianxia*) diejenige des Himmels widerspiegeln soll[1]. Die kosmologische Sicht führte zur Entstehung der Geomantie (*fengshui*, wörtlich »Winde und Wasser«), einer divinatorischen Wissenschaft, die es erlaubt, den geeignetsten Ort für Gebäude zu erkennen und sie so anzulegen, daß sie sich in Harmonie mit ihrer Umgebung befinden. Die Errichtung eines Palastes – wie die eines jeden Ortes, der Lebende oder Tote beherbergen soll, ob Stadt, Haus oder Grabstätte – soll mit den Regeln der Geomantie in Einklang sein. Diese beziehen sich auf die Wahl des Platzes, der Himmelsrichtung und auf die Beschaffenheit der verschiedenen Elemente. Die während der langen chinesischen Geschichte von den verschiedenen aufeinanderfolgenden Dynastien in ihren Hauptstädten erbauten kaiserlichen Paläste haben diese fundamentalen Grundsätze aufgegriffen und weiterentwickelt. Alle Paläste, die der Verbotenen Stadt in Peking vorausgingen, sind zerstört worden, mit Ausnahme des ersten, den die Qing-Dynastie in Mukden (heute Shenyang) in der Mandschurei vor der Eroberung Pekings erbaute und bewohnte. In Ostasien leiten sich alle Palastbauten – wie in Kyoto in Japan, in Seoul in Korea und in Hué in Vietnam – von diesem in China entwickelten Vorbild ab, obgleich sie natürlich zahlreiche lokale Varianten aufweisen.

Die Dauerhaftigkeit und Verbreitung dieser Tradition sind nicht allein mit der Einfachheit und Anpassungsfähigkeit des standardisierten und normierten Bausystems zu erklären, sondern ebenso mit dessen präzisen Vorschriften. Das verwendete Material, die Bautechnik, die Formen und die Maße entsprechen einem von der jeweils regierenden Dynastie aufgestellten Code. So ist die Architektur der Qing in einem im Jahre 1734 verfaßten Werk mit dem Titel *Gongcheng zuofazeli* beschrieben, welches von dem großen Handbuch der nördlichen Song (960–1127), dem *Yingzaofashi*[2], inspiriert ist. Das Befolgen dieser kodifizierten Vorschriften stellt die beim Bau der Paläste, Tempel und großen Grabmäler angewandte offizielle Architektur in einen sichtbaren Kontrast zur volkstümlichen, von größerer Vielfalt geprägten Bauweise.

Der Palast, die Stadt und ihre Lage

Im Zentrum der Hauptstadt gelegen, ist der Palast Drehpunkt zwischen der von Menschen bewohnten Erde und dem Himmel, sie ist der Sitz des Sohns des Himmels, des Inhabers eines himmlischen Mandats, das ihn zur Herrschaft ermächtigt. Die chinesische Bezeichnung »Rote Verbotene Stadt« (Zijincheng) ist eine Anspielung auf die Sternengruppe um den Polarstern. Er ist der »Purpurstern« in der Mitte, der unbeweglich im Zentrum des Himmelsgewölbes steht, der Palast des Kaisers ist sein irdisches Abbild.

Die Wahl des Ortes

Eine im »geomantischen« Sinne günstige Lage

Die Lage der Stadt wurde ausdrücklich in Ehrfurcht vor den geomantischen Vorschriften gewählt[3]. Peking liegt in einer Ebene, die durch die Jishan-Berge im Norden und Westen vor den nördlichen Steppenwinden einigermaßen geschützt ist. Von diesen Ber-

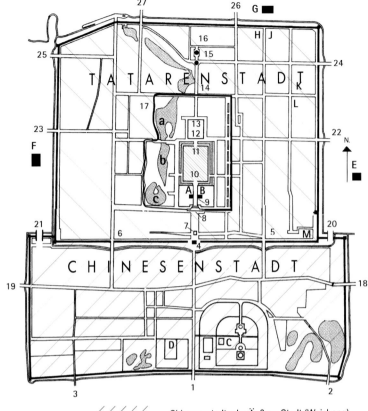

Abb. 52 Schematischer Plan der Stadt Peking

1. *Tor der Ewigen Festigkeit (Yongdingmen)*
2. *Friedenstor zur Linken (Zuo'anmen)*
3. *Friedenstor zur Rechten (You'anmen)*
4. *Vorderes Tor (Qianmen) oder Tor der Mittagssonne (Zhengyangmen)*
5. *Tor der Verbreitung der zivilen Werte (Chongwenmen)*
6. *Tor der Stärkung der Kriegerischen Fähigkeiten (Xianwumen)*
7. *Tor der Großen Qing (Daqingmen)*
8. *Tor des Himmlischen Friedens (Tian'anmen)*
9. *Tor der Aufrichtigkeit (Duanmen)*
10. *Mittagstor (Wumen)*
11. *Tor des Göttlichen Kriegers (Shenwumen)*
12. *Aussichtshügel (Jingshan) oder Kohlenhügel (Meishan)*
13. *Halle der Langlebigen Kaiser (Shouhuangdian)*
14. *Tor des Irdischen Friedens (Di'anmen)*
15. *Trommelturm (Gulou)*
16. *Glockenturm (Zhonglou)*
17. *Seen des Westens (Xihai)*
    a) *Nördlicher See (Beihai)*
    b) *Mittlerer See (Zhonghai)*
    c) *Südlicher See (Nanhai)*
18. *Tor der ausgedehnten Weite (Guangqumen)*
19. *Tor des Umfassenden Friedens (Guang'anmen) oder Tor der guten Manieren (Zhangyimen)*
20. *Tor der Ostseite (Dongbianmen)*
21. *Tor der Westseite (Xibianmen)*
22. *Tor der Vollkommenen Blüte (Qihuamen) oder Tor der Aufgehenden Sonne (Chaoyangmen)*
23. *Tor der Entstehung des Hügels (Fuchengmen) oder der geregelten Stille (Pingzemen)*
24. *Östliches Aufrechtes Tor (Dongzhimen)*
25. *Westliches Aufrechtes Tor (Xizhimen)*
26. *Tor der Ruhe und Stabilität (Andingmen)*
27. *Tor des tugendhaften Sieges (Deshengmen)*

A *Kaiserlicher Ahnentempel (Taimiao)*
B *Altar der Götter des Bodens und der Feldfrüchte (Shejitan)*
C *Altar des Himmels (Tiantan)*
D *Altar des Ackerbaus (Xiannongtan)*
E *Altar der Sonne (Ritan)*
F *Altar des Mondes (Yuetan)*
G *Altar der Erde (Ditan)*
H *Kaiserliche Akademie (Guozijian)*
I *Konfuziustempel (Wenmiao)*
J *Lamatempel*
K *Kaiserliche Kornkammer*
L *Kaiserliche Lagerhäuser*
M *Observatorium*

Chinesenstadt oder Äußere Stadt (Waicheng)

Tatarenstadt oder Innere Stadt (Neicheng)

Kaiserstadt (Huangcheng)

Verbotene Stadt (Zijincheng)

gen ergießen sich Wasserläufe in südöstlicher Richtung und zum Golf von Bohai, die einen so wohltuenden Energiefluß bewirken, daß sie auf ihrem Weg zum Ozean alle verhängnisvollen Einflüsse ausschwemmen. Die Stadt ist jedoch in ausreichendem Abstand zu diesen Flüssen erbaut, so daß sie nicht durch Hochwasser gefährdet wird.

Ein Handelszentrum

In der langen Geschichte der Stadt wurden verschiedene Systeme entwickelt, das lebensnotwendige Wasser zur Stadt zu leiten und die Ebene zu bewässern, die sie umgibt und ernährt. Die Ming und später auch die Qing leiteten einen Teil dieses Wassers ab, um eine ganze Kette von Seen, die als Reservoir dienten sowie die Gräben des Kaiserpalastes und den Goldwasserfluß, der ihn durchquert, zu versorgen. Künstliche Kanäle dienten dem Transport von Menschen und Waren. Die Region war außerdem durch den Großen Kanal mit den reichen Provinzen des Südens verbunden. Traditionell war sie immer ein Zentrum für den Warenaustausch zwischen der chinesischen Welt und den Steppen.

Die strategische Position

Kaiser Yongle aus der Ming-Dynastie verlegte seine Hauptresidenz hauptsächlich aus strategischen Gründen nach Peking. Bereits vor seiner Machtergreifung besaß er dort ein Lehen und hielt es wahrscheinlich für einen sichereren Ort. Die geographische Lage der Stadt an der Öffnung zur großen nordchinesischen Ebene und an den Grenzen zur Mongolei ermöglichte die Beherrschung der Passage zur Mandschurei im Nordosten und die bessere Kontrolle der mehr oder weniger sinisierten nomadischen und halbnomadischen Stämme, die sich jenseits der Großen Mauer bewegten.

Die lange Geschichte der Stadt

Der Ort war bereits vor den Ming von mehreren nicht-chinesischen Dynastien zum Bau einer Hauptstadt ausersehen worden: von den Liao, den Jin und den Yuan. Die Kitan erbauten hier unter dem chinesischen Dynastie-Namen Liao (916–1125) die Stadt Yanjing (oder Yandu, »Hauptstadt des Landes der Yan«). Die die Dynastie der Jin (1115–1234) begründenden Dschurdschen tauften die Stadt auf den Namen Zhongdu (Hauptstadt der Mitte). Die Mongolen schließlich errichteten hier die chinesische Hauptstadt ihres Yuan-Reiches (1279–1368). Diese Stadt namens Dadu (Große Hauptstadt) beschrieb Marco Polo unter ihrem mongolischen Namen Khanbaliq (Stadt des Khan). Die Häuser und Paläste dieser einander folgenden Dynastien wurden bei ihrem Untergang sämtlich vernichtet. Die Stadt aber erstand jedes Mal neu aus ihrer Asche, nur ihr Zentrum verlagerte sich leicht[4]. Nach der Vertreibung der Mongolen errichteten die Chinesen die Stadt etwas weiter im Süden wieder, die Südmauer der neuen kaiserlichen Stadt entsprach der Südgrenze der Mongolenstadt.

Die Mandschu-Kaiser in Peking

Aus all diesen Gründen konnte Peking den Mandschu nur genehm sein; sie wählten die Stadt, wie die Ming, als Hauptstadt, residierten so in der Nähe jener Steppenregionen, aus denen sie gekommen waren, zugleich ihren bevorzugten Jagdgebieten, und in der Nähe nicht-chinesischer Ethnien, die sie kontrollieren wollten.

Der Palast in seinem städtischen Kontext

Eine Reihe einander umschließender Stadtmauern

Der Stadtplan Pekings zeigt sich als ein großes, an den vier Himmelsrichtungen orientiertes und von einer Nord-Süd-Achse durchzogenes Viereck. Die Hauptgebäude sind entlang dieser Achse oder an ihren Seiten aufgereiht. Das wichtigste, der Kaiserpalast, befindet sich im Zentrum. Die anderen Gebäude, die Tore, die Glocken- und Trommeltürme, die dem Leben in der Stadt den Rhythmus vorgaben, die kaiserlichen Tempel, die übrigen Paläste und die Märkte gruppieren sich um ihn in einem Grundriß, der von einander rechtwinklig schneidenden und die

Abb. 53 Eckturm, Stadtmauer und Wassergraben der Verbotenen Stadt, 1922.

Abb. 54 *Das Tor des Göttlichen Kriegers* (Shenwumen) *im Norden der Verbotenen Stadt, 1922.*

Stadtviertel abteilenden Straßen in Quadrate geteilt wird. Seit der Ära der Ming besaß die Hauptstadt drei konzentrische Stadtmauern. Der Kaiserpalast (*Huanggong*) oder die Verbotene Stadt im Zentrum war die Residenz des Kaisers und wird von einer von Gräben eingefaßten Mauer umgrenzt, um diese breitet sich die Kaiserliche Stadt (*Huangcheng*) aus, die ebenfalls von einer Mauer umgeben wird, die sie wiederum von der übrigen Stadt trennt. In der Ära der Qing separierten sich die mandschurischen Stadtbewohner von den chinesischen Untertanen. Die von den Ming ererbte Stadt war grundsätzlich den ersteren vorbehalten. Diese Tatarenstadt, wie sie im Westen genannt wird, bekam im Chinesischen nun die Bezeichnung »Innere Stadt« (*Neicheng*) im Gegensatz zur chinesischen oder »Äußeren Stadt« (*Waicheng*). Sie bildete an der Südseite der Tatarenstadt ein langes Rechteck in Ost-West-Richtung und wurde ebenfalls von einer Mauer geschützt. Die ineinandergeschachtelten Mauerzüge erlaubten es, den Zugang zu den verschiedenen Teilen der Stadt zu kontrollieren. Er wurde um so strenger überwacht, je näher man dem Zentrum kam, war es doch ein begehrtes, den Angehörigen des Kaisers und den Hohen Würdenträgern vorbehaltenes Privileg, die Verbotene Stadt betreten zu dürfen.

Die Verbotene Stadt stellte also den Kern dieses horizontal gegliederten und von großzügigen Flächen geprägten urbanen Komplexes dar. Es gab wenig hohe Gebäude, und es war streng verboten, höher zu bauen als die Dächer des Kaiserpalastes. Das Ergebnis vermittelt einen wohlberechneten Eindruck von Weite und Größe, die die Macht des »Reiches unter dem Himmel« und die Größe dessen, der es beherrscht, sichtbar machen sollen.

Voranschreiten von Süden nach Norden

Weiterhin trägt zu dieser Wirkung die rhythmische Steigerung bei, die auf der zentralen, zum Palast führenden Straße entlang der Hauptachse der Stadt klug inszeniert wurde. Vom südlichen Haupttor, dem »Tor der Immerwährenden Regelung« (*Yongdingmen*), zog die breiteste Straße der Hauptstadt Richtung Norden, wobei sie zunächst zwischen dem

72 Antoine Gournay

Abb. 55 Der Haupthof vor der Halle der Höchsten Harmonie (Taihedian) mit Blick nach Süden. Man sieht im Hintergrund auf beiden Seiten des Tors der Höchsten Harmonie (Taihemen) die Eckpavillons des Mittagstores (Wumen).

Seine von Westen nach Osten verlaufenden Gipfel wurden von fünf Pavillons bekrönt. Dahinter führte eine Straße zum Tor des »Irdischen Friedens« (*Dianamen*), durch welches man die Kaiserstadt verließ. Sie zog sich noch weiter nach Norden bis zum Trommelturm (*Gulou*) und danach zum Glockenturm (*Zhonglou*). Die große Mittelachse der Stadt endete hier. Es gab kein Tor an dieser Stelle der Stadtmauer, denn die Stadt sollte vor jedem unheilvollen Austausch, vor allen äußeren bösen Einflüssen und vor Energieverlust geschützt werden.

Die innere Anlage des Palastes

Das Verteidigungssystem

Die Verbotene Stadt selbst verfügt über ein Verteidigungssystem, dessen Wirkung von der Architektur ausging. Solide Baumaterialien, imposante Ausmaße und die Regelhaftigkeit der Anlage ohne Schwachpunkte wirkten abschreckend. Der Palast wurde von einer roten, mit Zinnen versehenen Mauer geschützt. Sie bestand aus mit Backsteinen vermischter gestampfter Erde, hatte an der niedrigsten Stelle noch eine Höhe von 7 m[5] und wurde von einem 60 m breiten, mit Wasser gefüllten Graben eingefaßt. Vier Tore gewährten Einlaß durch dieses doppelte Hindernis, zwei befanden sich je an einem Ende der Hauptachse: das »Mittagstor« (*Wumen*) im Süden und das »Tor des Göttlichen Kriegers« (*Shenwumen*) im Norden, zwei waren

Himmelstempel und dem Ackerbautempel verlief. Sie führte in gerader Linie zum »Tor der Mittagssonne« (*Zhengyangmen*), durch das man in die Innere Stadt eintrat. Ein weiter Platz öffnete sich danach vor dem nächsten Tor, dem »Tor der Großen Qing« (*Daqingmen*), das sich zu einem langen Korridor hin öffnete. Dieser mündete seinerseits in einen noch größeren Platz vor dem »Tor des Himmlischen Friedens« (*Tiananmen*), durch welches man die Kaiserstadt betrat. Eine weitere ummauerte Fläche trennte es vom »Tor der Aufrichtigkeit« (*Duanmen*), das am Anfang des Korridors zum kolossalen »Mittagstor« (*Wumen*) stand. Dahinter endlich breitete sich die Verbotene Stadt aus. Diese Achse setzte sich quer durch den Palast weit nach Norden fort. Hinter dem »Tor des Göttlichen Kriegers« (*Shenwumen*) genoß sie den geomantischen Schutz eines künstlichen Hügels, des Aussichtshügels (*Jingshan*, oft auch *Meishan* oder Kohlehügel genannt).

Abb. 56 Schnitt durch die Verbotene Stadt entlang der zentralen Nord-Süd-Achse.

im Osten und im Westen: das »Östliche Blütentor« und das »Westliche Blütentor« (*Donghuamen* und *Xihuamen*). Auf jedem dieser Tore saß ein mehrstöckiges Gebäude, von dem aus die Annäherung eventueller Angreifer beobachtet und ihre Abwehr ermöglicht wurde.

Von diesen Toren war das Mittagstor das gewaltigste. Der Komplex ist U-förmig angelegt, seine beiden Flügel sind nach Süden ausgerichtet und überqueren die Gräben. Er wird in der Mitte von einem großen Pavillon mit Doppeldach und neun Fassadenjochen bekrönt und trägt auf jedem der rückwärtigen Flügel eine lange Galerie, die die beiden Eckpavillons verbindet. Von der Terrasse herab wurden der an ihrem Fuße versammelten Menge die wichtigsten kaiserlichen Erlasse verkündet.

Pavillons mit quadratischem Grundriß und komplizierten Dachkonstruktionen wurden auch auf allen vier Ecktürmen der Verbotenen Stadt errichtet und spielten militärisch dieselbe Rolle wie die Ecktürme der mittelalterlichen Burgen in Europa. Unzweifelhaft ist indessen, daß die Verteidigungsfunktion dieser Tore und Eckpavillons von ihrem ästhetischen Reiz überlagert wurde. Die Pracht dieser Bauten spiegelte sich in den Gräben und war von außen sichtbar, sie betonte den bereits durch die immensen Dimensionen und die Höhe der roten Mauern geschaffenen gewaltigen Eindruck. Dieses Verteidigungssystem, verstärkt durch die Abgeschlossenheit des Raumes des Palastinnern, wäre nicht vollständig ohne die verschiedenen sowohl innerhalb der Mauern als auch außerhalb an den Gräben errichteten Magazine, Kasernen und Reitställe. Diese gesamte Anlage mit ihren verschachtelten Mauern und ihren Quartieren, die voneinander abgeschottet werden können, ist in das Verteidigungssystem der Stadt integriert.

Die Mittelachse

Die entlang der Hauptachse errichtete Flucht der Gebäude und Höfe umfaßt zunächst, von Süden nach Norden, die dem Hofzeremoniell vorbehaltenen Räume, dahinter liegen die wichtigsten Privatgemächer. Je weiter man von Süden nach Norden voranschreitet, desto strengere Zugangsbeschränkungen galten, das heißt, eine immer geringere Anzahl von Personen durfte diese Orte betreten.

Das Mittagstor bietet Zugang zu einem gewaltigen Hof, der es vom »Tor der Höchsten Harmonie« (*Taihemen*) trennt. Er wird von Westen nach Osten vom »Goldwasserfluß« (*Jinshuihe*) durchquert, dessen gewundener Lauf einen regelmäßigen Bogen beschreibt. Fünf leicht gewölbte, von Marmorbalustraden geschmückte und zur Mitte strebende Brücken überspannen das Gewässer.

Diese Brücken wurden oft mit Pfeilen verglichen, die aus der Verbotenen Stadt, dem Innen, auf die Außenwelt gerichtet sind; sie symbolisieren die universelle Macht des Herrschers und klingen in den fünf parallelen Brücken nach, die den außerhalb der Verbotenen Stadt befindlichen Arm des Goldwasserflusses vor dem »Tor des Himmlischen Friedens« (*Tiananmen*) überqueren. Am äußer-

Abb. 57 Die Halle der Vollkommenen Harmonie (Zhonghedian).

Abb. 58 Die Halle der Berührung von Himmel und Erde (Jiaotaidian).

74 Antoine Gournay

Abb. 59 *Die Dächer der Nebenpaläste in der Verbotenen Stadt, westlicher Teil.*

Abb. 60 *Verkehrsstraße zwischen den Palästen im nordwestlichen Teil der Verbotenen Stadt.*

sten Ende des Hofes erhebt sich das »Tor der Höchsten Harmonie« (*Taihemen*) auf einer Terrasse, auf die man über eine dreifache Rampe gelangt. Es wird symmetrisch von zwei Seitentoren eingerahmt, wobei jedoch der mittlere, auf der Achse gelegene Durchgang der bedeutendste ist. Die Tore bieten Zugang zu einem noch größeren Hof, an dessen äußerstem Ende sich, eines hinter dem anderen, die drei Gebäude erheben, die das Zentrum der Verbotenen Stadt darstellen: die Hallen der »Höchsten Harmonie« (*Taihedian*), der »Mittleren Harmonie« (*Zhonghedian*) und der »Wahrung der Harmonie« (*Baohedian*). Sie stehen alle auf einer dreistufigen Terrasse – der höchsten des gesamten Palastes –, die mit einer Balustrade aus weißem Marmor geschmückt ist.

Die Halle der Höchsten Harmonie, der bedeutendste Bau des Triptychons, ist nach Süden ausgerichtet. Eine dreifache Treppe gewährt Zugang zur vorgelagerten weiträumigen, den Hof beherrschenden Terrasse. Die Großzügigkeit dieser Komposition ermöglichte das Zusammenkommen von vielen Menschen bei den Großen Zeremonien, den Huldigungen für den Kaiser aus Anlaß seiner Inthronisation, bei der Wintersonnenwende, bei seinem Geburtstag oder beim Aufbruch in den Krieg. Die Halle der Höchsten Harmonie, deren Holzkonstruktion auf sechs Reihen aus jeweils zwölf Pfeilern ruht, zählt elf Fassadenjoche, sie ist das größte Bauwerk des Palastes und eines der größten der gesamten antiken chinesischen Architektur[6]. Innen steht im zentralen Joch der Thron, auf dem der Kaiser den Vorsitz bei Versammlungen führte, wobei er die meiste Zeit unsichtbar blieb. Zu beiden Seiten des Eingangs, noch unter der Vorhalle, sind die Instrumente für das rituelle Orchester angeordnet, das den Rhythmus der Zeremonien vorgab, indem es die Ankunft des Kaisers ankündigte und seine Bewegungen begleitete. Der Große Hof diente diesem Orchester sowie den mündlichen Anweisungen der Zeremonienmeister auch als Resonanzboden.

Abb. 61 Wohnungen für die Opernschauspieler entlang der östlichen Mauer.

Zu beiden Seiten der Halle der Höchsten Harmonie schließt eine von zwei Seitentoren unterbrochene Mauer den Hof nach Norden ab und verhindert die Sicht auf zwei weitere, dahinter erbaute Hallen. Die Halle der Mittleren Harmonie steht im Zentrum der sich hier verengenden Terrasse: sie bildet die geometrische Mitte der Verbotenen Stadt. Der Bau ist quadratisch und viel kleiner (fünf Joche, 16 m auf jeder Seite) als die beiden Hallen vor und hinter ihm. Er bot den intimeren Rahmen, in dem sich der Kaiser rituell auf die Zeremonien vorbereitete, bei denen er anschließend vor einer großen Versammlung erscheinen mußte. Er passierte diese Halle stets, bevor er diejenige der Höchsten Harmonie betrat. Hier spielte sich auch die jährliche Zeremonie ab, bei der dem Kaiser die Pflüge und die neue Saat dargebracht wurden, und hier wurden ihm die Gedenkerlasse unterbreitet, die im Tempel der Kaiserlichen Vorfahren (*Taimiao*) verkündet werden mußten. Im dritten Bauwerk, der Halle der Wahrung der Harmonie, gab der Kaiser Audienzen, empfing Prinzen und Vasallen, um Großen Rat zu halten, und führte persönlich den Vorsitz bei den Beamtenprüfungen des höchsten Ranges für die Kaiserliche Hanlin-Akademie. Wie bei der Halle der Höchsten Harmonie schirmt eine Mauer den Hof zu beiden Seiten ab und schließt auf diese Weise die Halle der Mittleren Harmonie in eine Umfriedung ein.

Die Höfe, die die Plätze für das große Hofzeremoniell umgeben, werden an den Seiten von Sälen eingerahmt, in denen notwendige Requisiten aufbewahrt wurden und die im Osten auch als Bibliothek und im Westen als Magazine dienten. Die Zweckbestimmung dieser letztgenannten Gebäude wird vorgegeben von jenen beiden Baukomplexen zu beiden Seiten des großen zentralen Hofes, dem »Palast der Militärischen Tapferkeit« (*Wuyingdian*) im Westen und die »Halle der Literarischen Blüte« (*Wenhuadian*) im Osten.

Auf der Rückseite der Halle der Wahrung der Harmonie ermöglicht eine dreifache Rampe, von der mittleren Terrasse in den hinteren Hof hinabzusteigen. Dieser große Platz wird auf der Nordseite von einer langen roten Mauer abgeschlossen, welche die Grenze zwischen dem offiziellen Teil des Palastes und den sich hinter dem »Tor der Himmlischen Klarheit« (*Qianqingmen*) erstreckenden Privatgemächern markiert. Hinter diesem Tor, ebenfalls auf der Mittelachse, erhebt sich eine weitere Gruppe von drei Bauten auf einer gemeinsamen dreifachen Terrasse, die einen Nachklang zum Triptychon des offiziellen Palastteils bildet. Der erste, der »Palast der Himmlischen Klarheit« (*Qianqinggong*), diente in der Epoche der Ming als Wohnung des Kaisers, während der hintere, der »Palast der Irdischen Ruhe« (*Kunninggong*), der Kaiserin vorbehalten war. Der quadratische Pavillon in der Mitte, der wie die Halle der Mittleren Harmonie im offiziellen Teil des Palastes die Rolle eines Verbindungsgliedes zwischen den beiden ihn einrahmenden rechteckigen Bauten spielt, ist die Halle der »Kosmischen Vereinigung« (*Jiaotaidian*). Die Namen dieser drei Hallen zeigen deutlich, daß in der ursprünglichen Anordnung der Privatgemächer einem jeden der beiden fundamentalen Prinzipien des Universums ein Wohnsitz zugewiesen war: männlich und weiblich, himmlisch und irdisch (*yin* und *yang*). Die beiden Prinzipien wurden jeweils vom Kaiser und seiner Gemahlin verkörpert, wobei der Ort ihrer Begegnung natürlich auf halbem Wege lag – sinnfällig geworden im mittleren Pavillon.

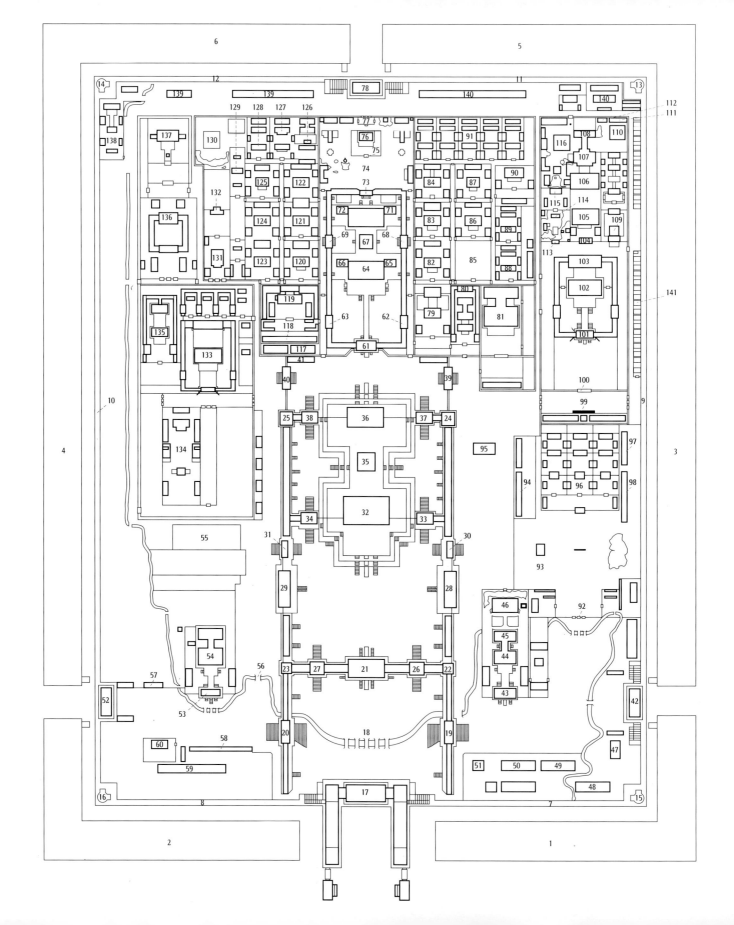

Die Architektur der Verbotenen Stadt 77

Zustand des Palastes um die Mitte des 19. Jahrhunderts

Umfriedung:

1– 6 Gräben
7–12 Umfassungsmauer (*Chengqiang*)
13–16 Ecktürme (*Jiaoting*)

Äußerer Hof (*Waichao*):

Mittelachse:

17 Mittagstor (*Wumen*)
18 Brücken über den Goldwasserfluß (*Jinshuiqiao*)
19 Tor der Vereinten Harmonie (*Xiehemen*)
20 Tor der Strahlenden Harmonie (*Xihemen*)
21 Tor der Höchsten Harmonie (*Taihemen*)
22 Hohe Türme (*Chonglu*)
26 Tor der Leuchtenden Tugend (*Zhaodemen*)
27 Tor des Richtigen Verhaltens (*Zhendumen*)
28 Pavillon des Angewandten Wohlwollens (*Tirenge*)
29 Pavillon der Vornehmen Rechtschaffenheit (*Hongyige*)
30 Zweites Tor zur Linken (*Zuoyimen*)
31 Zweites Tor zur Rechten (*Youyimen*)
32 Halle der Höchsten Harmonie (*Taihedian*)
33 Mittleres Tor zur Linken (*Zhongzuomen*)
34 Mittleres Tor zur Rechten (*Zhongyoumen*)
35 Halle der Mittleren Harmonie (*Zhonghedian*)
36 Halle zur Erhaltung der Harmonie (*Baohedian*)
37 Hinteres Tor zur Linken (*Houzuomen*)
38 Hinteres Tor zur Rechten (*Houyoumen*)
39 Tor des Großen Glücks (*Jingyunmen*)
40 Tor der Großen Ahnen (*Longzongmen*)
41 Großer Rat (*Junjichu*)

Südostecke:

42 Tor der Östlichen Blüte (*Donghuamen*)
43 Tor der Literarischen Blüte (*Wenhuamen*)
44 Halle der Literarischen Blüte (*Wenhuadian*)
45 Halle der Geschenke an den Kaiser (*Zhujingdian*)
46 Pavillon der Quelle der Literatur (*Wenyange*)
47 Remise der Kaiserlichen Ehrengarde (*Luanyiwei cheku*)
48 Südmagazin (*Nanku*)
49 Magazin der Authentischen Dokumente (*Shiluku*)
50 Archiv des Großen Rates (*Hongbenku*)
51 Hauptsitz des Kaiserlichen Sekretariats (*Neigedatang*)

Südwestecke:

52 Tor der Westlichen Blüte (*Xihuamen*)
53 Tor der Militärischen Tapferkeit (*Wuyingmen*)
54 Halle der Militärischen Tapferkeit (*Wuyingdian*)
55 Kaiserlicher Haushalt (*Neiwufu*)
56 Regenbogenbrücke (*Duanhongqiao*)
57 Tor des Himmlischen Friedens (*Xian'anmen*)
58 Ort für die Entleerung der Kübel (*Jitongchu*)
59 Laternenmagazin (*Dengku*)
60 Südliche Parfümierte Halle (*Nanxundian*)

Innerer Hof (*Neichao*):

Mittelachse:

61 Tor der Himmlischen Reinheit (*Qianqingmen*)
62 Tor der Vervollkommneten Sonne (*Rijingmen*)
63 Tor des Mondscheins (*Yuehuamen*)
64 Halle der Himmlischen Reinheit (*Qianqinggong*)
65 Halle der Leuchtenden Wohltätigkeit (*Zhaorendian*)
66 Halle der Grandiosen Tugend (*Hongdedian*)
67 Halle der Berührung von Himmel und Erde (*Jiaotaidian*)
68 Tor der Strahlenden Harmonie (*Jinghemen*)
69 Tor des Überwältigenden Glücks (*Longfumen*)
70 Palast der Irdischen Ruhe (*Kunninggong*)
71 Östliche Beheizte Halle (*Dongnuandian*)
72 Westliche Beheizte Halle (*Xinuandian*)
73 Tor der Irdischen Ruhe (*Kunningmen*)
74 Kaiserlicher Garten (*Yuyuan* oder *Yuhuayuan*)
75 Tor des Himmlischen Prinzips (*Taiyimen*)
75 Halle des Kaiserlichen Seelenfriedens (*Qin'andian*)
77 Tor der Aufrichtigkeit (*Shunzhenmen*)
78 Tor des Göttlichen Kriegers (*Shenwumen*)

Ostteil:

79 Palast des Fastens (*Zhaigong*)
80 Palast der Glückwünsche zur Geburt eines Sohnes (*Yuqinggong*)
81 Halle der Ahnenverehrung (*Fengxiandian*)

Sechs Östliche Paläste (*Dongliugong*):

82 Palast der Strahlenden Menschlichkeit (*Jingrengong*)
83 Palast des Himmlischen Erbes (*Chengqiangong*)
84 Palast der Gesammelten Essenz (*Zhongcuigong*)
85 Palast des Allumfassenden Glücks (*Yanxigong*)
86 Palast der Harmonie und des Friedens (*Yonghegong*)
87 Palast des Strahlenden Yangprinzips (*Jingyanggong*)
88 Seidenmagazin (*Duanku*)
89 Teemagazin (*Chaku*)
90 Schatzkammer der Dunklen Himmelstiefe (*Xuanqiongbaodian*)
91 Fünf Östliche Wohnhöfe (*Dongwusuo*)
92 Vorderes Kaiserliches Tor (*Qianhuangmen*)
93 Hof zum Besteigen des Wagens (*Shangsiyuan*)
94 Kaiserliche Tee- und Imbißküche (*Yuchashanfang*)
95 Pfeilpavillon (*Jianting*)
96 Drei Südliche Wohnhöfe (*Nansansuo*)
97 Kaiserliche Apotheke (*Yuyaofang*)
98 Kaiserlicher Medizinischer Dienst (*Taiyiyuan*)

99 Neundrachenmauer (*Jiulongqiang*)
100 Tor der Kaiserlichen Absolutheit (*Huangjimen*)
101 Tor des Ruhevollen Alters (*Ningshoumen*)
102 Halle der Kaiserlichen Absolutheit (*Huangjidian*)
103 Palast des Ruhevollen Alters (*Ningshougong*)
104 Tor der Pflege des Herzens (*Yangxingmen*)
105 Halle der Pflege des Herzens (*Yangxingdian*)
106 Halle des Freudvollen Alters (*Leshoutang*)
107 Kammer der Perfekten Harmonie (*Yihexuan*)
108 Pavillon der Bewundernswerten Gunst (*Jingqige*)
109 Pavillon der Angenehmen Klänge (*Changyinge*)
110 Palast des Strahlenden Glücks (*Jingfugong*)
111 Turm der Blüte des Buddhismus (*Fanhualou*)
112 Turm der Buddha-Sonne (*Forilou*)

Garten von Qianlong (*Qianlonghuayuan*):

113 Tor der Fortdauernden Vergünstigung (*Yanqimen*)
114 Kammer der Blüte der Vergangenheit (*Guhuaxuan*
115 Halle des Regsamen Ruhestandes (*Suichutang*)
116 Pavillon der Erfüllten Hoffnung (*Fuwangge*)

Westteil:

117 Südmagazin (*Nanku*)
118 Büro der Kaiserlichen Küche (*Yushanfang*)
119 Halle der Pflege des Herzens (*Yangxindian*)

Sechs Westliche Paläste (*Xiliugong*):

120 Palast des Ewigen Alters (*Yongshougong*)
121 Palast des Beistandes des Kaisers (*Yikungong*)
122 Palast der Gesammelten Eleganz (*Chuxiugong*)
123 Halle des Höchsten Prinzips (*Taijidian*)
124 Palast des Immerwährenden Frühlings (*Changchungong*)
125 Palast des Allumfassenden Glücks (*Chengfugong*)
126 Theater (*Xitai*)
127 Palast der Doppelten Herrlichkeit (*Chonghuagong*)
128 Halle der Reinen Tugend (*Yudedian*)
129 Palast der Glücksgründung (*Jianfugong*)
130 Garten des Palastes der Glücksgründung (*Jianfugonghuayuan*)
131 Pavillon des Blütenregens (*Yuhuage*)
132 Halle des Kostbaren Regens (*Baohuadian*)
133 Palast der Barmherzigen Ruhe (*Cininggong*)
134 Gartes des Palastes der Barmherzigen Ruhe (*Ciningonghuayuan*)
135 Palast des Rüstigen Alters (*Shoukanggong*)
136 Palast der Langlebigkeit und Prosperität (*Shouangong*)
137 Halle der Üppigen Blühens (*Yinghuadian*)
138 Tempel der Stadtwälle (*Chenghuangmiao*)
139–140 Büros, Unterkünfte, Küchen und Reitställe
141 Wohnungen für die Darsteller der Opern

Seit der Regierung des Kaisers Kangxi aus der Qing-Dynastie (Regierungszeit 1662–1722) diente der Palast der Himmlischen Klarheit als Ratssaal und als Audienzhalle für die Botschafter, das südlichste Bauwerk des Triptychons war einleuchtenderweise für die eher öffentlichen der kaiserlichen Aktivitäten bestimmt. Der Palast der Irdischen Ruhe beherbergte unter den Qing in seinem Westteil das kaiserliche Brautgemach, in Einklang mit seiner nördlicheren Lage und infolgedessen seinem eher privaten und geheimen Charakter. Der Ostteil des Gebäudes jedoch wurde von den Mandschu vor allem zu dem Ort bestimmt, an dem die täglichen, von den Ahnen ererbten Schamanenriten und -opfer vollzogen wurden[7].

Im Norden des um dieses Triptychon angelegten Hofes gewährt ein weiteres Tor Zugang zum Kaiserlichen Garten (*Yuyuan* oder *Yuhuayuan*), der im rückwärtigen Teil des Palastes liegt, ebenfalls auf der Mittelachse. Die Lage des Gartens innerhalb der kosmisch orientierten Architektur stimmt mit den geomantischen Vorschriften überein, wodurch er eine wohltuende und beschützende Rolle für die gesamten im Süden entlang der Mittelachse gelegenen Bauten spielt. Das Zentrum dieses ebenfalls von einer Mauer umgebenen Gartens wird von einem Tempel eingenommen, der »Halle des Kaiserlichen Seelenfriedens« (*Qin'andian*), der den Schutzgottheiten des Daoismus, insbesondere dem Schutzgott des Nordens, geweiht ist. Obgleich er die für chinesische Gärten traditionellen Pflanzen und Grotten aufweist, hat der kaiserliche Garten einen streng regelmäßigen Grundriß entsprechend seiner Lage auf der Palastachse und in Fortsetzung der Architektur, in die er sich einfügt. Zypressen, Wacholderbäume und Pinien, deren Stämme teilweise vertrocknet und von denen einige heute mehrere hundert Jahre alt sind, werden als Zeugen und Garanten der dynastischen Langlebigkeit bewahrt und verehrt. Dieser Garten liegt vor dem Tor des Göttlichen Kriegers, das auf der Nordseite Einlaß durch die Palastmauer gewährt.

Die Seitenbauten

Zu beiden Seiten der beschriebenen Bauwerke auf der Mittelachse setzt sich der rückwärtige oder private Teil der Verbotenen Stadt aus einer Vielzahl von Palästen mit nachgeordneter Bedeutung zusammen, die nach den gleichen Prinzipen angeordnet sind und als Privatgemächer für die Mitglieder der kaiserlichen Familie dienten, besonders für die zahlreichen Gemahlinnen und Konkubinen des Kaisers und seiner Vorgänger. Diese Paläste werden voneinander durch Straßen abgegrenzt, von denen einige mehrere hundert Meter lang sind und die Stadt entlang der roten Mauern durchqueren. Ihre Nüchternheit kontrastiert mit dem üppigen und vielfarbigen Dekor der den Blicken entzogenen Gemächer. Da die Qing die großen, auf der Hauptachse gelegenen Wohnungen für öffentliche oder strenger Etikette unterliegende Zwecke nutzten, erklärt es sich, daß die Kaiser selbst einige der nachrangigen Paläste als Privatwohnungen wählten. Je nach Epoche und Größe der Familie konnten diese Paläste verschiedenen Personen zugewiesen und jedes Mal verändert und neu ausgestattet werden. Kaiser Qianlong ließ sich ausdrücklich den »Palast des Ruhevollen Alters« (*Ningshougong*) herrichten, um sich nach sechzig Regierungsjahren dorthin zurückzuziehen. Ein Teil wurde in einen luxuriösen Garten verwandelt (*Qianlonghuayuan*), dessen asymmetrischer Grundriß und bogenförmige Anlage von Privathäusern der Gelehrten in den südchinesischen Provinzen inspiriert sind und mit der Regelmäßigkeit des restlichen Palastes kontrastieren[8].

Andere Wohnungen hatten Höfe, die mit Bäumen bepflanzt und mit Blumenkästen sowie, saisonabhängig, mit Kübelpflanzen verziert waren. Ebenso gab es unter den Privathöfen einige, die als Gärten hergerichtet waren. Der Stil der inneren und äußeren Ausstattung war abhängig von der Funktion einer jeden Wohnung und vom Rang ihrer Bewohner. Im Gegensatz zur großartigen Gestaltung der großen offiziellen Hallen besaßen die Privatwohnungen intime Kabinette und sehr bescheidene Alkoven, die zuweilen nur einen Säulenzwischenraum umfaßten. Einige Örtlichkeiten waren privaten religiösen Kulten geweiht. Einer der inneren Paläste war für den Kult der kaiserlichen Vorfahren bestimmt. Kaiser Qianlong besaß im rückwärtigen Teil seines Palastes der Langlebigkeit und Ruhe eine Reihe von Privatkapellen, die Gottheiten des lamaistischen Buddhismus geweiht waren. Die Gemahlinnen und Konkubinen der verstorbenen Kaiser lebten zurückgezogen und widmeten sich dem Gebet in den eigens zu diesem Zweck eingerichteten Kapellen, wie der im »Palast der Barmherzigen Ruhe« (*Chininggong*) und der im südlich angrenzenden Garten (*Chininggon huayuan*). Alle diese privaten Kultplätze bildeten das Pendant zu den an der Peripherie der Verbotenen Stadt oder fern in der Stadt eingerichteten, an denen der Kaiser seine offiziellen rituellen Zeremonien vollzog.

Die Privatwohnungen der Verbotenen Stadt verfügten über Räume für Vergnügungen, in den Gebäuden oder im Freien, insbesondere gab es Theater für Opernaufführungen. Die zum Palast gehörenden Schauspieler oder – am Ende der Dynastie – Gastschauspieler waren in einer Reihe kleiner Häuser mit Innenhof an der Ostmauer untergebracht. Der weite offene Platz im Südwesten der nachgeordneten Paläste des Ostens wurde vom Kaiser oder den Prinzen für Übungen im Bogenschießen genutzt. Ein mit grünen Ziegeln gedeckter Gebäudekomplex im Südosten, die »Drei Logen des Südens« (*Nansansuo*), diente als Wohnung der jungen Prinzen, die dort ihre Ausbildung erhielten. Das Pendant der Gebäude auf der Westseite wurde vom »Verwaltungsbüro des Kaiserlichen Haushalts« (*Neiwufu*) belegt. Die Bauten enthielten zahlreiche Lager, Schatzhäuser und Magazine, deren wichtigste sich im »Palast des Rüstigen Alters« (*Shoukanggong*) befanden. Zusätzliche Wohnungen für die unterschiedlichen Gruppen der Eunuchen, Dienstboten und Garden verteilten sich auf den Südteil des Palastes, nahe den Seitentoren.

Als kaiserliche Residenz wurde die Verbotene Stadt von Gärten vervollständigt, die am Ufer der drei Westlichen Seen (*Xihai*) unmittelbar im Westen angelegt waren. Der Kohlehügel im Norden, zu dem allein der Kaiser Zugang hatte, wurde als Dependance des Palastes betrachtet, ebenso wie der »Tempel der Kaiserlichen Vorfahren« (*Taimiao*) und der »Altar der Götter des Bodens und der Feldfrüchte« (*Shejitan*), beide im Süden gelegen an den Seiten der zum Mittagstor führenden Straße.

Bauprinzipien

Einförmigkeit der äußeren Wohnverhältnisse

Wie bereits der chinesische Name *cheng* ausdrückt, zeigt sich der kaiserliche Palast als regelrechte eigene Stadt innerhalb eines größeren rechteckigen Grundrisses. Sie besteht aus Tausenden von Bauwerken, die sich gleichmäßig um ebenfalls rechteckige, nebeneinanderliegende, in Nord-Süd-Richtung ausgerichtete Höfe verteilen, sie bilden so innerhalb des Ganzen weitere in sich abgeschlossene Einheiten. Diese Art, Wohnungen um Höfe anzuordnen und so alle vier Seiten mit nach innen offenen Gebäuden (*siheyuan*) zu säumen, ist eine insbesondere in Nordchina verbreitete chinesische Tradition. Die Verbotene Stadt selbst ist nichts anderes als eine Anwendung dieses Systems, die Grundprinzipien sind hier lediglich vereinfacht. Die Standardisierung des Grundrisses und die Uniformität der Bauten bewirken, daß die von der Architektur geschaffenen äußeren Wohnverhältnisse stets die gleichen sind, obwohl man sich in der Verbotenen Stadt befindet.

Abb. 62 *Detail der Nordfassade der Halle zur Erhaltung der Harmonie* (Baohedian), *1900.*

Verteilung von lockerer und dichter Bebauung

Die Bereiche unter freiem Himmel nehmen mehr Raum ein als die bebauten Flächen. Um von Palast zu Palast zu gelangen, ist es fast immer notwendig, einen oder mehrere Höfe zu überqueren und sich der Witterung auszusetzen. Portiken an einigen Bauten oder Mauern im Hofinneren sowie überdeckte Galerien in den Mauerecken erlauben es manchmal, diesen Unannehmlichkeiten zu entgehen, sie verlängern jedoch die zurückzulegenden Strecken und sind für große Gruppen von Menschen nicht geeignet. Dagegen ermöglichten es die Höfe und die den Palast durchziehenden Straßen einer größeren Zahl von Bewohnern, sich fortzubewegen. Auch erlaubten sie ihre Kontrolle und Steuerung, besonders bei den großen Versammlungen zu den wichtigen Zeremonien. Alle Böden sind gefliest oder gepflastert, was den Fußgängern ersparte, sich zu beschmutzen. Nur der Kaiser, seine Gemahlinnen und Personen von hohem Rang genossen das Privileg, sich zu Pferde oder in Sänften fortzubewegen, wobei die Anzahl der Träger vom jeweiligen Rang abhing.

Klimatisierung

Die Anordnung des Palastes im allgemeinen und seiner einzelnen Elemente im besonderen gewährleistet eine bestimmte Klimatisierung. Der im Schutze des Kohlehügels gelegene Komplex kehrt den im Winter wehenden eisigen Nordwinden den Rücken zu, und die hohen Mauern um die Höfe schirmen zumindest die kleineren von ihnen und ihre Bewohner vom Wind ab. Die Ausrichtung der Hauptfassaden nach Süden und die an den Traufen gekrümmten Dächer erlauben eine maximale Nutzung der Sonneneinstrahlung.

Abb. 63 *Räuchergefäß im Hof des Palastes der Barmherzigen Ruhe* (Cininggong).

Heizung

Im Winter wurde die Beheizung der wichtigen Räume durch ein System von Fußbodenheizungen aus Stein sichergestellt, in denen die warme Luft dank der im Unterbau der Gebäude installierten Kohleöfen zirkulierte. Einige Räume, in denen man sich länger und in nur kleinen Gruppen aufhielt, insbesondere die Privatgemächer, waren mit *kang*, gemauerten, breiten Bänken nach nordchinesischer Tradition ausgestattet, die von unten beheizt wurden und auf denen man saß oder schlief. Diese in die Gebäude integrierten Einrichtungen hatten den Vorzug, Rauch und Gerüche fernzuhalten. Sie wurden durch weitere, bewegliche Elemente ergänzt, wie mit Holz verkleideten Trennwänden, Teppichen und Wandbehängen, die eine gewisse thermische Isolierung gewährleisteten. Hinzu kamen noch bestimmte Möbel: Schirme und Paravents schützten vor Zugluft. Man behalf sich zudem mit kleineren Heizvorrichtungen für den persönlichen Gebrauch: Kohlebecken, Handwärmer, Kissen oder Fußschemel, die mit Kohle aus duftenden Hölzern beheizt wurden. Dies alles wäre äußerst unzureichend gewesen ohne die besondere Winterkleidung aus Seide mit wattiertem Futter und Pelz – welcher von den Mandschu sehr geschätzt wurde, wobei das Vorrecht, ihn zu tragen, streng reglementiert war – und ohne die Gerichte und Getränke, die man zu sich nahm: im ganzen Palast wurde von morgens bis abends Tee geschlürft.

Isolierung und Belüftung

Im Sommer hielten die schweren Dachkonstruktionen die Hitze ab, und die Vordächer hinderten die Sonnenstrahlen, in die Räume einzudringen. Vor den Türöffnungen wurden Bambusvorhänge aufgehängt. Man fächelte sich Luft zu oder ließ einen Eunuchen den Fächer betätigen. Es dürfte indessen nicht sehr angenehm gewesen sein, an den Hundstagen in der Verbotenen Stadt zu wohnen. Einige Bereiche verfügten über Höfe oder mit Bäumen bepflanzte Gärten (vor allem Pinien und Wacholder), welche Schatten und Kühle spendeten. Die Pavillons wurden zudem geöffnet, um auch die geringste Brise zu nutzen. Diese verhältnismäßig wenigen offenen Orte konnten jedoch nicht dieselbe Erleichterung bringen wie die Sommerpaläste mit ihren luxuriösen Gärten und weiten Parks. Die Bezeichnung des Jehol-Palastes als *Bishushanzhuang* (Weiler in den Bergen, wo man der Hitze entflieht) sagt alles aus über die Freude, dem Palast im Zentrum von Peking im Sommer zu entkommen.

Beleuchtung

Die sich weit nach außen öffnende Architektur und die mit Chinapapier bespannten[9] Türen und Fenster erlaubten eine maximale Nutzung des natürlichen Lichtes bei Tag und Nacht. Man verschaffte sich auch Licht mit Kerzenleuchtern und besonders Laternen, die transportabel sind und im Freien aufgestellt werden können, ohne gleich bei einem Windstoß zu erlöschen. An Festtagen wurden sehr viele von ihnen verwendet.

Wasserversorgung

Der Palast wurde von Kanälen und von vielen Brunnen innerhalb des Areals versorgt. Wegen der Holzbauweise waren Zerstörungen durch Brände häufig. Man versuchte, sich mittels Magie (schützende mythologische Tiere als Dachreiter, um den Regen anzuziehen, Zaubersprüche am Gebälk) dagegen zu schützen oder, auf prosaischere Weise, indem man entlang der Wände große Holzzuber aufhängte, die ständig Wasserreserven bereithielten.

Abb. 64 *Brunnen in einem der Höfe der Drei Logen des Südens* (Nansansuo).

Abb. 65 Das Innere der Halle der Berührung von Himmel und Erde (Jiaotaidian), 1900. Über dem Thron, der von Schreinen umgeben ist, die die kaiserlichen Siegel enthalten, befindet sich die Kalligraphie der Devise »nicht handeln« (wuwei).

Abb. 66 Blick in den Hof von Yangxingzhai, 1900. ▷

Abb. 67 Blick in das Innere der Halle der Höchsten ▷ Harmonie (Taihedian), 1900.

Architektur als Spiegel der gesellschaftlichen Hierarchie

Im Gegensatz zur äußeren Gleichförmigkeit, die die Palastarchitektur vorgibt, stand die Vielfalt der gesellschaftlichen Verhältnisse, die ebenfalls in den Bauten der Verbotenen Stadt gespiegelt sein konnte. Hierbei spielen die dekorative Innenaustattung, Möbel, Accessoires, verschiedene Gewänder sowie die Regeln, wer wann welchen Raum entsprechend seinem Rang nutzen durfte, eine Rolle. Auch wenn der Palast vor allem dem Kaiser gehörte, so mußte er doch sowohl bei Tag als auch bei Nacht große Menschengruppen der verschiedenen Rangstufen beherbergen. Dieser sozialen Vielfalt entspricht eine strenge Hierarchisierung der architektonischen Räume, die vor allem in der Vorstellung existiert, die sich die Bewohner selbst von ihnen machen. Sie wird greifbar in einer großen Vielfalt von Einrichtungen, sie drückt sich ebenso in einer strikten Reglementierung der Zugangsmöglichkeiten aus, die zugleich räumlich (gewisse Örtlichkeiten des Palastes unterlagen strengeren Zugangsbeschränkungen als andere), zeitlich (ein bestimmter Raum war nur zu einem bestimmten Zeitpunkt zugänglich) und entsprechend dem Rang einer Person variieren.

Die Vorstellung des Raumes und seine Organisation um ein Zentrum

Entsprechend dem Ideal ist der Palast zuerst dazu bestimmt, den Kaiser zu beherbergen, auf den das gesamte Reich unter dem Himmel (tianxia) ausgerichtet ist. Der Herrscher thront in der Mitte, wobei er nach Süden blickt. Selbst in seiner Abwesenheit drückt die Palastarchitektur beständig die Anwesen-

Die Architektur der Verbotenen Stadt 83

heit des Sohnes des Himmels in dieser Welt aus. Diese Konzeption wird architektonisch durch die Lage des Palastes innerhalb der Stadt und seine innere Ordnung vermittelt. Räumlich gesehen ist der gesamte Komplex aus Stadt und Palast um das von der Halle der Mittleren Harmonie verkörperte Zentrum erbaut. Man kann nach der Daseinsberechtigung dieses auf halbem Wege zwischen den Hallen der Wahrung der Harmonie und der Höchsten Harmonie liegenden Mittelbaus fragen, in dem sich der Kaiser im Grunde genommen nur sehr selten aufhielt. Sein quadratischer Grundriß und sein von einer vergoldeten Kugel bekröntes Dach mit vier gleichartigen Zipfeln verkörpern ohne Zweifel klarer als jede andere Form das Konzept der Mitte, die sich bei den Chinesen als fünfte zu den vier Himmelsrichtungen gesellt. Das Gebäude ist jedoch bescheiden im Vergleich zu seinen beiden Nachbarn. Gewiß brauchte man daneben größere und gewaltigere Hallen, die dann einen rechteckigen Grundriß aufweisen. Die eine liegt im Süden, auf deren Terrasse sich der Kaiser der im Hof versammelten großen Menge zeigen konnte; die andere im Norden, sie ist den kleineren Audienzen und Zeremonien eher privaten Charakters vorbehalten. In diesen beiden Hallen spielt der Kaiser eine aktive Rolle. In der Halle der Mittleren Harmonie jedoch verkörpert er den weisen Kaiser, dessen Haltung aus Nicht-Handeln (*wuwei*) besteht, wie ihn sich die chinesischen Philosophen erträumten. Sobald die Herrschaft vollkommen ist, ist sie in Harmonie mit der Ordnung des Universums, und der Kaiser muß nicht mehr eingreifen, seine bloße Anwesenheit garantiert das Gleichgewicht der Dinge.

Dieser in der Anordnung des Palastes verkörperte Idealzustand entsprach natürlich nicht dem realen Leben der Betroffenen, das nicht derart in Vollkommenheit erstarrt gewesen sein dürfte. Um nicht an Langeweile zu sterben, war der Kaiser gezwungen, sich innerhalb und auch außerhalb des Palastes zu bewegen.

Das Prinzip, daß jeder Raum eine beherrschende Mitte hat, wiederholte sich überall, wo sich der Kaiser aufhielt. Das Prinzip schrieb vor, daß in jeder definierten und nach den Himmelsrichtungen ausgerichteten Raumeinheit (ob es sich um die gesamte Stadt, einen Palast im Innern, einen einfachen Hof oder einen Bau handelt, dessen Fassade nach Süden blickt) jener der wichtigste und alles beherrschende Punkt ist, der in der Mitte der Nord-Süd-gerichteten Mittelachse liegt.

Je weiter man auf dieser Achse nach Norden voranschreitet, desto näher befindet man sich am privaten Bereich. Der Hauptort ist also demnach nicht im äußersten Norden dieser Achse gelegen, sondern ein im geometrischen Zentrum des anfangs umschriebenen Raumes liegender Punkt, der dem Gleichgewicht zwischen öffentlichem und Privatleben entspricht.

In jedem architektonisch gestalteten Raum findet sich ein privilegierter Ort des Befehls. Die ihn innehabende Person übte Macht aus auf all diejenigen, die sie umgaben und ihr dienten. Dies galt für den thronenden Kaiser, obgleich selbst der Kaiser sich manchmal in einer untergeordneten Position befand, zum Beispiel wenn die Mitte von einer Kaiserinwitwe, durch eine Ahnentafel oder das Abbild einer Gottheit besetzt war. Der mehr oder weniger private oder verbotene Charakter eines jeden anderen Punktes in einem definierten Raum ist durch seine achsensymmetrische Position oder im Verhältnis zu ihr bestimmt, desgleichen drückt sich der mehr oder weniger hohe Rang einer Person innerhalb der gesellschaftlichen Hierarchie durch den Platz aus, den sie in diesem Raum einnehmen durfte.

Die Hierarchisierung der Räume mittels architektonischer Elemente

Die Trennwand erlaubt die physische Abgrenzung und Isolierung eines jeden Raumes von der übrigen Welt, indem sie ihn zu einem Mikrokosmos macht. Außer den abschließenden und verbergenden Mauern werden die Etappen auf dem Wege zum Privaten oder Verbotenen in der Palastarchitektur von allen Durchgangspunkten verkörpert: von Toren, Brücken, Korridoren, Rampen, Treppen, Höfen, Terrassen oder freien Plätzen, die man durchqueren darf oder auch nicht. Die Bedeutung dieser Bauelemente wird dadurch ausgedrückt, daß sie immer in ungerader Zahl vorhanden sind, so daß es immer eine Mitte gibt: fünf Brücken vor dem Tor des

Abb. 68 *Rückansicht des Palastes der Himmlischen Reinheit* (Qianqinggong), *1900.*

Abb. 69 *Mythische Tiere* (kuilongzi) *auf den Firstziegeln der Gebäude.*

Abb. 70 Detail der geschnitzten Holztäfelung der Nordtür der Halle der Höchsten Harmonie (Taihedian), 1900.

Himmlischen Friedens und dem der Höchsten Harmonie, drei Durchgangsbögen, um das Mittagstor zu passieren, eine dreifache Treppe zu den großen Hallen auf der Mittelachse, wobei der mittlere Durchgang dem Kaiser vorbehalten blieb. Diese architektonischen Elemente wurden immer wieder durch die Hofetikette ergänzt, die die Art ihrer Benutzung festlegte, besonders was die Zugeständnisse an Transportmitteln betraf.

Die Nutzung der architektonischen Gegebenheiten und die Art und Weise, mit ihnen umzugehen, unterliegen jedoch nicht als einzige der Reglementierung. Während der verschiedenen Baustadien bestimmt ein präziser Kodex die Wahl der Materialien, der Formen, der Proportionen, der Farben und Schmuckelemente eines jeden Bauwerks. Dies führt zu einer strengen Hierarchie der Räume, welche sich vor allem in der Lage innerhalb des Palastkomplexes und der beanspruchten Fläche ausdrückt. Die zu beiden Seiten der Mittelachse errichteten Paläste mit nachgeordneter Bedeutung wurden hauptsächlich für die Kaiserlichen Gemahlinnen und Konkubinen errichtet, die je nach Rang mehr oder weniger von der Mitte entfernte Gemächer bewohnten.

Die jeweilige Bedeutung eines jeden inneren Palastes hängt von der Zahl der Höfe und Gebäude ab. Sie drückt sich auch in der Art der Umfriedungen (Materialien und Ausführung, Höhe und Breite der Mauern) und der Eingangstore (Abmessungen und Anzahl der die Torflügel schmückenden Nägel) aus. Der Status eines Bauwerks wird durch seine Dachkonstruktion, die Höhe der Terrasse, auf der es steht, und die Zahl der auf dem Weg dorthin zurückzulegenden Stufen bestimmt. Zur Hierarchisierung von Bauten untereinander innerhalb eines Komplexes oder eines Hofes ging man auf verschiedene Weise vor, wobei man insbesondere die Höhe der zugehörigen Terrasse, die Anzahl der Tragebalken und Fassadenjoche, die Höhe der Pfeiler und der Dachkonsolen (*dougong*) und den Dachtypus (s. Abb.) berücksichtigte. Das Dach ist mit Firstpfetten (*chiwei*) und -ziegeln (*kuilongzi*) geschmückt, die mythologische Personen oder Tiere darstellen. Die Anzahl dieser Tiere ebenso wie die Wächterlöwen oder andere zu Paaren vor dem Eingang angeordnete Skulpturen drücken den Rang der Person aus, für die das Bauwerk bestimmt ist. Erwähnenswert ist auch die Bemalung der von außen sichtbaren Tragebalken und Konsolen: je nach Bedeutung und Bestimmung der Gebäude tragen sie geometrische oder figürliche Motive, farbig oder aus Gold. Der Reichtum des Innendekors aus Deckenkassetten und Holzverkleidungen trägt zusammen mit der Möblierung dazu bei, die Bedeutung eines Ortes und der ihn bewohnenden Person zu unterstreichen. Zur Betonung der Hierarchie bediente man sich auch der Namen der diversen Plätze.

Die ästhetische Wirkung

Der von diesem Architektursystem hervorgerufene Eindruck ist überwältigend. Die einzigartige Schönheit des Komplexes ist vor allem den verwendeten Formen, ihrer Einfachheit und ihrer regelmäßigen, großzügig abgestuften Wiederholung zu verdanken. Die Verbotene Stadt beeindruckt durch ihre weiträumigen, horizontal gegliederten Flächen, aber auch durch die Wogen aus flimmernden, sich nacheinander in den Himmel erhebenden Dächern. Auch die Rolle der leeren Höfe, die die gewaltigen Bauten richtig zur Geltung bringen, muß betont werden, ebenso wie die der Mauern, Tore, Treppen und Terrassen, die sich bis ins Unendliche fortzusetzen scheinen. Die Verbotene Stadt erscheint keinesfalls als lebloser Organismus. Ihre gesamte Architektur ist von Rhythmen beseelt, wobei die Gestaltung der Mittelachse meisterhaft gelungen ist. Von aufsehenerregenden Höhepunkten und bewußtem Atemholen geprägt, beginnt die rhythmische Gliederung im Süden, durchläuft die gesamte Stadt und kulminiert in der Halle der Höchsten Harmonie. Dank der Wiederholung und fortschreitenden Erweiterung der Motive erzeugt die wachsende, mit weise berechneten Ruhemomenten abwechselnde Intensität Schwingungen, die dazu geeignet sind, jeden, der bis zu diesem Ort vordringt, in einen eigentümlichen Gemütszustand zu versetzen. Keiner – es sei denn der Kaiser vom Gipfel des Aussichtshügels – genoß das Privileg, den gesamten Palastkomplex mit einem Blick zu überschauen. Er ist dazu bestimmt, fortschreitend entdeckt, jedoch niemals vollkommen erfaßt zu werden.

Die hier ins Werk gesetzte Ästhetik spielt ebenso mit dem imaginären Raum wie mit dem in jedem Augenblick real erfahrenen. Kann man eigentlich von einem speziellen Qing-Stil der Palastarchitektur sprechen? Diese Frage läßt sich nicht einfach beantworten. Der Palast wurde im Laufe der Dynastie bedeutend verändert, er hat günstige Zeiten und solche wirtschaftlicher Schwierigkeiten erfahren und wurde an der Wende zum 20. Jahrhundert sogar bis zu einem gewissen Grade modernisiert. Seine fortschreitende Umwandlung zum Museum, seine (bis heute nicht vollständige) Öffnung haben sein Gesicht mit Sicherheit verändert, auch wenn man sich jetzt bemüht, ihn zu restaurieren und den Zustand wiederherzustellen, der eher seinem Höhepunkt unter Qianlong (Regierungszeit 1736–1796) entspricht als der Zeit des Niedergangs, die das 19. Jahrhundert unzweifelhaft war[10].

Unter den Experten ging die Tendenz eher dahin, diese rezente Phase der traditionellen chinesischen Architektur, zu der der Kaiserpalast von Peking gehört, herabzuwürdigen. Liang Scheng, in den dreißiger Jahren der eigentliche Begründer der chinesischen Architekturgeschichte, hat als erster die Ära der Ming- und Qing-Dynastien (1400–1911) als »Periode der Starre« bezeichnet. Sie entspricht einem schicksalhaften Niedergang nach einer durch ihre »Kraft« ausgezeichneten Phase der Entwicklung (850–1050) und nach einem weiteren, durch seine Eleganz hervorstechenden Höhepunkt (1000–1400)[11]. In der Folge zögerte man nicht, die Schwere, den Imaginationsmangel dieser fünf Jahrhunderte offizieller Architektur zu kritisieren, bot doch die Qing-Dynastie überdies, im Verhältnis zu der der Ming, eine Steigerung bis hin zur Dekadenz, ja sogar Vulgarität. Diese Darstellung der Dinge ist ohne Zweifel von den historischen Schriften beeinflußt, die in der Dynastie der Qing, vor allem in deren letzter Zeit, eine Phase der Dekadenz der chinesische Kultur sehen wollten. Der gegen die Mandschu gerichtete Patriotismus zeichnete insbesondere die

Abb. 71 Eingangstür zu einem kleineren Palast.

Abb. 72 Detail des Mauerschmucks aus glasierter Keramik am Eingang des Palastes der Barmherzigen Ruhe (Cininggong).

Intellektuellen am Beginn der Republik aus, wie es jedes Mal zu erwarten ist, wenn sich ein Regimewechsel vollzieht, vor allem bei einer so radikalen Umwälzung wie der chinesischen Revolution. Diese Haltung der pauschalen Ablehnung hat wahrscheinlich dazu beigetragen, die Architektur der Qing als Symbol der Vergangenheit erscheinen zu lassen, der man nun den Rücken zukehren sollte.

Es ist heute noch zu früh, diesen Standpunkt vollständig zu revidieren, aber die sich seit einem Jahrzehnt häufenden tiefergehenden Studien suchen die Architektur dieser Epoche aufs neue ins Licht zu rücken. Es ist im übrigen nicht mehr so sicher, daß die Kunst der Kaiserpaläste unter den Ming und den Qing von einer Verarmung gegenüber den großen vorangegangenen Dynastien, vor allem den Tang (618–907) und den Song

(960–1279), gekennzeichnet ist. Ihre Schöpfungen waren weniger großzügig, ihre Dekore überladener oder weniger erfindungsreich. Ihre Kunst, besonders in der Ära der Qing, bestand in einer Art *revival* oder *neo* und bezeugt einen Eklektizismus, der – *mutatis mutandis* – vergleichbar ist dem des europäischen 19. Jahrhunderts. Ihre große Qualität besteht jedoch darin, bei der in der Verbotenen Stadt angewandten Architektur äußerst präzise und streng gewesen zu sein. Dies erklärt sich vielleicht zum Teil aus ganz prosaischen Gründen, wie zum Beispiel dem Mangel an verwendbarem Holz (wobei die Entwaldung in den letzten Jahrhunderten ein bisher unerreichtes Ausmaß annahm)[12] oder geringeren finanziellen Mitteln, wobei einigermaßen genaue vergleichende Schätzungen in dieser Materie sehr schwierig sind. Man muß jedoch auch den besonderen Geschmack der Bauherren der Ming und später der Restauratoren der Qing in Rechnung stellen, wobei letztere mehr als alle anderen vor ihnen bemüht waren, einer strikten architektonischen Orthodoxie treu zu bleiben. Wie dem auch sei, das Zusammenspiel aus geschlossener Konzeption, Reichtum und Vielfalt der Komposition und systematischer Anwendung der großen, aus der Vergangenheit tradierten Grundsätze macht ganz gewiß die Großartigkeit der Architektur der Verbotenen Stadt aus.

Abb. 73 *Oberste Terrasse des Tores des Göttlichen Kriegers (Shenwumen), 1922. Im Hintergrund einer der Ecktürme.*

[1] Cheng, 1993.
[2] Guo, 1995, S. 29.
[3] Chiu, 1993. Forêt, 1993.
[4] Sirén 1924, S. 15. Pirazzoli 1970.
[5] Sirén, 1924.
[6] Sirén, 1926. Yu, 1982.
[7] Pang, 1995.
[8] Yang, 1990.
[9] Combaz, 1909, S. 149. Wan, Wang und Lu, 1985. Interior Design, 1995.
[10] Dan-Yu, 1995.
[11] Liang 1984.
[12] Combaz, 1909, S. 59 f.

Die Mandschu-Kaiser und die Kunst

Michèle Pirazzoli-t'Serstevens

Die Kunst ist in China, vielleicht mehr als anderswo, immer ein Instrument der Politik und besonders der Legitimation[1] in den Händen der Herrschenden gewesen. Es ist daher nur natürlich, daß die Fremddynastien sie als bevorzugtes Mittel zur Bekräftigung ihres Mandats für die Regierung des Reiches und ihres Anspruchs als legitime Erben einer mehrere tausend Jahre alten Kultur einsetzten: Sie betätigten sich als Kunstsammler und Mäzene.

Dies gilt vor allem für die Mandschu-Kaiser Kangxi (Regierungszeit 1662–1722), Yongzheng (Regierungszeit 1723–1735) und Qianlong (Regierungszeit 1736–1796), deren Regierungen durch die *Pax Sinica* gekennzeichnet sind, sowie für das »Goldene Jahrhundert« auf dem Gebiet der Kunst von 1680 bis 1780. Von diesen drei Kaisern bevorzugte die Nachwelt Qianlong und betrachtete die ersten zwanzig Jahre seiner Herrschaft als den Höhepunkt künstlerischen Schaffens in der Ära der Qing. Seine Nachfolger im 19. Jahrhundert interessierten sich bekanntermaßen nicht für Kunst.

Weitgehend sinisiert, förderten die Qing-Kaiser in Kunst, Literatur und Philosophie eine Politik der Orthodoxie und des gewissenhaften Respekts vor der chinesischen Tradition. Es wäre daher zu kurz gegriffen, die eine oder andere Besonderheit in der Hofkunst ihrer Ära mit ihrem mandschurischen Ursprung zu erklären. So wurden manchmal die dekorative Überladung, der Flitter und die bloße Virtuosität zahlreicher Stücke aus den kaiserlichen Werkstätten dem »mandschurischen Geschmack« zugeschrieben, besonders unter der Regierung Qianlongs, desjenigen der Kaiser im 18. Jahrhundert, dessen Verständnis für die chinesische Kultur von allen am größten und tiefsten war. Abgesehen davon, daß es uns beim derzeitigen Kenntnisstand schwerfiele, den »mandschurischen Geschmack« zu definieren, scheint uns die Kunst der Qing zu wenig erforscht zu sein, um solche Behauptungen zu erlauben. Evident ist dagegen, daß sich der Geschmack bei Hofe zwischen den Jahren 1680 und 1780 weiterentwickelt hat. Dies trifft für das recht gut erschlossene Gebiet des Porzellans zu, ein Produkt von Jingdezhen aus der Ära Kangxi läßt sich leicht von einem Yongzheng- und noch mehr von einem Qianlong-Stück unterscheiden. Vielleicht gilt dies eines Tages auch für die anderen Bereiche der dekorativen Kunst, wenn sich die Zahl der schwerpunktmäßigen Forschungen vervielfacht haben wird.

Die Kaiser als Sammler

Der interessanteste Aspekt der Kaiserlichen Kunstsammlungen in China, deren lange Tradition in Europa keine Parallelen hat, ist die bedeutende Rolle, die sie auf politischem, gesellschaftlichem und kulturellem Gebiet gespielt haben. Bei jedem Dynastiewechsel legte das neue Kaiserhaus Wert darauf, sich die Kunstsammlung der vorangegangenen Dynastie anzueignen oder daraus eine eigene zusammenzustellen, um seine Legitimität zu bekräftigen und die Kontrolle über die kulturelle Tradition zu behalten, als deren Garant es galt. Diese Legitimationskraft der Kunst trieb die nationalistischen Führer 1949 dazu, 600 000 Werke und Dokumente der alten Qing-Sammlung in ihr Exil nach Taiwan mitzunehmen (nach einer 1987 vom Nationalmuseum des Alten Palastes von

Abb. 74 Innenraum mit Dekoration für die Oper und hölzernem Raumteiler, der bis zum Boden reicht (luodizhao) *im Studio der Frischen Aromen* (Shufangzhai).

Abb. 75 Kaiser Qianlong, umgeben von Kunstobjekten. Längsrolle von Yao Wenhan (tätig von 1739–1756), Tusche auf Papier, H.: 0,903 m, B.: 1,198 m, Palastmuseum Peking.

Taipei veröffentlichten Aufstellung). Die Kunstsammlung der Qing-Kaiser bildete sich um den Kern der Kaiserlichen Sammlung der Ming, deren sich die mandschurischen Eroberer bemächtigt hatten. Sie wurde von Kangxi, Yongzheng und insbesondere Qianlong erweitert, weshalb sie seit dieser Zeit die Kunstsammlungen aller vorhergehenden Dynastien übertraf. Sie umfaßte sehr viele Kunstgegenstände, darunter Bronzen, Keramiken, Lackarbeiten, Schreibutensilien von Gelehrten, verschiedene andere Objekte, Gemälde und Kalligraphien, Teppiche und Stickereiarbeiten, seltene Bücher und Dokumente. Die letztere Kategorie bildet, auch in unserer Zeit, den bedeutendsten Komplex (566 354 Stücke) der Kunstsammlungen des Museums des Alten Palastes von Taipei[2].

Die Kaiserliche Kunstsammlung der Qing, seit 1925 der Öffentlichkeit zugänglich, ist momentan nach vielen Querelen in den dreißiger und vierziger Jahren auf zwei Museen verteilt, auf das in Peking und das andere in Taipei. Nur vierzig Objekte, die der Palast 1927/28 zu verkaufen beschloß, wurden von einem Ausländer erworben, von Percival David (1892–1964), diese Stücke bilden den Kern der Percival David Foundation in London[3]. Kangxi, Yongzheng und Qianlong haben die Kunstsammlungen bereichert, wie es alle Kaiser Chinas vor ihnen getan hatten mit durchaus zweifelhaften Methoden: Ankäufe, Konfiskationen und Geschenke, von denen einige mehr oder weniger freiwillig gemacht wurden. Qianlong, ein leidenschaftlicher Sammler, beherrschte seine Zeit nicht so sehr aufgrund seines außergewöhnlichen Urteilsvermögens als vielmehr wegen seiner großartigen, an Megalomanie grenzenden Vision. Er fühlte sich als neuer Huizong (Regierungszeit 1101–1126), und seine Kunstsammlung mußte daher monumental sein,

was sie auch war. Qianlong sah sich auf dem Gebiet der traditionellen Malerei und Kalligraphie als Kapazität mit großem Sachverstand, was ihm den Besitz von Meisterwerken eintrug. Im weiteren Sinne war er eine Autorität auf dem gesamten Gebiet der chinesischen Kultur, wodurch er zum Bewahrer der Tradition und der alten Stilrichtungen wurde. Der Kaiser, dessen Prestige derart hoch war, trug seinerseits zur Aufwertung von Werken allein dadurch bei, daß er ihr Besitzer war, was er mit entsprechenden Vermerken, Siegeln und Inschriften dokumentierte (Abb. 77–78). Einige von Qianlong geschätzte Gemälde und Kalligraphien sind von seinen Siegeln buchstäblich übersät und erdrückt. Die Geltung des kaiserlichen Urteils und die Bewertung eines Werkes durch ihn bleiben auch noch am Ende dieses Jahrhunderts so prägend, daß die Urteile des 18. Jahrhunderts über die Objekte der Palastsammlung zumindest offiziell häufig beibehalten werden, selbst wenn die aktuelle Forschung aufzeigt, daß eine große Zahl dieser Beurteilungen irrig ist. Die Neubewertung dieser Werke wird fast als Majestätsbeleidigung aufgefaßt und auf jeden Fall als eine Abwertung der Sammlung und somit des nationalen kulturellen Erbes.

Die Kaiserliche Sammlung Qing enthielt, wie wir gesehen haben, Bücher, Kalligraphien, Gemälde und Kunstobjekte. Einige dieser Dinge stammen aus den Palastwohnungen, andere waren in Kabinetten und Tresoren aufbewahrt und nur bei besonderen Gelegenheiten ausgestellt und benutzt worden. Zur Präsentation befanden sie sich auf eigens für das jeweilige Objekt angefertigten Untersätzen, meist aus geschnitztem Holz (Katalognummer 123 und Abb. 76). Antiquitäten und zeitgenössische Werke standen nebeneinander (Abb. 75), zu diesen gehörten vor allem Arbeiten der Gemäldeakademie, der zahlreichen kaiserlichen Werkstätten und der Porzellanmanufaktur von Jingdezhen. Der Palast war im wesentlichen mit »modernen« Stücken möbliert und dekoriert, wobei der Geschmack des Hofes in Peking Mitte des 18. Jahrhunderts von ziemlich vielschichtigen, oft hybriden und dekadenten Variationen nach alten Formen und Dekoren unter Vermischung aller Epochen geprägt war. Wenn man die Faszination kennt, die das antike Objekt in China schon immer auslöste, sowie die große kulturelle Bedeutung, mit der es behaftet war in einem Land, dessen Elite sich als Träger einer fortdauernden Tradition ohne Brüche seit dem Altertum[4] fühlte, dann ist seine dominante Rolle im offiziellen Geschmack der Qing gewiß kein Zufall.

Bei den Antiquitäten ist der Rahmen dessen, was »sammelfähig« ist, im 18. Jahrhundert äußerst weit gefaßt: Ritual-Bronzen und Jadesteine, insbesondere der Shang und Han, aber auch bestimmte Arten der Song-Keramik (Abb. 77–78), Porzellane der Ming, Gemälde, Kalligraphien und Stiche aller Epochen, seltene Editionen, alte *Qin*-Zithern, Textilien der Tang und der Song, alte Tuschestifte und -steine, schließlich Erzeugnisse der renommierten Handwerker aus der Region des unteren Yangzi (aus Rhinozeroshorn, Elfenbein und skulptiertem Bambus). Da die Kaiserliche Kunstsammlung als Universalsammlung betrachtet wurde, war es selbstverständlich, daß sie ausländische Arbeiten einschloß. Sie enthielt eine große Zahl von japanischen Lackarbeiten (der Bambusbehälter auf der Etagere der Katalognummer 123 ist ein Beispiel), sie beinhaltete ebenso alle Arten von westlichen Kunstobjekten. Kangxi hatte eine Vorliebe für alles, was seltsam und neu war: er interessierte sich für die europäischen Wissenschaften, die Perspektive, Ölmalerei, Musik. Kangxi war auch sehr angetan von den von Giovanni Gherardini angefertigten Porträts seiner Konkubinen, und die Lobrede, die er darüber dem großen Sammler Gao Shiqi (1645–1703) hielt, mußte mehr als einen Gelehrten schockieren, da der Kaiser die außergewöhnliche Kunst des fremden Künstlers mit der des Gu Kaizhi (344–405) verglich, einem der Vorbilder der chinesischen Tradition[5]. Wie es Dermigny sehr gut ausdrückt, ist von Kangxi bis Qianlong ein »Transfer der Beweglichkeit des Geistes hin zu der der Gegenstände, von derjenigen der Neugierde hin zu der der ›Kuriositäten‹« zu beobachten[6]. Trotz allem enthielten unter Qianlong noch mehr als unter Yongzheng die Wohnungen der Verbotenen Stadt (aber auch des Sommerpalastes *Yuanmingyuan* in der Umgebung der Hauptstadt und noch andere innerhalb dieses Gebietes sowie die von Qianlong errichteten europäischen Werkstätten) aus Europa stammende Möbel und Uhren (zum Beispiel den runden Tisch Abb. 75), Spiegel, Leuchter, Teppiche, Wandbehänge, Gemälde, Musikautomaten und -instrumente. Die Gegenstände des persönlichen Gebrauchs – Uhren, Brillen, Waffen, Tabaksdosen, Glasbehälter sowie Haustiere – waren nicht weniger begehrt. Es ist bekannt, daß die Kaiser und die Aristokratie Karten, Erd- und Himmelsgloben, mechanische und optische Instrumente sowie Stiche und illustrierte Bücher besaßen[7]. Diese Objekte gelangten nicht nur als Geschenke von Botschaftern oder Missionaren in die Kunstsammlungen der Kaiser und der Großen des Reiches, sie konnten auch in Guangzhou (Kanton) erworben werden, oder sie wurden kopiert. Ebenso konnten sie in den kaiserlichen Werkstätten in Peking von Missionaren oder ihren chinesischen Nachahmern hergestellt werden. Die importierten Objekte zogen eine große Zahl von Kopien, Bearbeitungen und Interpretationen nach sich, ob es sich dabei um Gemälde, Uhren, Emailarbeiten oder Möbel handelte. Auf diesem Gebiet bleibt noch viel zu erforschen, und die Sammlungen des Alten Palastes und besonders die in Peking halten noch viele Entdeckungen für die kommenden Jahrzehnte bereit. Der »Geruch des Altertums« (*guyi*) und damit der Bezug auf die nationale chinesische Kultur bleibt der Schlüsselbegriff für die Beurteilung der Kunst innerhalb und außerhalb des Hofes.

Die Kunstsammlung diente in China, zumindest bis Ende des 19. Jahrhunderts, niemals der Öffnung zur Welt. Hier blieben die Mandschu-Kaiser, außer Kangxi, trotz ihrer Begierde, in den Besitz »westlicher Dinge« zu gelangen, der striktesten Orthodoxie verhaftet. Die »Aneignung« Europas am chinesischen Hof im 18. Jahrhundert war nur das Pendant zu den Chinoiserien, welche die gehobene Gesellschaft Europas zur gleichen Zeit begehrte. Auf diese exotische Welle folgte in China eine ausgesprochene Ablehnung, gar eine politische Europaphobie.

Die von Qianlong in Auftrag gegebenen, ganz der Tradition verbundenen und den Werken seiner Kunstsammlung vergleichbaren Arbeiten erreichten ein nie gekanntes Ausmaß. Sie waren vom gleichen Geist beseelt wie die gigantischen, im 18. Jahrhundert auf kaiserlichen Befehl angelegten Sammelwerke *Gujin tushu jicheng*, eine 1728 fertiggestellte illustrierte Enzyklopädie in 10 000 Kapiteln, oder die gewaltige Sammlung von Schriftwerken *Siku quanshu*, die 1773 bis

Abb. 76 Ausschnitt aus dem Guwantu (»Rolle der Antiquitäten«), Serie mit mindestens acht großen Querrollen. Tusche und Farben auf Papier, datiert 1728, London, Victoria and Albert Museum, E.59–1911.

1785 in Zusammenarbeit von Hunderten von Weisen und Gelehrten mit 15 000 Kopisten entstand. Die Hauptkataloge der Kaiserlichen Sammlung der Qing datieren aus den ersten fünfzehn Jahren der Regierung Qianlong, es sind dies für die Gemälde und Kalligraphien der *Bidian zhulin* (1744) und der *Shiqu baoji* (1745) und für die Bronzen der *Xiqing Gujian* (1751). Jedes dieser drei Werke wurde durch zwei Ergänzungsbände vervollständigt. Bescheidenere und außergewöhnlich praktische Gemälderollen, welche auf minuziöse Weise eine große Zahl von Objekten der Kunstsammlung abbilden, erleichterten die Auswahl von Stücken zum Vergnügen des Kaisers oder zum Schmuck einer Wohnung (Abb. 76)[8].

Schirmherrschaft und kaiserliche Aufträge

Es steht fest, daß die Kaiserliche Kunstsammlung, als eigentliches Gedächtnis der bildenden Kunst Chinas im 18. Jahrhundert, den Künstlern der Akademie und den Auftragsarbeiten des Hofes als Vorbild gedient hat, ebenso wie die ab Ende des 11. Jahrhunderts veröffentlichten Antikenkataloge. Der 1751 veröffentlichte *Xiqing gujian* hat die in der dekorativen Kunst der zweiten Hälfte des Jahrhunderts mehr und mehr betonten archaisierenden Vorlieben nachhaltig beeinflußt.

Die Malakademie

Die jüngsten Forschungen zu den Qing-Archiven[9] und die dem Thema gewidmeten Ausstellungen[10] haben unsere Kenntnisse zur Hofmalerei des 18. Jahrhunderts beträchtlich erweitert, besonders die der Epoche Qianlong. Das seit Kangxi und Yongzheng bestehende Malerateliers wurde ab 1736 umgestaltet und erhielt die Bezeichnung Malakademie (*Huayuanchu*). Diese Akademie unterstand dem Büro für die Palastarbeiten (*Zaobanchu*), von dem noch andere mit der Kunstproduktion beschäftigte Abteilungen abhingen, wie die Uhrenabteilung oder die Glas- und Emailabteilung. Das *Zaobanchu* selbst war dem *Yangxindian* angegliedert, dem Hauptwohnsitz des Kaisers in der Verbotenen Stadt. In den ersten Jahren der Regierung von Qianlong verfügte die Akademie über zwei Abteilungen mit jeweils mehreren Ateliers oder Studios: eine befand sich in der Verbotenen Stadt in Peking, *Huayuanchu*, die andere im Sommerpalast *Yuanmingyuan*, wobei das *Ruyiguan* das Atelier mit dem höchsten Ansehen war. Diese zwei unabhängigen und sich ergänzenden Akademiezweige beschäftigten mehrere Dutzend Hofmaler, chinesische, aber auch westliche, die an den Aufträgen des Kaisers arbeiteten. Später wurde das *Ruyiguan* der Emailabteilung einverleibt (*Falangchu*), wobei jedoch die bekanntesten Maler am *Ruyiguan* verblieben, das nach und nach zur einzigen Malakademie wurde. Diese in der Mehrzahl nicht der Beamtenhierarchie eingegliederten Künstler mußten sich den Wünschen des Souveräns anpassen und seine Vorstellungen umsetzen. Er verfolgte die Ausführung seiner Aufträge mit Aufmerksamkeit, prüfte die Arbeiten während der gesamten Dauer ihrer Entstehung und zögerte nicht, das Werk höchstselbst zu korrigieren.

Den vielfältigen Strukturen und der Zusammenarbeit innerhalb der Malakademie entsprach der bei den Sujets herrschende Eklektizismus. Eine der wesentlichen Aufgaben bestand darin, die glorreichen Ereignisse der Regierung in Bilder umzusetzen: militärische Erfolge, politische Bankette, Inspektionsrei-

Die Mandschu-Kaiser und die Kunst 95

Jahrhunderte der Hofmalerei in China zu machen: zum einen die im Dienst des Kaisers stehenden europäischen Maler – diese begabten Künstler-Missionare haben unter kaiserlichem Patronat während fast sechzig Jahren frischen Wind in die Akademie gebracht; zum anderen die fortwährenden Aufträge, insbesondere unter Qianlong, für große, in Zusammenarbeit hergestellte Rollen, die die Ereignisse einer Regierungsperiode (Abb. 81) und ihre Pracht unsterblich

Abb. 78 Auf dem Boden der Schale (s. unten unter Abb. 77) wurde in die Glasur eine Inschrift des Kaisers Qianlong eingeschnitten, datiert auf das Jahr 1786. Die Schale befand sich wahrscheinlich seit der Regierung Yongzheng in der kaiserlichen Sammlung: Sie ist im Guwantu aufgeführt. London, inv. PDF 3.

Abb. 77 Schale aus porzellanartigem Steinzeug mit lavendelblauer krakelierter Glasur. Produktion der Öfen von Ru, Bezirk Baofeng, Provinz Henan, Nördliche Song, Anfang 12. Jahrhundert, Percival David Foundation of Chinese Art, London, inv. PDF 3.

Abb. 79 Tabakdose aus Gold, die Ludwig XV. Cornelis Hop schenkte. Stempel von Gouers, L.: 0,085 m, H.: 0,065 m. Auf der Innenseite des Deckels zwei Miniaturen, mit Farben auf Pergament gemalt, Büstenporträts von Ludwig XV. und Marie Leczinska, Paris, 1725–1726, Musée du Louvre, OA. 10.670.

sen in den Süden, Geburtstagsfeiern und große Rituale. Andere Ausdrucksmittel der Politik und des kaiserlichen Prestiges waren die Staats- und Privatporträts des Kaisers, religiöse Gemälde, Rollen mit Jagddarstellungen[11] und Tributzahlungen in Gestalt von Pferden oder seltenen Tieren. Die Künstler des Hofes waren auch mit der Innendekoration der Paläste befaßt, indem sie zum Aufziehen auf Wände (*tieluo*, Abb. 50, Katalognummer 125), Paravents oder Schirme bestimmte Gemälde anfertigten. Desgleichen stellten sie viele Bilder rein für das ästhetische Vergnügen her: Landschaften, Blumen und Vögel, Genreszenen. Schließlich oblag ihnen die didaktische Hofmalerei: Kopien von Werken alter Meister, von Gedichten des Kaisers inspirierte Gemälde, Ansichten von kaiserlichen Residenzen. Da fast alle Sujets von der Akademie Qianlong ins Werk gesetzt wurden, kann man sagen, daß die dabei entstandene Malerei sämtliche von der Tradition vorgegebenen Stile und viele westliche Anregungen verschmolz. Dies ist der Grund für die schwierige Erforschung und Beurteilung der mandschurischen Hofmalerei, vor allem in der Zeit intensiver Aktivität und höchster Leistungen von 1736 bis 1761.

Zwei Faktoren haben dazu beigetragen, aus dem 18. Jahrhundert eines der Goldenen

machen sollten. Mit Lobpreisungen überladene Historienbilder und unschätzbare historische Dokumente zugleich, sind diese maßlosen Unternehmungen, mit denen allein in den Jahren 1736–1761 vierzig Maler beschäftigt waren, als Bildwerke die perfekte Verkörperung des Eklektizismus der Akademie.

Die kaiserlichen Werkstätten

Die Werkstätten innerhalb des Palastes, vierzehn zum Ende des 17. Jahrhunderts, beschäftigten die besten aus den Kunstzentren der Provinzen geholten Handwerker. Diese Meister stellten für den Hof selbst oder als Geschenke des Kaisers für seine Würdenträger oder ausländische Fürsten bestimmte Objekte her. Maler, darunter einige der Akademie, lieferten für Formen und Dekore die Zeichnungen. Die Impulse, die Kaiser Kangxi zur Entstehung und Entwicklung dieser Werkstätten gab, folgen, um etwa dreißig Jahre versetzt, auf die Bestrebungen Ludwigs XIV., die Künste in Frankreich neu zu ordnen. Es scheint, daß die Beschreibungen der von dem französischen König eingerichteten Wissenschaftsakademie und der Manufakturen, die Kangxi 1688 von nach China eingereisten Jesuiten erhielt, sowie die mitgebrachten Geschenke für den Kaiser zu einer Quelle der Inspiration wurden[12]. Unter den vom Büro für Palastarbeiten (*zaobanchu*) abhängigen Werkstätten erlebten zwei Abteilungen im 18. Jahrhundert einen einzigartigen Aufschwung, die für Glas und Email sowie die für Uhren. Auch hier arbeiteten Mitglieder der Akademie, sie malten auf Email (Abb. 82) oder schmückten für den Palast bestimmte Gegenstände mit Miniaturen, ganz wie es in Europa gemacht wurde (Abb. 79) und wie man es von den diplomatischen Geschenken her kannte. Die Abteilung für Glas und Email wurde 1696 auf Initiative des Kaisers Kangxi eingerichtet. Sie fing mit der Herstellung von Glas – mit oder ohne Email – an, bevor sie parallel dazu ab ca. 1716[13] die Produktion von Emailarbeiten auf Kupfer begann. Europäer arbeiteten dort Seite an Seite mit chinesischen Handwerkern, indem sie westliche, insbesondere deutsche Techniken zur Glasherstellung und, unter dem Einfluß des französischen Jesuiten Killian Stumpf, französische Techniken zur Bemalung von Email einbrachten.

Unter Kangxi, Yongzheng und Qianlong kombinierte die Abteilung häufig chinesische und westliche Formen und Dekore (Abb. 82). In der Uhrenabteilung spielten die europäischen Missionare eine noch entscheidendere Rolle. Die Werkstätten des Palastes waren jedoch nicht die einzigen Lieferanten von Uhren. Zentren wie Guangzhou (Kanton) und Suzhou haben im 18. Jahrhundert eine große Zahl der im Palast aufgestellten Kunstwerke und selbstverständlich die Mehrzahl der von den vermögenden Schichten des Reiches gekauften Objekte hergestellt[14]. Im allgemeinen blieben die verschiedenen Palastwerkstätten abhängig von den lokalen Zentren sowohl im Hinblick auf die Rekrutierung von Arbeitern und die Anlieferung von Grundstoffen als auch im Hinblick auf die Techniken und manchmal den Stil. Im Gegenzug wurden die im Palast auf Wunsch des Kaisers und nach seinem Geschmack gefertigten Waren von Handwerkern, die nach der Ausbildung in Peking[15] nach Hause zurückgekehrt waren, dort imitiert.

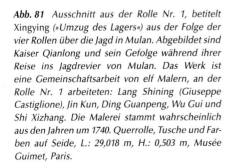

◁ **Abb. 80** Serie von zwölf Längsrollen, Tusche und Farben auf Seide. Sie zeigen die Konkubinen des Kaisers Yongzheng, Palastmuseum Peking.

Abb. 81 Ausschnitt aus der Rolle Nr. 1, betitelt Xingying (»Umzug des Lagers«) aus der Folge der vier Rollen über die Jagd in Mulan. Abgebildet sind Kaiser Qianlong und sein Gefolge während ihrer Reise ins Jagdrevier von Mulan. Das Werk ist eine Gemeinschaftsarbeit von elf Malern, an der Rolle Nr. 1 arbeiten: Lang Shining (Giuseppe Castiglione), Jin Kun, Ding Guanpeng, Wu Gui und Shi Xizhang. Die Malerei stammt wahrscheinlich aus den Jahren um 1740. Querrolle, Tusche und Farben auf Seide, L.: 29,018 m, H.: 0,503 m, Musée Guimet, Paris.

Die Tatsache, daß die mandschurischen Kaiser sich nicht die Exklusivität der im Palast angewandten Techniken und Stile vorbehielten, erklärt zumindest teilweise, daß die offizielle Kunst der Qing-Epoche noch heute das Kunsthandwerk in China in allen Bereichen beeinflußt.

Die Manufaktur von Jingdezhen

Kaiser Kangxi brachte ab 1683 die Porzellanherstellung für den Palast im großen Keramikzentrum von Jingdezhen wieder in Schwung. Dort wurden in den vom Kaiser geförderten Werkstätten in der ersten Hälfte des 18. Jahrhunderts Porzellane hergestellt, die zu den vollkommensten in der Geschichte der chinesischen Keramik zählen. Die Innovationen im Verlaufe dieses halben Jahrhunderts sind das Werk von hervorragenden Leitern, deren berühmtester, Tang Ying (1682–1756) die Manufaktur von 1728 bis zu seinem Tode fast ununterbrochen führte. Es versteht sich von selbst, daß der Hof dabei den Ton angab und Wahl und Richtung der Forschungsarbeiten lenkte. So hat die Nachfrage des Palastes nach monochromen Stücken für die Zeremonien die Kreativität der Töpfer zweifellos angeregt. Desgleichen ist die Vorliebe von Kangxi und Yongzheng für bemalte Emailearbeiten seit der ca. 1720 erfolgten Einführung der Farbpalette »Famille Rose« nicht verwunderlich, bei der die bisher verwendete Skala der Emails durch wahrscheinlich bei den Cloisonné-Emails entliehenen Techniken um Rosa, opakes Weiß und Gelb erweitert wurde. Diese Emails wurden in der Glasabteilung des Palastes vorbereitet und je nach Bedarf nach Jingdezhen geschickt[16]. Eine andere Quelle der Inspiration waren die altertümlichen Keramiken, die der Palast zur Nachahmung versandte. Im übrigen begünstigte die Neigung Qianlongs zum Prunk und sein Gefallen an auffälligen Effekten die Entwicklung komplizierter Techniken, die eine große Zahl der unter seiner Ägide hergestellten Porzellane kennzeichnen. Dieser Hang zur Virtuosität hat, in Verbindung mit einer bis zum äußersten getriebenen Arbeitsteilung, zweifellos zur zunehmenden Sterilität der offiziellen Produktion in Jingdezhen beigetragen.

Die Architektur – ein Schrein für das Kaiserbild

Die so sehr auf die Pflege und Verbreitung ihres Bildes bedachten Kaiser der Qing-Dynastie bauten Paläste. Sie begnügten sich nicht damit, in der zweiten Hälfte des 17. Jahrhunderts und vor allem in den Jahren von 1750–1800 eine große Zahl der Bauten des Kaiserpalastes in Peking wiederzuerrichten und zu restaurieren. Sie ließen auch Sommerpaläste erbauen: von 1703–1709 *Bishushanzhuang* in Chengde, 250 km nördlich von Peking, und *Yuanmingyuan* im Nordwesten der Hauptstadt, nicht zu vergessen die zahlreichen Paläste auf den Etappen ihrer Reiserouten sowie Bauwerke, die sie in den Residenzen ihrer Vorfahren in Shenyang im Liaoning errichten ließen.

Der anspruchsvollste und Qianlong am meisten am Herzen liegende der Sommerpaläste war der zu Beginn des 18. Jahrhunderts entstandene und dann beständig erweiterte und verschönerte *Yuanmingyuan*. Dieser »Garten der absoluten Klarheit« mit einer Grundfläche von 350 ha, seinen Hügeln, kleinen Tälern, Kanälen, Grotten und mit Inseln geschmückten Seen setzte sich aus voneinander unabhängigen Teilen zusammen.

Abb. 82 Zwei Kannen und Becken aus Gold, Cloisonné, bemaltem Emaille und eingelegten Steinen. Becken: H.: 0,13 m, D.: 0,41 m. Kannen: H.: 0,33 m, B.: 0,20 m, Zeichen der Regierung von Qianlong (1736–1796), Musée national du Château de Fontainebleau, inv. 1467 C.

Die Mandschu-Kaiser und die Kunst 101

Außer den im Süden gelegenen Audienzhallen umfaßte die Anlage Wohnpavillons für die kaiserliche Familie, Bibliotheken, Tempel, Theater sowie verstreute, oft von alten Landsitzen und berühmten Gärten Südchinas inspirierte Lustpavillons, von denen jeder den Mittelpunkt einer eigenständigen Landschaft darstellte. In diesem Sinne verkörperte *Yuanmingyuan* eine Anthologie der chinesischen Gartenkunst und gleichzeitig eine Art paradiesischen Rückzug aus der Welt. Zum Palast gehörten außerdem in seinem Nordwestteil zwischen 1747 und 1759[17] erbaute Paläste und Gärten im europäischen Stil, die die Wasserspiele, Kernstück der Anlage, einfaßten. Diese Paläste waren eine außerordentliche chinesisch-europäische Synthese, deren Baumeister zwei bei Hofe beschäftige Jesuiten waren, der Italiener Giuseppe Castiglione (1688–1766) und der Franzose Michel Benoist (1715–1774). Sie gaben intimen Festen den Rahmen, erlaubten Promenaden und dienten als »Magazine« für die europäischen Kunstsammlungen von Qianlong. Das Themenrepertoire des Bauensembles erinnert sehr an italienische, besonders römische manieristische oder barocke Villen[18]. Die westliche »Verrücktheit« von *Yuanmingyuan* bot Qianlong aus seiner universalen Sicht der kaiserlichen Macht heraus ein Fenster nach Europa. Er begnügte sich dabei mit dekorativen Verblendungen chinesischer Strukturen. Dieselbe Gestaltung wurde für die nach tibetischen Vorbildern in Chengde erbauten Tempel gewählt – doch da hört die Parallele auf.

Die politische Botschaft in Chengde ist eindeutig: Diese ganz in der enzyklopädischen Kulturtradition von Qianlong stehenden Tempel sollten mittels ihrer Symbolik die Mongolen daran erinnern, daß der Kaiser Chinas die theokratische Macht übernommen hatte, mit der Lhasa bis dahin ausgestattet gewesen war[19].

Der mandschurische Hof hat nicht wie europäische Höfe die Repräsentation kultiviert, trotzdem hatte er seine festliche Architektur in Form von kurzlebigen, für die Feiern von Geburtstagen der Mitglieder der kaiserlichen Familie oder für die Reisen des Herrschers errichteten Gebäuden: Triumphbögen, Pavillons, Trompe-l'oeil-Ansichten, Fontänen und Theater wurden dem Kaiser in der Synthese von chinesischem Geschmack und westlicher Exotik[20] zu seiner Zerstreuung, vor allem jedoch als Spiegel seines Ruhms dargebracht.

[1] Ledderose, 1978–79.
[2] A Sanctuary, 1990.
[3] Imperial, 1989, S. 10–11.
[4] Clunas, 1991, S. 92.
[5] Spence, 1976, S. 146.
[6] Dermigny, 1964, Band II, S. 466.
[7] Ju, 1989, S. 3–16.
[8] Imperial, 1989, S. 131.
[9] Yang, 1985 und 1991b.
[10] Chou und Brown, 1985.
[11] Hou und Pirazzoli, 1979.
[12] Brinker und Lutz, 1985, S. 127.
[13] Chang, 1991.
[14] Pagani, 1995, S. 79.
[15] Yang, 1991a, S. 150.
[16] Scott, 1987.
[17] Pirazzoli-T'Serstevens, 1987. Durand und Thiriez, 1993.
[18] Droguet, 1994.
[19] Chayet, 1985.
[20] Utzinger, 1993.

Abb. 83 Trompe-l'œil-Malerei in holzgetäfeltem Rahmen, der bis zum Boden reicht, im Palast des Hervorbringens der Glückwünsche (Yuqinggong), *1900.*

Abb. 84 Detail der Verzierung der Konsolen und der Kassettendecke des Tors der Höchsten Harmonie (Taihemen), *1900.*

Die Kaiser und die Literatur

Pierre-Henri Durand

Nachdem sie ihre Macht über das gewaltige chinesische Reich gefestigt hatten, folgten die neuen Monarchen der Mandschu-Dynastie (1644–1911) rasch den Spuren ihrer chinesischen Vorgänger, der Ming (1368–1644). Sie übernahmen auf breiter Linie die Einrichtungen der Besiegten und handelten wie einst ihre entfernten Vettern aus der mongolischen Yuan-Dynastie (1271–1368): die Literatur behielt ihre zentrale Rolle im vollen Umfang in einem Staat, in dem die literarischen Wettbewerbe für jeden, der von Ehrgeiz beseelt war, den Königsweg zur Karriere in der kaiserlichen Verwaltung darstellten. Die Mandschu erkannten die herausragende Stellung an, die die Literatur in einer Kultur einnahm, in der die Schrift eine ausgesprochen sakrale Dimension hatte, indem sie die Kontinuität des Wissens und das Überleben der Menschen durch die Jahrhunderte gewährleistete, in einer Kultur, in der die Eliten das Ideal des Gelehrten und das Charisma seiner in Tugend, Studien und im Pinselstrich geübten Meisterschaft kultivierten. Hierdurch wurde die Legitimität der neuen Dynastie in hohem Maße und auf Dauer konsolidiert. Wenn auch die Mandschu-Eroberer niemals den glücklichen Umgang mit dem Schwert in der einen und dem Buch in der anderen Hand kennenlernten, wie ihn die Hagiographen bei den Gründern der Ming-Dynastie verkörpert sahen, beherrschten die Qing-Souveräne doch geschickt das Spiel, mit der Literatur die Macht zu legitimieren, und zogen früh ihre Vorteile daraus.

Abb. 85 *Der Pavillon der literarischen Blüte* (Wenhuage), *1900.*

Die Literatur war im Herzen der Verbotenen Stadt durch die ihr gewidmeten Bauten allgegenwärtig. Bibliotheken bewahrten die von den Ming und ihren Vorgänger-Dynastien ererbten Sammlungen und wußten ihren Reichtum je nach den Zeitläuften und dem Wissensdurst der Kaiser zu mehren. Studienkabinette boten die für die geistigen Anstrengungen erforderliche Ruhe, und die Halle der Blühenden Wissenschaften (Wenhuadian) sah den Kaiser einen ganzen Tag bei den Lesungen der Klassiker, welche jeden zweiten Frühlings- und Herbstmonat von konfuzianischen Gelehrten für ihn abgehalten wurden. Die Halle der Militärischen Tapferkeit (Wuyingdian) barg auch eine Druckerei, in der die Tafeln einiger der schönsten Editionen der letzten Jahrhunderte des Reiches hergestellt wurden. Magazine verwahrten die Archive für die Geschichtsschreibung – die Geschichte war Bestandteil der Literatur –, während das Steingewölbe des Archivs der Erhabenen Geschichte (Huangshicheng) an den Toren der Verbotenen Stadt die kaiserlichen Genealogien und Annalen vor den Unbilden des Wetters und Brandgefahr schützte.

Die Literatur war besonders in der Umgebung des Kaisers verbreitet, bei Ministern, Beratern, Sekretären und Vorstehern, und eine große Zahl von ihnen genoß den Ruf gut etablierter Gelehrter. Sie war ebenso verbreitet unter jenen, die einem Ruf des Thrones nachgekommen waren, um an der einen oder anderen der gewaltigen und ehrgeizigen Sammlungen zu arbeiten, auf denen der Ruhm der Dynastie in so großem Maße beruhte. Sobald zum Beispiel Kaiser Kangxi (1662–1723) die schwierigen Anfänge seiner Regierung überwunden hatte, erteilte er den Auftrag zur Verwirklichung einer der ersten in einer langen Reihe von wissenschaftlichen Arbeiten, die zum Druck von dreißig Werken mit insgesamt fünftausend Kapiteln führte. Es handelte sich dabei um Corpora zu den Klassikern, um Kompendien zur orthodoxen neokonfuzianischen Schule, große Enzyklopädien und Anthologien in Prosa oder Versen, wie zum Beispiel die »Summe der Gedichte der Tang« (*Quan Tang shi*), welche über achtundvierzigtausend von mehr als zweitausend Dichtern geschriebene Gedichte aus einem der Goldenen Zeitalter der chinesischen Poesie (618–907) enthielt. Andere Bücher waren lexikalische Werke, wie zum Beispiel »Das Wörterbuch von Kangxi« (*Kangxi xidian*) mit seinen fünfzigtausend Schriftzeichen und dem »Repertoire der Reime aus dem Kabinett der kostbaren Schriftzeichen« (*Peiwen yunfu*) sowie seinen fünfhundert nach Reimen geordneten Begriffen. Wieder andere Studien hatten die Mathematik, die Astronomie, die Musik oder die Botanik zum Thema. Die Erstellung dieser gewaltigen Werke erforderte die Arbeit von Hunderten von Sammlern und Kopisten; einige waren aus dem Ruhestand gerufene einfache Gelehrte, andere Diplomierte oder Doktoren ohne Anstellung, wieder andere hatten bereits literarische Aufgaben bei Hofe wahrgenommen. Alle waren sie der Leitung von Ministern oder hohen gelehrten Würdenträgern unterstellt und befanden sich unter dem aufmerksamen Patronat des Kaisers, der selbstverständlich das Vorwort eines jeden Werkes signierte.

Das unter Kangxi in Angriff genommene Werk »Summe der Bücher und Illustrationen von Gestern und Heute« (*Gujintushujicheng*) mit zehntausend Kapiteln wurde unter Yongzheng (Regierungszeit 1723–1735) vollendet. Diese gewaltige, in zweiunddreißig große Rubriken unterteilte illustrierte Enzyklopädie enthält mehr als sechstausend Artikel mit Anleihen bei vielen Quellen unter Berücksichtigung aller Wissensgebiete. Das Werk entspricht vollkommen der chinesischen Vorliebe für Zitate und Kompilationen und wurde – ein einzigartiger Vorgang – mit Hilfe von beweglichen Lettern aus Kupfer gedruckt.

Qianlong (Regierungszeit 1736–1796) stand dem nicht nach, er ließ fünfzig den vorangehenden in gerader Linie folgende Werke publizieren. Neben den Klassikern, der Prosa und der Poesie kamen die Geographie und die Geschichte in der »Monographie des geeinten Reiches der großen Qing« (*Daqingyitongzhi*) zu Ehren, welche die großen Eroberungen der Jahrhundertmitte von 342 auf 500 Kapitel anwachsen ließen. Die gleichen Themen hatte die »Geschichte der Ming« (*Mingshi*), auf die die gelehrte Öffentlichkeit lange Zeit gewartet hatte und deren 336 Kapitel die Mandschu endlich von der jeder neuen Dynastie auferlegten moralischen Verpflichtung entbanden, die Geschichte ihrer Vorgängerin aufzuzeichnen. Die Schwierigkeit der Aufgabe bestand darin, die rüde Eroberung Chinas durch ein Steppenvolk mit der unwiderstehlichen Kraft einer Berufung in Form eines Mandats des Himmels auszuschmücken.

Die Qing-Herrschaft war gekennzeichnet durch eine sich über das gesamte Reich erstreckende riesige Sammelaktion von Büchern, die zur Errichtung der »Bibliothek der vier Schätze« (*Siku quanshu*) führte, einem gewaltigen Corpus mit mehr als dreitausend Werken, die nach vier Kategorien geordnet waren: Klassik, Geschichte, Philosophie und Literatur. Das im Jahr 1722 in Angriff genommene Projekt beschäftigte Hunderte von Gelehrten während zehn Jahren. Die an der Unternehmung beteiligten wissenschaftlichen Kapazitäten ergriffen die Gelegenheit, ihre Forschungen zu etablieren und ihren Ansichten Geltung zu verschaffen. Ein kritischer Katalog mit zehntausend Einträgen (der *Siku quanshu zongmu* oder der »Katalog der Bibliothek der Vier Schätze«) wurde zusammengestellt, welcher sowohl die zur Verfügung stehenden Bücher als auch die Werke von hoher Qualität, auf die die Sammler jedoch hatten verzichten müssen, auswies. Eine Legion geschickter Kalligraphen war mit dem Kopieren der ca. achtzigtausend in der Sammlung kompilierten Kapitel befaßt. Eine erste Frucht ihrer Arbeit wurde in dem zu diesem Zweck in der Verbotenen Stadt errichteten »Pavillon der Literarischen Tiefgründigkeit« (*Wenyuange*) verwahrt. Drei weitere Kopien folgten, von denen eine in den Sommerpalast in der Umgebung der Hauptstadt und zwei andere in die Residenzen des Kaisers in der Mandschurei gingen. Weitere drei Kopien wurden den Provinzen Jiangsu und Zhejiang, den Gebieten für die Wahl der Gelehrtenelite, zur Verfügung gestellt. Als Produkt der Zusammenarbeit zwischen kaiserlicher Macht und chinesischen Eliten hatte die Einrichtung der »Bibliothek der Vier Schätze« den Nebeneffekt einer literarischen Inquisition. Indem sie die Empfindlichkeiten der Mandschu hinsichtlich ihres »barbarischen« Ursprungs berührte und den Eifer der Chinesen erregte, sich gegenseitig zu bekämpfen, brachten viele ans Tageslicht gelangte Schriften die Obrigkeit dazu, Bücher zu verbrennen, Anathemata zu verfassen und Todesstrafen auszusprechen. Dessen ungeachtet blieb diese Unternehmung einer der größten Beiträge der Dynastie zur Wissenschaft und eines der größten wissenschaftlichen Projekte aller Zeiten überhaupt. Einige bemerkenswerte Unternehmungen wurden noch unter Kaiser Jiaqing (Regierungszeit 1796–1820) ins Werk gesetzt, darunter die tausend Kapitel einer Prosaantho-

Abb. 86 *Kaiser Kangxi an seinem Arbeitstisch. Längsrolle von einem unbekannten Künstler, H.: 0,505 m, B.: 0,319 m, Tusche und Farben auf Seide, Ende 17. Jahrhundert, Palastmuseum Peking.*

logie der Tang-Dynastie (quan Tang wen) sowie eine sehr sorgfältige neue Ausgabe der geographischen Enzyklopädie des Reiches. Danach erlosch das kaiserliche Mäzenatentum, zur selben Zeit, als das Reich dem Abgrund zuzutreiben begann.

Der Kaiser war nicht nur der große Schirmherr der Wissenschaften, der die ehrgeizigen Sammlungen zum Ruhme seiner Herrschaft und der Dynastie lenkte, er sah sich auch als authentischen Gelehrten, dem die entsprechenden Attribute am Herzen lagen. Er tauschte oft die kaiserliche Robe gegen die einfache Kleidung des Gelehrten und versäumte es nicht, sich mit einem Pinsel oder einem Buch in der Hand in der strengen Umgebung einer Bibliothek oder in einem anmutigen Park porträtieren zu lassen.

Wie jedem anderen Gelehrten war es ihm wichtig, eine eigene Sammlung in Prosa oder Poesie zu verfassen. Der große Kangxi gab 76 Kapitel in vier Sammlungen heraus. Sein Enkel, Qianlong, übertraf ihn bei weitem mit fünfhundert Kapiteln in zehn Sammlungen. Als Autor von 1260 Prosastücken und mehr als vierzigtausend Gedichten könnte man ihn für den weitschweifigsten Poeten Chinas halten, wenn er nicht inmitten von Gelehrten gelebt hätte, die bereit waren, ihm ihr Talent und ihren Pinsel zur Verfügung zu stellen. Die Tradition der kaiserlichen Sammlungen setzte sich mit wechselndem Erfolg unter den vier folgenden Regierungen fort, und selbst Kaiser Tongzhi (Regierungszeit 1862 bis 1874) fand die Zeit, ihr Ehre zu erweisen, indem er sechzehn Kapitel in Prosa und Versen verfaßte, bevor er in seinem neunzehnten Lebensjahr verstarb. Die Tradition versandete unter Kaiser Guangxu (Regierungszeit 1875–1908), dem Schatten der Kaiserinwitwe Cixi (1835 bis 1908), welcher nur vier kurze Kapitel mit Anmerkungen zur alten Geschichte verfaßte.

Dem Kaiser, der sich als aufgeklärter Mäzen und fleißiger Gelehrter gab, blieb nichts anderes übrig, als sich seinen Pairs auf dem Feld der Wissenschaft zuzuwenden, um die Salbung in Gestalt ihrer einhelligen Zustimmung entgegenzunehmen.

Die von Missionaren in Peking herausgegebenen »Memoranden zu Geschichte, Wissenschaft, Kunst, Sitten und Gebräuchen Chinas«, die Qianlong im aufgeklärten Europa bekannt machten, werden von einem Frontispiz mit einem Porträt des Kaisers eröffnet, wo sich folgende Worte finden:

»*Ohne Unterbrechung mit den vielfältigen Sorgen*
Einer bewunderten Herrschaft befaßt,
Ist der größte Herrscher des Universums (auch)
Der beste Gelehrte seines Reiches.«

Die Jesuiten-Patres erkannten als ausgezeichnete Vermittler zwischen West und Ost und als Kinder Europas, wo nur ein guter Christ ein guter König sein konnte, daß in China nur ein vollendeter Gelehrter ein guter Kaiser sein konnte.

Abb. 87 *Kaiser Kangxi als Gelehrter in seiner Bibliothek. Längsrolle, H.: 1,38 m, B.: 1,065 m, Tusche und Farben auf Seide, Palastmuseum, Peking.*

Abb. 88 *Eckturm und Wassergräben der Verbotenen Stadt, 1900.*

Die militärischen Traditionen der Qing

Oliver Moore

Die Kaiser der Qing-Dynastie (1644–1911) waren die stolzen Träger einer starken Militärtradition, ihre Geschichte ist gekennzeichnet von vielen großen Feldzügen unter Einsatz von Hunderttausenden von Menschen. Einige dieser Feldzüge und die Feiern zu ihrem siegreichen Abschluß wurden als Höhepunkte ihrer Herrschaft gefeiert.

In China wurden das Militär und die damit verbundenen Tugenden von einflußreichen Schichten der Gesellschaft nicht hoch eingeschätzt oder zumindest als von geringem Interesse angesehen. Der große italienische Weltreisende und Missionar Matteo Ricci (1552–1610) beschrieb China am Ende der Ming-Zeit als eine Gesellschaft, über die die konfuzianischen Mandarine ohne die geringste Notwendigkeit militärischer Macht herrschten. Keiner der Offiziere, die er traf, »zitterte nicht vor einem Mandarin oder Gelehrten oder warf sich nicht nieder« (Ricci). Das chinesische Reich, fügte er hinzu, ver-

Abb. 89 Kriegerstatuen entlang des Zugangsweges zu einem der kaiserlichen Gräber der Ming in Nanking (Nanjing), *Photograph unbekannt, um 1865.*

griff sich niemals an der »*Signoreggiare*« anderer Staaten, wie es in Europa zur brutalen Gewohnheit geworden war. Daher versteht es sich von selbst, daß China während der viertausendjährigen Geschichte, die Ricci ihm zuschrieb, niemals einen anderen Staat überfallen hat[1].

Ricci hat viele Beobachtungen zum offiziellen Leben in China festgehalten, die auch vierhundert Jahre später von großem Wert sind; was er jedoch über das militärische Leben berichtete, entspricht buchstabengetreu den Vorurteilen seiner Informanten, der Zivilbeamten. Anstatt die mit hartem Griff über China ausgeübte Macht beim Namen zu nennen, bekräftigten diese Offiziellen, daß die gewaltigen chinesischen Weiten mit ihren großen ethnischen Unterschieden geeint wären allein dank des immerwährenden Festhaltens an den großen Lehren des Konfuzius und seiner Schüler. Diese ideologische Sicht prägte auch die offiziell bestellten Historiker Chinas, deren Werke über die Dynastien – eine Geschichte der ältesten Bürokratie der Welt – von Hofbeamten zum ausschließlichen Wohle künftiger Beamten redigiert wurden[2]. Welche Epoche sie auch zum Gegenstand hatten, diesen Arbeiten ist nichts Nennenswertes zum militärischen Leben zu entnehmen.

Dagegen liefern andere Zeugen der Vergangenheit, wie die riesigen kaiserlichen Grabanlagen, eine unendliche Reihe von greifbaren Beweisen für die Bedeutung des Militärs zur Verteidigung und Demonstration dynastischer Macht (Abb. 89).

Die Qing-Kaiser und ihre Armee

Welche Ursachen initiierten nun das Wiederaufleben der militärischen Aktivitäten unter den Qing? In China kamen alle Kaiser-Dynastien in einer Welle von gewalttätig erkämpften Staatsstreichen auf den Thron. Das 20. Jahrhundert hat gezeigt, daß es in China keinen anderen Weg zur Macht gab als den Einsatz beträchtlicher militärischer Mittel. Die zuvor schon immer siegreichen Mandschu waren wahrscheinlich die mutigsten unter den fremden Völkern, die China überfallen und dann zu regieren versucht haben. Dieser kleine Stamm an der Grenze brauchte sechzig Jahre, um sich zuerst selbst als Staat zu etablieren, dann die Kontrolle über die Mandschurei zu erkämpfen, in

Korea einzufallen, die Souveränität über die Mongolei auszuüben und schließlich das chinesische Reich zu unterwerfen. Selbstverständlich wären die territorialen Expansionen und die Kontrolle der besetzten Gebiete nicht möglich gewesen ohne einen hohen Grad an Verwaltungskompetenz und die spontane Fähigkeit zur Übernahme des chinesischen Know-how. Der Schlüssel zur Kontrolle über das chinesische Kaiserreich indessen war zu allererst das militärische Traditionsbewußtsein, ein Bewußtsein, das für den mandschurischen Ehrenkodex während der gesamten Dauer der Dynastie wesentlich war, selbst in der Dekade nach 1840 während der verzweifelten Konfrontation der kaiserlichen Macht mit der militärisch-industriellen Macht der europäischen Staaten.

Die Kampfestugenden der Mandschu nahmen kurz nach der siegreichen Invasion Chinas, wahrscheinlich bereits seit der Herrschaft von Kangxi (1662–1722)[3], ab, dennoch erforderte die mandschurische Herrschaft über China aus mehreren Gründen weiterhin ein starkes Militär. Die Bevölkerung Chinas hatte sich während des 18. Jahrhunderts[4] ebenso verdoppelt wie das Territorium[5] des Reiches. Um das Jahr 1800 zählte China ca. 300 Millionen Menschen, das Doppelte der Bevölkerung Europas, Rußland eingeschlossen. Die westlichen Besitzungen Chinas waren fast genauso groß wie im 7. Jahrhundert, in der Ära, in der die Tang (618–907) genügend Einfluß besaßen, um die Dienste der Herrscher aus Kabul zu entlohnen. Die starken Veränderungen während der Qing-Herrschaft erforderten militärische Einrichtungen: Garnisonen in den Grenzgebieten, Verteidigung und Kontrolle in den Städten, Befestigungen zur Niederschlagung lokaler Rebellionen oder gegen die kaiserliche Autorität der Qing gerichtete Provokationen[6].

Die in der Ausstellung gezeigten Objekte sind eher Symbole für die Demonstration der Kampfkraft als Relikte vergangener Schlachten. Mit Ausnahme einer kaiserlichen Rüstung aus dem Jahr 1850 datieren die Waffen und Rüstungen aus dem 18. Jahrhundert.

Wir berufen uns also in erster Linie auf die erste Mandschuperiode in China, besonders das 17. und 18. Jahrhundert, während der die militärischen Einrichtungen des Landes äußerst zentralisiert von den Machthabern in Peking aus geführt wurden. Die Militärkultur dieser Periode ist von der Zentralisierung der Befehlsgewalt gekennzeichnet, während im letzten Jahrhundert der Qing-Herrschaft Rekrutierung, Logistik und selbst die Militärstrategie den Provinzregierungen unterstellt waren. Ein kurzer Blick über die Verbotene Stadt hinaus auf die Topographie Pekings zur Qing-Zeit enthüllt die martialische Färbung ihrer politischen Ideen ebenso wie den Militärgeruch, der von der Stadt ausging. In unmittelbarer Nachbarschaft der Verbotenen Stadt im Westen, im Osten sowie entlang der Nordmauer befanden sich die Unterkünfte der Eliten der mandschurischen Banner, der besten Divisionen der Armee. Im Süden der Verbotenen Stadt trennte die unendliche, von Osten nach Westen verlaufende Mauer die innere und äußere Stadt, sie war von drei Toren durchbrochen, die den Eintritt von Süden her gestatteten, der einzigen rituell erlaubten Himmelsrichtung, sich dem kaiserlichen Thron zu nähern. Das mittlere Tor, das »Tor der Mittagssonne« (Zhengyangmen) war vom »Tor der Verbreitung ziviler Werte« (Chongwenmen) und vom »Tor der Erstarkung der kriegerischen Tugenden« (Xuanwumen) flankiert. Zur Vollendung der imposanten Architektur enthielt das Tor Zhengyangmen einen Guan Yu oder auch Guan Di geweihten Altar, er war der wichtigste Kriegsgott, dem seit der Song-Dynastie (960–1279) ein Kult gewidmet war. Im Jahr 1594 erhielt Guan Yu, noch immer überall beliebt, den Titel »Kaiser« und wurde zu Guan Di[7]. So entsprach der Orientierung des kaiserlichen Thrones nach Süden im Inneren der Verbotenen Stadt eine dem symbolischen Grundriß der Stadt konforme militärische Geographie.

Die Besucher der Kultstätte von Guan Di erblickten imposante Wandmalereien mit der Darstellung des siegreichen Gottes und Richters über seine Feinde. Man kennt zwar nicht den vollständigen Bilderschmuck des

Abb. 90 Guan Yu als Gegner eines abtrünnigen Generals. Gemälde von Shang Xi, um 1435. Tusche und Farben auf Seide, H.: 2,00 m, B.: 2,37 m, Palastmuseum Peking.

Heiligtums in der Qing-Ära, aber es gibt in einem Gemälde, das einen Rebellengeneral zeigt, der dem Gott Guan Yu vorgeführt wird, einige Elemente, die eine Vorstellung davon geben, wie dieser Dekor in der Ming-Epoche (1368–1644) aussah (Abb. 90). Das Bild ist das Werk von Shang Xi (um 1435), der einige der Wandmalereien des Sanktuariums für *Guan Di* unter den Ming[8] ausgeführt haben soll.

Das System der »Banner«

Eine ganz den Mandschu eigene militärische Institution war das System der »Banner«, oft irreführend auch »Die acht Banner« (*Baqi*) genannt. Kleine Kompanien waren in Bannern zusammengefaßt, die wir heute mit dem modernen Begriff »Militärische Division« bezeichnen würden. Jedes Banner war an seiner Farbe zu erkennen, welche identisch mit der der Paradeuniform der Offiziere war. Um das Jahr 1590 schuf Nurhaci, Begründer und erster Herrscher des Mandschu-Reiches, vier Banner: Gelb, Weiß, Rot und Blau. Vier ergänzende Banner wurden im Jahr 1615 ins Leben gerufen und bildeten zusammen mit den ersten vier das ursprüngliche Ensemble von acht Bannern[9]. Nachdem die Mandschu im Jahr 1626 die Mongolei annektiert hatten, wurden die mongolischen Hilfstruppen 1635 dem Militär einverleibt und in acht zusätzliche Banner unterteilt. Zwei chinesische Banner wurden 1637 gegründet, 1643 wurde ihre Zahl im Zuge einer Reorganisation auf acht erhöht. Auf diese Weise waren am Vorabend der mandschurischen Invasion Chinas die militärischen Kräfte der Mandschu auf vierundzwanzig Banner verteilt. Nach der Eroberung Chinas schufen die Mandschu eine weitere, vollständig aus chinesischen Freiwilligen bestehende Armee-Einheit mit dem Namen »Grüne Standarte« (*Lüying*). Wenngleich die höheren Offiziere zuweilen Mandschu waren, stammten viele der Soldaten ersten Ranges aus den besiegten Ming-Armeen. Ungeachtet dessen blieben die aus der mandschurischen Bevölkerung rekrutierten Acht Banner sowohl vor als auch nach der Invasion die am höchsten geschätzte Elite der Armee.

Jedes Banner setzte sich aus Kompanien (*nirui*, chinesisch *niulu*) von ca. dreihundert Mann zusammen, die das Rekrutierungsalter erreicht hatten; die Zusammensetzung änderte sich indessen im Laufe der Zeit beträchtlich. Die *nirui*, welche ursprünglich die Organisationseinheit der mandschurischen Stämme war[10], wurden zur Basisorganisation der chinesischen und mongolischen Banner. Außer den eigentlichen Kämpfern umfaßte die Organisation der *nirui* die Familien ihrer Soldaten, ihre Sklaven und ihr Vieh, so daß fast das gesamte Mandschu-Volk auf verschiedenste Weise in die Militärorganisation eingebunden war.

Das erstaunliche, von Zeng Sou, einem jungen Offizier eines Mandschu-Banners, im Südwesten Chinas 1682 verfaßte Feldzugjournal ist eine Quelle aus erster Hand. In dem einzigen uns überlieferten Kapitel schildert Zeng Shou, daß Frauen und Kinder den *nirui* während der langen und mühsamen Feldzüge folgten[11]. Das *nirui* war auch die für die Rekrutierung und Logistik einschließlich der Waffenherstellung zuständige Basiseinheit. Von der Größe und Zusammensetzung her war das *nirui* wie eine traditionelle Jagdgruppe konzipiert. Diese grundlegende Anbindung erklärt zum großen Teil die den Reiterschwadronen und Bogenschützen zukommende Bedeutung. Deshalb auch war der Thron des zweiten Mandschu-Kaisers Taizong (Regierungszeit 1625–1653) mit einem Paar gebleichter Geweihe geschmückt, dem Symbol par excellence für die mandschurische Militärmacht (Abb. 25).

Die aus den wichtigen Jagd- und Kriegsaktivitäten resultierende enge Bindung sämtlicher Teile der mandschurischen Gesellschaft wurde zur Basis eines sozialen Zusammenhalts, der acht mandschurischen Banner, der bis in die letzten Tage der Qing-Dynastie fortdauerte, lange nachdem die Kampfkraft der Banner erloschen war. Dies galt vor allem für die Hauptstadt, denn seit Abteilungen der Banner in Garnisonen gleich »auf einem Go-Tisch verstreuten Steinen«, so das in der Militärliteratur gebrauchte Klischee, verbreitet waren, wurden sie mit den chinesischen Traditionen mehr und mehr vertraut[12].

Die Schätzung der Stärke der Qing-Armeen ist problematisch, denn seit Beginn des 18. Jahrhunderts waren die Zahlen ein wohlgehütetes Geheimnis. Dessen ungeachtet gibt es überzeugende Schätzungen, nach denen die mandschurischen Banner im Jahr 1644 aus 563 *nirui* zusammengesetzt waren. Wenn jedes *nirui* aus 300 Mann bestand, kann das gesamte militärische Potential auf 168 000 geschätzt werden[13]. Indessen wurde zu dieser Zeit die Zahl der zum aktiven Dienst herangezogenen Soldaten um ein Kontingent von inaktiven im Verhältnis von 3:1 erhöht. Dieses Verhältnis änderte sich unter der Regierung von Kangxi (1662–1723) in 5:1 und während der Regierung von Qianlong (1736–1796) gar in 8:1[14]. Mehr als die Hälfte der Bannersoldaten war in Peking stationiert. Im Jahr 1735 zählten die Garnisonen in Peking 1155 *nirui*, ein Kampfpotential von 340 500 Mann[15]. Ein in Peking zu Beginn des 18. Jahrhunderts flanierender Spaziergänger mußte annehmen, daß in China der einzige Beruf der des »Militärs« wäre.

Der Sold war mager. Ein Schriftsteller der ersten Qing-Zeit berichtete, daß ein Kommandant der *nirui* eine jährliche Besoldung von 105 *liang* in Silber erhielt, zu denen in der aktiven Zeit eine Prämie von monatlich 6 *liang* hinzukam[16]. Diese erbärmliche Summe hätte kaum zur Deckung der laufenden Kosten gereicht, ganz zu schweigen von den Ausgaben für die Paradeuniformen. In einem Fragment des Berichts, den Zeng Shou über den Feldzug in Yunnan verfaßte, berichtete er von Kosten von 400 *liang* für vier Pferde und sechs Rinder[17].

Diese Summe in Silber entsprach etwa dem niedrigsten Jahresgehalt ziviler Beamter[18]. Im übrigen wurde Zeng Shou einige Monate später verhaftet und zu sechs Monaten Zwangsarbeit verurteilt, weil er Rinder an-

Abb. 91 Ein Kandidat besteht die Probe »Blumenschneiden mit einer Klinge« während eines militärischen Examens. Ende 18. Jahrhundert, Tusche und Farben auf Papier, H.: 0,65 m, B.: 0,40 m, British Museum, OA 1860.10–13.225.

genommen hatte, die der Bevölkerung vor Ort gestohlen worden waren[19]. Tatsächlich waren die meisten der Soldaten mit Schulden überhäuft, und die Qing-Kaiser mußten ununterbrochen Mittel aus Spezialfonds aktivieren, um für die Eheschließungen und Begräbnisse ihrer Soldaten aufkommen zu können. Öffentliche Forderungen nach Soldvorschüssen waren relativ häufig, und im Jahr 1692 ließen ungefähr 5000 Soldaten der Banner eine solche fast zu einem Aufstand werden[20].

Auf dem Höhepunkt schuf die gemeinsame militärische Erfahrung innerhalb der sozialen Hierarchie der Banner ein hohes Maß an Loyalität. Treue Soldaten – auch solche bescheidener Herkunft – waren verwöhnte Mitglieder der Bannerhaushalte, denen sie angehörten. Betrachten wir zum Beispiel die Lage von »Groß Jiao«, dem häufig betrunkenen Diener des Haushaltes Jia aus dem bekannten chinesischen Roman vom Ende des 18. Jahrhunderts »Der Traum der roten Kammer« (Honglou men) von Cao Xueqin (1715?-1763), selbst Sproß der Dienerschaft eines mandschurischen Banners. In der berühmten Szene aus dem siebten Kapitel ist Groß Jiao so betrunken, daß er die bestgehüteten sexuellen Geheimnisse der Familie enthüllt. Er entgeht jedoch den Konsequenzen seines Verstoßes gegen die guten Sitten auf eine Weise, die von einem Familienmitglied wie folgt beschrieben wird: »In seiner Jugend begleitete er unseren Großvater in drei oder vier Feldzügen und rettete ihm einmal das Leben, indem er ihn unter einem Leichenhaufen versteckte und auf seinem Rücken an einen sicheren Ort trug. Obgleich er selbst hungrig war, stahl er nur Nahrung für seinen Herrn, ein andermal gelang es ihm, einen halben Becher Wasser für seinen Herrn zu besorgen, er selbst trank Pferdeurin. Wegen dieser Heldentaten genoß er eine bevorzugte Behandlung, solange der Großvater lebte[21].«

Diese Nachsicht gegenüber einem einfachen Soldaten am Ende des 18. Jahrhunderts hätte alle diejenigen erstaunt, die nach der Art

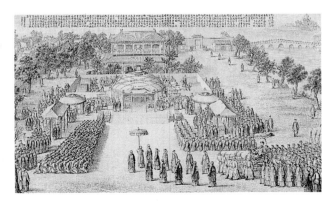

Abb. 92 Zeremonie anläßlich der Rückkehr der Armee an die Grenzen der Hauptstadt, bei der der Kaiser die Berichte über die Krieger anhört, die sich im Kampf ausgezeichnet haben. Zeichnung von Jean Damascène (gestorben 1781), Kupferstich ausgeführt 1772 von Denis Née (1732–1818), British Museum, OA 1938.1–29.017.

Abb. 93 *Palastexamen im Pavillon Ziguang, japanischer Holzstich, 1806 veröffentlicht in* Tido meishi zue, *2/34b–35a, nach einem chinesischen Original.*

Riccis weiterhin an die Vorliebe der chinesischen Gesellschaft für die zivilen Werte zuungunsten der hohen militärischen Tugenden glaubten. Die Mandschu-Erziehung pries besonders das Militär im Vergleich zum ausschließlichen Unterricht in der Literatur bei der Erziehung der meisten chinesischen Knaben. Die Ausbildung der Mandschu stützte sich hauptsächlich auf die Sprache und die Militärkunst, und letztendlich war das Fehlen einer qualitätvollen Mandschu-Literatur[22] ein weiterer Grund dafür, daß die militärischen Gebräuche und Verhaltensweisen eine so bedeutende Rolle im Alltag der Mandschu spielten.

Die militärischen Prüfungen

Ob die Offiziere nun mandschurischer oder chinesischer Abstammung waren, die militärischen Prüfungen boten ein Mittel zur Kontrolle der Ausbildung. China war das erste Land, das seit der Tang-Dynastie, seit dem Jahre 703, nach dem Vorbild der unter den Sui (581–618) eingerichteten Staatsprüfungen auch militärische Prüfungen durchführte. Obgleich die Militärdiplome in keiner Epoche das Prestige der literarischen Diplome erreichten, gewährten sie den Besten innerhalb der Militärgesellschaft eine Karriere ersten Ranges. Die Militärprüfungen der Qing schrieben das von den Ming eingerichtete System fort. Die Prüfungen der Elementarstufe erfolgten jedes Jahr, die der höheren Stufen wurden nur alle drei Jahre durchgeführt. Die Kandidaten rückten entsprechend einer Prüfungsleiter aus vier Stufen vor: Distrikt, Präfektur, Provinz und Hauptstadt. Das Prüfungsprogramm jeder Stufe setzte sich aus Kraft- und Geschicklichkeitsübungen und aus Fragelisten zur klassischen Militärliteratur zusammen. Die körperlichen Tests umfaßten Gewichtheben und Hantelübungen sowie die Handhabung des Schwertes und der Hellebarde (Abb. 91). Man mußte auch einen Bogen spannen und einen Hügel zu Fuß oder zu Pferd erklimmen können. Den Gipfel nicht zu erreichen oder vom Pferd zu fallen war ein Fehler, der den Ausschluß bedeutete. Die Männer, welche die schwierigen Etappen der nationalen Prüfung und dann der kaiserlichen militärischen Prüfung überwanden, errangen sich die Auszeichnung, an der »Palastprüfung« (*dianshi*) vor dem Kaiser teilnehmen zu dürfen. Diese war weniger eine Prüfung als eine Kontrolle, die es den Prüfern erlaubte, die Kandidaten nach ihren tatsächlichen Verdiensten einzuordnen[23].

Die »Palastprüfung« wurde im Pavillon *Ziguang*, im westlichen Park der Verbotenen Stadt abgehalten (Abb. 93). Sie bestand im wesentlichen aus einer Reiterprüfung und einem Wettbewerb im Bogenschießen. An diesem Ort, an dem seit den Ming viele

Zeremonien abgehalten wurden, trat der Kaiser als Meister der Militärkunst in einer Zeremonie auf, die ihre Feierlichkeit aus dem Vorbild der kaiserlichen Kontrolle bei den literarischen Palastprüfungen für den Staatsdienst bezog. Die Diplomierten konnten mit einer rascheren Beförderung in den Rang von Offizieren der Armee rechnen. Sie sollten jedoch oft nicht so glänzende Karrieren machen, wie sie erhofft hatten, während die aus den Prüfungen für den Staatsdienst hervorgegangenen Kader zur politischen Elite ihrer Generation wurden. Daß diese Elite ihre gewohnte Abneigung gegen die Kampftruppen zum Ausdruck brachte, trug selbstverständlich zur Abwertung der Militärdiplome bei. Natürlich betrachteten sie mit einigem Recht den Erfolg bei den militärischen Prüfungen als Scherz im Vergleich zu den 431 286 Zeichen der konfuzianischen Schriften, die sie für die literarischen Prüfungen erlernen mußten[24]. Letztendlich sollte sich die Abwertung der militärischen Prüfungen noch während des gesamten 19. Jahrhunderts bis zu ihrer Abschaffung im Jahre 1901 steigern.

Die Militärtradition und die Kunst

Der Pavillon Ziguang hatte noch andere interessante Funktionen. In erster Linie diente er als Militärmuseum der Qing-Kaiser, denn hier wurde die Beute aus den Feldzügen gelagert und ausgestellt. Er war jedoch kein unnützes Kuriositätenkabinett, sondern spielte eine bedeutende politische Rolle, denn zu jedem Neujahrsfest, das für die Vasallenkönige des Reiches und die Generäle gegeben wurde, fand dort eine Große Zeremonie statt[25].
Der Pavillon barg darüber hinaus die Porträtsammlung der am meisten bewunderten Generäle und Offiziere der Kriege des 18. Jahrhunderts. Nach jedem siegreichen Feldzug mußte der Hof eine Offiziersliste erstellen, damit von den Hofmalern Porträts der »verdienten Offiziere« in Lebensgröße (gongchen xian) gemalt werden konnten.

Einige Feldzüge des 18. Jahrhunderts zogen die Produktion von Hunderten von Bildern nach sich. Bei vielen schrieb der Kaiser persönlich in Mandschurisch und Chinesisch eine Lobrede auf die Tugend des Dargestellten. Jede Bildergruppe wurde nach Dienstalter der Porträtierten gestaffelt und anschließend im Pavillon Ziguang[26] aufgehängt. Es ist nicht sicher, ob diese Art der Anerkennung militärischen Ruhms im 19. Jahrhundert beibehalten wurde. Der größte Teil der Bilder des Pavillons Ziguang wurde als Beute von den Koalitionsmächten mitgenommen, die Peking im Jahr 1900 überfielen, und nur einige von ihnen sind in Privatsammlungen und Museen erhalten geblieben. Ein Gemälde im Metropolitan Museum of Art stellt einen Offizier dar, der sich im Feldzug von 1755 gegen die Stämme der Hu (Abb. 22) auszeichnete. Das Porträt ist etwas unüblich, da es Schwert und Bogen des Soldaten vollständig sichtbar wiedergibt. Das Schwert ist das von allen Offizieren auf den Porträts des Pavillons Ziguang getragene Modell und gleicht vollkommen dem hier gezeigten Schwert des Kaisers Qianlong (Katalognummer 14).
Während der zweiten Hälfte des 18. Jahrhunderts erinnerte man an die siegreichen Feldzüge auch mit Panoramabildern, die in europäischer Radierungstechnik hergestellt wurden. Zwischen 1755 und 1759 stürzte sich China in eine langwierige militärische Unternehmung, die die Unterwerfung des in Zentralasien dominierenden Reiches Dsungarien und die Annexion des heutigen Xinjang zum Ziel hatte. Nach dem Sieg beauftragte der mandschurische Hof die Jesuitenmissionare in Peking, reproduzierbare Radierungen herzustellen.[27] Die Mandschu-Kommissionäre prüften mit äußerster Sorgfalt Zeichnung und Darstellung der Sujets, bevor sie die Erlaubnis erteilten, sie nach Paris zu schicken, wo Charles-Nicolas Cochin (1715–1790), Kustode der Graphiksammlung des Königs, sich mit der Gravierung befaßte. Zweihundert Abzüge einer Serie von sechzehn Platten wurden schließlich im Jahr 1775

nach Peking geliefert, wo sie mit solchem Enthusiasmus aufgenommen wurden, daß eine der Regierung unterstellte Gravierwerkstatt gegründet wurde. Während der letzten Jahre des 18. Jahrhunderts hatte das Atelier in Peking den Auftrag, Gravuren von den großen militärischen Ereignissen herzustellen, und es produzierte beträchtliche Mengen.
Obgleich die französischen Gravuren einige sehr dramatische Kriegsszenen zeigen, haben mindestens sechs von sechzehn keine Kampfszenen, sondern militärische Zeremonien zum Thema. Reich an Informationen, sind sie unseres Erachtens für die Qing-Höflinge der höchste symbolische Ausdruck der Militärkultur dieser Dynastie gewesen. Drei Gravuren zeigen feierliche Übergabezeremonien an die Qing-Armee (Nr. 1, 6 und 13). Die drei letzten der Serie geben die wichtigsten militärischen Zeremonien Pekings wieder. Die erste dieser drei höchsten Zeremonien war das Opfer von Kriegsgefangenen vor der Verbotenen Stadt (Gravur 14). Dieses seit alter Zeit vollzogene Ritual bedeutete ausdrücklich das Ende der Kämpfe: Kriegsgefangene und Offiziere der feindlichen Armeen wurden dem Kaiser vorgeführt und den Kriegsgöttern geweiht, bevor sie exekutiert wurden. Das Gemälde von Shang Xi sah sich als Gebet in Bildern an die Mächte, die dieses altertümliche Ritual beherrschten. Die weniger bedeutenden Kriegsgefangenen konnten in die Sklaverei verkauft oder der Qing-Armee einverleibt werden. Eine andere, auf die Opferung der Gefangenen folgende Zeremonie war der Empfang des Kaisers für die siegreich heimgekehrte Armee in Peking (Abb. 92). Die meisten hochrangigen Regierungsmitglieder begleiteten ihn bei dieser Begegnung mit seinen siegreichen Truppen, ungefähr im Zentrum der Bildkomposition erkennt man Soldaten in Zeremonialrüstung. Zeng Shou erinnerte sich am Ende seines Berichts über den Feldzug von Yunnan im Jahr 1682 an diese Zeremonie, bei der die Armee von Kaiser Kangxi empfangen wurde. Er berichtete,

Abb. 94 *Silberplatte, verliehen für Tapferkeit; sie trägt die Aufschrift: »Verliehen durch die Generalregierung der Provinzen von Fujian und von Zheijang« (min zhe butang shang). Teil der Beute der britischen Truppen in Amoy (Xiamen) 1841, British Museum, Münzen und Medaillen, M9102.*

daß alle Soldaten Tee geschenkt bekamen und dem Kaiser für seine Fürsorge dankten[28]. Die sechzehnte und letzte Gravur zeigt ein Siegesbankett für die Offiziere und Soldaten, die sich im Feldzug durch ihren Mut ausgezeichnet hatten. Dieses Fest fand im Pavillon *Ziguang* statt, der im Hintergrund zu sehen ist (Abb. 26). Viele der Gäste dieses Banketts wurden ebenfalls mit einem im Pavillon aufgehängten Bild geehrt. Diese feierlichen Zeremonien in der Hauptstadt gehörten im wesentlichen in die Periode, in der die Qing-Armeen von der Zentralregierung mit fester Hand geführt wurden. Man weiß nichts darüber, wie viele Zeremonien fern von der Hauptstadt aus Anlaß der Feldzüge diese Epoche vollzogen wurden. Selbstverständlich zeigen die französischen Gravuren die Übergaben bei den Schlachten als feierliche Ereignisse, dieser Eindruck ist jedoch durch nichts bewiesen. Zeng Shou berichtete ein Jahrhundert zuvor, daß während der Schlacht eine große Zahl von Soldaten an Adorationsriten für *Guan Di* teilnahm. Er tat dies in einem ironischen Ton, um zu suggerieren, daß die Mandschu der Banner in dieser Epoche wenig übrighatten für die einheimischen chinesischen Glaubensvorstellungen, die sich auf den Krieg bezogen[29]. Ansonsten wissen wir fast nichts über die militärischen Zeremonien des 17. und 18. Jahrhunderts außerhalb der Hauptstadt.

In der letzten Periode der Qing kann man an den Auszeichnungen für Tapferkeit die Dezentralisierung der Befehlsgewalt ablesen. Während des 19. Jahrhunderts wurden Taten persönlichen Heldenmutes mit Silbertafeln belohnt. Eine dieser Platten, von britischen Soldaten 1841 während des ersten Opiumkrieges entwendet und im British Museum aufbewahrt, ist ein kostbares Beispiel für die Tafeln dieser Zeit, die von regionalen Kommandos zuerkannt wurden. Man weiß aufgrund der begleitenden Korrespondenz, daß die Londoner Tafel Teil einer wichtigen Gruppe von Silberplatten verschiedener Größe und Auszeichnungsgrade war, die ein Tresor des Generalsquartiers von Xiamen enthielt (Amoy)[30].

Die Kommandanten – dies ist ein bedeutsames Detail – führten im Feldzug Vorräte von solchen Tafeln mit sich, um sie im Verlaufe der Kampagne zu verleihen. Diese Ehrentafeln wurden also fernab von Peking, wahrscheinlich ohne Kontrolle der Zentralbehörden, vergeben.

Gegen Ende des 19. Jahrhunderts sind die oben beschriebenen militärischen Bräuche nicht mehr als altersschwache Überbleibsel eines dynastischen Systems am Rande der Zerrüttung. Die reformistischen Denker gingen bereits darüber hinweg, indem sie die Armeen Chinas nach europäischen Vorgaben organisierten. Tatsächlich drang im China des 19. Jahrhunderts westliches Wissen zuerst in die Militärwissenschaft ein. Als 1911 der endgültige Zusammenbruch kam, fielen das reiche Flitterwerk der chinesischen Militärkultur und der spezifisch mandschurische Dekor einem widersinnigen Vergessen anheim. Aber das Vergessen war nicht total. 1914, während der Jahre der chinesischen Republik, begründete Präsident Yuan Shikai (1859–1916) aufs neue einen nationalen Militärkult und schloß *Guan Di* in den Empfängerkreis der jahreszeitlichen Opfergaben ein[31].

[1] D'Elia, 1942, S. 66–67.
[2] Balazs, 1961.
[3] Powell, 1955, S. 16–17.
[4] Ho Ping-ti, 1959, S. 64.
[5] Fletcher, 1978, S. 35.
[6] Dray-Novey, 1993.
[7] McMullen, 1989, S. 102–03.
[8] Whitfield, 1985, S. 73–74.
[9] Mitamura Taisuke, 1962, S. 315–322, 343–353.
[10] Ibid., S. 336–343.
[11] Ji Yongyang, 1987 (mit Dank an Nicola di Cosmo, Prof. an der Harvard University, die mich über die Existenz dieses Journals aufklärte).
[12] Lu Yuhua, 1992, S. 91.
[13] Fang Chaoying, 1950, S. 204 und 208.
[14] Chen Qun, 1989, S. 376.
[15] Fang Chaoying, 1950, S. 209, Taf. II.
[16] Chen Qun, 1989, S. 387.
[17] Ji Yongyang, 1987, S. 2–3.
[18] Ch'ü Ts'ung-tzu, 1962, S. 22–32.
[19] Ji Yongyang, 1987, S. 7.
[20] Xhwen Qun, 1989, S. 388.
[21] David Hawkes, 1973, S. 181.
[22] Fletcher, S. 44.
[23] Miyazaki Ichisada, 1963, S. 168–174.
[24] Ibid. S. 15.
[25] Qinding Da Qing huidian shili, herausgegeben von Guanxu, Vorwort 1899, Kap. 863 »Gonghu«.
[26] Nie Chongzheng, 1994, S. 18.
[27] Pirazzoli-T'Serstevens, 1969.
[28] Ji Yongyang, 1987, S. 23.
[29] Ibid. S. 5.
[30] Dank an M. Joe Cribb vom Dépt. für Münzen und Medaillen, der mir dieses Dokument besorgte.
[31] McMullen, 1989, S. 103.

Literatur

Balazs, Etienne
1961 »L'histoire comme guide de la pratique bureaucratique (les monographes, les encyclopédies, les recueils de statuts)«, in W. G. Beasley and E. G. Pulleyblank (eds.), *Historians of China and Japan*, London, Oxford University Press, S. 78–94.

Chen Qun
1989 *Zhongguo bingzhi jianshi*, Beijing, Junshi Kexue Chubanshe.

Ch'ü Ts'ung-tzu
1962 *Local Government in China under the Ch'ing*, Cambridge (Mass.), Harvard University Press.

D'Elia, Pasquale M.
1942 *Fonti Ricciane: documenti originali concernenti Matteo Ricci e la storia delle relazioni tra l'Europa e la Cina 1579–1615*, vol. 1, Rome, Libreria dello Stato.

Dray-Novey, Alison
1993 »Spatial Order and Police in Beijing«, *Journal of Asian Studies*, vol. 52, no. 4, S. 885–922.

Fang Chaoying
1950 »A Technique for Estimating the Numerical Strength of the Early Manchu Military Forces«, *Harvard Journal of Asiatic Studies*, vol. 13, S. 192–215.

Fletcher, Joseph
1978 »Ch'ing Inner Asia c. 1800«, in Denis Twitchett and John Fairbank (eds.), *Cambridge History of China*, vol. 10, *Late Ch'ing, 1800–1911*, part 1, Cambridge University Press, 1978, S. 35–106.

Hawkes, David
1973 *Story of the Stone* [Cao Xueqin (1715?–63), comp.], vol. 1, Harmondsworth, Penguin Books.

Ho Ping-ti
1959 *Studies on the Population of China, 1368–1953*, Cambridge (Mass.), Harvard University Press.

Ji Yongyang
1987 *Suijun jixing yizhu* [Zeng Shou (fl. 1682) comp.], Beijing, Zhongyang Minzu Xueyuan Chubanshe.

Lu Yuhua
1992 »Baqi zhufang cujinle Man Han wenhua jiaoliu«, *Liaoning Daxue xuebao (Zhexue shehui kexue)*, no. 2, S. 61–64.

McMullen, David L.
1989 »The Cult of Ch'i T'ai-kung and T'ang Attitudes to the Military«, *T'ang Studies*, no. 7, S. 59–103.

Mitamura Taisuke
1962 »Shoki Manshû Hakki no naritatsu katei ni tsuite« in *Shimizu Hakushi tsuitô kinen Mindaishi ronsô*, Tokyo, Daian, 1962, S. 315–355.

Miyazaki Ichisada
1963 *Kakyo: Chûgoku no shiken jigoku*, Tokyo, Chuô Kôronsha [reprint 1994].

Nie Chongzheng
1994 »Hua shuo ›Ziguang ge gongchen xiang‹«, *Wenwu tiandi*, no. 1, pp. 18–20.

Pirazzoli t'Serstevens, Michèle
1969 *Gravures des conquêtes de l'empereur de Chine K'ien-Long au Musée Guimet*, Paris, Musée Guimet.

Powell, Ralph L.
1955 *The Rise of Chinese Military Power 1895–1912*, Princeton, New Jersey, Princeton University Press.

Whitfield, Roderick
1985 »Bilder am Hof der Ming-Dynastie«, in Lothar Ledderose und Herbert Butz (eds.), *Palastmuseum Peking · Schätze aus der Verbotenen Stadt*, Frankfurt am Main, Insel Verlag, S. 70–89.

Abb. 95 Schlafzimmer für eine Konkubine im Palast des Ewigen Frühlings (Changchungong).

Kleidung zur Zeit der Qing-Dynastie

Dieter Kuhn

Einleitung

Die mandschurische Qing-Dynastie stand am Ende einer langen Tradition in der Entwicklung von eigenständigen, noch weitgehend unerforschten Kleidungsmoden in China[1], bevor sich dann im 20. Jahrhundert auch in diesem Bereich westliche Vorstellungen in der chinesischen Oberschicht durchzusetzen begannen. Das führte dazu, daß die typische chinesische Kleidung nach und nach aus dem Straßenbild der Städte verdrängt wurde. Nur einige wenige Kleidungsstücke hielten sich bis in die 50er Jahre, bei den Männern das charakteristische dunkle Langgewand mit Stehkragen (changshan), das man früher mit vorne zu schließender Überjacke (magua) bei offiziellen Anlässen trug, und der gefütterte Mantel (changpao); in der traditionellen Damengarderobe findet man auch heute noch die gefütterte, seitlich zu schließende kurze Jacke (ao) mit Stehkragen, die es früher auch dreiviertellang in einer Kombination mit einem knöchellangen Rock gab, und vor allem das lange, enganliegende, seitlich geschlitzte »Banner«-Kleid (qipao) mit Stehkragen[2]. Nur in den traditionellen Bereichen der Hochzeitskleidung und der Totenkleidung (shenyi oder baishouyi) haben sich alte Überlieferungen noch vergleichsweise gut erhalten[3].
Wenn jedoch das Stichwort »Kleidung in der Qing-Dynastie« fällt, dann denkt eigentlich niemand an die Alltagskleidung, an die Jacken, Röcke, Leibgewänder (neitao) und Mäntel (waitao) des 19. Jahrhunderts, die sich in veränderten Formen noch im 20. Jahr-

Abb. 96 *Kaiser Qianlong auf der Hirschjagd. Ausschnitt aus einer Querrolle eines unbekannten Künstlers, H.: 0,374 m, B.: 1,955 m, Tusche und Farben auf Papier, 18. Jahrhundert. Die Reiterin, die die muselmanische Tracht Hui trägt und dem Kaiser einen Pfeil reicht, ist vielleicht die Konkubine Rong, die uighurischer Herkunft war. Palastmuseum Peking.*

hundert finden. Statt dessen tauchen vor dem inneren Auge Bilder von unvergleichlich aufwendig hergestellten vielfarbigen, geradezu bunten kaiserlichen Drachenroben *(longpao)* auf. Die Drachenroben waren nach ihrem Hauptdekor, der aus verschiedenen Typen und Formen von Drachen bestehen konnte, bezeichnet[4].

Obgleich das Drachenmuster unübersehbar von zentraler Bedeutung ist, kann der Begriff *longpao* strenggenommen eigentlich nicht als Oberbegriff für die gesamte offizielle höfische Kleidung *(chaofu)*, auf der Drachen dargestellt sind, gebraucht werden, da die Drachenroben in die Kategorie der halboffiziellen Kleidung gehören.

Das Drachenmuster auf der Kleidung der Aristokraten

Die Anfänge der Geschichte des Drachenmusters auf Textilien sind nicht bekannt. Man kann jedoch davon ausgehen, daß schon die Herrscher und Aristokraten in der Zhou-Zeit (1045–221 v.Chr.) Zeremonialgewänder *(lifu)*, die mit Drachen bemalt waren, anläßlich von Opferritualen getragen haben. Im *Liji* (Aufzeichnungen der Riten) hießen sie damals »Gewänder mit eingerollten Drachen« *(juanyi, longjuan)* oder »Drachenroben« *(longgun)*. In der Entwicklung der Drachenroben war es ein weiter Weg von den gemalten Drachen auf Seide bis zu gewebten Drachen *(jiaolongjin)*[5], die für das Jahr 238 im *Sanguozhi* (Annalen der Drei Reiche) erwähnt sind. Allerdings war die Anfertigung von Seidenstoffen mit komplizierten mehrfarbigen Drachenmustern in kaiserlichen Werkstätten seit dem Ende der westlichen Han-Zeit ganz üblich. Das Drachenmuster auf kaiserlichen Gewändern ist danach für das Jahr 694 der Tang-Dynastie belegt[6]. Seit dem Jahr 1111 der Song-Dynastie war ein Dekor mit wahrscheinlich kleinformatigen Drachen mit drei Krallen auf kaiserlichen Roben üblich. Doch ein kühnes großes Drachenmuster auf kaiserlichen Gewändern, die nun auch mit einem ausladenden Wolkenkragen getragen wurden, entstand wohl im Norden Chinas bei den Qidan (Khitan) der Liao-Dynastie (915–1125) und den Ruzhen (Jurchen) der Jin-Dynastie (1115 bis 1234). Die mongolische Yuan-Dynastie nahm diese Tradition auf und entwickelte sie in der Form von zwei Drachen weiter, die auf Brust und Rücken des Gewandes angelegt waren und über die Schultern reichten.

In der Ming-Zeit (1368–1644) wurden verschiedene Festlegungen hinsichtlich einer Art von Kleiderordnung verfügt[7]. So läßt sich für das Jahr 1391 die Reihenfolge der Ranginsignien *(puzi)* auf den langen Jacken der zivilen und militärischen Beamten belegen.

Vorschriften von 1458 und 1518 belegen, daß noch andere frei erdachte Ranginsignien in Gebrauch waren. Dazu wurden kaiserliche und vor allem auch halboffizielle Gewänder mit Drachenmustern in freier Form, doch auch in Medaillons und Quadraten, versehen[8].

Der *long*-Drache mit fünf Krallen an einer Klaue war in der Regel dem Kaiser vorbehalten; hochverdiente Beamte und höchste Würdenträger von Tributvölkern zeichnete der Kaiser mit Drachenroben mit *mang*-Drachen mit vier Krallen aus. Obgleich in den Jahren 1458 und 1537 Versuche unternommen wurden, den Besitz und das Tragen von Drachenroben durch Bestimmungen zu regeln, kann man sicher sein, daß

Kleidung zur Zeit der Qing-Dynastie 119

Abb. 97 Porträt der Kaiserinwitwe Xiaozhuang (1613–1687), Witwe des Kaisers Huang Taizong, in offizieller Robe (chaofu). Längsrolle eines unbekannten Künstlers, Tusche und Farben auf Seide, Ende 17. Jahrhundert, Palastmuseum Peking.

Abb. 98 Porträt des Kaisers Daoguang als Gelehrter, er trägt das traditionelle Gewand des privaten Alltags (changfu). Das Bild trägt den Titel: »Sich auf die vergangene Geschichte berufen«. Längsrolle eines unbekannten Künstlers, H.: 1,722 m, B.: 0,834 m, Tusche und Farben auf Papier, 19. Jahrhundert, Palastmuseum Peking.

sie alle von den mode- und standesbewußten Beamten einfallsreich umgangen wurden[9].

Von der Einführung des mandschurischen Kleidungsstils zur »Kleiderordnung« von 1759

Die Mandschuren waren zum Zeitpunkt ihrer Machtübernahme in China im Jahr 1644 mit der chinesischen Garderobe bereits bestens vertraut, da die Kaiser der Ming-Dynastie schon seit dem 16. Jahrhundert viele der unvergleichlich prächtigen Drachengewänder den mandschurischen Stammeshäuptlingen zum Geschenk gemacht hatten[10]. Sie übernahmen die Drachenrobe nicht nur in ihre Garderobe, sondern machten sie zu einem festen Bestandteil der höfischen Kleidung für alle Aristokraten und Beamten. Zu diesem Zweck hatte der Herrscher Nurhaci bereits 1623 eine eigenständige Weberei einrichten lassen, die Drachenroben mit *mang*-Drachen und Insignien webte. Die Bedeutung der Drachenrobe wird auch daraus ersichtlich, daß es kein anderes einzelnes Kleidungsstück im kaiserlichen China gibt, das so bekannt ist wie die Drachenrobe *(longpao)* der Qing-Dynastie[11].

Da die Mandschuren die beeindruckende Weite der chinesischen Drachenrobe nicht nur für unpraktisch erachteten, sondern auch für ein Zeichen von Verschwendung und Verweichlichung hielten, änderten sie den bis dahin üblichen weiten Zuschnitt, wodurch die Drachenrobe ein recht unchinesisches Aussehen bekam. Die Verminderung der stofflichen Fülle führte dazu, daß die Roben nun enger am Körper anlagen und aus Gründen der Bewegungsfreiheit mit Schlitzen versehen werden mußten. Die seit der Han-Zeit üblichen fülligen Ärmel bei solchen großen Roben wurden nun vollkommen verändert. Man kürzte und verengte sie, weswegen auch Manschetten in Pferdehufeisenform *(matixiu)* angenäht wurden. Dieser neue Zuschnitt des Ärmels resultierte aus einer Zweiteilung des Ärmels, die in Höhe des Ellenbogens vorgenommen wurde, was dem Gewand zwar viel von seiner vormaligen fließenden Eleganz nahm, es dafür aber praktischer machte. Mit der Veränderung des Zuschnitts der Kleidung nach mandschurischen Vorgaben wurden zwei hauptsächliche Ziele verfolgt: zum einen wollten sie die höfische Kleidung den Erfordernissen von Reitern, Jägern und Kriegern anpassen; zum anderen strebten sie danach, sich von den Chinesen in ihrer Kleidung zu unterscheiden, um dadurch ihre ethnische Identität auch in diesem Bereich zu bewahren. Indem man diese auffällige Änderung in der Mode vollzog, folgte man dem Aufruf des umsichtigen zweiten Herrschers der Mandschuren, Abahai (1592–1643), der die Prinzen und Adligen davor gewarnt hatte, die chinesische Kleidung und Sprache zu übernehmen, da dies zu einem Verlust der nationalen Identität und schließlich zum Zusammenbruch der mandschurischen Dynastie führen würde.

Doch es konnte bei der »Kleiderordnung« für China nicht nur um die Mandschuren gehen. Noch ein weiterer Gesichtspunkt mußte berücksichtigt werden. Bereits 1632 hatte der chinesische Bannermann Ning Wanwo (gestorben 1665) darauf aufmerksam gemacht, daß alle Beamten in mandschurischen Diensten, sowohl die Chinesen als auch die Mandschuren, identische offizielle Kleidung tragen sollten, um jede ethnische Diskriminierung zu verhindern[12]. Die offizielle Kleidung in mandschurischem Stil wurde seit 1644 für alle Beamten verbindlich, jede Rückkehr zum ming-zeitlichen Stil ab 1651 vehement abgelehnt. Die einzige bemerkenswerte Konzession an die Beamtenkleidung der vorangegangenen Ming-Dynastie erfolgte ein Jahr später, 1652, als man die Ranginsignien *(puzi)* der neun Beamtenränge in modifizierter Form übernahm (Tabelle 5)[13]. Dabei stand wohl die Nützlichkeit von sichtbarer hierarchischer Ordnung in den Beamtenrängen im Vordergrund. Gleichzeitig wurde auch den Adligen und Beamten bis zum vierten Rang erlaubt, Roben mit *mang*-Drachen, die vier Krallen an einer Klaue haben, zu tragen. Damit eine solche verwaltungstechnische Vereinheitlichung, wie sie eine »Kleiderordnung für Aristokraten und Beamte« beinhaltet[14], auch praktisch umgesetzt werden konnte, bedurfte es entsprechender webtechnischer Voraussetzungen in den Webmanufakturen. Diese hatte man bereits im Jahr 1646 mit der Wiedereröffnung der staatlichen Seidenmanufakturen *(zhizaoju)* in Hangzhou und Suzhou geschaffen, was nicht ganz einfach war, da sie schon vor dem Ende der Ming-Zeit im Jahr 1628 stillgelegt worden waren. Die seit 1646 festgelegten, höchst beeindruckenden Stückzahlen an gemusterten Seidenstoffen für Drachenroben und andere Gewänder für den kaiserlichen und den öffentlichen Bedarf, wie sie im *Suzhou zhizaoju zhi* (Monographie über das Webereibüro von Suzhou) von 1685 aufgeführt sind, bestätigen das außergewöhnliche Planungs- und auch praktische Umsetzungsvermögen der Dynastie in der zweiten Hälfte des 17. Jahrhunderts[15]. Zwar gab es vor dem Jahr 1759 keine dynastischen Gesetze, in denen die genaue Machart aller offiziellen und halboffiziellen Gewänder festgelegt worden ist, doch hat Kaiser Kangxi im Jahr 1638 zum Beispiel bestimmt, daß seine Zeremonialroben je nach dem Anlaß gelb, blau, rot oder weiß sein sollten und mit *long*-Drachen mit fünf oder drei Krallen an einer Klaue gemustert sein mußten. Ähnliche Vorstellungen sind auch bezüglich der Roben von Prinzen bekannt.

Wie keine andere Dynastie hat die Qing-Dynastie von der symbolischen Bedeutung des Drachen in der chinesischen Mythologie Gebrauch gemacht. Das Drachenmuster auf der Kleidung des Kaisers und der Kaiserin, der männlichen und weiblichen Angehö-

Abb. 99 *Porträt des Kaisers Kangxi in offiziellem Gewand* (chaofu). *Längsrolle eines unbekannten Künstlers, Tusche und Farben auf Seide, Anfang 18. Jahrhundert, Palastmuseum Peking.*

Kleidung zur Zeit der Qing-Dynastie 121

rigen seines Hofes und seiner Beamten sollte die dem Drachen nachgesagte positive Wirkkraft auch auf die Dynastie übertragen (Tabelle 1–4). Der Drache stand seit der Han-Zeit als Sinnbild für den Himmelssohn, für die männlich zeugende Naturkraft, er war das Tiersymbol des Ostens, des Sonnenaufgangs, des Frühlingsregens und der Widerpart des Herrschers über den Westen, den Tod[16]. Die *long*- und *mang*-Drachen in frontaler Anordnung *(zhengmian* oder *zhenglong)* oder im Profil *(xinglong* oder *xingmang)*, in freier Umsetzung oder in Medaillons wurden zusammen mit der festgelegten Farbe der Gewänder und den anderen Symbolen, wie zum Beispiel den Zwölf Symbolen *(ershizhang)*, dazu verwendet, eine höhere Ordnung in der gesellschaftlichen Hierarchie in der Dynastie auch auf der Kleidung sichtbar werden zu lassen. Die offiziellen Kopfbedeckungen *(chaoguan)* mit ihren kunstvollen turmartigen Aufbauten in Form von buddhistischen Reliquiaren und Pagodenspitzen aus Perlen, Edelsteinen, Rubinen, filigran gearbeiteten Drachen und dergleichen mehr trugen der strengen Hierarchie in der Kleiderordnung ebenso Rechnung wie die wertvollen Gürtel mit ihren Plaketten *(chaodai)* und die Halsketten *(chaozhu)*, die die offizielle Ausstattung vervollständigten[17]. Dazu kam der Farbe Gelb und ihren Nuancen wie hellgelb, aprikosengelb, goldgelb und weihrauchgelb in der Qing-Dynastie eine ganz besondere Bedeutung zu, weil Hellgelb *(minghuang)* nun die erklärte Farbe der Kleidung des Kaisers wurde. Gelb ist in einer solchen Eigenschaft zum ersten Mal für den Kaiser Wendi (Regierungszeit 581–605) der Sui-Dynastie belegt.

Obgleich die Kaiser der Qing-Dynastie ihr verstärktes Augenmerk auf die Einhaltung mandschurischer Kleidungsbräuche gerichtet haben, mußten sie immer wieder Vorschriften erlassen, um einen Rückfall in ming-zeitliche Moden zu verhindern. Da Kaiser Qianlong außenpolitisch alles daransetzte, die Macht der Qing zu festigen, und innenpolitisch danach trachtete, jeden noch so vagen chinesischen Nationalismus in der Form des Ming-Loyalismus auszumerzen, mußte ihm die Herausgabe einer Kleiderordnung für seinen Hof und seine Beamten im Interesse der Dynastie eine vordringliche Aufgabe sein. Nur so konnte die mandschurische Kleidung umfassend abgebildet und beschrieben und für alle zukünftigen Generationen in ihrer Bedeutung für die Dynastie herausgestellt werden. Deswegen erließ er den Befehl, das *Huangchao liqi tushi* (Bebilderte Muster ritueller Paraphernalia des kaiserlichen Hofes)[18] zu kompilieren, das 1759 mit einem ermahnenden kaiserlichen Vorwort versehen wurde und im Jahr 1766 bei der *Wuyingdian*-Palastdruckerei erschien[19]. Dieses Werk enthält die »Kleiderordnung« der Dynastie, wie sie bis zu ihrem Ende verbindlich sein sollte.

Die Gewänder des Kaisers, der Aristokraten und Beamten

Schon vor und auch nach der »Kleiderordnung« von 1759 läßt sich die Kleidung des Kaisers, der Aristokraten, Beamten und ihrer Frauen gemäß den Anlässen in drei Gruppen unterteilen: die offizielle Hofkleidung *(chaofu)*, auch Zeremonialkleidung *(lifu)* genannt, die halboffizielle festliche Kleidung *(jifu)*, die hauptsächlich aus Drachenroben *(longpao)* bestand, und die inoffizielle Alltagskleidung *(changfu* oder *bianfu)*. Alle Gewänder und Mäntel waren auf mandschurische Weise zugeschnitten, die hierarchische Ordnung konnte jeweils innerhalb der Hof-

Abb. 100 Porträt der Kaiserinwitwe Cixi von Katherine Carl. Die amerikanische Malerin arbeitete am Ende des 19. Jahrhunderts am Hof, Palastmuseum Peking.

kleidung und der festlichen Kleidung an der farblichen Ausführung, den Mustern und ihrer Anordnung erkannt werden (Tabelle 1–5)[20]

Hofkleidung *(chaofu)* war eigentlich ein Oberbegriff (Katalognummern 49–50). Er umfaßte eine auf der rechten Seite zu schließende Hofrobe *(chaopao)*, vom Zuschnitt ein Langgewand *(neitao)* mit verengten Ärmeln mit Manschetten in der Form von Pferdehufeisen und einen ausladenden versteiften und die Schultern betonenden Kragen *(piling)*, den man als integralen Bestandteil des Gewandes zu betrachten hat. Dazu gehörte weiterhin als fester Bestandteil ein entsprechend geschmückter Hut, eine Halskette und der Gürtel mit Anhängern in Plakettenform, mit dem das Gewand am Körper gehalten wurde. Am Anfang der Dynastie bestand das Gewand aus einem bis zur Hüfte reichenden Oberteil, an das ein Faltenrock angenäht war. Seit der Zeit von Kaiser Qianlong trug man dem Zuschnitt auch durch die Musterung des Gewandes Rechnung, was dann dazu führte, daß in vielen Fällen die Unterteilung vollständig wegfiel. Über dem Gewand konnten der Kaiser und die Aristokraten den in der Mitte vorne zu schließenden Insignienmantel *(gunfu)* tragen (Tabelle 4), die Beamten einen Mantel *(waitao)*, der *pufu* hieß, da er mit den Ranginsignien versehen war (Tabelle 4); im Winter waren auch dreiviertellange Pelzmäntel *(duanzhao)* erlaubt, je nach Rang aus unterschiedlichem Material. Grundsätzlich wurde zwischen der schweren Winter-, der leichten Winter- und der Sommergarderobe unterschieden (Tabelle 1). Auch bei der Kaiserin und den Frauen der Aristokraten und Beamten galten die Rangunterschiede in der Kleidung. Allerdings konnten sie bei ihren offiziellen Hofroben *(chaopao)* zwischen drei Winter- und zwei Sommerausführungen wählen (Tabelle 2). Das Hofgewand war jedoch nur vollständig mit der obligatorisch darüber zu tragenden, dreiviertellangen, ärmellosen und in der Mitte zu schließenden Hofweste *(chaogua,* Katalognummer 51).

Tabelle 1: Hofkleidung für Männer (nach 1759)
1. Ausführung der offiziellen (pelzgefütterten und pelzbesetzten) Hofkleidung für den Winter *(dong chaofu)*
2. Ausführung für den Sommer (mit Pelzbesatz für den Winter) *(xia chaofu)*

Rang	Farbe	Muster
Kaiser	hellgelb; blau für Himmelsaltar	1. Oberteil: 4 frontale *long*, die Zwölf Symbole Unterteil (Rock): 6 *long* (frontal und im Profil) 2. Oberteil: 4 frontale *long* Hüfte: 4 *long* (im Profil) Unterteil (Rock): 8 *long*-Medaillons, die Zwölf Symbole Im Sommer Goldbrokat anstatt Pelzbesatz
Kronprinz	aprikosengelb	1. wie oben, ohne die Zwölf Symbole 2. wie oben, 7 *long*-Medaillons, ohne die Zwölf Symbole
Kaisersöhne	goldgelb	1. Oberteil: 4 frontale *long* Unterteil (Rock): 4 *long* (im Profil) 2. Oberteil: 4 frontale *long* Unterteil (Rock): 4 *long* (im Profil), ohne Medaillons
Prinzen 1. und 2. Ranges	alle Farben außer Gelb und Orange	1. wie oben 2. wie oben
Prinzen 3. und 4. Ranges und kaiserliche Fürsten	wie oben	1. Oberteil: 4 frontale *mang* Unterteil (Rock): 4 *mang* (im Profil) 2. Oberteil: 4 frontale *mang* Unterteil (Rock): 4 *mang* (im Profil)
Chinesische Fürsten, Zivilbeamte (1.–3. Rang), Militärbeamte (1.–2. Rang), Kaiserliche Wache (1. Klasse)	schwarzblau	1. Oberteil: 4 *mang* (im Profil) Unterteil (Rock): 2 *mang* (im Profil) 2. wie oben

Tabelle 2: Hofroben (chaogpao) *für Damen (nach 1759)*

Rang	Farbe	Muster
Kaiserin, Kaiserinmutter, Gemahlinnen 1. Klasse *(huang guifei)*	hellgelb und andere	Winter (1. Stil): Oberteil: 4 frontale *long*; Unterteil (Rock): 2 *long* (im Profil); Zobelbesatz Winter (2. Stil): wie Kaiser; Otterbesatz Winter (3. Stil): wie Winter (1. Stil), aber mit hinterem Rockschlitz; Otterbesatz Sommer (1. Stil): wie Winter (2. Stil), mit Brokatbesatz Sommer (2. Stil): wie Winter (3. Stil), mit Brokatbesatz
Gattinnen 2. und 3. Klasse	goldgelb	wie oben
Gattinnen 4. Klasse	weihrauchgelb	wie oben
Gattin des Kronprinzen	aprikosengelb	wie oben
Gattinnen und Töchter von Prinzen 1. und 2. Ranges	braun, blau	Winter (3. Stil) und Sommer (2. Stil) wie oben
Gattinnen und Töchter von Prinzen 3. und 4. Ranges, kaiserlichen Fürsten, chinesischen Adligen und Beamten 1.–3. Ranges	schwarzblau und andere Farben	wie oben, aber mit *mang*
Gattinnen von Beamten 4.–7. Ranges	schwarzblau	Sommer (2. Stil), 2 *mang*, Brokatbesatz

Die halboffizielle festliche Kleidung *(jifu)*[21], insbesondere die Drachenroben *(longpao und mangpao)*, weisen in ihrer Aufteilung des Ärmels und in ihrem Verschluß auf der rechten Seite zwar auch die Kennzeichen der mandschurischen Kleidung auf, doch zeigen sie keine Teilung an der Hüfte (Katalognummer 48). Dazu wird der Kragen durch ein vergleichsweise breites, mit Drachen gemustertes Band eingefaßt, das bis unter den rechten Arm geführt wird. Die Drachengewänder der Frauen zeichnen sich zusätzlich noch dadurch aus, daß ihre Ärmel auf Höhe der Ellenbogen durch Bänder mit Drachenmuster abgesetzt sind. Die meisten Drachenroben für Männer sind mit vier langen Schlitzen gearbeitet, zwei an den Seiten und jeweils einem vorn und hinten (Tabelle 3). Oftmals wurden die Roben mit dem Hofkragen *(piling)* getragen, was sie beinahe in den Rang von Hofroben erhob. Ganz fraglos haben die Mandschuren die Drachenroben zum charakteristischen Kleidungsstück ihrer Dynastie gemacht.

Wenn man Freunde besuchte oder empfing und bei allen möglichen privaten Angelegenheiten trugen die Aristokraten, die Beamten und ihre Frauen in aller Regel keine Hofgewänder oder Drachenroben, sondern die inoffizielle Alltagskleidung *(changfu* oder *bianfu)*[22]. Die einfarbigen, häufig rotbraunen, grauen oder blauen Langgewänder *(neitao)* konnten wie Drachenroben geschnitten sein, hatten oftmals auch weitere Ärmel und wurden unter den dreiviertellangen Gewändern mit Ranginsignien *(pufu)* getragen. Zu dieser Garderobe zählen auch eine Vielzahl von Gewändern, in die man sich bei Hochzeiten, Geburtstagen, jahreszeitlichen Festen, Familienfesten und dergleichen kleidete (Katalognummern 47 und 52). Deshalb kann man sie nicht als Alltagskleidung bezeichnen, doch entsprachen sie auch nicht der offiziellen Kleidung. Viele dieser Gewänder wurden auch noch in den ersten Jahrzehnten des 20. Jahrhunderts getragen[23].

Tabelle 3: Drachenroben (longpao) *für Männer (nach 1759)*

Rang	Farbe	Zahl der Drachen	Zahl der Schlitze
Kaiser	hellgelb und andere	neun *long*	vier
Kronprinz	aprikosengelb	neun *long*	vier
Kaisersöhne	goldgelb	neun *mang*	vier
Prinzen 1. und 2. Ranges	blau, braun	neun *mang*	vier
Prinzen 3. und 4. Ranges, kaiserliche Fürsten	blau, braun	neun *mang*	vier
Chinesische Adlige, Beamte (1.–3. Rang)	blau	neun *mang*	zwei (vorn und hinten)
Beamte (4.–6. Rang)	blau	acht *mang*	zwei (wie oben)
Beamte (7.–9. Rang)	blau	fünf *mang*	zwei (wie oben)

Tabelle 4: Insignienmäntel (gunfu) *kaiserlicher Familienangehöriger*

Rang	Farbe des Mantels	Insignien
Kaiser	hellgelb und andere	4 Medaillons mit frontalen *long*; Sonne auf der rechten und Mond auf der linken Schulter; *shou*-Schriftzeichen in Medaillons
Kaisersöhne	aprikosengelb	4 Medaillons mit frontalen *long*
Prinzen 1. Ranges	goldgelb	4 Medaillons; vorn und hinten je ein frontaler *long*; *long* auf Schultern (im Profil)
Prinzen 2. Ranges	goldgelb	4 Medaillons mit frontalen *long*
Prinzen 3. Ranges	blau	2 Medaillons mit frontalen *long*
Prinzen 4. Ranges	blau	2 Medaillons mit *mang* (im Profil)
Kaiserliche Fürsten	blau	2 quadratische Ranginsignien mit *mang*
Andere Adlige	blau	wie oben

Tabelle 5: Beamtengewänder mit quadratischen Ranginsignien (pufu) *auf Rücken und Brust (seit 1652)*

Rang	Zivilbeamter	Militärbeamter
Erster	Kranich *(xianhe)*	Löwe *(shi)*, nach 1662 Einhorn *(qilin)*
Zweiter	Goldfasan *(jinji)*	Löwe *(shi)*
Dritter	Pfau *(kongque)*	Tiger *(hu)*, nach 1664 Leopard *(bao)*
Vierter	Wildgans *(dayan)*	Leopard *(bao)*, nach 1664 Tiger *(hu)*
Fünfter	Silberfasan *(baixian)*	Bär *(xiong)*
Sechster	Seidenreiher *(lusi)*	Panther *(biao)*
Siebter	Mandarinente *(qichi)*	Panther *(biao)*, nach 1759 Rhinozeros *(xi)*
Achter	Wachtel *(anchun)*	Rhinozeros *(xi)*
Neunter	Paradiesfliegenschnäpper *(lianque)*	Seepferd *(haima)*

[1] Siehe zur Entwicklung der Mode in China, Zhou, Xun und Gao, Chunming, 1984; Zhou, Xibao, 1984.
[2] Bolton, Andrew, 1996, p. 30–33.
[3] Garrett, Valery M., 1994, p. 131–138, p. 139–146; Dickinson, Gary und Wrigglesworth, Linda, 1990, p. 68–74.
[4] Camman, Schuyler van R., 1952, p. 176.
[5] Siehe zur webtechnischen Entwicklung figürlicher Muster, Kuhn, Dieter, 1995, S. 77–114.
[6] Ein vereinfachter Überblick über Drachengewänder, siehe Chung, Young C., 1980, S. 41–53.
[7] Ming shi, j.67, S. 1643–1650.
[8] Ming shi, j.66, S. 1615, S. 1621, S. 1627; Garrett, Valery M., 1994, S. 7–18.
[9] Siehe besonders im Ming shi, j.67, S. 1638–1640.
[10] Camman, Schuyler van R., 1952, S. 23–24.
[11] Priest, Alan, 1945; Fernald, Helen, 1946; Capon, Edmund, 1968, S. 17–25; Vollmer, John E., 1977; Mailey, Jean, 1978; DeGraw, Imelda Gatton, 1981; Mailey, Jean, 1981; Museum Boymans-van Beuningen (Hg.), 1990, nos. 22–52; Apfel, Iris Barrel, 1992; Urban Council of Hong Kong, Hong Kong Museum of Art (Hg.), 1995, nos. 53–102.
[12] Hummel, Arthur W. (Hg.), 1943, S. 592.
[13] Camman, Schuyler van R., 1944, p. 81–82; Camman, Schuyler van R., 1952, S. 21.
[14] Camman, Schuyler van R., 1952, S. 25–28.
[15] Elke Piontek-Ma hat im Rahmen des Forschungsprojektes der Deutschen Forschungsgemeinschaft »Seidenmanufakturen in den Dynastien Ming und Qing (14.–18. Jahrhundert)« am Institut für Sinologie der Universität Würzburg eine vollständige Übersetzung des Textes angefertigt. Die Auflistungen der Produkte finden sich in den Kapiteln 7 und 8 des Suzhou zhizaoju zhi.
[16] Eberhard, Wolfram, 1983, S. 60–63.
[17] Dickinson, Gary und Wrigglesworth, Linda, 1990, S. 98–114, S. 155–158, S. 172–173, S. 183; Garrett, Valerie M., 1994, S. 71–75.
[18] Zitiert wird aus dem Huangchao liqi tushi, Bd. 656.
[19] Medley, Margaret, 1982; Dickinson, Gary und Wrigglesworth, Linda, 1990, S. 29–30.
[20] Huangchao liqi tushi, j. 4–8, S. 193–439; Huang, Nengfu und Chen, Juanjuan (Hg), 1995, S. 333 bis 383.
[21] Wang Zhimin, 1994, S. 21–37.
[22] Wang Zhimin, 1994, S. 38–45.
[23] Wang Zhimin, 1994, S. 148–166.

Abb. 101 Blick auf Peking von der Nordseite des Kohlenhügels aus, um 1900. Die Zentralachse, die durch die Stadt und den Palast führt, führt weiter zum Trommel- und zum Glockenturm, die man im Hintergrund als Silhouette wahrnimmt.

Die Entdeckung der Verbotenen Stadt: Eine kritische Übersicht über die europäische Literatur

Dominique Morel

Einst nach allen Seiten abgeschlossen, der alleinigen Nutzung durch den Kaiser, die Eunuchen und Konkubinen vorbehalten, hat die Verbotene Stadt heute ihr Geheimnis und ihre Unzugänglichkeit verloren. In der Zeit des Massentourismus gehört sie zum obligaten Besichtigungsprogramm und ist zum Treffpunkt geworden, an dem sich die Besucher aus dem Abendland in der Hoffnung drängeln, noch einen Schatten des *Letzten Kaisers* zu erhaschen. Ungeachtet dessen hat sie ihre Faszination bewahren können. Von Marco Polo bis Bertolucci sind uns westliche Besucher an diesen mythischen Ort vorausgegangen. Sie laden uns zum Besuch eines Palastes ein, den sie zuweilen in einen Ort des Traumes und der Imagination verwandelt haben.

Marco Polo

Nachdem er Venedig 1271 verlassen hatte, erreichte Marco Polo China im Jahr 1275. Dort hielt er sich fast siebzehn Jahre auf und kehrte erst 1295 in seine Heimatstadt zurück. Er lernte Khublai-Khan kennen, den mongolischen Herrscher, der ihn mit mehreren vertraulichen Missionen beauftragte. Die neuen Verpflichtungen überdeckten die kommerziellen Ziele seines Unternehmens und erforderten viele Reisen im Landesinneren. Er nahm Aufenthalt in Cambaluc, dem heutigen Peking, aus dem Khublai seine Winter-

Hauptstadt gemacht hatte. Marco Polo hinterließ uns eine genaue Beschreibung des kaiserlichen Palastes, dessen wesentliche Architekturmerkmale in späteren Bauten wiederaufgenommen wurden. Es ist ein Bauwerk mit quadratischem Grundriß, ausgerichtet entlang einer Nord-Süd-Achse und von konzentrischen Umwallungen umgeben. Den Zugang bilden mehrere Tore unterschiedlicher Größe: »Das mittlere ist das größte; es wird immer verschlossen gehalten und nur geöffnet, wenn der Große Khan den Palast verlassen oder betreten möchte. Die beiden kleineren Tore zu beiden Seiten des großen sind immer geöffnet, so daß die Leute durch diese in den Palast gelangen[1].« Marco Polo betonte Größe und Luxus des Palastes, »des größten und wunderbarsten, den man jemals gesehen hat[2].«

Drei Jahre nach seiner Rückkehr aus China wurde Marco Polo in Genua gefangengesetzt. Er diktierte seinem Zellengenossen, Rusticello von Pisa, seine Reiseerinnerungen. Dieses auf Französisch geschriebene Buch ist unter mehreren Titeln bekannt: *Das Buch der Wunder* bzw. *Il Milione* nach dem von Marco Polo in Venedig erworbenen Domizil. Der Wahrheitsgehalt der Berichte Marco Polos wurde häufig in Zweifel gezogen. Einige Autoren reihten sein Werk unter »die Bücher der Wunder und der Verwechslung von Traum und Wirklichkeit« ein[3]. Andere stellten sogar in Frage, ob die Reise überhaupt stattgefunden hat; Marco Polo sei niemals nach China gereist und habe sich nicht jenseits von Soudak oder Soldaia, dem venezianischen Kontor auf der Krim, wo seine Familie ein Lager besaß, auf Abenteuer begeben[4].

Ob als authentischer Reisender oder geschickter Kompilator: Marco Polo besaß beeindruckende literarische Fortune. Zwei Beispiele aus der zeitgenössischen italienischen Literatur mögen genügen, um den Reichtum seiner Persönlichkeit zu dokumentieren. Aus Anlaß einer Reise durch Italien und Rußland im Jahr 1935 kritisiert Curzio Malaparte Marco Polos Blickwinkel als zu eng und wirft ihm vor, »ein Händler und kein Reisender gewesen zu sein«. Er ergreift die Gelegenheit, um seine eigene Sehnsucht nach weiten Räumen und seinen Freiheitsdurst zur Geltung zu bringen, und macht Marco Polo den Vorwurf, »riesige Territorien durchquert und gewaltige Reisen unternommen zu haben, mit unablässig auf den Boden gehefteten Augen, um die Tritte seines Pferdes verfolgen zu können«[5]. Italo Calvino beschreibt Marco Polo als redseligen Plauderer: »Es ist nicht gesagt, daß Khubilaï-Khan alles glaubte, was Marco Polo ihm erzählte«[6], erklärt Calvino; aber der Kaiser läßt sich von Marco Polo zu einer Reise überreden, bei der die Imagination den Sieg über die Realität davonträgt.

Missionare und Diplomaten

In *Le Génie du Christianisme* unterstreicht Chateaubriand die herausragende Rolle, die die Jesuiten bei der Verbreitung des Christentums in China gespielt haben. Er betont, daß die gute Aufnahme der Missionare zum großen Teil auf den technischen und wissenschaftlichen Innovationen beruhte, die sie in ihrem Gepäck hatten: »Der nach China aufbrechende Jesuit bewaffnete sich mit Teleskop und Kompaß. Er erschien am Hofe Pekings mit der Urbanität des Hofes Ludwigs XIV., mit einem Gefolge aus Wissenschaften und Künsten. Beim Aufrollen der Karten, Drehen des Globus und Skizzieren der Sphären lehrte er die erstaunten Mandarine sowohl den wahren Umlauf der Sterne als auch den wahren Namen dessen, der ihren Orbit lenkt[7].«

Der wissenschaftliche Ruf des Paters Matteo Ricci brachte ihm die Gnade des Kaisers ein und die Erlaubnis, im Palast empfangen zu werden. In seinem 1610, seinem Todesjahr, veröffentlichten Journal berichtet er, daß dieser von vier Mauern umgeben sei und daß ihm der Zugang zu den beiden letzten verwehrt worden sei: »Der gesamte Palast ist von vier Mauern umgeben; jeder kann bei Tage durch die beiden ersten eintreten, und es ist niemand ausgeschlossen außer den Opferpriestern, welche ihren Kopf rasieren, und den Frauen. Zu den beiden anderen hat niemand Zugang als die Hofeunuchen, und bei Nacht dürfen nur Eunuchen und Soldaten sie passieren. Die Unseren betraten den zweiten Hof und keinen anderen mehr[8].« Er ließ dem Kaiser fromme Bilder und Uhren überbringen, die dessen großes Interesse fanden. Er weigerte sich zwar, die Missionare zu empfangen, von Neugierde gepackt beauftragte er jedoch die »besten Maler, die er hatte«, Porträts von Ricci und seinen Gefährten anzufertigen.

Etwas später, im Jahr 1685, schickte Ludwig XIV. Botschafter nach Siam, zu denen sich »sechs in der Mathematik erfahrene Jesuiten« gesellten. Diese trafen im Jahr 1686 ein und schifften sich im folgenden Jahr nach China ein. Einer von ihnen, Pater Louis Lecomte, hinterließ einen Bericht seiner Reise und beschrieb die Art und Weise, in der er im kaiserlichen Palast empfangen wurde: »Man mußte sich in der Sänfte zum ersten Tor begeben, von wo wir zu Fuß acht Höfe von erstaunlicher Länge durchqueren, welche von Gebäuden verschiedener Architektur, doch mittelmäßiger Schönheit umgeben waren, mit Ausnahme der großen quadratischen Pavillons, die über den Toren erbaut waren, welche Größe und Glanz besaßen. Diese Tore, durch die man von einem Hof zum anderen gelangt, waren von außergewöhnlicher Größe, das heißt breit, hoch, gut proportioniert, sowie aus weißem Marmor erbaut, dessen Glanz und Schönheit bereits von den Spuren der Zeit beeinträchtigt waren. Einer der Höfe wurde von einem Wasserlauf durchflossen, den man über mehrere kleine Brücken aus demselben Marmor überquerte, welcher jedoch weißer und sorgfältiger bearbeitet war[9].« Er hatte die Ehre, vom Kaiser empfangen zu werden, den er als »im Tatarensitz auf einem Podium sitzend«, umgeben vom Zubehör des Gelehrten, beschreibt: »Er hatte Bücher, Tusche und einige Pinsel vor sich; seine Kleidung bestand aus schwarzem, mit Zobel gefütterten

Satin, rechts und links von ihm standen in zwei Reihen junge, recht nachlässig gekleidete Eunuchen ohne Waffen, einen Fuß lässig hinter den anderen gestellt und die nach unten hängenden Arme respektvoll an die Seite gepreßt[10].« Louis Lecomte teilt nicht die übliche Begeisterung der Missionare für den kaiserlichen Palast, dessen bizarres Aussehen und plumpen Charakter er betont. Er erklärt die Verblendung seiner Brüder mit ihrer Entfernung zur europäischen Erde, die sie jeder Vergleichsmöglichkeit und jeden Sinnes für Kritik beraubt hätte.

Ein Jahrhundert später schickte der englische König Georg III. eine vom Botschafter Macartney angeführte diplomatische Mission nach China; er erhoffte von Kaiser Qianlong Handelsprivilegien zu erhalten. Mehrere Mitglieder der Gesandtschaft veröffentlichten Berichte über diesen Aufenthalt in Peking. Aeneas Anderson, erster Maat des Schiffes, das die Gesandtschaft nach China brachte, besichtigte den kaiserlichen Palast und gab folgende partielle Beschreibung: »Der Eingang, durch welchen wir den Palast betraten, besteht aus einem Bogen aus festem Stein, welcher ein zweigeschossiges Bauwerk trägt. Danach gelangt man in einen weiten Hof mit der Sicht auf eine Reihe von dreigeschossigen Bauwerken, von denen jedes mit einem vorspringenden Balkon oder einer Galerie versehen ist und deren Rampe, Jalousien und Säulen vergoldet sind. Das mit einem Dach aus gelb glasierten Ziegeln versehene Bauwerk ist in verschiedenen Farben bemalt. Dieser Hof ist der einzige, den ich sehen konnte: Er ist ein schönes Monument chinesischer Architektur. Eine von Mandarinen befehligte und überwachte Garde aus einer großen Zahl von Soldaten verteidigt den Eingang bei Tag und Nacht[11].« Er konnte weder zu den Gemächern vordringen noch prüfen, ob die Gärten »alle die künstlichen Schönheiten, mit denen die chinesischen Gärten geschmückt sind«, enthielten.

Fiktionen des »Fin de Siècle«

Von den drei anderen, die auserwählt waren, dieses »Fin de Siècle« zu illustrieren, Jules Verne, Loti und Segalen, war nur der Romanautor der *Voyages Extraordinaires* niemals in China. In den *Tribulations d'un Chinois en Chine* (Die Leiden eines Chinesen in China, 1879) ist die von ihm gelieferte Beschreibung Pekings und der Verbotenen Stadt deshalb nicht weniger genau. Am Ende einer langen Auflistung der Tempel, Pavillons und Paläste, aus denen sich die Stadt zusammensetzt, gibt er seiner Begeisterung Ausdruck: »Welches antike Forum besaß jemals eine solche Ansammlung von so vielfältigen Bauwerken mit einem so großen Reichtum an kostbaren Objekten; welche Stadt, gar welche europäische Hauptstadt, könnte eine solche Aufzählung von Namen bieten[12]?« In *Robur-le-Conquérant* (Robur der Eroberer), der im Jahr 1886 veröffentlichten Erzählung, läßt er seine Helden, Phil Evans und Uncle Prudent, die Hauptstadt des Reichs des Himmels überfliegen. Aus ihrem riesigen Raumschiff, der *Albatros*, gelehnt, bemerken sie im Zentrum der Gelben Stadt »die Rote Stadt, das heißt den Kaiserlichen Palast mit all den phantastischen Bauten seiner unglaublichen Architektur, gleich einem chinesischen Rätsel, das in einem zweiten eingeschlossen ist[13]«.

Der Blick von Pierre Loti wirkt viel weniger von Zeit und Geschichte abgehoben und ist von den tragischen Ereignissen gezeichnet, deren Zeuge er geworden war. Er hielt sich von 1900–1901 in China auf, zusammen mit dem französischen Expeditionscorps, das mit der »Wiederherstellung der Ordnung« während des Boxeraufstands beauftragt war. Die von den Boxern verübten barbarischen Akte wurden von den westlichen Truppen mit unbarmherziger Repression beantwortet. Als Loti in die Verbotene Stadt gelangte, genoß er es, in ein Mysterium eingedrungen zu sein, hatte jedoch das Gefühl, eine »allergrößte Profanierung« begangen zu haben. Die von ihm gelieferte Beschreibung ist die einer in Agonie befindlichen Welt. Bilder des Todes und der Trostlosigkeit plagen sein Gedächtnis: »Man steht auf einem mit Marmor gefliesten Platz, und vor dem Betrachter erhebt sich, wie eine Mauer im Hintergrund, eine überwältigende Marmorterrasse, auf welcher die Thronhalle mit ihren gedrungenen blutroten Säulen und ihrem gewaltigen Dach mit der antiken Glasur lagert. Der weiße Platz gleicht einem Friedhof, zwischen dessen Fliesen Gestrüpp hervorsprießt und dessen Stille von den Schreien der Elstern und Raben unterbrochen wird[14].«

Loti beendet seine Beschwörung, indem er den unausweichlichen Zusammenbruch des alten Peking betont. Ungeachtet dessen gibt er seinem Bedauern darüber Ausdruck, daß diese »Kaiserliche Stadt eine der letzten Zufluchtsstätten des Unbekannten und des Wunders auf der Erde« war, »eines der letzten, für uns nicht begreiflichen und fast ins Reich der Fabel gehörigen Bollwerke eines sehr alt gewordenen Menschengeschlechts[15]«.

Der Poet, Archäologe und Sinologe Victor Segalen hat sich lange Zeit in China aufgehalten. Wie Loti hat er Peking in der Endzeit der Kaiserherrschaft kennengelernt, zeichnet jedoch ein ganz anderes Bild der Stadt. In seinem 1922, drei Jahre nach seinem Tod veröffentlichten Roman *René Leys* stellt er einen geheimnisvollen Europäer in den Mittelpunkt, der privilegierte Beziehungen zum kaiserlichen Hof unterhält und zu diesem Zutritt genießt. René Leys verschwindet kurz vor Ende des Romans. Das Geheimnis seines Todes läßt den Erzähler in völliger Verblüffung zurück, der sich über den Wahrheitsgehalt seiner vertraulichen Mitteilungen befragt.

Ausgehend von einem Traum zum Grundriß der Verbotenen Stadt, konstruierte Segalen eine erlesene Beschwörung derselben, deren geometrische Anlage ihn den Vergleich mit einem Bienenstock ziehen läßt. So wie »das Bienenvolk für eine einzige Bewohnerin arbeitet«, haben vierhundert Millionen Menschen, die »sich nicht mehr voneinander unterscheiden als die Arbeitsbienen des Bienenstocks, dies alles zusammengetragen:

schachbrettartige, gerade und harte Formen, Zellen, deren geometrische Muster – mit Ausnahme der geneigten Dächer – nichts anderes darstellen als eine rechteckige Wabe. Diese indessen wird beschützt, beschirmt, verteidigt gegen die Barbareneinfälle, zu Ehren des einzigen männlichen Bewohners dieser Paläste – Seiner Majestät des Kaisers[16]«. In einem sehr schönen Gedicht »Rote Verbotene Stadt« der Sammlung *Stèles* (Grabmäler) identifiziert sich Segalen auf sehr persönliche Art und Weise mit der Verbotenen Stadt und macht daraus eine Allegorie auf sein Ich: »Jedoch, im Zentrum, unterirdisch und oberirdisch, voller Paläste, Lotusblumen, stehender Gewässer, Eunuchen und Porzellan befindet sich meine 'Rote Verbotene Stadt'[17].« Die Verwendung des Possessivpronomens unterstreicht die Kraft der Zugehörigkeit und die fast völlige Verschmelzung von Schöpfer und Objekt.

»China im Wahn«

Mit dem Zusammenbruch der Mandschu-Dynastie im Jahr 1911 ging das älteste Reich der Welt unter. China wird das Opfer innerer Kämpfe, bei denen sich Warlords und junge militante Nationalisten die Macht streitig machen. Westliche Journalisten und Kriegskorrespondenten begleiten diese schmerzhafte Vorbereitungszeit eines neuen China. In einem 1922 im *Excelsior* veröffentlichten Bericht mit dem Titel »China im Wahn« beschreibt Albert Londres den in Peking herrschenden Zustand von Anarchie und Bürgerkrieg. Er macht die besondere Geographie der Stadt, welche aus ineinandergeschachtelten Mauern besteht, für das dem Wahn zugrundeliegende Belagerungsfieber verantwortlich: »Äußere Mauern, innere Mauern, Mauern der Verbotenen Stadt, Mauern der Diplomatenstadt, wo jede der Legationen wiederum von Mauern umgeben ist[18].«
In den Jahren 1931 und 1932 machte der große Kunsthistoriker Elie Faure für den *Petit Parisien* eine Reise um die Welt. Das Bild, das er von Peking und der Verbotenen Stadt zeichnet, enthüllt die Vision eines Ästheten, der aufmerksam Farben und Formen beschreibt und die Vorzüge einer Architektur betont, die er dem »Versailles von Descartes, Le Nôtre und Louis-le-Grand« als überlegen ansieht: »Die hohen Mauern, durch welche die Erde wie mit einem kaiserlichen Siegel versehen wirkt, und die riesigen gefliesten Höfe – auf allen Seiten von blutroten, mit Lack überzogenen und von blauen Gesimsen bekrönten Kolonnaden gesäumt –, deren Majestät durch die lange Mittelachse sowie die Brücken in gelblichem Marmor betont wird: sie geben bewußt der pantheistischen Einheit der Welt und der Macht der Intelligenz über diese Einheit Ausdruck[19].«
Der Journalist Robert Guillain, der sich während der japanischen Besetzung als einer der seltenen ausländischen Touristen im Peking des Jahres 1940 aufhielt, konnte die Verbotene Stadt ebenfalls besichtigen. Die Entdeckung der »mächtigen, farbigen, heftigen« Architektur versetzte ihm einen tiefen Schock. Er war nicht darauf gefaßt, in einer Zeit, in der die »Bilder von Schmutz und Armut vorherrschten«, auf einen solchen Glanz zu stoßen[20].

»Im Schatten Maos«

Die Errichtung der kommunistischen Herrschaft im Jahr 1949 veranlaßte viele westliche Intellektuelle und Schriftsteller, nach China zu reisen, um über die Wohltaten dieses Regierungssystems im bevölkerungsreichsten Land des Planeten zu urteilen.
Im Jahr 1955 hielten sich Simone de Beauvoir und Michel Leiris einige Wochen unabhängig voneinander in China auf. Beide brachten ein Reisejournal mit nach Hause. Michel Leiris berichtet in kurzen Worten von seinem Besuch in der Verbotenen Stadt und erklärt sie zum »vielleicht schönsten Bauwerk neben der Akropolis, das ich je gesehen habe[21]«; weitschweifiger, doch mit der Präzision des gelernten Ethnologen beschreibt er kurz darauf die verschiedenen Aufmärsche, die aus Anlaß des Nationalfeiertags auf dem Platz Tian'anmen stattfanden. In einem schriftstellerischen Glücksfall widmet Simone de Beauvoir einige Seiten des *Langen Marsches* der Verbotenen Stadt. Sie räumt ein, »daß man die elementare Eleganz, die Raffinesse der Architektur und die durch die Verwendung von mineralischen Farben erreichte Harmonie goutieren kann«, bedauert jedoch den Einsatz von Stuck und Holz, denen sie den Stein vorzieht: »Der Stein widersteht der Zeit, und diese nagt an ihm; die Geschichte geht nicht über ihn hinweg, sondern durch ihn hindurch; er ist von Dauer. Die Materialien hier zerbröckeln; sie brennen, erlangen jedoch keine Patina; ob neu oder alt, weisen sie immer dasselbe unbestimmte Alter auf[22].« Sie setzt die »Vergänglichkeit der Materialien« mit der Abwesenheit von »Phantomen der Vergangenheit« in Beziehung: »Nichts beschwört hier Kubilai-Khan, Yongle oder Qianlong. Man könnte glauben, daß ihnen die Stadt niemals gehört hätte, daß sie ihr nicht gehört hätten; zweifellos, weil sie sich nicht selbst gehörten[23].«
Im Unterschied zu Simone de Beauvoir hat Alain Peyrefitte die Spuren des Hoflebens in der Verbotenen Stadt gefunden. Sein Besuch im Inneren des Palastes, wo noch die »goldenen Säulen, inkrustierten Throne, Ebenholzschirme, Alkoven, Jadegefäße, Pavillons und Gärten« zu finden sind, ließ ihn »die aus diesem goldenen Gefängnis verschwundenen Personen« entdecken: den »omnipotenten Kaiser, dessen Faust oder Gefängnisse das zerbrechliche Leben bedrohen, die Höflinge, Konkubinen und Eunuchen, die um den Halbgott einen Kokon aus erfüllten Kaprizen spinnen[24]«.
Andere Besucher sind erstaunt, daß die Verbotene Stadt die Wechselfälle der Geschichte überdauert hat. »Ist die Ursache die, daß es Mao Tse-tung von Zeit zu Zeit gefiel, vom Balkon des Tian'anmen herab den Kaiser zu spielen?«, fragt sich der belgische

Schriftsteller Simon Leys[25]. Bereits 1967 sah André Malraux eine Kontinuität zwischen dem China der Kaiser und dem der Kommunisten: »Wenn wir uns nach Verlassen der Höfe umwenden, besitzen die orangefarbenen, sanft über die ochsenblutroten Mauern geneigten Dächer eine solch kraftvolle Architektur, daß die die Volksrepublik überhöhenden Riesenschriftzeichen seit ewigen Zeiten dort zu stehen und die Terrassen für die Ansprachen Maos errichtet scheinen[26].«

Dank der Magie der Bilder schulden wir indessen dem Cineasten Bertolucci, Autor des Letzten Kaisers (1987), die ergreifendste Beschwörung der Verbotenen Stadt. Nach dem Vorbild der Stadt der Dogen, der Visconti mit Der Tod in Venedig ein unvergeßliches Porträt widmete, kann die Verbotene Stadt seither nicht mehr ohne den Film von Bertolucci verstanden und entdeckt werden. Die Meditation über das Drama eines einsamen Mannes und das Ende einer Welt erreicht die Vision der verschwundenen Reiche, die Claudel in den sehr schönen Versen seiner Zweiten Ode entwirft:

»*So stellt in den uralten Wind der Erde die quaderförmige Stadt ihre Schanzen und Tore,*
Stuft ihre Tor-Kolosse in den gelben Wind, wie Elefanten, dreimal drei Tore,
In den Wind aus Asche und Staub, in den großen grauen Wind aus dem Staube, der Sodom war und die Reiche Ägyptens und Persiens, und Paris, und Tadmor, und Babel.[27]«

(Übertragen von Hans Urs von Balthasar)

[1] Polo, 1996, S. 197.
[2] Polo, 1996, S. 198.
[3] Drège, 1991, S. 87.
[4] Wood, 1995.
[5] Malaparte, 1959, S. 137.
[6] Calvino, 1984, S. 9.
[7] Chateaubriand, 1966, Bd. 2, S. 145.
[8] Ricci/Trigault, 1978, S. 457.
[9] Lecomte, 1990, S. 68–69.
[10] Lecomte, 1990, S. 70.
[11] Anderson, 1978, S. 152.
[12] Verne, 1994, S. 110–111.
[13] Verne, 1967, S. 110–112.
[14] Loti, 1991, S. 1115.
[15] Loti, 1991, S. 1173.
[16] Segalen, 1995, Bd. 2, S. 507–508.
[17] Segalen, 1995, Bd. 2, S. 120.
[18] Londres, 1992, Bd. 2, S. 306.
[19] Faure, 1964, S. 568.
[20] Guillain, 1986, S. 51.
[21] Leiris, 1994, S. 64.
[22] Beauvoir, 1957, S. 60.
[23] Beauvoir, 1957, S. 61.
[24] Peyrefitte, 1975, Bd. 2, S. 31–32.
[25] Leys, 1974, S. 90–91.
[26] Malraux, 1967, S. 508.
[27] Claudel, 1957.

Siglen der Autoren der Katalogtexte

P. B.   Pierre Baptiste
G. B.   Gilles Béguin
K. B.   Klaus Brandt
A. G.   Antoine Gournay
N. H.   Nicole Halsberghe
P. H.   Peter Hardie
M. K.-Y.   Martina Köppel-Yang
O. M.   Oliver Moore
D. M.   Dominique Morel
E. P.-M.   Elke Piontek-Ma
M. P. t'S.   Michèle Pirazzoli-t'Serstevens
L. R.-L.   Lucie Rault-Leyrat
J. W.   James Watt
P. W.   Peter Wiederhage

KATALOG

WAFFEN UND
RÜSTUNGEN
PORTRÄTS
INSIGNIEN
DER MACHT

Waffen und Rüstungen

Oliver Moore

Die Palette der während der zweieinhalb Jahrhunderte der Qing-Dynastie hergestellten Waffen und Rüstungen war sehr viel breiter angelegt, als die hier ausgestellten Beispiele der Paradewaffen vermuten lassen. In den Kriegen der Dynastie wurden Artillerie und Explosivwaffen immer wichtiger, sie werden hier nicht gezeigt. Zur genauen Unterscheidung von den Feuerwaffen werden alle anderen Waffen im Chinesischen »kalte Waffen« (*leng bingqi*) genannt. Selbstverständlich sind die meisten der unzähligen »kalten Waffen«, wie Spieße, Hellebarden, Schwerter, Degen, Armbrüste, Rüstungen und andere Kampfmittel der Qing-Ära nicht mehr vorhanden. Zu den üblichen, seit alters her verwendeten »kalten Waffen« zählten Dreizacke, Lanzen und Spieße, eben alle Waffen, die schneiden und durchdringen, aus Eisen oder Stahl und auf Stangen montiert, so daß sie die Gefahr eines engen Kontaktes mit dem Gegner mindern. Manche tödlichen Waffen waren einfach Adaptionen »natürlicher« Verteidigung, wie Geweihe, Hörner oder die Zähne des Sägefisches. Diese primitiven Waffen wurden in den Kriegen der Qing-Epoche häufig eingesetzt, meistens von rebellierenden Gruppen, denen es gleichermaßen an Ressourcen wie an der sozialen Organisation fehlte, die notwendig wären, um Eisenwaffen seriell herzustellen. Die Armbrüste behaupteten ihren Platz im Qing-Arsenal bis zum Ende des 19. Jahrhunderts, obgleich ihre Bedeutung gering war im Vergleich zu der der Bogenschützen, die ihrerseits durch den Einsatz von Feuerwaffen hoffnungslos an den Rand gedrängt wurden[1]. Neben den in den Museen verwahrten Stücken ist quasi das gesamte chinesische Waffenarsenal der letzten Dynastie Gegenstand von ausführlichen, lebensnahen und bebilderten Beschreibungen in den weitverbreiteten Publikationen der Ming- und der Qing-Dynastie (Abb. 102).

Die hier ausgestellten Waffen und Rüstungen sind im übrigen ausnahmslos Uniformen und Paradewaffen, die meist den Kaisern gehört haben. Sie zeigen nur den zeremoniellen Aspekt des militärischen Lebens unter der Qing-Dynastie, illustrieren jedoch in gewisser Weise die technologische Modernität der Epoche. Zwei Säbel in dieser Ausstellung (Katalognummern 13 und 14) sind so beschaffen, daß sie in einem Kampf hätten eingesetzt werden können, falls sich Generäle und Offiziere von Rang überhaupt direkt mit dem Feind eingelassen hätten. Mögen diese Säbel auch im Laufe ihrer Karriere im Kampf eingesetzt worden sein, so konnten sie doch später in der friedvolleren Umgebung des kaiserlichen Hofzeremoniells getragen werden. Wie dem auch sei, die Mehrzahl der in dieser Ausstellung gezeigten Arten und Typen von Palastwaffen und -rüstungen verdankte ihre Existenz nicht einer Mode bei Hofe, sondern verkörperte die von den Mandschu oder ihren Vorgängern vorgenommenen Neuerungen und funktionellen Verbesserungen. Die einzelnen Elemente der Zeremonialrüstungen (Katalognummern 3 bis 12) finden sich wieder bei den Uniformen für die großen Paraden. Diese wurden zu Zehntausenden in den Industriezentren für Textilherstellung im Süden Chinas bestellt und in der Verbotenen Stadt gelagert, wenn sie nicht gerade bei einer Parade eingesetzt wurden. Die Auswahl der Stoffe richtete sich nach dem Rang. Mit Ausnahme der Ärmel der Rüstungen der Acht Banner waren Schnitt und Ausstattung dieselben für Soldaten, Offiziere und Kaiser (Katalognummern 1–4). Diese Ensembles waren zunächst eher für die Kavallerie als für die Infanterie vorgesehen, wobei Bewegungsfreiheit und Schutz des Körpers Vorrang hatten. Die Gewänder trugen die Hauptkennzeichen der ostasiatischen Rüstung, einen verstärkten, die Beine schützenden Rock sowie bewegliche Schutzelemente für die Schultern, die Unterarme und die Leisten. Die Technik, eine Rüstung aus Panzerplättchen zusammenzusetzen, hat ihren Ursprung in den alten Formen der Lamellenrüstungen aus Eisen oder gehärtetem Kupfer aus dem frühesten Mittelalter. Einige Illustrationen aus Erzählungen und Grabfunde lassen vermuten, daß die Infanterie zu bestimmten Zeiten ebenfalls Rüstungen mit bis zu den Knöcheln reichenden Röcken trug. Der auf der Grabmauer eines Südlichen Song (1127–1279) in der Region Sichuan dargestellte Soldat zeigt deutlich das Schwert eines Infanteristen, und er trägt eine Lamellenrüstung mit langem Rock

Abb. 102 *Holzschnitt aus der Ming-Zeit, 1635, als Illustration des* Da Song Xuanhe yishi. *Er zeigt eine Soldatengruppe, ausgerüstet mit folgenden Waffen:* jian-*Schwertern und* dao-*Säbel, Piken, Dreizack, Schwerter, Bogen und dem Schwert eines Schwertfisches. Nach Wang Bonin, 1988, Nr. 140.*

(Abb. 103)². In der chinesischen Tradition fehlte bemerkenswerterweise jede Art von Uniformhose, man findet lediglich eine Abbildung in einem koreanischen Grab des 5. Jahrhunderts v. Chr.³. Die Verwendung von Stoff als Unterfutter oder Überzug über der am Körper getragenen Lamellenrüstung war eine andere auffällige Besonderheit der ostasiatischen Rüstungen. Dies wird durch die einzelnen Teile an der Zeremonialrüstung des Kaisers Xianfeng (Regierungszeit 1851–1861, Katalognummer 2) illustriert. Sie besteht aus Satin, der mit vergoldeten, präzise ausgeschnittenen und aufgereihten Stahlplättchen verziert ist. Die perfekte Komposition von Stoff und Metall bot den offensichtlichen Vorteil, das Gewicht der Rüstung zu verringern und ihr eine außerordentliche Geschmeidigkeit zu verleihen. Die aus dieser Kombination zusammengesetzten Rüstungsmodelle gelangten zur höchsten Vollkommenheit in der Bewaffnung mongolischer Reiter, bei denen Schnelligkeit und Beweglichkeit absoluten Vorrang hatten. Ein bemerkenswertes Erbe der mongolischen Yuan-Dynastie (1271–1368), eine in Japan komplett erhaltene Rüstung, stellt ein Zeugnis für einen der vergeblichen Versuche dar, das Land in den Jahren 1274 und 1280 zu erobern. Diese heute im Memorial Institute of the Yuan Invaders of Fukuoka ausgestellte Rüstung besteht aus einem Rock und einer ärmellosen Weste mit abnehmbarem Schulterschutz, die Verstärkungen für die Unterarme und die Leistengegend stimmen mit den für die mandschurischen Banner überlieferten Rüstungen genau überein. Der Stoff der mongolischen Weste und des Rockes ist mit Metallplättchen bedeckt, die mittels rundköpfiger Niete befestigt sind. Der so erzielte Eindruck entspricht ebenfalls weitgehend dem der Schmucknieten an den Gewändern der mandschurischen Banner. Eine später zu datierende Rüstung der koreanischen Schoson-Dynastie sieht genauso aus⁴. Die Form des kurzen Helmes und der Helmdecke aus Stoff geht, wie bei der Rüstung von Fukuoka zu sehen, auf einen Stil zurück, der sich bis in die Ming-Epoche fortsetzte (1369–1644)⁵. Die Helme der Qing übernahmen zuerst diesen Stil, doch der Helmrand wurde dann steiler, die Kalotte darüber stärker gewölbt. Die meisten der Helme aus der Yuan-, Ming- und Qing-Zeit tragen vertikale Inschriften.

Es erstaunt nicht, daß sich der Stil der mandschurischen Rüstungen derart eng an den ihrer mongolischen Vorgänger anlehnte, denn beide Völker schöpften im Überfluß aus den nordasiatischen Quellen ihres Ursprungs und den darin überlieferten kriegerischen Traditionen. Natürlich weisen die Rüstungen der mandschurischen und mongolischen Epoche viele Züge auf, die sie eindeutig voneinander unterscheiden, aber die Yuan-Zeit war unzweifelhaft eine Epoche, in der die Chinesen Rüstungen getragen haben, die sich von den in der Tang- und Song-Zeit verwendeten schweren und sperrigen Modellen radikal gelöst hatten. Zusammenfassend kann man sagen, daß es die mongolischen Überlieferungen sind, die den stärksten Einfluß auf die Rüstungen der Ming und der Qing ausübten.

Die für den Kampf Mann gegen Mann wichtigste »kalte Waffe« ist das Schwert bzw. der Säbel. In dieser Ausstellung werden zwei Arten von Schwertern gezeigt: das *jian* mit gerader, zweifacher Schneide und der *dao*, ein Säbel, mit einfacher Schneide. Das *jian*-Schwert wurde bereits unter den Ming als etwas archaisch empfunden und mit der Kavallerie, aber auch mit den umherziehenden Gelehrten verbunden: es transportierte eine reiche Symbolik militärischer Macht im vornehmsten Sinne. Das *jian* von Nurhaci, dem Begründer des Mandschu-Reiches, wird in den Kunstsammlungen der Verbotenen Stadt von Shenyang verwahrt. Auf den ersten Blick hat es dieselbe Form wie das hier gezeigte *jian* von Qianlong. Mit seiner beeindruckenden Parierstange ist es aber eine robustere, schwerere und größere Waffe als die Schwerter der letzten Ming und der Qing (Abb. 104). Im Vergleich dazu besitzt das *jian*-Schwert des Kaisers Qianlong – eines der fünf uns bekannten – eine Form, die der Hand nur leichten Schutz bietet und nicht für den kriegerischen Einsatz bestimmt gewesen zu sein scheint.

Der gekrümmte *dao* mit einfacher Schneide war der in der mandschurischen Kavallerie gebräuchliche Säbel. Nicht ganz so lang wie die Schwerter der archaischen Epoche, hat

Abb. 103 Darstellung eines Soldaten auf der Mauer in einem Grab aus der Zeit der Südlichen Song-Dynastie, im Bezirk von Pengshan in Sichuan, aus dem Jahre 1226. H.: 0,89 m.

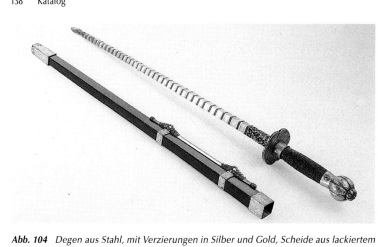

Abb. 104 *Degen aus Stahl, mit Verzierungen in Silber und Gold, Scheide aus lackiertem Holz. L.: 1,12 m; Gewicht 2900 g; wahrscheinlich 17. Jahrhundert. British Museum, OA 1911.*

dieser Säbeltyp eine an der Spitze gebogene Klinge (Katalognummer 14). Einer der frühesten *dao*-Säbel der Mandschu-Zeit wird in den Sammlungen der Verbotenen Stadt in Shenyang aufbewahrt, er soll dem zweiten Mandschu-Herrscher Taizong (Regierungszeit 1627–1643) gehört haben. Die *dao*-Säbel wurden so sehr geschätzt, daß sie manchmal vom Kaiser an verdiente Offiziere als machtvolle Symbole der Loyalität gegenüber dem Reich verliehen wurden. Mit dieser bemerkenswerten Geste, die in der Qing-Zeit zweimal mit demselben Säbel wiederholt wurde, vertraute der Kaiser einen besonders verehrten *dao*-Säbel einem seiner Generäle an, um damit die kaiserliche Autorität auf dem Kriegsschauplatz zu repräsentieren. Es hat sich eingebürgert, diesen Säbel *Ebilun* zu nennen, nach seinem ersten Besitzer Ebilun (gest. 1674), der dem Gelben Banner mit Saum angehörte und dessen Mutter wahrscheinlich eine Cousine oder Schwester von Nurhaci war. Er wird noch immer in den Kunstsammlungen der Verbotenen Stadt aufbewahrt; seine stark gekrümmte Klinge steckt in einer mit Rochenhaut bespannten Scheide. Im Jahr 1748 erhielt Fuheng (gest. 1770), Mitglied des Clans der ersten Kaiserin von Qianlong, diesen Säbel vom Kaiser und benutzte ihn, um die Schlacht von Jinchuan im Südwesten Chinas zu lenken. Einer der Kommandeure in diesem gegen eine Rebellion gerichteten großen und schwierigen Unternehmen war Nuoqin, ein Enkel Ebiluns. Nach der Ankunft von Fuheng auf dem Schlachtfeld wurde Nuoqin wegen Unfähigkeit abgesetzt und mit dem Säbel seines Großvaters exekutiert. Ein Jahrhundert später, im Jahre 1851, wurde der Säbel Ebiluns einem bei Hofe sehr angesehenen General namens Saishang'a (gest. 1875) ausgehändigt in der Hoffnung, er werde damit die Taiping-Rebellen schlagen. Saishang'a errang nur wenige Erfolge, er selbst aber und sein Säbel überlebten. Es wurde sogar berichtet, daß Kaiserin Cixi den Säbel 1898 dem Prinzen Duan schenkte, um ihn in seinem Spionagefeldzug gegen die Vertreter der Reformbewegung der hundert Tage zu ermutigen, die in diesem Jahr scheiterte[6]. Der Säbel von Ebilun ist in seiner gesamten Länge etwas stärker gekrümmt als die beiden in der Ausstellung gezeigten *dao* von Qianlong. Jedoch besitzen alle diese Schwerter die Perfektion der unter den Ming hergestellten Waffen, die durch die aus Japan eingeführten Klingen erreicht wurde.

Ein anderes bemerkenswertes Zeugnis in der Geschichte der chinesischen Waffen, der Säbel von Qi Jiguang (1528–1587), der heute im Historischen Museum in Peking verwahrt wird, ist ein Beispiel für den japanischen Einfluß auf die Formen der chinesischen Säbel. Die Ironie der Geschichte will es, daß Qi Jiguang seine Reputation aus dem Widerstand bezog, den er den japanischen Raids entlang der Küste Südchinas entgegensetzte, einem Gebiet, in das eindeutig die meisten japanischen Schwerter eingeführt wurden. Form und Typus seines im Jahre 1582 hergestellten Säbels beeinflußten die chinesischen Waffenschmiede bis ins 18. Jahrhundert. Die beiden *dao*-Säbel Qianlongs (besonders Katalognummer 14) weisen große Ähnlichkeit mit demjenigen von Qi Jiguang auf. Es stellt sich die Frage, welches japanische Modell von den chinesischen Waffenschmieden kopiert wurde. Im allgemeinen lag die doppelt gekrümmte »S«-Form bestimmter chinesischer Klingen mit den japanischen Klingen einfacher Krümmung im Wettstreit, selbst bei den Exemplaren mittelmäßiger Qualität, von denen man annimmt, daß sie aus Japan importiert oder in China kopiert wurden (Abb. 105). Wie dem auch sei, wenn man die charakteristische Krümmung gegen die Spitze hin bei einer kleinen Zahl chinesischer Säbel außer acht läßt, gibt es nur wenige, die daran zweifeln, daß während des Endes der Ming-Zeit unter japanischem Einfluß Klingen von gleichbleibender Breite hergestellt wurden, deren Krümmung zum Ende hin eher zunimmt als sich abzuschwächen. Die Ming-Epoche stellte Säbel mit dieser Klingenform her, welche von einem langen, zum Zufassen mit beiden Händen bestimmten Knauf verlängert wurden, während die Knäufe der meisten unter den Qing hergestellten *dao*-Säbel für den Gebrauch mit einer Hand und damit für die Kavallerie geeigneter sind. Mehrere tausend Klingen müssen in der Provinz von Bizen (heutige Präfektur Okayama) während des 16. Jahrhunderts für den Export nach China angefertigt worden sein. Die im Jahr 1587 veröffentlichten sogenannten »Gesammelten

Abb. 105 *Säbel in japanischem Stil mit einem Hornknauf und Verzierungen aus Leder. Wahrscheinlich in Japan hergestellt und exportiert oder eine chinesische Kopie spätestens aus dem 18. Jahrhundert. British Museum.*

Regeln der Ming« (*Da Ming Huidian*) berichten von mehreren japanischen Gesandtschaften, die dem Hofe Säbel zum Geschenk machten, was erklärt, daß der wichtigste Hafen für japanische Klingen Ningbo war, zu dieser Zeit der nördlichste Anlegeplatz im Südosten Chinas[7]. Um sich jedoch von jeglichem ausländischen Einfluß abzusetzen, wurden die chinesischen Schwerter bei bestimmten Zeremonien mit nach vorn gerichteter Spitze getragen.

Die Länge der Säbel nimmt während des 19. Jahrhunderts ab. Der Einsatz der Infanterie bei den großen Konflikten im Süden Chinas erforderte kürzere Waffen als die der Kavallerie, für die es südlich des Yangzi (*Yang-tse*) kaum eine Verwendung gab. Die glorreiche Zeit der von den mandschurischen Bannern gebildeten Truppen war vorüber, und die Staatsmacht der Qing mußte zur militärischen Unterstützung zunehmend auf die Milizen in den Provinzen zurückgreifen. Die von diesen chinesischen Militäreinheiten bevorzugten Klingen waren viel breiter und sehr viel stärker gekrümmt (Abb. 106). Ein geläufiges, zu Unrecht oft Exekutionssäbel genanntes Modell war mit einem für ein- oder beidhändigen Gebrauch bestimmten Knauf und einer gewölbten, an den Enden fast quadratischen Klinge ausgestattet.

Die geraden *jian*-Schwerter mit doppelter Schneide wurden während der gesamten Qing-Epoche hergestellt, ihre Nutzung beim Militär ging jedoch zurück. Mit ihrer langen Klinge spielten sie in Opern-Aufführungen weiterhin eine dramatische Rolle, als phantasievolle Nachahmungen der geraden Schwerter jener Zeiten, in denen die Opern spielen. Die *jian*-Schwerter wurden auch mit kürzeren, nicht geschärften Klingen gefertigt, welche in Scheiden steckten, die mit Schildkröten- oder Rochenhaut bespannt waren und von jedem, der seinen Rang zeigen wollte, als Schmuck getragen werden konnten.

Die Bogen, Musketen und Degen aus dem Besitz des Kaisers wurden hauptsächlich bei der Jagd benutzt. Wenn der Kaiser bei der

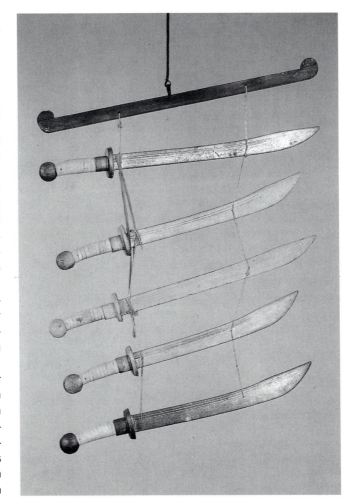

Abb. 106 *Ladenschild eines Waffenschmiedes aus Peking aus bemaltem Holz und Schnüren. Solche Darstellungen bilden die Schwertformen des späten 19. Jahrhunderts genau ab. Sammlung der Universität Tenri (Japan).*

Jagd ein Tier tötete, war dies ein Ereignis von großer symbolischer Bedeutung. Das Palastmuseum verwahrt noch eine Musketenkugel, mit der Kaiser Qianlong kurz vor seinem Tod im Jahre 1796 einen Damhirsch im Jagdpark von Chengde, der Sommerresidenz im Norden Pekings, erlegte.

Die chinesischen und mandschurischen Bogen waren im allgemeinen Kompositbogen, hergestellt aus Holzlamellen, Horn und solide befestigten Sehnen. Diese Materialkombination verlieh dem Bogen Geschmeidigkeit und Spannkraft. Ein anderes »Exportmodell« aus Bambus- und Holzlamellen war für den Gebrauch in Südchina hergestellt, wo das Monsunklima den Einsatz von Kompositbogen verbot. Der Kompositbogen der Mandschu konnte bei geringer Schußweite ein viel schwereres Projektil abschießen als ein gewöhnlicher Bogen. Dies war dank der beträchtlichen Masse der zwei langen Schenkel möglich, die die Spannungsenergie zwar zu speichern vermögen, aber gleichzeitig die dafür aufgewandte Kraft zum größten Teil absorbieren. Daher waren die mandschurischen Bogen auf geringe Distanz zwar sehr gefährlich, ihre Reichweite war aber nicht außergewöhnlich, besonders im Vergleich mit den viel älteren Bogen der Mongolen, der Turkvölker oder auch den chinesischen Bogen der Ming-Zeit. Da eine der militärischen Prüfungen darin bestand, den Bogen mit einem bestimmten Kraftaufwand zu spannen (was nicht Schießen bedeutet), wurden die Kompositbogen nach einer Kraft- oder »Gewichts«-Skala hergestellt[8].

Das Ende des 19. Jahrhunderts erlebte den Niedergang all dieser Waffen, gleichzeitig zeichnete sich eine Reformbewegung ab, die all ihre Energie darauf verwandte, die chinesische Staatsmacht von der Notwendigkeit einer Übernahme westlicher Technologie bei der Kampfausrüstung zu überzeugen, nämlich Artillerie und Gewehre.

[1] Zu den Armbrustschützen unter der Qing-Dynastie siehe Wang Zilin, 1995.
[2] Zu diesem Grab und den Steingravuren mit zahlreichen kriegerischen Szenen siehe *Sichuan sheng wenwu guanli weiyuanhu*, 1985.
[3] Dien, 1981–1982, S. 24, Abh. 26.
[4] Eine in Korea hergestellte komplette und wahrscheinlich voll einsatzfähige, mit Nieten verstärkte Rüstung wird im Pitt Rivers Museum in Oxford aufbewahrt.
[5] Zu den beiden im Distrikt Nungwu in der Provinz Shanxi 1980 zutage gekommenen Ming-Helmen aus Eisen, siehe Kaogu, 1994, 1, S. 65.
[6] Dieser Säbel befindet sich heute in den Sammlungen des Palastmuseums. Zur Geschichte des Säbels s. Wang Baoguang, 1985, S. 10 und 11.
[7] Da Ming Huidian 105, 4b–6a.
[8] Ein vollständiger Satz von »Prüfungsbogen« wird im Field Museum von Chicago verwahrt.

1
Für Kaiser Qianlong gefertigte Rüstung
Stoff, Kupfer und Gold
L. der Weste: 0,80 m
L. des Rockes: 0,96 m
H. des Helmes: 0,35 m
18. Jahrhundert, Regierung von Qianlong
(Regierungszeit 1736–1796)
Inv.: G 171787, G 171120

Diese Rüstung wurde im Winter getragen. Aus gestepptem, mit Nieten aus vergoldeter Bronze verstärktem Brokat gefertigt, setzt sie sich aus einem Rock, einer Weste sowie einem Schulter- und Armschutz zusammen. Letztere sowie die Manschetten sind mit ziselierten Drachen aus einer Kupfer-Gold-Legierung verziert. Das Oberteil ist in Brusthöhe mit einem »Spiegel zum Schutz des Herzens« (*huxinjing*) aus Gold und Silber versehen.

Ein Muster aus ineinander verflochtenen Y-förmigen Lamellen schmückt den Brokat. Dieses Modell entstand nach dem Vorbild der vergoldeten Rüstungen, die Kultbilder oft tragen oder die auf Abbildungen bewaffneter Personen aus der Tang-Zeit zu sehen sind.

Den mit schwarzem Lack überzogenen Helm aus Rindsleder ziert ein Motiv in Durchbruchsarbeit aus vergoldetem Kupfer, die mit Perlen inkrustiert und mit Marderfell eingefaßt ist. Lack ist wahrscheinlich das älteste bei der Gestaltung von Rüstungen verwendete Material. Oberhalb des Helmrandes sind in *lantsa*, der für die heiligen Schriften des lamaistischen Buddhismus verwendeten *devanâgarî*-Schrift, die Fünf Silben des Buddhismus angebracht. Ein dem Swastika-Motiv auf dem Brokat analoger Dekor findet sich häufig auf den tibetischen Waffen aus dieser sowie aus der vorangegangenen Periode. Mehrere Rüstungen des Kaisers Qianlong sind erhalten, darunter ein sehr schönes Seidengewand im Musée de l'Armée in Paris. O. M.

2
Rüstung des Kaisers Xianfeng
Stoff, vergoldetes Kupfer, Silber und Stahl
L. der Weste: 0,73 m
L. des Rocks: 0,70 m
H. des Helmes: 0,33 m
19. Jahrhundert, Regierung von Xianfeng
(Regierungszeit 1851–1861)
Inv. G 171808, G 171132

Lit.: Uitzinger, 1990, Nr. 83; Cheng Dong und Zhong Shaoyi, 1990, S. 275, Abb. 12–67, Slg. pl. 36; Uitzinger, 1992, Nr. 83.

Die Gestaltung dieser Rüstung ist verfeinerter als die der Qianlong-Rüstung. Die Niete sind auf Weste und Rock in Reihen zwischen Streifen aus schwarzem Samt und Plättchen aus vergoldetem Kupfer angebracht. Die Anordnung der Plättchen ist von Lamellenrüstungen inspiriert, die den Körper dank einem Verbund von Metallplättchen schützten.

Der Helm aus Stahl ist mit Silberplatten verziert, in die eine Inkrustation aus einer Kupfer-Gold-Legierung eingebracht ist. Dieses Gewand ist die einzige in den Sammlungen des Palastmuseums verwahrte Rüstung von Kaiser Xianfeng. Es ist wenig wahrscheinlich, daß der Kaiser diese Rüstung jemals getragen hat, denn die Große Truppenparade, für die dieses Gewand bestimmt war, fand während seiner Regierungszeit niemals statt. O. M.

3 und 4
Rüstungen der Kaiserlichen Garde
Satin und Leder
L. der Weste: 0,80 m
L. des Rocks: 0,76 m
H. des Helmes: 0,23 m
1765, Regierung von Quianlong
(Regierungszeit 1736–1796)
Inv. G 171996/98, G 171995/97

Lit.: Uitzinger, 1990, Nr. 91–92; Uitzinger, 1992, Nr. 91–92; Tang und Colombel, 1992, Nr. 16–17.

Die kaiserlichen Garden sind in China eine sehr alte Institution. Die Frage der Treue dieser Regimenter zum Thron war für die Kaiser ein entscheidender Sicherheitsfaktor. Die kaiserlichen Garden der Qing-Dynastie rekrutierten sich aus allen Bannern. Die weiße Rüstung mit blauem Saum war das Zeremonialgewand der Garden, die zu Fuße Dienst taten, die Gewänder der berittenen Garden sind dunkelblau. Sämtliche Teile der beiden Rüstungen sind aus Satin und kamen aus den Staatsmanufakturen von Suzhou. Die Helme aus Rindsleder sind mit schwarzem Lack überzogen; der rot gefärbte Helmbusch unterschied die Garden von anderen Truppen, deren Helme denselben Schmuck in schwarzer Farbe hatten.   O. M.

wurde innerhalb der Banner eine Hierarchie gepflegt, die sich aus den drei höchsten, d. h. dem Weißen, Gelben sowie dem Gelben Banner mit Saum einerseits und den niedrigeren Bannern andererseits zusammensetzte. Das Gewebe dieser Gewänder besteht im Unterschied zum viel feineren Satin der Garderüstungen aus einfacher Seide. In Hangzhou hergestellt, wurden die Gewänder in der Verbotenen Stadt gelagert, wenn sie nicht für die Paraden gebraucht wurden.   O. M.

5 bis 12
Rüstungen der Truppen der Acht Banner
Seide
L. der Weste: 0,76 m
L. des Rocks: 0,80 m
H. des Helmes: 0,23 m
1765, Regierung von Quianlong
(Regierungszeit 1736–1796)

Lit.: Uitzinger, 1990, Nr. 93–100; Tang und Colombel, 1992, Nr. 18/1–8; Mayuyama Yasuhiko, Tamura Jitsuzo und Yang Boda, 1985, Nr. 6–7; Cheng Dong und Zhong Shaoyi, 1990, S. 276, Abb. 12.70.

Diese Gewänder sind Zeremonialrüstungen der mandschurischen Acht Banner. Die ersten vier Banner – Gelb, Weiß, Rot und Blau – wurden gegen 1590 von Nurhaci, dem Begründer und ersten Herrscher des Mandschu-Reiches geschaffen. Im Jahr 1615 wurden vier weitere Banner gegründet und Banner mit Saum genannt: Gelb, Weiß und Blau, jeweils mit rotem Saum; die Säume des Roten Banners waren weiß.
Während der gesamten Zeit der Dynastie

5

6

144 Katalog

7

9

8

Waffen und Rüstungen 145

10

12

11

146 Katalog

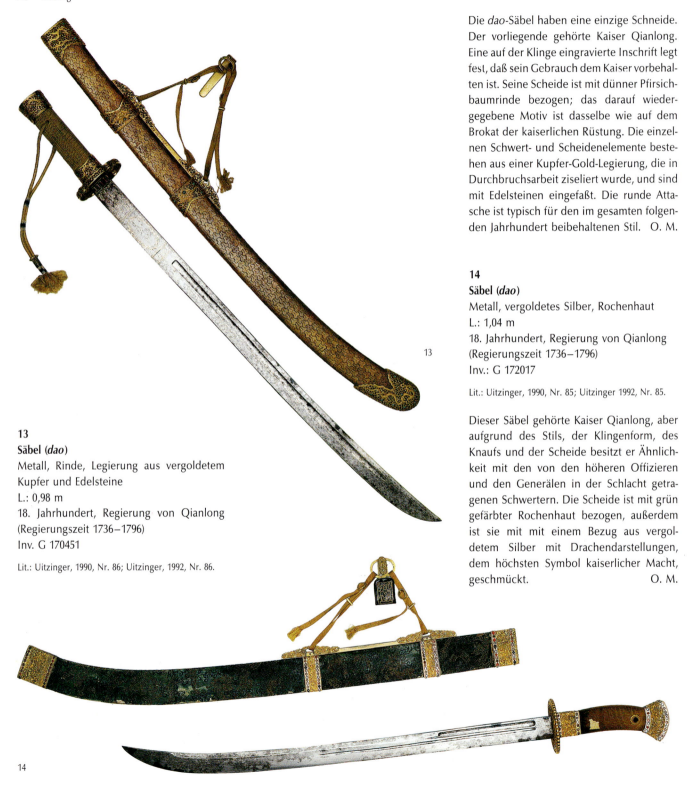

Die *dao*-Säbel haben eine einzige Schneide. Der vorliegende gehörte Kaiser Qianlong. Eine auf der Klinge eingravierte Inschrift legt fest, daß sein Gebrauch dem Kaiser vorbehalten ist. Seine Scheide ist mit dünner Pfirsichbaumrinde bezogen; das darauf wiedergegebene Motiv ist dasselbe wie auf dem Brokat der kaiserlichen Rüstung. Die einzelnen Schwert- und Scheidenelemente bestehen aus einer Kupfer-Gold-Legierung, die in Durchbruchsarbeit ziseliert wurde, und sind mit Edelsteinen eingefaßt. Die runde Attasche ist typisch für den im gesamten folgenden Jahrhundert beibehaltenen Stil. O. M.

14
Säbel (*dao*)
Metall, vergoldetes Silber, Rochenhaut
L.: 1,04 m
18. Jahrhundert, Regierung von Qianlong
(Regierungszeit 1736–1796)
Inv.: G 172017

Lit.: Uitzinger, 1990, Nr. 85; Uitzinger 1992, Nr. 85.

Dieser Säbel gehörte Kaiser Qianlong, aber aufgrund des Stils, der Klingenform, des Knaufs und der Scheide besitzt er Ähnlichkeit mit den von den höheren Offizieren und den Generälen in der Schlacht getragenen Schwertern. Die Scheide ist mit grün gefärbter Rochenhaut bezogen, außerdem ist sie mit mit einem Bezug aus vergoldetem Silber mit Drachendarstellungen, dem höchsten Symbol kaiserlicher Macht, geschmückt. O. M.

13
Säbel (*dao*)
Metall, Rinde, Legierung aus vergoldetem Kupfer und Edelsteine
L.: 0,98 m
18. Jahrhundert, Regierung von Qianlong
(Regierungszeit 1736–1796)
Inv. G 170451

Lit.: Uitzinger, 1990, Nr. 86; Uitzinger, 1992, Nr. 86.

Waffen und Rüstungen 147

15
Schwert (jian)
Metall, Rochenhaut
L.: 1,00 m
18. Jahrhundert, Regierung von Qianlong
(Regierungszeit 1736–1796)
Inv. G 170088

Lit.: Tang und Colombel, 1992, Nr. 24.

Die *jian*-Schwerter haben zwei Schneiden. Die Sammlungen des Palastmuseums besitzen mindestens fünf, jeweils mit einer roten Scheide versehene Stücke. Letztere ist mit rot gefärber Rochenhaut bezogen. Die Klinge eines jeden dieser Schwerter trägt eine Seriennummer der Kaiserlichen Waffenschmieden, aus der ihre Provenienz ersichtlich ist. O. M.

16
Dolch
Metall, Jade und Gold
L.: 0,44 m
18. Jahrhundert, Regierung von Qianlong
(Regierungszeit 1736–1796)
Inv. : G 170611

15

16 (Detail)

16

Die Kaiser der Qing-Dynastie besaßen eine bedeutende Sammlung von Kurzschwertern, Dolchen und anderen Stichwaffen. Eine große Zahl von ihnen waren Geschenke von zu Besuch weilenden ausländischen Würdenträgern, durch die zahlreiche exotische Formen in China eingeführt wurden. Der Jadeknauf dieses Dolches ist geschweift, und sein Golddekor ist typisch für Waffen aus dem Iran oder aus dem Indien der Moghulzeit. Die Waffe kann eine getreue Kopie aus den kaiserlichen Werkstätten darstellen, sie kann aber auch importiert worden sein. Die Knaufform dieses Dolches wurde auch häufig für andere kaiserliche Stichwaffen verwendet. O. M.

17
Luntenschloßgewehr
Vergoldetes Eisen, Holz und Bronze
L.: 0,77 m
18. Jahrhundert, Regierung von Qianlong (Regierungszeit 1736–1796)
Inv.: G 171640

Der eiserne Lauf ist mit einer Goldschicht überzogen und am hölzernen Schaft mittels Eisenringen befestigt. Die Muskete wurde mit einem kleinen bronzenen Abzug gezündet, der die Lunte bei langsamer Verbrennung in Richtung der Mündung des »Drachenkopfes« (*longtou*) in die darunterliegende Pulverpfanne drückte. Das Luntenschloßgewehr tauchte kurz nach seiner Einführung durch Portugiesen in Japan im Jahr 1543 auf. Während der Herrschaft von Kangxi (Regierungszeit 1662–1723) wurden drei Arsenale zur Herstellung von Gewehrkolben und Musketen gegründet. Die hier ausgestellte Muskete wurde im berühmtesten, im Palast der Pflege des Herzens (*Yangxineian*) in der Verbotenen Stadt eingerichteten Arsenal hergestellt, welches die Musketen zum ausschließlichen Gebrauch durch den Kaiser und die hohen Würdenträger der Banner lieferte. Die Muskete gehörte Kaiser Qianlong, der sie im wesentlichen zur Jagd gebrauchte. Ein Teil der von ihm benutzten Munition wird als handfester Beweis für die auf seinen Gemälden dargestellten Jagdszenen aufbewahrt. O. M.

18
Sattel
Satin
H.: 0,325 m; L.: 0,65 m
18. Jahrhundert, Regierung von Qianlong (Regierungszeit 1736–1796)
Inv.: G 171546

Lit.: Uitzinger, 1990, Nr. 84; Uitzinger, 1992, Nr. 84.

Der Sattel gehörte Kaiser Qianlong. Er besteht aus mit Drachen und Glückssymbolen besticktem gelbem Satin. Die Leuchtkraft des Materials und die Form des Sattels lassen an eine Verwendung im Sommer denken. Die weit geöffneten Steigbügel erlaubten dem Reiter, sich mühelos zu bewegen und gleichzeitig Pfeile vorwärts und rückwärts abzuschießen. Die Reitstiefel der Mandschu waren mit einer starren Sohle ausgerüstet, die ihnen im Sattel einen besseren Halt verlieh. O. M.

19
Reitgerte
Bambus und Jade
L.: 0,84 m
18. Jahrhundert, Regierung von Qianlong (Regierungszeit 1736–1796)
Inv.: G 171137

Lit.: Tang und Colombel, 1992, Nr. 20.

Aus Bambus gefertigt und mit einem Griff aus Jade versehen, war die Reitgerte ein wesentliches Element der Reitausrüstung.

Waffen und Rüstungen 149

18

Auf dem berühmten Reiterporträt von Kaiser Qianlong von der Hand Giuseppe Castigliones (1688–1766) (vgl. Kat. 125) hält der mit der Paradeuniform bekleidete Kaiser in der Rechten den Ring der Bogenschützen aus Jade und eine Reitgerte. O. M.

20
Bogen mit Futteral, Pfeilen und Köcher
Holz von Maulbeer- und Buchsbaum, Eisen und Federn
L. des Bogens: 1,50 m; L. der Pfeile: 1,00 m
18. Jahrhundert, Regierung von Qianlong (Regierungszeit 1736–1796)
Inv.: G 48693

Lit.: Uitzinger, 1990, Nr. 87 bis 90; Uitzinger, 1992, Nr. 87 bis 90

Der Bogen und die zugehörigen Pfeile sind Jagdwaffen. Der Bogen besteht aus Holz vom Maulbeerbaum, die Pfeile aus Buchsbaumholz mit Eisenspitzen und einer Befiederung aus Geierfedern.
Der Köcher und das Futteral des Bogens sind mit von Silberfäden durchwirktem Satin bezogen. Sie sind mit Attaschen und Ringen aus vergoldetem Kupfer zur Befestigung am Gürtel versehen. Die oben am Futteral angebrachte Scheibe zeichnet sich durch ein sehr altes Muster aus. O. M.

Die Jagd in Mulan

Lucie Rault-Leyrat

«... *Unter den Tieren gibt es viele Hirsche mit großem Geweih.*
Man kann sie durch Pfeifen anlocken während des Fluges der Wildgänse.»
(Qianlong, 1755)

Die große Herbstjagd (*xian*) war in der mandschurischen Gesellschaft des 18. Jahrhunderts eine Einrichtung von allergrößter Bedeutung und zugleich eine militärische und rituelle Übung. Es handelte sich dabei um die Hirschjagd zu der Jahreszeit, in der das Röhren der Hirsche den Jagdpark von Mulan erfüllte. Dieses Gelände liegt im Norden der Residenz *Bishushanzhuang*, der als Zuflucht vor der Hitze dienenden Sommerfrische in der Nähe von Rehe (Jehol), dem heutigen Chengde.

Der Begriff Mulan ist die chinesische Version des mandschurischen Wortes *muran*, das »Hirschschrei« bedeuten kann oder auch das Anlocken des Hirsches während der Jagd durch das sogenannte »Hirschpfeifen« meint. Das chinesische Pendant zum mandschurischen *muran* und zum mongolischen *urumdal* ist *shaoluwei* oder *shaolu*. Der Name des gleichlautenden Blasinstrumentes leitet sich also unmittelbar von der Jagdtechnik ab, bei der es eingesetzt wurde.

Die Sitte der Herbstjagd in Mulan wurde unter der Herrschaft der Kaiser Kangxi (Regierungszeit 1662–1722), Qianlong (Regierungszeit 1736–1796) und zu Beginn der Regierung von Jiaqing (Regierungszeit 1796–1820) gepflegt. Jedes Jahr zur Herbst-Tagundnachtgleiche, nach dem Bailu-Fest, huldigte der Kaiser den mandschurischen Traditionen der Kriegskunst. Begleitet von mandschurischen und mongolischen Adligen und eskortiert von einer regelrechten Armee, wurde er an der Spitze seiner Jagdexpediton (*xingying*) wieder zum Stammesführer einer tatarischen Horde. Insbesondere Qianlong genoß diese Jagdzeiten, die es ihm erlaubten, der Stadt zu entfliehen. Meist widmete er ihnen vier Monate im Jahr und verfaßte auch gerne Gedichte zur Erinnerung an die Expeditionen nach Mulan. Diese Werke unterrichten uns über deren Organisation und die Etappen: »... *Wieder kehrt die Zeit, da die Hirsche röhren in Mulan ... Nach dem Fest der weißen Rose von Bailu beginnt das Röhren der Hirsche, und man schickt sich an, ihren Schrei nachzuahmen ...* »[1].

Im Musée Guimet[2] werden vier Rollen mit insgesamt sechzig Metern Malerei verwahrt. Unter dem Titel *Mulan,* in kaiserlichem Auftrag unter der Leitung von Giuseppe Castiglione (Lang Shining) ausgeführt, geben sie die verschiedenen Sequenzen einer typischen Jagd unter der Ägide Qianlongs[3] im Detail wieder. Die erste Rolle »Jagdexpedition« (*Xingying*) beschreibt den Marsch des Gefolges über Berg und Tal. Zwischen den Soldaten erkennt man ein mit Hirschgeweihen beladenes Lastpferd. Es sind die für die Treibjagd bestimmten Requisiten. Bei der Jagd trug der Hornbläser ein Hirschfell und ein Geweih, um das Tier anzulocken. Die zweite Rolle »Im Jagdlager« (*Xiaying*) beschreibt die aus Zelten und Jurten für die Angehörigen der verschiedenen Banner gebildeten Lagerzonen. Die äußeren sind in Kreisform wie der Himmel angeordnet, die inneren als Quadrat wie die Erde. Die dritte Rolle »Das Bankett« (*Yanyan*) gibt Szenen von Gastmählern und Vergnügungen nach mongolischer Sitte wieder, wie Pferdedressur, Wettkampf und Bogenschießen. Die vierte, »Umzingelung« (*Hewei*), zeigt die eigentliche Jagd. Es ist eine Treibjagd (*xingwei*), entwickelt aus der mongolischen Kriegsstrategie, bei der die Truppen der Acht Banner einen Kreis von 40 km Durchmesser um die kaiserliche Jurte (*kancheng*) bilden und ihn immer enger ziehen. So treiben sie das Wild in einen Umkreis von eineinhalb Kilometern um den Kaiser, so daß er es nach Herzenslust erlegen kann.

Wenn der Kaiser im Morgengrauen auszog, um die Hirschrudel aufzuscheuchen, hatte sein Gefolge bereits im offenen Gelände Stellung bezogen. Ein Wachsoldat befestigte ein Hirschgeweih an seinem Kopf und zog sich ein Hirschfell über. Dann blies er das Horn, das das Röhren des Hirsches nachahmte[4]. Der eigentümliche Klang (*youyou*), dem Hirschschrei täuschend ähnlich, hallte in den Wäldern bis zu einer Entfernung von mehreren *li* wider. Sobald die Hirsche ihn vernahmen, traten sie ohne jedes Mißtrauen aus dem Wald und wurden zur Zielscheibe der Jäger[5].

Bereits in der Ära der Liao (947–1125) waren die Dschurdschen, zu denen die Mandschu gehören, auf die Nachahmung des Hirschschreis spezialisiert und bildeten ein eigenes Jägercorps, das darauf spezialisiert war, den Hirsch durch Nachahmung seines Schreis anzulocken[6].

Diese Jagdpartien waren vor allem als militärische Ausbildung gedacht, bei der der Kaiser den Stammesstolz und den Kampfesmut seiner Männer anstachelte. Hier sollten sie auf die Probe gestellt und beurteilt werden. Wer sich bei der Jagd auszeichnete, konnte sich eine Beförderung verdienen, aber der Kaiser konnte ebenso Sanktionen verhängen oder eine Degradierung anordnen.

Die Jagd war für den Kaiser sowohl von politischer als auch von magisch-religiöser Bedeutung. Ihr Beginn wurde den Ahnen verkündet, und ihnen wurde auch das erlegte Wild dargebracht. Indem er das Blut des »geopferten« und von ihm erlegten Hirsches trank, knüpfte der Kaiser an seine nomadischen Wurzeln an und bewies seine kriegerische Tugend. Er bekräftigte hierdurch seine Stellung als Führer des Adels und der Banner, die ihm mit ihrem »Dienst« bei der Jagd Tribut zollten.

Diese unter den Liao, Jin und Yuan am Leben erhaltene Tradition war auch den Mongolen und Tungusen eigen[7]. Sie demonstrierte Macht und sollte benachbarte Stämme einschüchtern, die die Grenzen bedrohen könnten. Jiaqing äußerte sich wie folgt:

»Die Herbstjagd ist ein Gesetz unserer Dynastie, ihr Ziel ist die Befriedung entfernter Stämme«[8].

[1] S. Qianlong, 1755, II J. 59.
[2] Nr. EO 3568 1–4.
[3] S. Hou Jiniang und Michèle Pirazzoli, 1979 und 1982.
[4] S. Rolf Stein, 1939, S. 79.
[5] Ebenda S. 103.
[6] Ebenda S. 98–99.
[7] S. Jagchid, 1968, S. 90–93.
[8] Jiaqing, *Mulanji*, 4373–4376.

21
Jagdhorn
Holz, Lackvergoldung
0,87 × 0,065 m
Qing-Dynastie (1644–1911)
Inv.: G 1708882

Das Horn in Drachengestalt hat eine konische Bohrung und ist auf seiner ganzen Länge mit lackvergoldeten »Schuppen« bedeckt. Sein Ende hat die Form eines Drachenkopfes mit trichterförmig geöffnetem Rachen und Verzierungen aus Rhinozeroshorn. Das Jagdhorn ist aus einem einzigen Stück gebohrt und erweitert sich trichterförmig zum Schallbecher hin. Vermutlich enthielt das Mundrohr ein mit »Lippen« versehenes Mundstück, oder die Luftsäule wurde mittels eines anderen geeigneten Zubehörs in Schwingungen versetzt. Es handelt sich um ein Instrument zur Nachahmung des Hirschschreis.
Die Verkleidung der Jäger und die Nachahmung des Hirschschreis gehen auf schamanistische Praktiken zurück, bei denen der Geist der Vorfahren angerufen wurde. Der Hirschschrei entsteht durch die Luftsäule, die in dem drachenförmigen Trichter vibriert. Der Drache ist das Symbol der sich wandelnden Energie. Jäger und Gejagter werden in diesem Augenblick durch den Klang eins und kommunizieren in derselben Sprache. Dann verlängert der Jäger mit dem Trinken des Tierblutes den Bund mit den Ahnen, der ihn in seinem Dasein bestätigt und unter den Schutz seines Clans stellt.   L. R.-L.

21

23 (Detail) ▷

Kaiserliche Porträts

Ju-hsi Chou

Die chinesische Gesellschaft war stets einer strengen Hierarchie unterworfen. Ihr komplexer Aufbau aus Stufen und Rängen ist nicht allein Folge der Strukturen im öffentlichen Bereich: diese finden sich auch in der Familie, in der sozialen Schichtung und im Berufsleben. Auf dem höchsten Gipfel dieser Pyramide thronte der Kaiser, umgeben von Beamten der verschiedenen Rangstufen, an die er Machtbefugnisse delegierte und die er kontrollierte, um die tatsächliche Macht für seinen Bereich und seine Interessen zu bewahren.

In diesem Universum spielte jeder mehrere Rollen, indem er seinen zahlreichen Pflichten innerhalb der verschiedensten Gruppen nachkam, welche die persönlichen Fähigkeiten und Energien entweder einschränkten oder ihnen auch Dynamik verleihen konnten. Dieser bestimmte Mann oder jene bestimmte Frau waren niemals »Individuum« in dem Sinne, wie es in den westlichen Kulturen verstanden wird. Sie waren vielmehr Produkte von verschiedenen, sich überlagernden hierarchischen Gegebenheiten.

Aus diesem Grund tendierte die Darstellung von Personen zu eher genrehaften Bildern, selbst wenn die Situation die Identifizierung der Abgebildeten erfordert hätte. Gu Kaizhi (344–406) lehnte es für sein Gemälde *Ratschläge der Erzieherin an die Damen des Hofes* ab, die Dame Feng oder die Dame Ban[1] unterschiedlich darzustellen. Was zählte, ist der von ihnen verkörperte Inbegriff an Schönheit und Integrität.

Die wesentliche Aufgabe des Malers bestand also nicht darin, seinen Personen einen aufgrund eines besonderen Augenblicks entstandenen lebhaften und angeregten Ausdruck zu verleihen (wie es der Theoretiker Wang Yi nahelegte)[2], sondern er sollte dem Betrachter eine verständliche Hierarchie von Archetypen vor Augen stellen, die eher die Lebensweise einer Gruppe repräsentieren als eine einzelne Attitüde oder die Züge eines Individuums. Die Darstellung solcher durch ihre Funktionen und ihre jeweilige Stellung in der Gruppe definierter Personen ließ wenig Raum für individuelle Züge. Angesichts dieser Betonung der normativen Ähnlichkeit in der chinesischen Personenmalerei wird verständlich, warum die chinesische Porträtmalerei von Anfang an Genreporträts hervorbrachte.

Die Porträtkunst zeugt von der normativen Kraft der von Generation zu Generation weitergegebenen Rollen. So findet man auf den beiden Porträts von Su Shi von der Hand Huang Shen's[3] einen jungen Su Shi in Gesellschaft seines Vaters und dazu dieselbe Person in fortgeschrittenem Alter in Gesellschaft eines jüngeren Freundes. Der reife Su Shi zeigt dieselben Züge, die sein Vater aufweist, was auf die Weitergabe der Funktionen hindeutet.

Aus demselben Grund fehlt den Ahnenporträts, die das gesamte Leben eines Mannes oder einer Frau wiedergeben sollen, notwendigerweise der Ausdruck eines bestimmten Augenblicks. Indem die Person mit allen Zeichen der empfangenen Ehren und in Ausübung ihrer gesellschaftlichen Pflichten gezeigt wurde, reihte sie sich ein in die Generationenabfolge ihrer Familie oder ihres Clans. Für denjenigen auf dem höchsten Gipfel der Hierarchie, den Sohn des Himmels, fand seine einmalige und einzigartige Majestät im Hier und Jetzt ihre Verkörperung. Beim Betrachten seiner eigenen malerischen Arbeit sagte der Maler Guo Ruoxou: »Sie ist dazu angetan, seiner allerhöchsten, dem wahrhaften Himmel vergleichbaren Heiligkeit Ehre zu erweisen«[4].

Vielleicht haben es die Kaiser aufgrund der Vergänglichkeit ihrer irdischen Macht während einer langen Zeit von mindestens tausend Jahren vorgezogen, den Betrachter von ihren Porträts herab nicht frontal anzusehen, und es auch vermieden, in der Zentralachse des Gemäldes zu stehen. Durch den Verzicht auf den Platz in der Mitte erkannte der Sohn des Himmels seine irdische und sterbliche Natur an. Er drehte den Oberkörper, wenn auch leicht, vom Blick des Beobachters weg oder schien ihn in anderen Fällen, wie zum Beispiel auf den Darstellungen von Prozessionen, zu ignorieren. Bei weiteren Gelegenheiten ist er unter Bodhisattvas und Weisen, wie Mañjushrî und Vimalakîrti, abgebildet als einer der zahlreichen Zeugen ihrer Unterweisung im Dharma. Aus der Art und Weise, wie sich die Kaiser oft abbilden ließen, läßt sich schließen, daß sie noch nicht die Kühnheit hatten, die höheren Mächte herauszufordern, wie es viele andere später tun sollten.

In der Ming-Dynastie schien sich in dieser Hinsicht eine andere Auffassung durchzusetzen, ablesbar an den Bildkompositionen mit dem Kaiser in strenger Frontalität und in der Achse des Gemäldes[5]. So ist es zum Beispiel bei der Darstellung des Kaisers Hongzhi (Regierungszeit 1488–1505), der sich aber durch einen hinter ihm stehenden dreiteiligen Drachenparavent gegen böse Einflüsse schützte. Möglicherweise wurde die Komposition dieses Werkes, wie Wen Fong bemerkt, von einer tibetischen oder buddhistischen Quelle inspiriert.[6] Ein anderer Gesichtspunkt könnte eine Parallele der Kaiserbildnisse zu den Ahnenporträts sein, bei denen die Frontalität eine Dimension birgt, die über das Diesseits hinausweist. Ein dritter Aspekt könnte sein, daß die Ming-Kaiser – Despoten von solidem Ruf – keine Furcht davor hatten, der etablierten Ordnung die Stirn zu bieten, ob weltlich oder religiös. Trotz allem wurde dieser Porträttyp nur von Zeit zu Zeit verwendet und konstituierte sich nicht als dauerndes Mittel zur Stärkung der monarchischen Würde. Auf jeden Fall kann man es als einen Bruch mit den Porträts der Vorfahren, wie zum Beispiel denen des Hongwu betrachten[7] (Regierungszeit 1368–1398) oder des Yongle (Regierungszeit 1403–1424); ersterer war der Gründer der Dynastie, letzterer ein energischer und mächtiger Usurpator. Diese großen Despoten, innerhalb und außerhalb des Hofes ge-

Kaiserliche Porträts 155

fürchtet, versuchten sich dennoch auf ihren Porträts durch das Wegdrehen aus der strengen Frontalität einen Anflug von Bescheidenheit zu geben. Eine leichte Änderung in der Körperhaltung offenbarte ihren Willen zu einer freieren Bildauffassung gegenüber der stereotypen Pose, die ihre Nachfolger einnahmen.

Bei allen Staatsporträts wurde Ähnlichkeit eingefordert, woraus sich die Ähnlichkeiten bei den Angehörigen derselben Linie erklären lassen. Parallel dazu wurden die Maler zur Idealisierung ermutigt, nicht nur um größere Würde zu erzielen, sondern auch um die Physiognomie zu schönen. Dadurch wurde der Glaube an einen wirklichen Himmelssohn betont, dessen erhabene Rolle darin bestand, Friede und Prosperität für das Land zu bringen, ohne daß dabei direkt an die Prosperität der betreffenden kaiserlichen Linie gedacht wurde. Da das Porträt eines Kaisers ihn mit den äußeren Zeichen des Kaisertums wiedergeben und ein Idealbildnis für die Ewigkeit sein sollte, mußte die flüchtige Darstellung vorübergehender Gefühle notwendigerweise einem unbewegten und gleichmütigen Ausdruck Platz machen. Selbstverständlich konnte sich ein Kaiser neben diesen stereotypen Porträts auch bei gewissen historischen oder politisch wichtigen Ereignissen abbilden lassen und großes Vergnügen daran haben, sich als Mittelpunkt einer Jagd oder anderer Zeremonien und Vergnügungen zu sehen, die von ihm oder für ihn organisiert wurden[8]. Diese Bildkompositionen sollten daran erinnern, daß er das Zentrum ist und daß alle, die um ihn herum abgebildet sind, ihm als seine Untertanen unterworfen sind. Indem sie den Monarchen umgeben, befinden sie sich ihrerseits im leuchtenden Strahl seines Wohlwollens.

Alle diese Bildkonventionen waren schon etabliert, als die Qing-Dynastie an die Macht kam. Die Eroberung Chinas leitete die lange mandschurische Herrschaft ein, die 267 Jahre dauerte und in der zehn Kaiser regierten, wobei die Dynastiegründer Nurhaci und Huang Taiji nicht mitgezählt sind. Die Porträts der gesamten kaiserlichen Linie werden im Palastmuseum von Peking verwahrt, nur einige wenige Bilder befinden sich im Ausland. Im Vergleich mit den seltenen Gemälden aus der Ming-Zeit oder aus früheren Dynastien sind die Qing-Gemälde außergewöhnlich, sowohl was ihre Anzahl als auch was ihre historische Bedeutung betrifft.

Nur professionelle Maler konnten in der Porträtkunst Karriere machen. Unter aufmerksamer Kontrolle des Hofes fertigten sie eine große Anzahl von Gemälden für vielerlei Zwecke an: um das persönliche Bildnis des Souveräns für die Nachwelt zu erhalten, zum Ruhm des kaiserlichen Lebens und seiner Begebenheiten sowie zu den großen Themen der moralischen Erbauung und zu den geschichtlichen und politischen Zielen. Kurz,

24 (Detail)

die Porträtmaler des Hofes der Qing-Dynastie wählten ihre Themen in vollem Bewußtsein dessen, was sie darzustellen hatten, und in gleicher Weise führten sie auch ihre Landschafts-, Tier- und Blumenmalerei aus.

Wie bekannt, beschäftigten die Kaiser der Qing-Dynastie im Unterschied zu ihren Vorgängern westliche Künstler bei Hofe[9]. Giuseppe Castiglione, Jean Denis Attiret und andere Maler aus dem Jesuitenorden führten eine visuelle Annäherung an das Sujet, ein authentisches Interesse an der optischen Illusion und das Wissen um die perspektivische Darstellung ein, was die Porträtkunst belebte.

Anders als die Maler unter den Ming strukturierte zum Beispiel Castiglione bei dem Porträt, das er zur Inthronisation des jungen Qianlong malte, das flache dekorative Ambiente von Thron und Teppich auf eine neue Weise mittels perspektivischer Linien, die zum Kaiserthron führen und die zentrale Stellung des Himmelssohnes betonen. Es bleibt festzuhalten, daß dieses Schema auch bei den späteren Kaiserporträts angewandt wurde, jedoch treffen sich die Linien nun nicht mehr im Fluchtpunkt, und das Muster des Bodens wird optisch von den Teppichmotiven imitiert, siehe hierzu auch die Porträts von Jiaqing (Regierungszeit 1796–1820), Daoguang (Regierungszeit 1821–1850) und Xianfeng (Regierungszeit 1851–1861).[10]

Über ihren hauptsächlichen Zweck hinaus vermitteln uns diese Gemälde Kenntnisse über die kaiserliche Linie der Fremddynastie. Diese Herrscher, in ihrem Selbstverständnis vor allem anderen Mandschu, rasierten sich die Stirn, trugen einen (im allgemeinen nicht sichtbaren) Zopf und Kleidung, die vor allem für körperliche Aktivitäten wie Reiten und Bogenschießen geeignet war. So stellten die kaiserliche Jagd in Mulan[11] sowie die Ausübung anderer Mandschu-Sitten offenkundig einen bedeutenden Bestandteil ihrer ursprünglichen Kultur dar, auch wenn diese Bräuche im Laufe der Sinisierung zur bloßen Erinnerung wurden. Die Kaiser stammten aus einer verhältnismäßig kleinen, fest umschriebenen Bevölkerungsgruppe, als Herrscher über das Riesenreich praktizierten die Mandschu deshalb eine Politik der wohldosierten Anpassung und Einschüchterung einerseits und der Befriedung und mitleidlosen Dominierung andererseits. Auch die Porträts spiegeln eine eigentümliche und paradoxe Mischung wider: auf ihnen findet sich eine Mandschu-Krone neben einer Staatsrobe, die mit dem Drachendekor und den zwölf Emblemen den ikonographischen Vorschriften für die kaiserlichen Insignien der Han-Tradition entspricht. Der Wunsch, anerkannt zu werden, ist leicht zu durchschauen: Einige Gemälde mit dem Titel »Freuden des Lebens« *(xingle tu)* zeigen eine Reihe von Kaisern der Qing-Dynastie, darunter Yongzheng und Qianlong, als Ge-

26 (Detail)

lehrte in altertümlichen chinesischen Roben und in unterschiedlichen Kontexten[12]. In einer historischen Situation, in der sich das gesamte Land und seine Institutionen grundlegend ändern mußten, um sich den Mandschu anzupassen, zeigen solche Gesten deutlich, wie groß zeitweilig das Bedürfnis der Monarchen war, sich ihren Untertanen anzugleichen, wenn auch in einer Form, die heute unpassend erscheinen mag.

Einzeln betrachtet, umgibt sich jeder Kaiser mit einer genau definierten Aura. Kangxi, Yongzheng und Qianlong stellen sich uns in unmittelbarer und lebhafter Weise vor Augen. Diese Porträts vermitteln uns – über Worte hinaus – eine Vorstellung davon, welche Persönlichkeiten die Kaiser waren und was sie repräsentierten.

Der offensichtliche Unterschied zwischen ihnen wird an den jeweiligen Rollen sichtbar, die die Kaiser ungezwungen und mit Freude spielen, und an den Situationen, in denen sie sich befinden. Können wir ihre persönliche Vorstellung von kaiserlicher Autorität begreifen aufgrund des Umstandes, daß ein Porträt zwangsläufig dem Urteil dessen unterworfen werden mußte, den es darstellt? Maxwell Hearn hat auf der Grundlage der beiden großen Bildrollen *Inspektionsreisen in den Süden* die unterschiedliche Auffassung der kaiserlichen Rolle bei Kangxi und Qianlong aufzuzeigen versucht.[13] Bei den Porträts von Kangxi, einschließlich der *Inspektionsreise in den Süden,* können wir erkennen, daß der Kaiser die Betrachter mit einer gewissen Toleranz und Bescheidenheit ansieht. Mit zunehmendem Alter wird er kleiner und scheint unter dem Gewicht der kaiserlichen Bürde zusammenzusinken. Er herrschte in dieser Zeit jedoch sehr absolutistisch, indem er sich überall mit allem befaßte[14]. Was Qianlong betrifft, so zeigt ihn das Ensemble seiner Porträts in mannigfaltigen Kostümierungen als Mandschu-Häuptling, gelehrten Han-Chinesen, daoistischen Priester, als Bodhisattva oder Vimalakīrti. In seinem Falle vermischen sich Bilder mit Bildern, die große Zahl seiner verschiedenen Rollen läßt uns ahnen, daß sich Qianlong im Gegensatz zu seinem Großvater allmächtig und omnipräsent fühlte.

Eine verborgene Dimension tritt zutage, wenn man diese Porträts als Bilder einer genealogischen Abfolge betrachtet. Ein einziger Blick läßt uns hinter der Einzigartigkeit eines jeden erkennen, welch grundlegende genetische Veränderung in der Linie stattgefunden hat. Das volle Oval des Gesichtes, die leicht nach unten ziehenden Augenlider und Brauen, die gerade Nase und das mächtige Kinn sind die Kennzeichen der fünf ersten Kaiser, von Shunzi (Regierungszeit 1644–1661) bis zu Jiaqing (Regierungszeit 1796–1820). Diese Kaiser besaßen wirkliche Präsenz, unabhängig vom Alter, der zufälligen Stellung und den jeweiligen Herausforderungen. Die Kraft der mandschurischen Gene ist offenkundig. Beginnend mit Daoguang (Regierungszeit 1821–1850) läßt sich eine Veränderung im Aussehen feststellen. Man sieht die Knochenstruktur des Schädels und die mit dem Alter kahler werdende Stirn, die scharfen Begrenzungen der tiefliegenden Augenhöhlen treten hervor, und der untere Teil des Gesichtes läuft in einem spitzen Kinn aus. Wir entdecken an Xianfeng (Regierungszeit 1851–1861) und Tongzhi (Regierungszeit 1862–1874) diese Züge trotz des überraschend jugendlichen Charmes. Sie lassen sie eher unfähig erscheinen, die Last der Regierung eines so großen Landes in einer Zeit zu tragen, in der der Niedergang sich bereits ankündigt und in der unüberwindlichen inneren Unruhen und fremder Aggression die Stirn geboten werden mußte.

Möglicherweise hat ein ganzes Bündel von Faktoren eine genetische Veränderung bewirkt. Einer der Gründe ist vielleicht die mangelnde Begeisterung der Prinzen für typisch mandschurische Aktivitäten wie die Jagd in Mulan, die beträchtliche körperliche Kraft erforderte. Ein anderer Anstoß zur genetischen Veränderung ist die Wahl der Ehegemahlin. Seit den letzten Jahren der Regierung Qianlong läßt sich eine Tendenz zur Abkehr vom einfachen und klaren Profil erkennen, das die Kaiserin und die Erste Konkubine *(huangguifei)* auszeichnet, deren klassische Schönheit unvergleichlich sein soll. Ein neuer Geschmack tauchte auf, der delikate Schönheiten bevorzugt, fragil und sensibel, mit eher schmalem Gesicht und spitzem Kinn. Die Gemahlin von Daoguang war von dieser Art, ihre wulstige Oberlippe verbarg die leicht vorstehenden Frontzähne nicht[15]. Kurz, eine eigenartige Veränderung brachte desto jünglingshaftere und zartere Himmelssöhne hervor, je älter die Dynastie wurde. Die Zerstörung der kräftigen und robusten mandschurischen Wurzeln war zweifellos einer der historischen Faktoren, die zum fast unvermeidlichen, tragischen Schicksal des Qing-Reiches beitrugen.

---

[1] S. Suzuki, 1982, Band 2, S. 214, 215–260, Abschnitt 1 und 2.

[2] Wang Yi, in Yu Anlan, 1962.

[3] Chou und Brown, 1985, S. 220 und 224.

[4] Guo Ruoxu, in der englischen Übersetzung S. Soper, 1951, S. 10–11.

[5] Wen Fong, 1996, S. 331–332.

[6] Ebenda, Tafel 162 und S. 331–332.

[7] Ebenda, Tafel 160 und 161.

[8] S. zum Beispiel *Xianzong Xingle Tu* in *Zhongguo Gudai Shushua Tumu*, 1986, Band 1, *Jing* 2–268.

[9] Cécile und Michel Beurdeley, 1971 und René Picard, 1973. Rogers 1988, S. 141–160. Yang Boda, 1993, S. 131–177. Nie Chongzeng, 1996.

[10] *Qingdai gongting shenguo*, 1985, Abb. 178, 236, 356.

[11] Michèle Pirazzoli und Hou Ching-lang, 1979, 1982 und *Xiaolu Tu* in *Qingdai gongting huihua*, 1992, Tafel 51.

[12] S. auch in *Quindai dihou xiang*, 1931.

[13] Maxwell Hearn, 1988.

[14] S. sein Staatsporträt in *Qingdai gongting shenghuo*, 1985, Abb. 66, S. 298, 299.

[15] S. *Qingdai gongting shenghuo*, 1985, Abb. 258.

22
Porträt des Kaisers Kangxi
Anonym
Tusche und Farben auf Seide
Hängerolle
Gemälde 2,747 × 1,43 m
Rolle 2,95 × 1,58 m
18. Jahrhundert, Regierung von Kangxi (1662–1722)

Lit.: *Oingdzi dihou xiang*, 1931, Bd. I. 13; Ausstellungskatalog Berlin, 1985, Katalognummer 1, S. 121; *Oingdai gongting huihua*, 1985, 15, S. 266.

Gemäß einer alten chinesischen Sitte ließen die Mandschu-Kaiser während der gesamten Zeit ihrer Dynastie eine große Zahl von Porträts der Angehörigen der kaiserlichen Familie, der Herrscher und Helden der Vergangenheit sowie von den verdienstvollsten Untertanen in den kaiserlichen Werkstätten anfertigen[1]. Von diesen Bildern waren einige für den persönlichen Gebrauch bestimmt und bildeten einen Teil der kaiserlichen Sammlungen, andere dienten der Erbauung[2] und wurden öffentlich gezeigt. Nicht in diesen Zusammenhang gehören die Porträts der Kaiser und Kaiserinnen, die für die Kapelle des Ahnenkultes *(Fengxiandinan)* bestimmt waren, in der der Kaiser oder die Prinzen an jedem Ersten und Fünfzehnten des Monats ihrer Ahnen gedachten, oder für den nahe dem Kohlenhügel gelegenen Palast der Zeremonien (Halle der Langlebigkeit der Kaiser). Auch in diesem Gebäude, in dem die sterbliche Hülle der Kaiser bis zur Beisetzung im Grabmal aufgebahrt wurde, verwahrte man eine vollständige Reihe der Kaiserporträts der Dynastie. Die Anwesenheit des kaiserlichen Körpers oder der Bildnisse der Vorfahren übten einen schützenden Einfluß auf die unmittelbar südlich davon gelegene Verbotene Stadt aus. Diese Halle war das Pendant zum Ahnentempel *(Taimiao)* südlich des Palastes, hier befanden sich die Ahnentafeln, denen ebenfalls ein Staatskult gewidmet war. Schließlich dienten die Porträts dazu, die kaiserliche Familie in den Tempeln und Kapellen des gesamten Reiches zu repräsentieren, in denen der Ahnenkult ausgeübt wurde. Die kultische Funktion dieser kaiserlichen Porträts erklärt ihre hohe Qualität in Konzeption und Ausarbeitung, aber auch den hieratischen Ausdruck und die strenge Kodifizierung, denen sie unterlagen.

Aus diesem Blickwinkel betrachtet, hielten die Mandschu unter dem Zwang der Nachahmung chinesischer Bräuche noch an einem gewissen Konservatismus fest, die Konzeption der Porträts entwickelte sich im Laufe der Dynastie kaum weiter. Qualitativ bleiben die in den Regierungszeiten der drei großen Qing-Kaiser (Kangxi, Yongzheng, Qianlong) angefertigten Gemälde die besten.

Der im Jahr 1654 in der Verbotenen Stadt im Palast der Strahlenden Menschlichkeit *(Jingrengong)* geborene Prinz Aisingioro Xuanye war der dritte Sohn von Shunzi (Regierungszeit 1644–1662), dem ersten Kaiser der Qing-Dynastie. Seine Herrschaft, ein erster Höhepunkt der Dynastie, begann er im Alter von nur acht Jahren unter der Regentschaft von vier Ministern, deren bedeutendster Aobai war. Mit zwölf Jahren heiratete Kangxi und übernahm die Macht. Der Zeitgenosse Ludwigs XIV. sollte einundsechzig Jahre regieren, bevor er im Jahr 1722 in seinem Sommerpalast im Garten des Heiteren Frühlings *(Changchunyuan)* verstarb.

Kaiser Kangxi wird hier streng frontal dargestellt, bekleidet mit einem Zeremonialgewand *(chaofu)*, das mit den kaiserlichen fünfklauigen Drachen verziert ist. Er sitzt auf einem vergoldeten, mit Drachenskulpturen geschmückten Thron. Seine in Stiefeln steckenden und auf einen Schemel gestützten Füße schauen unter der Robe hervor. Der Hintergrund des Gemäldes bleibt leer gemäß einer auf die Tangzeit (618–907) zurückgehenden Tradition. Ausgenommen davon sind ungefähr zwei Fünftel der unteren Bildhälfte, die von einem Teppich mit farbigen geometrischen Motiven bedeckt werden. Zusammen mit den Ornamenten des Kissens und der Robe vermitteln sie den Eindruck von Pracht und verstärken die Wirkung der flächigen dekorativen Umgebung. Diese Motive und die geraden Linien des Thrones sind perspektivisch wiedergegeben, vielleicht unter europäischem Einfluß. Im Gegensatz dazu wird die Drapierung des Gewandes etwas ungeschickt durch einfache schwarze Striche angedeutet, zu deren Seiten sich die Motive fortsetzen, als ob das Gewebe keine Falten hätte. Die über der Stirn mit einem Buddha in Medaillonform verzierte schüsselförmige Kopfbedeckung endet in einer mit Perlen aus der Mandschurei besetzten Spitze. Eine Hand des Kaisers spielt mit den Perlen der Hofkette, eine Geste, die der sonst sehr hieratischen Personenwiedergabe einen lebhafteren Zug hinzufügt. Alle diese Details kennzeichnen den Dargestellten ohne jeden Zweifel als Kaiser, lediglich das Gesicht trägt gewisse individuelle Züge. Es wurde in einer anderen Technik ausgeführt und war innerhalb der Werkstatt sicherlich einem Spezialisten anvertraut. Kangxi ist hier in reifem Alter wiedergegeben, das feine Gesicht wirkt fast hager, die Augen jedoch sprühen vor Intelligenz. Dieser Eindruck entspricht ziemlich jenem, den Père Lecomte von ihm hatte, ein im Jahr 1687 bei Hofe empfangener jesuitischer Missionar: »Der Kaiser schien mir von etwas überdurchschnittlicher Größe zu sein, dicker als die Leute, die sich in Europa gewöhnlich wohlgestalt dünken, jedoch etwas weniger dick als für einen Chinesen wünschenswert. Er hat ein volles, von Blattern gezeichnetes Gesicht und eine hohe Stirn. Nase und Augen sind klein, wie man es bei Chinesen kennt, der Mund ist schön gezeichnet, und die untere Hälfte des Gesichtes erscheint sehr angenehm. Schließlich scheint er von gütigem Naturell zu sein, und man bemerkt in seinen Manieren und seinem Verhalten etwas, das einen Meister auszeichnet«[3].　　　　　　　A. G.

[1] S. »Porträts«, in Chinese Cultural Art Tresures, 1966, S. 88.
[2] *Ibid.*
[3] Lécomte, 1990, S. 71.

23
Porträt der Kaiserinwitwe Xiaosheng
(1691–1777)
Anonym
Tusche und Farben auf Seide
Hängerolle
Gemälde 2,31 × 1,405 m
Rolle 3,80 × 1,86 m
1751
Inv.: G 6452

Als Dreizehnjährige tritt die 1691 geborene Niuhulu, Tochter des Mandschu-Würdenträgers *(sipindianyi)* Lingzhu, als Konkubine Zweiten Ranges *(cefuijin)* in den Dienst des Prinzen Yinzhen, des zukünftigen Kaisers Yongzheng (Regierungszeit 1732–1735). Laut Überlieferung erregte sie dadurch Aufmerksamkeit, daß sie als eifrige Buddhistin die Pflege des Prinzen übernahm, als ihn eine ansteckende Krankheit befiel und seine Diener sich weigerten, ihm nahe zu kommen. Zur Favoritin aufgestiegen *(xiguifei)*, schenkte sie ihm einen Sohn, der unter der Regierungsdevise Qianlong herrschen sollte. Als dieser beim Tod seines Vaters im Jahr 1735 den Thron bestieg, wurde sie zur Kaiserinwitwe ernannt. Als offizielle Residenz in der Verbotenen Stadt bezog sie den Palast der Barmherzigen Ruhe *(Cininggong)*. An ihrem sechzigsten Geburtstag im Jahr 1751 wurden große Festlichkeiten arrangiert. Zu diesem Anlaß wurde das Porträt gemalt. Qianlong ließ auf ihre Anregung hin den neuen Sommerpalast (heute *Yiaheyuan)*[1] einrichten, insbesondere die Pavillons des Hügels der Langlebigkeit *(Wanshoushan)*, die im folgenden Jahrhundert von der Kaiserinwitwe Cixi restauriert werden sollten. Das Porträt der Kaiserin ist nach denselben Prinzipien wie ein Kaiserporträt aufgebaut (s. Katalognummer 22), Hände und Füße sind jedoch unter der Kleidung versteckt. Die Teppichmotive sowie die Begrenzungslinien des Thrones werden hier eindeutig zur perspektivischen Wiedergabe eingesetzt, was im Vergleich mit der traditionellen Technik eine Neuerung bedeutet. Die für diesen Porträttyp übliche Staatsrobe *(chapao)* wird unter einer langen ärmellosen Weste *(chaogua*, s. Katalognummer 63) getragen. Diese beiden Kleidungsstücke und der Kragen sind mit Fischotterfell eingefaßt, dem Pelz für die Kleidung, die vom 15. Tag des 9. Monats bis zum 1. Tag[2] des 11. Monats des Mondkalenders getragen wird. Gleiches gilt für den Kopfputz, der mit Schmuckstücken in Phönix-Form geziert ist (s. Katalognummer 80). Die Kaiserin trägt drei Hofketten: Zwei Ketten aus Korallenperlen verlaufen unter den Armen hindurch und kreuzen sich über der Brust, die dritte aus Perlen der Mandschurei ähnelt den von den Kaisern getragenen Ketten[3].   A.G.

[1] Malone, 1966, S. 109.
[2] S. Ausstellungskatalog Rotterdam, 1992, Katalognummer 1, S. 121.
[3] Ebenda, Katalognummer 2, S. 123.

24
Porträt des Kaisers Yongzheng
Anonym
Tusche und Farben auf Seide
Hängerolle
Gemälde 2,775 × 1,426 m
Rolle 2,92 × 1,57 m
18. Jahrhundert, Regierung von Yongzheng (1723–1735)
Inv. G 6431

Lit.: *Qingdai dihou xiang*, 1931, Bd. I, 20; Ausstellungskatalog Berlin, 1985, Katalognummer 2, S. 123; *Qingdai gongting huihua*, 1992, 39 S. 267.

Prinz Aisingioro Yinzhen war der vierte Sohn von Kaiser Kangxi. Er wurde im Jahre 1678 in der Verbotenen Stadt geboren. Wegen der Langlebigkeit seines Vaters bestieg er den Thron erst mit fünfundvierzig Jahren und regierte dann dreizehn Jahre lang unter der Regierungsdevise Yongzheng bis zu seinem Tod im Jahre 1735.
Der Kaiser ist hier als ein Mensch reifen Alters und robuster Konstitution wiedergegeben. Das Porträt scheint zusammen mit einer ganzen Reihe von anderen Kaiserporträts nach dem Vorbild des Bildes von Kaiser Kangxi angefertigt worden zu sein. Wahrscheinlich stammen sie aus derselben Werkstatt, denn Thron und Teppich sind ähnlich gestaltet. Indessen unterscheidet sich das Porträt leicht von den anderen: der Kaiser hält die Hofkette in der Rechten, beim Halsrevers herrscht Rot vor, die bestickten Säume der Robe sind weniger sorgfältig ausgearbeitet, der zu beiden Seiten herabhängende Gürtel ist schmuckloser, der Kopfschmuck wird von Nadeln gehalten. Diese nach einem Vorbild gearbeiteten Porträts mußten sich notwendigerweise in der Ausführung voneinander unterscheiden, je nach Epoche und Niveau der Werkstatt. Ein nach dem Vorbild von Kangxi und Yongzheng gemaltes Porträt von Kaiser Tongzhi (Regierungszeit 1862–1874) zeigt einen leicht nach rechts gedrehten Kopf und eine eher ungeschickte, wenn nicht gar karikaturhafte Ausführung des Gesichts[1]. Desgleichen scheint das ebenfalls im Palastmuseum verwahrte Porträt von Guangxu (Regierungszeit 1875–1908), verglichen mit den Darstellungen des vorhergehenden Jahrhunderts, weniger sorgfältig ausgearbeitet zu sein, wenn auch von besserer Qualität als das seines Vorgängers.   A.G.

[1] *Zijincheng dihou shenguo*, 1992, S. 47.
[2] Weng, 1982, S. 57.

25
Porträt der Kaiserin Xiaoxian (1712–1748)
Anonym
Tusche und Farben auf Seide
Hängerolle
Gemälde 1,95 × 1,152 m
Rolle 2,735 × 1,30 m
18. Jahrhundert
Inv. G 8769

Lit.: Ausstellungskatalog Berlin, 1985, Katalognummer 6, S. 125; Ausstellungskatalog Rotterdam, 1992, Katalognummer 2, S. 123; *Qingdai gongting huihua* 1992, 96, S. 272.

Im Jahr 1712 wurde Fucha als Angehörige des Clans des »Gelben Banners mit Saum« geboren und heiratete 1727 als Erste Gemahlin *(tifei)* den Prinzen Hongli, den späteren Kaiser Qianlong (Katalognummer 26). 1738, etwas mehr als zwei Jahre nach seiner Thronbesteigung, wird sie unter dem Namen *Xiaoxian* in den Rang einer Kaiserin *(huanghou)* erhoben. Sie schenkt zwei Söhnen und zwei Töchtern das Leben und stirbt 1748 im Alter von siebenunddreißig Jahren auf dem Rückweg von einer Reise in den Osten, an der sie teilgenommen hatte, vor der Etappenstation *Dezhou* am großen Kanal.

Dieses Frauenporträt ist etwas kleiner als das Bild von Xiaosheng (Katalognummer 23) und befolgt präzise die Gesetze der europäischen Zentralperspektive. Der Fußschemel ist in Durchbrucharbeit gefertigt, wodurch er größer wirkt, desgleichen die Rückenlehne des Thrones, um deren Streben sich skulptierte Drachen winden. Drachen bilden ebenfalls das Dekor der von Fischotterpelz eingefaßten Robe, sie werden von breiten Bordüren eingefaßt, auf denen geometrische Muster von Felsen und Wolken erscheinen sowie in regelmäßigen Abständen von Wellen umspielte stilisierte Formen des Zeichens des langen Lebens *(shou)*. Die Kaiserin trägt eine prunkvolle rosafarbene, mit Blumenmustern bestickte Schärpe und eine Hofkette. Die Künstler der kaiserlichen Werkstatt versuchten sichtlich, das Wohlgefallen des Kaisers zu erringen, da sie über den Rahmen des Staatsporträts hinaus Schönheit und freundliche Wesensart auszudrücken verstanden, die der Kaiserin wohl zu eigen gewesen sind. A. G.

26
Porträt des Kaisers Qianlong
Anonym
Tusche und Farben auf Seide
Hängerolle
Gemälde 2,05 × 1,335 m
Rolle 3,28 × 1,765 m
18. Jahrhundert
Regierung von Kaiser Qianlong (1736–1796)
Inv.: G 6465

Als vierter Sohn von Kaiser Yongzheng 1711 im Palast der Ewigen Harmonie *(Yonghegong)* in der Verbotenen Stadt geboren, bestieg Prinz Hongli 1735 im Alter von fünfundzwanzig Jahren den Thron. Seine Herrschaft unter der Regierungsdevise Qianlong dauerte sechzig Jahre. Im Jahr 1796 faßte der Kaiser den Entschluß, sich aus Achtung vor seinem berühmten Großvater von der Macht zurückzuziehen: Kangxi hatte einundsechzig Jahre regiert, und Qianlong wollte diese Spanne nicht überschreiten. Er überließ den Thron seinem fünfzehnten Sohn, Yongyan (Regierungsdevise Jiaqing, Regierungszeit 1796–1820) und nahm den Titel Kaiservater an. Von seiner Residenz aus, dem Palast des Ruhevollen Alters *(Ningshougong)*, spann er jedoch die Fäden der Macht weiter bis zu seinem Tod im Jahre 1799.

Dieses Porträt gehört zu einer anderen Reihe als diejenigen von Kangxi und Yongzheng (Katalognummern 22 und 24)[1]. Der Kaiser trägt – wie die beiden Kaiserinnen (Katalognummern 23 und 25) – eine mit Fischotterpelz eingefaßte Robe[2]. Die Wiedergabe des Teppichs unterscheidet sich ebenfalls: die großen roten Motive auf gelbem Grund haben Ähnlichkeit mit denen auf den beiden Kaiserinnenporträts. Wie Kangxi (Katalognummer 22) hält Qianlong die Hofkette in der Linken. A. G.

---

[1] Es existiert ein weiteres Porträt von Qianlong aus der gleichen Serie, s. Ausstellungskatalog Berlin, 1985, Katalognummer 3.
[2] Ausstellungskatalog Rotterdam, 1992, S. 121.

27
Siegel des Kaisers Qianlong
Weiße Jade
0,068 × 0,098 m
Nach 1784, Regierungszeit von Qianlong
(1736–1796)
Inv.: G 185505

Die Kaiser der Qing-Dynastie verfügten über eine große Anzahl von Staatssiegeln, um die für die Verwaltung notwendigen Dokumente zu siegeln und ihnen dadurch Authentizität zu verleihen. Darüber hinaus besaßen sie persönliche Siegel, deren einziger Zweck darin bestand, von ihnen geschätzte Gemälde oder Kalligraphien mit ihrem Siegel zu versehen. Einige Kaiser, wie Yongzheng und insbesondere Qianlong[1], bedienten sich ihrer mit Eifer, um mit diesen Besitzermarken kommenden Generationen ihren ausgesuchten ästhetischen Geschmack zu dokumentieren[2].

Das Siegel aus weißer Jade gehört zur Kunstsammlung von Kaiser Qianlong. Es wurde nach dem Jahr 1784 hergestellt, wie aus der Siegellegende hervorgeht: *Wufu wudaitang guxi tianzi bao*, »Siegel des Sohnes des Himmels, Selten in der Geschichte, Aus der Halle der Fünf Glückseligkeiten und der Fünf Generationen« in Anspielung auf ein Gebäude der Verbotenen Stadt, dem Qianlong zur Feier der Geburt seines Ururenkels diesen Namen verliehen hatte[3]. Seit dem Jahr 1780, in dem er 70 Jahre alt geworden war, bezeichnete sich Qianlong als »Selten in der Geschichte«, als Hommage an den berühmten Vers des Dichters Du Fu: »Selten in der Geschichte sind die Siebzigjährigen«[4]. Aus weißer Jade mit makelloser Politur hergestellt – gemäß dem seit dem 1. Jahrhundert der Ära herrschenden Geschmack[5] –, ist das Siegel mit einem Knauf aus einem doppelten Drachen geschmückt, welcher wichtigen Dokumenten und insbesondere bestimmten posthumen Siegeln vorbehalten war[6]. Qianlong besaß mehrere Siegel mit derselben Legende[7], von denen das vorliegende zweifellos das eleganteste ist. P.B.

[1] Guo Fuxiang, 1993.
[2] Die Bibliothek des Musée Guimet verwahrt Siegelstempel aus den Kaiserlichen Sammlungen von Yongzheng und Qianlong.
[3] Die Halle der Fünf Glückseligkeiten und der Fünf Generationen wurde ursprünglich von Kangxi für die Kaiserin Xiaohui erbaut und befindet sich im Palast Jingfugong, einem der sechs Östlichen Paläste.
[4] Demiéville, 1962, S. 267.
[5] Kanda, 1976, Nr. 4.
[6] Guo Fuxiang, 1994, S. 83, Nr. 5.
[7] Tokyo, 1995, Nr. 1.

Kaiserliche Siegel 167

168 Katalog

28
Siegel des Kaisers Daoguang
Stein aus Shoushan
0,125 × 0,125 × 0,065 m
Ca. 1830–1850
Inv.: G 166999

Das Siegel ist ein persönlicher Gegenstand des Kaisers Daoguang und besteht aus Shoushan-Stein. Wegen seiner einzigartig konstrastierenden Marmorierung gepriesen, zeichnet sich der Stein von Shoushan – ein nahe Fuzhou in Fujian abgebauter Serpentin[1] – durch seine sehr schöne gelbe, ins Zinnoberrot spielende Farbe aus. Der Stein ist oft Teil des Schreibzubehörs der Gelehrten; Dekor und Siegellegende dieses Siegels gehören in dasselbe Milieu. Das Fabeltier, das sich, wie in höchster Eile begriffen, umzuwenden scheint, gehört zu einem ikonographischen Typus, der seine Wurzeln im frühesten Altertum Chinas hat, der Ära Zhou (1027–256 v. Chr.), und einige Jahrhunderte später wieder Geltung erlangte, aus Anlaß der »chinesischen Renaissance« in der Ära der Song (960–1279). Auf den altertümlichen rituellen Gegenständen oder denen der Song-Gelehrten stößt man in der Tat auf jene zurückgewendeten Chimären – eine Art Drachen ohne Hörner – die ständig in Blitzesschnelle zum Sprung bereit scheinen, insbesondere auf Scheiben und Vasen aus Jade[2]. Mit Absicht haben die Skulpteure der Qing für diesen Gegenstand ein »altertümliches« Thema gewählt, dessen Stil sich auf zahlreichen Jaden dieser Ära wiederfindet[3]. Der Dekor befindet sich in Einklang mit der skulptierten Legende der Siegelschrift auf dem Sockel, welche inmitten von zwei sich um sie rankenden Drachen lautet: *Zhushan weishi*, »Sich auf das Gute stützen, um Meister zu sein«. Dieser Text spielt auf eine berühmte Passage von *Shujing* an – einen der Grundpfeiler der altertümlichen chinesischen Literatur, der von der Tugend handelt[4]. Um sie zu erlangen, führt der Text aus, muß der Mensch in Übereinstimmung mit dem Guten handeln. Kaiser Daoguang bezeugt hiermit sein Interesse für dieses Thema. Das Siegel spiegelt auf bewegende Weise die philosophische Gedankenwelt eines Kaisers in seiner Auseinandersetzung mit den Realitäten der Macht.   P. B.

[1] Kuo, 1992, S. 46; National Palace Museum, 1971, Nr. 50.
[2] Salviatti, 1995, S. 49, Nr. 9.
[3] Zhang Guangwen, 1990, S. 39–51.
[4] *Yangzhengshushi quanji dingben* (Liste der vollständigen Sammlungen der Bibliothek Yangzheng), 35. Rolle.

29
Siegel der kaiserlichen Konkubine Ruikang
Vergoldetes Silber
0,115 × 0,129 m
1922
Inv.: G 166354

Die Hierarchie unter den zahlreichen Konkubinen der kaiserlichen Frauengemächer innerhalb des Palastes gehorchte strengen Vorschriften. Die acht Rängen mit der Kaiserin an der Spitze unterliegenden kaiserlichen Konkubinen erhielten bei ihrem Eintritt in den Palast und danach bei jedem Lebensabschnitt ein Stammbuch in Form von vergoldeten Bronzetafeln[1] sowie ein Siegel, dessen Siegelschrift ihren Titel und ihre Stellung bei Hofe auf Chinesisch und Mandschurisch wiedergab. Das vorliegende Siegel besteht aus vergoldetem Silber, da Jadesiegel Kaiser und Kaiserin vorbehalten waren.
Die Konkubine Ruikang war im Jahr 1884 als Angehörige des Mandschu-Adels aus dem Clan der Tatala unter der Regierung von Kaiser Guanxu (1875–1908) in die kaiserlichen Frauengemächer eingetreten. Sie lebte zurückgezogen in einem der sechs Westlichen Paläste, nachdem sie nach dem Tod des Kaisers mit Ehrentiteln versehen worden war. Im Dezember 1922 erhielt sie den Titel »Große und kostbare kaiserliche Konkubine«, eine besondere Auszeichnung aufgrund ihres hohen Alters aus Anlaß der Hochzeit des letzten Kaisers Puyi. Zu diesem Zeitpunkt schenkte ihr der Kaiser eine neue Tafel aus vergoldeter Bronze[2] sowie das Siegel aus vergoldetem Silber. Die Siegellegende in chinesischer und mandschurischer Siegelschrift lautet: *Ruikang huangtaifei zhi bao*, »Siegel der großen und kostbaren kaiserlichen Konkubine Ruikang«.
Der auf einem quadratischen Sockel lagernde Drache mit angespanntem, schuppenbedecktem, als Knauf dienendem Körper, scheint zum Sprung bereit; das Maul ist weit geöffnet und entspricht einem stereotypen, jedoch kraftvollen Vorbild, wie man es auf ähnlichen älteren Stücken findet[3]. Er stellt – in einer vollkommen modernen Welt – die Langlebigkeit von jahrhundertealten Traditionen dar, die schon bald untergehen sollten.   P. B.

[1] Tang, 1992, Nr. 5.
[2] Tokyo, 1995, S. 21, Nr. 3.
[3] Melbourne, 1988, S. 89, Nr. 47; Yan Yiping, 1976, Nr. 557; Tang, 1992, Nr. 2; Luo Fuyi, 1973, S. 117.

170 Katalog

29

Kaiserliches Ambiente 171

THRONSAAL

30 und 31
Thron und Fußschemel
Rötliches Sandelholz (*zitan*)
0,79 × 1,29 m
18. Jahrhundert

32
Paravent
Sandelholz
3,76 × 3,09 m
Breite des Sockels: 0,31 m
18. Jahrhundert

33 und 34
Zwei Wedel
Bemaltes Sandelholz
18. Jahrhundert

39 und 40
Zwei Kandelaber in Form von Kranichen
Cloisonniertes Email auf vergoldeter Bronze
18. Jahrhundert

41 und 42
Zwei Weihrauchständer in Form einer mit einem Pavillon bekrönten Säule
Cloisonniertes Email
auf vergoldeter Bronze
H.: 1,23 m; Dm. des Sockels: 0,215 m
19. Jahrhundert

37 und 38
Zwei Konsolen mit Räuchergefäßen in Form von einhörnigen Fabeltieren (*luduan*)
Luduan in cloisonniertem Email auf vergoldetem Kupfer
H.: 0,39 m; L.: 0,28 m
18. Jahrhundert

43
Teppich
Wolle
4,00 × 4,00 m
19. Jahrhundert

35 und 36
Zwei Konsolen mit Räuchergefäßen in Löwenform
Konsolen aus lackiertem Sandelholz (*zitan*)
H.: 0,36 m; Dm.: 0,25 m
18. Jahrhundert

Kaiserliches Ambiente 173

Das hier gezeigte Ensemble gibt das Mobiliar einer der Hallen wieder, in deren zentralem Joch der Kaiser mit Blickrichtung nach Süden thronte. Prunkentfaltung und Vielfalt der Innenarchitektur, der Dekore und des Mobiliars variierten entsprechend der Bedeutung der Halle und dem mehr oder weniger privaten Charakter der darin vollzogenen Zeremonien. Das Mobiliar besteht meist aus seltenen Hölzern, oft aus geschnitztem, lackiertem, vergoldetem oder mit cloisonnierten Einlagen versehenem rötlichem Sandelholz (*zitan*). In den Haupthallen steht der Thron erhöht auf einem Podest, zu dem eine drei- oder fünfstufige Treppe führt; darüber befindet sich ein Thronhimmel mit einer Drachenskulptur, dem kaiserlichen Symbol, oder einer glitzernden Kugel, der Feuerperle (*huozhu*), dem Symbol für Blitz und Donner, durch die sich die Macht des Drachens kundtut. Ein kalligraphischer Denkspruch auf einer Blende an der oberen Rückwand gibt häufig die zwischen Autorität und Wohlwollen austarierte Haltung des Kaisers gegenüber seinen Untertanen wieder.

Position und Umgebung des thronenden Kaisers verordnen diesem eine besondere Haltung und gewähren ihm zugleich eine gewisse Bequemlichkeit. Der Thron befindet sich immer vor einem Wandschirm oder Paravent, der den Kaiser gegen unheilvolle Einflüsse aus dem Norden schützen soll. Desgleichen bewahrt er ihn vor Zugluft, ebenso wie ihn Teppich und Schemel vom Boden her abschirmen. Der fünfteilige Stellschirm ist mit Fledermäusen geschmückt, einem Glückssymbol (ihr chinesischer Name *fu* ist gleichlautend mit dem Wort für Glück); der Teppich aus Xinjiang ist ein typisches Beispiel für die dem Kaiser aus dieser Grenzregion gesandten Tribute[1]. In diesem Ambiente tritt der Kaiser den sich ihm vorstellenden Untertanen gegenüber. Dabei sitzt er manchmal im Schneidersitz auf dem breiten Thron, manchmal benutzt er den Fußschemel. Der Thron ist im allgemeinen mit Seidenkissen ausgestattet, die den Sitz bedecken oder als Armstütze dienen[2].

Gewöhnlich ist ein Spucknapf aufgestellt[3]. Die Beleuchtung durch Kandelaber wird durch von der Decke hängende oder auf einem Piedestal stehende Laternen vervollständigt. Falls der Kaiser nicht auf einer beheizten Bank (*kang*) sitzt, wie sie in den eher privaten Hallen eingerichtet ist, erfolgt die Beheizung entweder durch eine Fußbodenheizung oder tragbare Kohlebecken[4]. Im Gegensatz dazu dienen die fächerartigen Wedel, die der Form nach den von den Römern benutzten *flabella* aus Federn ähneln, nicht dazu, ihm frische Luft zuzufächeln. Aus geschnitztem und bemaltem Holz gefertigt, sind sie Insignien kaiserlicher Macht. Sie werden dem Kaiser oft als Geschenk dargebracht[5]. Ihre langen Stiele stecken in Gefäßen, die von Sockel-Elefanten als Symbolen der Stabilität der Macht getragen werden: ihr chinesischer Name (*taiping you xiang*) ist gleichlautend mit einem sprichwörtlichen Ausdruck für Großer Friede und Glück.

Diese Wedel wie das gesamte Ensemble tragen dazu bei, den Unterschied zwischen dem Kaiser – der als einziger sitzt und privilegierten Komfort genießt – und den Untertanen deutlich hervortreten zu lassen. Das paarweise vor und zu seiten des Thrones angeordnete Mobiliar zwingt letztere, sich dem Kaiser von vorne zu nähern und dabei eine bestimmte Distanz zu ihm einzuhalten; desgleichen markieren Teppich oder Podest einen ihm reservierten Raum.

Das Mobiliar ist Teil einer regelrechten Inszenierung, um den thronenden Kaiser als Souverän und Herrn erscheinen zu lassen, dem die Untertanen Respekt zollen sollen. Der Stellschirm wirkt als rückwärtige Leinwand, welche die Kulisse verschleiert; Form und geschnitzter Dekor seiner fünf Paneele lenken die Aufmerksamkeit auf die Mitte des Raumes. Eine besondere Rolle kommt den Räuchergefäßen zu: in ihnen werden duftende Hölzer und kostbare Essenzen verbrannt, welche im allgemeinen aus den Gegenden des Südchinesischen Meeres importiert werden und regelmäßig auf den Tributlisten aus diesen Küstenprovinzen erscheinen⁶. Diese Räuchergefäße, von denen die kleineren auf reich verzierten Konsolen stehen, sind im allgemeinen in Schulterhöhe des Kaisers postiert, der sich so von Rauchwolken angenehmer Düfte eingehüllt sieht, während ihn die niedergeknieten Untertanen wie von Geheimnissen umwoben wahrnehmen. Die Gefäße besitzen oft die Form mythologischer Tiere; der Weihrauch befindet sich im Innern, und die Schwaden entweichen aus dem Maul. Sie symbolisieren verschiedene Eigenschaften des Kaisers oder bringen seiner Herrschaft Glück. Die beiden *luduan*, eine Art einhörniger, mit Schuppen bedeckter Monstren – sagenhafte Tiere, die alle Sprachen sprechen und verstehen können und in einem Tag eine Entfernung von 1800 *li* zurückzulegen vermögen (ca. 900 km) –, verkörpern Weisheit und Mitleid des Souveräns gegenüber seinen Untertanen. Die beiden Weihrauchständer in Durchbruchsarbeit, um die sich Drachen winden, sind mit vergoldeten Pavillons bekrönt. Sobald der Rauch des im Sockel verbrannten Sandelholzes durch die Öffnungen entweicht, scheinen diese Pavillons (*ting*, fast gleichlautend mit dem Wort *ding* für Ruhe) auf Wolken zu schweben wie die Wohnungen der Unsterblichen⁷. Die beiden Kraniche in Cloisonnéarbeit dienen zugleich als Räuchergefäße und Kandelaber: in ihren Schnäbeln sind Leuchter befestigt. Die Präsenz dieser Reittiere am Thron, die von den Unsterblichen geritten werden, drückt den Wunsch nach Langlebigkeit der herrschenden Dynastie aus⁸.

A. G.

[1] Tong Yan, 1986.
[2] *Ibid.* III. S. 83.
[3] Ausstellungskatalog Rotterdam, 1992.
[4] Ausstellungskatalog Hong Kong, 1987.
[5] Li Zuding, 1989, S. 65.
[6] Yang Boda, 1987.
[7] Ausstellungskatalog Rotterdam, 1992, Katalognummer 71, S. 219.
[8] *Ibid.* Katalognummer 69, S. 217.

44 und 45

44 und 45
Zwei Weihrauchfässer
Sechzehnkarätiges Gold und rötliches
Sandelholz (*zitan*)
0,25 × 0,16 m; Gewicht 1701 g
0,23 × 0,16 m; Gewicht 3334 g
18. Jahrhundert

Die Weihrauchfässer stellen das tragbare Pendant zu den feststehenden Räuchergefäßen zu beiden Seiten des Thrones dar. Sie konnten von Eunuchen dem Kaiser oder der Kaiserin bei den Zeremonien hinterhergetragen werden und gehören zu einem traditionell bei Prozessionen verwendeten Ensemble aus acht Objekten (*lubu*), das aus zwei Weihrauchfässern, einem Spucknapf, zwei Wassergefäßen, zwei Weihrauchbehältern und einem Becken zum Händewaschen besteht, die sämtlich aus Gold gefertigt sind.

Die beiden ausgestellten Weihrauchfässer bestehen aus einer Räucherpfanne, die mittels einer dreifachen Kette an einem Griff zum Tragen und Umherschwingen aufgehängt ist, was zu einer stärkeren Rauchentwicklung führt. Die Räucherpfanne kann auch auf ihren drei Füßen in Form von Elefantenköpfen abgestellt werden, dem Tiersymbol für gute Vorzeichen, dessen chinesischer Name gleichlautend mit dem Wort für Glück (*xiang*) ist.

Der Deckel ist mit Löchern in Form der acht Trigramme (*bagua*) durchbrochen, die das Universum wiedergeben und im Kreis gemäß der im »Buch der Veränderungen« *(Yijin)* enthaltenen Vorschrift angeordnet sind. Durch sie entweicht der Rauch. Die Ränder von Deckel und Gefäß sind mit Drachen geschmückt, welche die kaiserliche Macht symbolisieren. Von den Gefäßwänden heben sich in Hochrelief drei weitere, zwischen Wellen und Wolken tanzende Drachen vom Hintergrund ab, auf dem ebenfalls das Schriftzeichen *xi* (Glück) erscheint. Sie werden von drei Masken von Monstern unterbrochen, welche Ringe im Maul halten (*jiaotu*), an denen die Aufhängeketten angebracht sind.

In der Mitte des Deckels dient ein tierförmiger Rundbuckel als Griff: Drache und Phönix, die Symbole für Kaiser bzw. Kaiserin. Die Griffe aus rötlichem Sandelholz (*zitan*) mit kalebassenförmigen Schnitzereien (weitere Glückssymbole) und *xi*-Schriftzeichen enden jewels in einem Drachen- oder Phönixkopf, während die Metallzwinge am entgegengesetzten Ende die Form eines *ruyi* (vgl. Katalognummern 130 bis 134) aufweist.

A.G.

Musik und Universum

Lucie Rault-Leyrat

Seit dem Altertum empfanden die Chinesen die Musik nicht nur als physikalische Erzeugung von Klängen, sondern als Erscheinung einer transzendenten Macht. Daher rührt die magische und vorherbestimmende Wirkung der Musik als ordnende Kraft für die universale Harmonie im allgemeinen und den Staat im besonderen, so daß die Ausübung der rituellen Musik eines der wichtigsten Anliegen des Sohnes des Himmels darstellte. Er hatte die Aufgabe des Mittlers zwischen dem energetischen Luftstrom *qi*, der sich vom Boden zum Himmel erhebt, und demjenigen, der vom Himmel herabkommt und dessen Botschaft überbringt. Diese der Umwelt verbundene organische Philosophie impliziert, daß alle physischen Manifestationen der natürlichen Ordnung – Farben, Gerüche, Klänge, meteorologische Einflüsse, die Formen des Erdbodens, Flora, Fauna und die Lebewesen allgemein – voneinander abhängen, da sie aus derselben energetischen Quelle stammen. Aufgrund dieser Theorie der akustischen Zusammenhänge wird der in der Luft enthaltene und aus verschiedenen Himmelsrichtungen kommende *qi* in den Klangrohren *lü* kanalisiert; desgleichen werden die Arten von Materie, die Klänge erzeugen, in ein Register aufgenommen und als ein Energiereservoir angesehen. So wie man acht Winde und acht Himmelsrichtungen zählte, kannte man acht den acht Jahreszeiten entsprechende Klangquellen.

Nach dieser Klassifizierung ist Stein das erste der Elemente, es entspricht dem aus drei dicken Pinselstrichen gebildeten Trigramm *qian*, der Nordwestrichtung und der Jahreszeit Herbst-Winter. Das Metall der Glocken hingegen ist dem Hexagramm *dui* verbunden, das aus zwei dicken, von einem unterbrochenen Balken überlagerten Pinselstrichen besteht, dem Westen und dem Herbst. Die anderen zu dieser Klassifikation gehörenden Stoffe sind Seide, Bambus, Holz, Leder, Kürbis und Erde.

Da jeder Klang eine Erscheinung des irdischen *qi* darstellt, das zum Himmel aufsteigt, wird das verwendete Instrument sparsam eingesetzt, um durch sein Erklingen die universale Harmonie zu erneuern. Die Musik ist daher in der chinesischen Gedankenwelt ein die Ordnung des Universums erneuernder Austausch von Einflüssen.

Das Ideogramm *qing* ist sehr alt und findet sich bereits in Inschriften auf Knochen und Schildkrötenpanzern *(jiaguwen)*, die zur Wahrsagung verwendet wurden. In seiner graphischen Wiedergabe kann man ein an einem Balkengerüst aufgehängtes und von jemandem mit einem Holzschlegel geschlagenes Instrument erkennen.

Weitere Schreibweisen von *qing*:

Das Schriftzeichen *sheng*, der »Klang«, wurde aus *qing* entwickelt, indem man die Komponente *er*, das »Ohr«, hinzufügte. Guo Moruo (Kuo Mojo) liefert für das Ideogramm *sheng* folgende Erklärung: »Sobald die Hand das Steinspiel schlägt, wird das, was das Ohr erreicht, zum Klang«.

46
Klangstein *(teqing)*
Grüne Jade *(biyu)*
1761
Inv. G 169299

Die Verwendung von Klangplatten geht auf die Frühzeit der chinesischen Geschichte zurück. Archäologische Ausgrabungen brachten geschnittene und als Idiophone verwendete Klangsteine aus der Ära Xia (21. Jahrhundert v. Chr.) zutage, insbesondere in Shanxi, Henan, Shaanxi, Qinghai und an anderen Orten, wo sie meist in Grabanlagen gefunden wurden. Form und Machart unterlagen einer Entwicklung, welche durch die Suche nach einem Instrument mit einem präzisen hellen Klang ausgelöst worden war. Die Form eines Klangsteins gleicht im allgemeinen derjenigen eines Winkeleisens, dessen kürzerer Teil *gu*, »Schenkel«, und dessen längerer *gu*, »Trommel«, heißt. Man unterscheidet einerseits einzelne Klangsteine *teqing*, die ein Ensemble bilden können, dessen Steine aber einzeln gespielt werden je nach den von ihnen symbolisierten Monaten des Jahres. Und es gibt andererseits Klangplattenspiele *bianqing*, welche über eine mehr oder weniger breite Skala verfügen, deren Komponenten nicht zu trennen sind.

Das in der Verbotenen Stadt verwahrte *teqing* besteht aus Jade *biyu* und trägt auf seiner Vorderseite die Inschrift »Hergestellt von Qianlong«. In die Mitte der Rückseite sind der Name des von ihm erzeugten Klangmaßes *lü* und das Herstellungsdatum des Instrumentes in Schriftzeichen des *zhuan*-Stils graviert »Im 26. Jahr von Qianlong« (1761). Ein Ensemble von *teqing* setzt sich aus 12, den 12 Monaten des Jahres entsprechenden Steinen zusammen, auf jedem ist – wie für die Glocken *bozhong* – der Name des von ihnen erzeugten *lü* eingraviert. Der gezeigte Klangstein *teqing* entspricht dem 6. *lü* (*zhonglü*) eines Ensembles sowie dem 4. Monat. Er ist ebenso wie sein Glockenpendant *bozhong* an einem Balken-

Musik und Universum 177

46

gerüst *xunqu* aufgehängt, das aus zwei Streben *qu* und einem Querbalken *xun* besteht. Auf jeder Seite des Balkengerüsts befindet sich ein geschnitzter Phönixkopf. In der Mitte des Querbalkens ist ein vergoldeter Phönix befestigt, der Kordeln in den fünf Farben im Schnabel hält. Oberhalb der Sockel lagern zu beiden Seiten Vögel mit weißen Federn und roten Schnäbeln, auf den Sockeln ist eine Landschaft dargestellt.

L. R.-L.

47
Klangplattenspiel *(bianqing)*
Jade *(biyu)*
18. Jahrhundert

Die Klangplattenspiele zählen zu den ältesten Instrumenten Chinas und haben sich aus dem Klangstein *teqing* entwickelt.
Die ersten *bianqing* datieren aus der Ära Shang (16. bis 11. Jahrhundert v. Chr.) und setzen sich meistens aus drei steinernen Klangplatten zusammen. Je nach dem Stand der Erforschung der akustischen Prinzipien und der Entwicklung der musikalischen Theorie einer Epoche variierten Größe und Anzahl der Steine eines Klangplattenspieles. Die Anzahl von 16 Klangsteinen entspricht 12 *lü* (6 männliche und 6 weibliche), die von 4 *qingsheng*, den Noten der höheren Oktave, ergänzt werden. Diese »hellen Noten« werden oft durch *peiyin* oder »begleitende Klänge« ersetzt, welche die vier ersten *lü* nach *Huangzhong* übernehmen.
Das in der Verbotenen Stadt verwahrte Klangplattenspiel *bianqing* setzt sich aus 16 Klangsteinen ähnlicher Größe aus Jade *biyu* zusammen, deren Stärke allein die Klangabstufung bestimmt. Ihr kurzer Winkel *gu* mißt 23,3 cm und ihre »Trommel« 35 cm. Die beiden Vorderseiten jedes Klangsteins sind mit einem vergoldeten Dekor aus Drachen und Wolken versehen. Auf der Seite der »Schenkel« ist das Herstellungsjahr angegeben, während auf der »Trommel« der spezifische

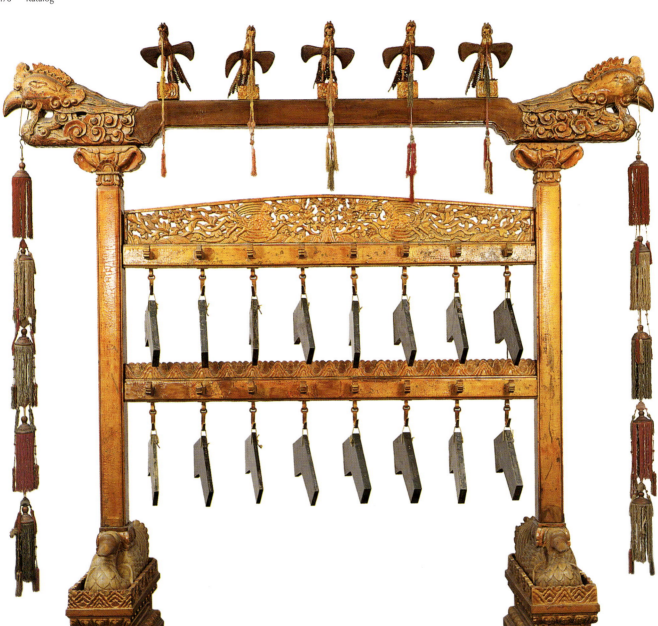

Musik und Universum 179

48

lü-Name eines jeden Steines erscheint. Die acht Steine der oberen Reihe entsprechen den männlichen *lü*, so daß man von links nach rechts vorfindet: 1/*beiyize*, 3/*bei wushe*, 5/*huang zhong*, 7/*taicu*, 9/*guxi*, 11/*ruibin*, 13/*yize*, 15/*wushe*; die untere Reihe ist die der weiblichen *lü*: 2/*bei nanlü*, 4/*bei yingzhong*, 6/*dalü*, 8/*jiazhong*, 10/*zhonglü*, 12/*linzhong*, 14/*nanlü*, 16/*yingzhong*. Ausgehend von der Voraussetzung, daß *Huangzhong* c entspricht, wären die auf der oberen Reihe der Klangsteine gespielten Töne: as, b, c, d, e, fis, gis, ais und auf der unteren Reihe: a, h, cis, dis, f, g, a, h.

Wie das *bianzhong* war auch das *bianqing* religiösen Zeremonien, insbesondere den Gebeten an den Himmel, vorbehalten. Jeder konfuzianische Tempel war damals mit einem solchen Klangplattenspiel ausgestattet. Im Palast war eines im Westen der Haupthalle, auf einer Linie mit dem *teqing*, aufgestellt. Seine Rolle bestand darin, das Ende von Sätzen durch »Verlängerung des Reimes« zu markieren. Das Balkengerüst *xunqu* hat Ähnlichkeit mit dem des Glockenspiels *bianzhong*, auch wenn es Phönixe sind, die die beiden Enden des Querbalkens *xun* schmücken. Fünf weitere vergoldete Phönixe sitzen aufgereiht auf dem *xun*, sie halten Fäden in den fünf Farben im Schnabel. An den beiden Sockeln lagern – wie bei den anderen Instrumenten – zwei Vögel mit weißen Federn und roten Schnäbeln.   L. R.-L.

48
Glocke *(bozhong)*
Bronze
18. Jahrhundert
Inv.: G 169491

Während die bei Ausgrabungen zutage gekommenen Tonglocken ungefähr auf das Jahr 3900 v. Chr. datiert werden, gehen die ersten Prototypen aus Bronze auf das Jahr 2100 v. Chr. zurück und bestätigen damit die literarischen Quellen, welche die Verwendung von Bronze seit der Ära Xia (21. bis 16. Jahrhundert v. Chr.) bezeugen[1]. Wahrscheinlich wurden zuerst Glocken aus vergänglichen Materialien, wie zum Beispiel Bambus[2], Holz, Ton oder später Kupfer[3] mit wenig präzisen Tonlagen hergestellt, bevor sich die Verwendung von Bronze ausbreitete und man klarere Töne erzeugen wollte. Das Zhou-Ritual (Zhouli) unterrichtet uns eingehend über die Herstellung der Glocken, die Bezeichnung der verschiedenen Teile und die genauen Aufgaben derer, die die Glocken im Ritual bedienten. Was das Legierungsverhältnis angeht, so sollen sie zu 1/6 aus Zinn und 5/6 Kupfer[4] bestanden haben. In späteren Quellen werden auch andere Legierungen mit Gold, Silber, Eisen, Kupfer und Zinn genannt[5].

Die Glocken *bo* unterscheiden sich durch ihre eigentümliche, zugleich massivere und leichtere Form sowie die sorgfältige Ausarbeitung der Bronzeverzierungen, die den Ring zur Aufhängung einfassen (s. Abbildung).

Die Glocken *bozhong*, zwölf an der Zahl, bilden eine Einheit *zu* und werden einzeln verwendet, um den Klang von zwölf *lü* zu erzeugen. Wie beim Einzelstein *teqing* ertönt eine Glocke jeweils allein im Orchester. Die Augenblicke, in denen die *lü* erklingen sollen, sind nicht dem Zufall überlassen, sie werden von den Mondphasen und den Jahreszeiten vorgeschrieben. Die Glocke besitzt keinen Klöppel, sie wird vielmehr von außen mit einem Schlegel angeschlagen. Die auf ihrem gesamten Körper sich befindenden Buckel *ru* oder »Klangpunkte« geben die Schlagpunkte vor. So wie der Klangstein am Ende eines Satzes erklingt, ertönt die Glocke zu Beginn eines Satzes und gibt den Ton für die anderen Instrumente vor. Diese Glocke *bo* gibt die Tonart des Klangs *zhonglü* wieder, das heißt diejenige des vierten Monats des Bauernkalenders. Sie muß, aufgehängt an ihrem Balkengerüst, im Osten der Palasthalle oder der Terrasse des konfuzianischen Tempels aufgestellt werden. Ein Flechtwerk aus Schlangen ziert die Glocke, auf ihrer Vorderseite ist die Inschrift *Gaozong yuzhi ming*, »Geformt von Qianlong«, eingraviert.   L. R.-L.

[1] S. Guo Moruo, 1951, 334.
[2] S. Tang Lan, 59–643.
[3] *Zhouli* J. 41, 15–24.
[4] *Daming huidian*, 64,190; 7.
[5] *Tiangong kaiwu* Bd. II, 18–19.

49
Glockenspiel *(bianzhong)*
Bronze
1713

Die ersten Glockenspiele, die in der Shang-Zeit erschienen, bestanden aus Dreiergruppen von kurzen Glocken des Typs *nao* mit mandelförmigem Querschnitt. Sie sind mit der Öffnung nach oben angebracht und brauchen deshalb weder Ring noch Loch zum Aufhängen. Grabungen erbrachten *bianzhong* mit drei Glocken abnehmender Größe, die den Östlichen *Zhou* (11. bis 8. Jahrhundert v. Chr.)[1] zugeschrieben werden, später solche mit dreizehn Glocken aus der Ära Chunqiu (770–476 v. Chr.), die, ausgehend von ihren zwei Schlagpunkten *sui* und *gu*, Klanguntersuchungen unterzogen werden konnten[2]. Im Grab des Marquis Yi de Zeng machte man die außergewöhnliche Entdeckung eines Gerüsts mit 64 Glocken aus dem Beginn der Zeit der Streitenden Reiche (475–221 v. Chr.), welches drei Glockeneinheiten *zu* vereint. Es illustriert die Suche nach einer einzigartig breiten Skala mit fünf Oktaven – eine ausgereifte Suche nach Tonleitern mit Hilfe der Glockenanordnung auf dem Gerüst entsprechend der Progression dieser Tonleiter – und bietet damit die Möglichkeit vielfältiger Spiele. Das Glockenspiel ist in der Lage, nicht nur Referenztöne, sondern auch pentatonische Melodien auf verschiedene Weise auszuführen. Die Rolle einer Stimmgabel, die den Glocken aufgrund ihres präzisen Tons zufiel, übernahmen ab dem 5. Jahrhundert v. Chr. die Klangrohre, wie die Terminologie der *lü* beweist. Als Symbole der Macht und des Reichtums und als Repräsentanten einer veränderten sozialen Ordnung kamen die Glocken beim Aufstieg des aristokratischen Regimes im 4. Jahrhundert v. Chr. in China außer Gebrauch[3].

Das in der Verbotenen Stadt verwahrte Glockenspiel setzt sich aus zwei Reihen mit je acht Glocken zusammen; es erklingt entsprechend den zwölf *lü* mit vier ergänzenden *peiyin*, von *peiyi* zu *yingzhong*. Aus Bronze *fantong* in einem goldenen Farbton gefertigt, datiert es in das 52. Jahr der Regierung von Kangxi (1713). Die Größe ist bei allen Glocken dieselbe, sie sind 23,8 cm hoch. Sie unterscheiden sich nur durch die Masse an Metall, wobei mit abnehmender Dicke die Töne tiefer werden. Auf ihren Vorderseiten ist die Bezeichnung in *lü* graviert. Zu zwölf *lü* gesellen sich vier *peilü* (*peiyiözi*, *peinanlü*, *peiwushi*, *peiyilingzhong*), wobei die Tonleiter dieselbe ist wie bei dem *bianqing*. Rund um ihre Basis sind acht durch einen abgeflachten Kreis markierte Schlagpunkte *yinru* angeordnet. Ein mit wogenden Wellen verflochtenes Schlangen- und Drachendekor ist auf der Oberfläche eingraviert.
                                   L. R.-L.

[1] 1954 in der Grabanlage von Changyou zutage getreten, in Pudu, nahe bei Chang'An (Shaanxi).
[2] Hu Yanjiu, 1987, S. 53–54.
[3] S. Falkenhausen, 1993, S. 320 ff.

Musik und Universum 181

49

KULT-
GEGENSTÄNDE

Der Buddhismus in der Verbotenen Stadt

Natascha Stupar

Einer von F. D. Lessing in den dreißiger Jahren berichteten mündlichen Überlieferung zufolge, die seiner Ansicht nach auf die Ära von Kaiser Qianlong zurückgeht, soll der Stadtplan von Peking einem dreiteiligen *mandala* entsprechen. Verbotene Stadt, Kaiserliche Stadt und Chinesenstadt bilden den Körper von Yamântaka, der zürnenden Gottheit des tibetischen tantrischen Pantheons. Die Verbotene Stadt wäre demnach der zentrale Teil des *mandala* und die Halle der Höchsten Harmonie (*Taihedian*) dessen Mittelpunkt. Diese ungewöhnliche Interpretation des Areals der Verbotenen Stadt überlagert den traditionellen Symbolismus der chinesischen Geomantie und führt die Vorstellung eines komplexen religiösen Universums ein, das – je nach dem Blickwinkel des Betrachters – auf verschiedenen Traditionen aufbaut. Die Kaiser der Qing-Dynastie hingen – sei es aus Neigung oder Notwendigkeit – verschiedenen, nebeneinander bestehenden Kulten an, indem sie sowohl die offiziellen konfuzianischen Riten vollzogen, welche mit ihrem Mandat verbunden waren und für das reibungslose Funktionieren des Reiches als unerläßlich galten, als auch andere, bei denen privater und offizieller Charakter nicht immer klar zu trennen war. Die buddhistischen Kultstätten der Verbotenen Stadt lagen hinter dem Tor der Himmlischen Klarheit (*Qianqingmen*) im Bereich des Inneren Hofes, dessen Nutzung dem Kaiser und seinem Gefolge vorbehalten war. Am Ende der Qing-Dynastie waren vierzig Pavillons oder Palastteile für den buddhistischen Kult bestimmt[1]; einige stammten noch aus der Ming-Ära, doch der größte Teil war unter der Qing-Dynastie erbaut oder restauriert worden[2]. Sie enthielten Altäre, die insbesondere dem Buddha Shâkyamuni, dem sehr volkstümlichen Bodhisatva des Mitleids, Avalokiteshvara – in China unter seiner weiblichen Form Guanyin verehrt –, oder dem Buddha der Weisheit, Mañjushri, geweiht waren, die alle zu den Pantheons der verschiedenen Zweige des *mahâyâna* gehören; darüber hinaus waren sie den buddhistischen Gottheiten einer spezifisch tibetischen Tradition

Abb. 107 Buddhistischer Altar in der »Halle der Gerechtigkeit und Redlichkeit« (Zhongzhengdian), 1900.

gewidmet, wie die zahlreichen Buddha-Bildnisse der Verbotenen Stadt belegen[3].
Diese kleinen Kultstätten oblagen dem Verwaltungsbereich des Kaiserlichen Haushaltes (*Neiwufu*); in der letzten Auflage der *Sammlung der Institutionen der Qing-Dynastie* finden wir eine Aufstellung der regelmäßigen Zeremonien, die dort vollzogen wurden. Sie entsprachen einem buddhistischen religiösen Kalender und richteten sich auch nach den großen Anlässen im Privatleben des Kaisers, wie zum Beispiel Geburtstagen und Beisetzungen[4]. Die wichtigste Handlung bestand in der wiederholten Lesung des Sûtra, welche die Anwesenheit zahlreicher Priester erforderte. Der Text erwähnt Dutzende von Lamas, die als Mönche zur Observanz der in Peking befindlichen dGe lugs pa-Schule gehörten und den Auftrag hatten, diese zum Heil zu führen. Eine Vielzahl von Zeremonien wurde in der Nähe der 1923 zerstörten, jedoch von Ogawa im Jahr 1906[5] photographierten »Halle der Gerechtigkeit und Redlichkeit« (*Zhongzhengdian*) vollzogen, die ein kultisches Zentrum war[6].

Auch andere Kultstätten werden im Text aufgeführt, darunter die »Halle des kostbaren Regens« (*Baohuadian*), der »Pavillon des Blütenregens« (*Yuhuage*), das buddhistische Heiligtum der »Halle der Pflege des Herzens« (*Yangxindian*) oder der Garten des »Palastes der Barmherzigen Ruhe« (*Cininggong huayuan*). Das *Wuliangshoujing* (*Sukhâvatîvyûha-sûtra* oder *Sûtra des Amitâyus*) erscheint in diesem sehr umfangreichen Kalender am häufigsten. Es wurde regelmäßig mit lauter Stimme bei der Halle der Gerechtigkeit und Redlichkeit rezitiert und war auch Bestandteil der Geburtstagszeremonien für Kaiser und Kaiserinwitwe; bei diesen Anlässen konnte es als Wunschformel für Langlebigkeit interpretiert werden. Das *Jingang jing* (*Varjachhedikâ-prajñâpâraamitâ-Sûtra* oder *Sûtra des Diamanten*) wurde nur bei Begräbnisfeierlichkeiten für Kaiser und Kaiserinwitwen gelesen.

Die Wurzeln des kaiserlichen buddhistischen Kultes gingen indessen nicht direkt auf die ursprünglichen mandschurischen Traditionen der Dynastie zurück. Bei Hofe wurden unter der Leitung des Büros der Riten des Kaiserlichen Haushaltes[7] auch weitere Privatkulte vollzogen, die – wie es scheint – die Vorstellungskraft der Europäer in höherem Maße angeregt haben. Arlington erwähnt in seinem Führer von Peking[8] mandschurische Schamanen-Kulte, welche von Johnston – dem englischen Lehrer von Puyi, dem letzten Kaiser der Qing-Dynastie – als »religiöse oder quasi-religiöse Veranstaltungen«[9] bezeichnet wurden und im »Palast der Irdischen Ruhe« (Kunninggong) stattfanden, dem nach Johnston »'verbotenen' Palast selbst für diejenigen, für die die Verbotene Stadt nicht 'verboten' war«[10]. Die Elemente des schamanistischen Rituals waren in einer im Auftrag von Kaiser Qianlong im Jahr 1747 in mandschurischer Sprache verfaßten Sammlung[11] festgelegt worden. In den uns vorliegenden Übersetzungen des Textes[12] finden sich Buddha und Bodhisatva unter den angerufenen Geistern, während die *Sammlung der Institutionen der Qing-Dynastie* eindeutig Buddha Shâkyamuni und den Bodhisatva Guanyin unter den Geistern der Mandschu-Opferzeremonie nennt[13]. Diese großen Gestalten des Buddhismus waren also in das schamanistische Ritual aufgenommen, dem vielleicht persönlichsten der kaiserlichen mandschurischen Kulte.

Zur gleichen Zeit gestattete das für das gesamte Reich geltende Strafgesetzbuch der Qing die Ausübung jeglicher religiösen Praktiken im Rahmen streng kodifizierter Grenzen; hingegen verurteilte es zum Beispiel strikt mit Trancezuständen einhergehende Kulte ähnlich denen der Hofschamanen[14]. Ungeachtet dessen konnte ein buddhistischer Kult, der bei Hofe in aller Ruhe vollzogen wurde, im Reich einer strengen Überwachung unterliegen, wo der Buddhismus von einem eigens entwickelten Verwaltungsapparat kontrolliert und durch die Strafgesetze reglementiert war. Der Bau von Tempeln und Klöstern war ebenso einem System staatlicher Genehmigung unterworfen wie die Priesterordinationen, für die von der Verwaltung[15] ausgestellte Zertifikate erforderlich waren. In konfuzianischer Tradition kritisch verfolgt, häufig von den Kaisern selbst, konnte der Buddhismus ständig häretischer und sektiererischer Entwicklungen verdächtigt werden, die angeblich eine Gefahr für die Staatssicherheit darstellten. Einige

Tempel und Klöster genossen indessen eine bevorzugte Behandlung aufgrund »kaiserlicher Gunst«, sofern die Kaiser das persönliche Patronat und somit die Finanzierung innehatten.

Außer dem gewissenhaft wahrgenommenen Patronat über Kultstätten des chinesischen Buddhismus hatten die mandschurischen Kaiser seit der Gründung der Dynastie auf geschickte Weise das bereits unter der mongolischen Yuan-Dynastie ausgeübte[16] traditionelle Patronat über den tibetischen Buddhismus übernommen. Es handelte sich dabei um eine politische Aktion großer Tragweite, die ihnen die Gefolgschaft der mongolischen Fürsten sicherte, eifriger Anhänger der lamaistischen dGe lugs pa-Schule. Kaiser Taizong (Abahai) erhielt die erste offizielle Anerkennung seitens des Dalai Lama und des Panchen Lama durch einen Brief aus dem Jahr 1640, in dem er als Großer Kaiser Mañjushri bezeichnet wurde. Diese Bestätigung der beiden tibetischen religiösen Autoritäten konnte auch als Anwort auf eine Prophetie gedeutet werden, die die unmittelbar bevorstehende Ankunft eines weltlichen Souveräns als Inkarnation des Mañjushri ankündigte, der Chinesen, Tibeter und Mongolen in einer großen Bekehrung zum dGe lugs pa-Buddhismus einen sollte[17]; der Kaiser wurde Cakravartin, Weltenherrscher der buddhistischen Heilslehre[18], allerdings nur in den mongolischen und tibetischen Gebieten, da er im chinesischen Teil seines Reiches vor allem konfuzianischer Souverän blieb. Diese Vielfalt in den Beziehungen tritt bei den Inschriften in vier Sprachen, das heißt chinesisch, mandschurisch, mongolisch und tibetisch, in unterschiedlichen Nuancen zutage, je nach der für einen bestimmten Tempel gewählten Sprache[19].

Jenseits ihrer offiziellen Rollen im Kult pflegten die Kaiser der Qing ihre privaten religiösen Neigungen. Kaiser Shunzi war ein Anhänger des Chan-Buddhismus (japanisch: Zen) und wurde darin von Meistern des Zweiges *Linji* (japanisch: Rinzai) unterrichtet, die er in den Palast hatte kommen lassen

und denen er religiöse Ehrentitel verliehen hatte[20]. Sein Nachfolger Kangxi war der erste mandschurische Kaiser, der ein persönliches Interesse am tibetischen Buddhismus zeigte. Seit seiner Herrschaft gibt es die tibetischen buddhistischen Heiligtümer in der Verbotenen Stadt. Yongzheng behielt diese Tradition bei, interessierte sich jedoch gleichfalls für den Chan-Buddhismus, den er vor allem in einer von ihm im Palast gebildeten Gruppe aus Laien und Gläubigen studierte, zusammen mit buddhistischen Mönchen und einem daoistischen Meister. Als »Vollkommen erleuchteter Laie«, wie er sich selbst bezeichnete, ließ er im Jahr 1733 seine eigenen Schriften zum Buddhismus drucken[21]. Seit der Ära Qianlong konsolidierte sich der traditionelle tibetische Buddhismus in der Verbotenen Stadt. Qianlong zeigte ein anhaltendes religiöses Interesse für den Buddhismus und studierte seine Texte mit großer Aufmerksamkeit. Er soll von einem mongolischen Meister, der seit seiner Kindheit sein Studienkamerad gewesen war, im Palast in den tibetischen tantrischen Buddhismus eingeführt worden sein[22]. Dieser Sachverhalt ist jedoch nur in der Autobiographie dieser Person überliefert, die chinesischen Quellen liefern dafür keine Hinweise. Die heikle Situation des Kaisers gegenüber dem Buddhismus wird auf überraschende Weise durch den Text einer viersprachigen Inschrift von Qianlong aus dem Jahr 1792 illustriert, die sich im *Yonghegong* befindet, dem Tempel des tibetischen Buddhismus par excellence in Peking. Er liefert darin eine politische Rechtfertigung des Patronats des tibetischen Buddhismus, gibt jedoch in der mandschurischen Version des Textes an, »von den Chinesen« kritisiert worden zu sein , weil er die buddhistischen Texte studiert habe[23]. Er schrieb ebenso wie Kaiser Kangxi Vorworte zu buddhistischen Werken, Widmungen für und Lobreden auf Klöster und Tempel. In einem Vorwort zu dem chinesischen sûtra des *Großen Rades der Wolken mit der Bitte um Regen (Taiyunlun qingyu jing)* aus dem Jahr 1783 berichtet Qianlong von der Unwirksamkeit der gewöhnlich in Trockenzeiten zur Erlangung von Regen vollzogenen Zeremonien und Opfer. Er hatte den Befehl zur Niederschrift dieses Sûtra und zum Vollzug der damit verbundenen Riten und Gebete erteilt, da man ihm deren Wirksamkeit versichert hatte[24]. Wir sehen also, auf welch pietätvolle Weise Kaiser Qianlong chinesische buddhistische Kulthandlungen zum Wohle des Reiches vollzog und wie er als gläubiger Anhänger des Buddhismus in die öffentliche Sphäre eingriff. Gegen Ende des Reiches bestand die sichtbarste Folge des kaiserlichen Patronats darin, daß Peking ein Zentrum des tibetischen Buddhismus wurde, von dem aus die Kaiser die Kontrolle über die lamaistische Hierarchie und ihre Inkarnationen[25] ausübten. Sie ließen viele dieser Reinkarnierten von Tibet nach Peking und in die Verbotene Stadt kommen und übertrugen ihnen verschiedene Funktionen. Vor dem Jahr 1900 zählte man in Peking vierzehn reinkarnierte Lamas[26].

Sei es aus politischen oder religiösen Intentionen heraus, in jedem Fall trugen die Kaiser der Qing-Dynastie zur Verbreitung des Buddhismus bei, indem sie die Übersetzung seiner Texte garantierten und zahlreiche buddhistische Werke in den kaiserlichen Druckereien herstellen ließen: Es gab eine Auflage des chinesischen buddhistischen Kanons im Jahr 1738, Editionen des tibetischen Kanons 1692 und 1700, des mongolischen Kanons von 1718 und 1720 sowie des ergänzenden, ins Mongolische übersetzten tibetischen Kanons in den Jahren 1741 und 1749, welche es schon allein rechtfertigen würden, die Verbotene Stadt als ein Zentrum der buddhistischen Aktivitäten anzusehen.

Das Porträt von Kaiser Qianlong als Bodhisatva Mañjushri[27] und die ungewöhnliche Photographie der Kaiserinwitwe Cixi – umgeben von einem Eunuchen und zwei Damen des Hofes, in einer kleinen Inszenierung als Guanyin verkleidet und mit einer Kopfbedeckung mit dem Schriftzeichen »Bodhisatva«[28] – zeigen uns das Bild buddhistischer Herrscher, die sich gerne in der Rolle von im Innern der Verbotenen Stadt thronenden Gottheiten sahen.

Abb. 108 Stupa im Innern des »Pavillons der Blüte des Buddhismus« (Fanhualou), 18. Jahrhundert.

[1] Lessing, 1956, S. 140–141.
[2] Zhang Naiwei, 1937, j. 5 und 6, 1988, S. 303–416; *Cultural Relics of Tibetan Buddhism Collected in the Qing Palace*, 1992, S. 5.
[3] *Ibid.*, S. 199–226.
[4] *Qinding da qing huidian*, 1899, *Neiwu fu*, j. 98.
[5] K. Ogawa, 1906, Taf. 89.
[6] Wang Jiapeng, 1991–3.
[7] *Qinding da qing huidian*, 1899; *Neiwu fu*, j. 92.
[8] Arlington und Lewisohn, 1935, S. 48–50.
[9] Johnston, 1995, S. 82.
[10] Johnston, 1995, S. 82.
[11] *Manjusai wecere metere koolo bithe* (Kaiserliches schamanistisches Ritual).
[12] Langlès, 1804; de Harlez, 1887; Pang, 1993.
[13] *Qinding da qing huidian*, 1899; *Neiwu fu*, j. 92.
[14] *Da qing lüli*, j. 6, Gesetz gegen die ketzerischen Künste religiöser Meister und Zauberer.
[15] *Da qing lüli*, j. 8, Gesetz über die nicht genehmigte Gründung von Klöstern und die nicht genehmigte Aufnahme unter buddhistische und daoistische Mönche.
[16] Wakeman, 1985, Bd. I, S. 203–204, Farquhar, 1968.
[17] Farquhar, 1978, S. 19–21.
[18] Farquhar, 1968, S. 178–202.
[19] Lessing, 1942.
[20] Hummel, 1943–1944, S. 256–257.
[21] *Ibid.*, S. 918.
[22] Hevia, 1993, S. 254–255.
[23] Lessing, 1942, S. 58–61.
[24] Beal, 1871, S. 419.
[25] Brunnert u. Hagelstrom, 1912, S. 475–477.
[26] Heissing, Tucci, 1973, S. 383 ff.
[27] Farguhar, 1978, S. 5–7; Kahn, 1971, S. 185.
[28] Bland u. Backhouse, 1910, S. 454.

50
Amitâbha predigt auf der reinen Erde von Sukhâvatî
Seidenstickerei
H.: 2,78 m; Br.: 1,40 m
Bildmontage: H.: 4,64 m; Br.: 1,785 m
18. Jahrhundert, Regierung von Qianlong
(1736–1796)
Inv.: G 72704

Lit.: Chen, 1984, Nr. 62.

Die monumentale Stickerei hat den Kult des Buddha des Westens, Amitâbha, zum Thema: »Unendlicher Glanz«. Der zukünftige Amitâbha legte während seines Vorlebens als Mönch Dharmakâra das Gelübde ab, auf reiner Erde alle Menschen zu empfangen, die sich ihm mit außergewöhnlicher Glaubenshingabe zu einer letzten Reinkarnation anvertrauen wollten. Dieser strenggläubige Kult, einer der am weitesten entwickelten des Mahâyâna-Buddhismus, stellt die bedingungslose Liebe zur Gottheit über die Meditationsübungen oder die Werke der Barmherzigkeit. An den Grenzen zu Zentralasien und im Nordwesten des indischen Subkontinents beheimatet, wurde dieser Kult in alter Zeit in China eingeführt. Einer der berühmtesten, dem Amitâbha geweihten Texte wurde von dem Missionar Kâtâyasha 440 übersetzt: *Amitâyurdhyâna sûtra*, das Sûtra der Kontemplation des Buddha Amitâyus.
Der Kult des Buddha des Westens erreichte seine größte Ausbreitung unter den Nördlichen Qi (550–557). In China ist die Ikonographie der Letztinkarnation endgültig fixiert unter den Tang (618–907), wie zahlreiche Wandmalereien des Qianfodong von Dunhuang in Gansu belegen.
Die große Stickerei aus der Verbotenen Stadt setzt diesen Archetyp fort. Im Herzen von Sukhâvatî, der »Glücklichen« (*Xifangjileshijie*), sitzt Amitâbha (*Omituofo*), die Hände im Schoß gemäß der ihm eigenen Variante der Meditationshaltung »Siegel der Konzentration«[1]. Er wird von einem prunkvollen, einen Teich überragenden Pavillon beschirmt. Auf dem Wasser werden die Gläubigen in Lotusblumen mit dem Aussehen kleiner *Putti* wiedergeboren. Das Anhören der Predigten des Buddha des Westens während dreier kosmischer Perioden (kalpa) verleiht ihnen eine so große Zahl von Verdiensten, daß sie alle ganz von selbst Zugang zur Erleuchtung erlangen und somit dem Zyklus der universellen Kausalitäten entgehen werden. Im oberen Teil der Bildkomposition evozieren zahlreiche kleine Buddhas in Strahlen der Glorie diesen unbeschreiblichen künftigen Zustand.
In den seitlichen Pavillons wenden sich zwei Bodhisatvas, Avalokiteshvara (*Guanyin*) und Mahâsthâmaprâpta (*Daishizhi*), Amitâbha aufmerksam zu. Zahlreiche Prozessionen von Gottheiten und zwei Gruppen von arhat (*luohan*) drängen sich auf der Terrasse. Die vielen archaisierenden Zitate auf der Seidenstickerei, wie zum Beispiel die Ausführung der verzierten Dächer der drei Hauptpavillons, gehen auf Vorbilder des 7. und 8. Jahrhunderts zurück.
In der Tang-Ära enthielt das Thema ein zusätzliches, hier nicht vorhandenes Detail: ein Bodhisatva tanzt oberhalb der vom Teich zur Terrasse führenden Treppe. Hingegen rechtfertigt das riesige, aus der Mitte des Teiches auftauchende und von einem Lotus gehaltene Juwel die Bezeichnung des Gewässers als »Teich der sieben Juwelen«. Der Stoff ist in der Technik des sogenannten dichten Brokats (*zhongjin*) mit Goldfäden aus Suzhou in Südchina gewebt, einem für diesen Qualitätsstoff berühmten Herstellungszentrum[2].
Unter den anderen vom Hof in Auftrag gegebenen Stücken sind die vier großen, Kaiserin Eugénie (1826–1920) im Anschluß an den Chinafeldzug von 1860 geschenkten und im Chinamuseum des Schlosses Fontainebleau verwahrten Seidentapisserien zu nennen[3]. Sie geben die drei historischen Buddhas Kâshyapa, Shâkyamuni und Maitreya wieder. Ihre Komposition ist leichter als die der großen Stickerei aus dem Palastmuseum. Die Ausführung des zentralen Buddha und der beiden arhat-Gruppen weist indessen deutliche Ähnlichkeiten auf.   G. B.

[1] *Hobogirin*, 1981, S. 29.
[2] Chen, 1984, S. 16, Hinweis von Hélène Chollet.
[3] Inv. F. 1305a bis d; Béguin, 1994, S. 70–72.

51
Buddha Shâkyamuni
Vergoldetes Kupfer
H.: 0,35 m
Ca. 17. Jahrhundert
Inv.: G 185616

Der Buddha Shâkyamuni (Shijiamuni) ist hier in der am weitesten verbreiteten Ikonographie wiedergegeben: die Rechte berührt den Boden, um die Erde zum Zeugen zu nehmen, die Linke, die den Becher hält, liegt im Schoß. Das Gewand mit den kraftvoll herabfallenden Falten wird von einem Saum eingefaßt, in den stilisierte florale Motive eingraviert sind.

Sein längliches Gesicht entspricht nicht der geometrischen Strenge der Bronzen, die in der Tradition der frühen Ming-Zeit ausgeführt wurden, eine Tradition, die sich bis in den Beginn des 17. Jahrhunderts fortsetzt. Andererseits stammt dieses sehr fein gearbeitete Stück nicht aus der stereotypen Produktion der Ära Qianlong. Wahrscheinlich entstand dieses Werk daher in der 2. Hälfte des 17. Jahrhunderts. G. B.

52
Reliquiar
Gold, Halbedelsteine, Glas, Spiegel
H.: 0,88 m; Br.: 0,49 m; L.: 0,42 m
18. Jahrhundert

Die Sammlungen des Palastmuseums umfassen zahlreiche Reliquiare, einige in Gestalt eines Stûpa von manchmal gewaltiger Höhe, eines *mandala*[1] oder eines Pavillons, wie der hier gezeigte. Die meisten scheinen aus der Regierungszeit Qianlongs zu stammen[2].

Der Buddhismus in der Verbotenen Stadt   191

Das Stück hat die Gestalt eines kleinen Tempels, von dem man den größten Teil der Fassade entfernt hat, um die Gottheit im Innern des Heiligtums besser sehen zu können. Diese Art der Gestaltung findet sich bereits in den Illustrationen der ältesten indischen und nepalesischen Manuskripte und auch in der tibetischen Malerei. Seit dem 15. Jahrhundert trifft man sie auch bei Laternen mit ihrem extrem gekrümmten Dachstuhl, der dem Gehäuse die Silhouette einer Kuppel verleiht, ähnlich dem oberen Teil des hier vorliegenden Reliquiars. Diese leicht zu erkennende Dachausführung unterscheidet sich von den chinesischen vierfach gewalmten Dächern vom Typ *xieshanding*. Sie tritt bei zwei Amitâbha-Paradiesen aus dem 15. Jahrhundert auf, das eine im Los Angeles County Museum[3], das andere im Musée National des Arts Asiatiques – Guimet[4]. Dieses eigentümliche Dach begegnet in der Folge sehr selten. Vielleicht sollte es hier als ein archaisierendes Zitat in der Tradition der Dächer vom Beginn der Ming-Ära betrachtet werden?

Drei Nischen am Laternendach bergen kleine Elemente, deren Form Opfergaben aus Teig (gtor-ma) vermuten lassen, welche in den Liturgien des lamaistischen Buddhismus verwendet werden.

Die anderen Architekturelemente sind rein chinesisch: Sockel, Miniaturgeländer bzw. -zaun, gezackte Verblendung. Das Ensemble ist von dem für die Regierungszeit Qianlongs charakteristischen feinen und filigranen Dekor überzogen[5]. Vielfarbige, als Cabochons gefaßte Halbedelsteine bilden Muster vollerblühter Blumen. Die Tür ist mit einem raffinierten System von Stiften fixiert. Glas und Spiegel scheinen Importe zu sein. G. B.

[1] Wie zum Beispiel ein kleines, in das Jahr 1772 datiertes *mandala* im British Museum (Rawson, 1992, S. 189, Nr. 141).
[2] Cf. Weng u. Yang, 1982, S. 304, Nr. 141.
[3] Inv. M. 77-19-12; Pa, 1990, S. 76, Taf. 12.
[4] A 5875; Béguin, 1995, S. 93–95, Nr. 11.
[5] Weng Yang, 1982, S. 305.

53 und 54
»Blitz-Diamant« (Donnerkeil), Glocke und Etui

Kupfer, zum Teil vergoldet, bemaltes Holz und Stoff
H. der Glocke: 0,225 m
Stempel Regierung von Yongle (1403–1424)
Inv.: G 185463

Lit.: *Cultural Relics*, 1991, S. 175. 242, Nr. 131, 1 bis 3.

Der »Blitz-Diamant« (Donnerkeil) und die Glocke sind die beiden fundamentalen Kultgegenstände des tantrischen Buddhismus. In den meisten Liturgien jener verschiedenen Richtungen, die den esoterischen Buddhismus ausmachen, sind sie gegenwärtig, unabhängig von der jeweiligen kulturellen Epoche. Die Wortzusammensetzung »Blitz-Diamant« gibt die komplexe Bedeutung des Sanskritbegriffes »vajra« nur unzureichend wieder. Den beiden hauptsächlichen Bedeutungen von Blitz und Diamant fügt der indische Begriff die Vorstellungen von Licht, reinigender Hitze, der Unverweslichkeit und des männlichen Gliedes hinzu. Diese verschiedenen Begriffe spielen im indischen esoterischen Buddhismus eine so große Rolle, daß die autochthonen Texte diese

buddhistische Richtung oft als »vajrayâna«, »Diamant-Pfad«, bezeichnen.

Die Form des vajra erinnert an eine kleine Hantel mit Enden in Durchbruchsarbeit. Dieser Gegenstand symbolisiert in Verbindung mit der Glocke das zur Erlangung der Erleuchtung notwendige »Mittel«, die Glocke die dieser Erleuchtung eigene »Weisheit«. Ihre gleichzeitige Verwendung bei bestimmten kanonischen Gesten stellt die Verbindung von zwei komplementären Prinzipien dar.

Die Typologie der Glocken ist seit der Studie von Mireille Helffer[1] gut bekannt. Auf den am ausgefeiltesten gestalteten Objekten zeigt der Griff das Antlitz einer Göttin. Auf der Schulter sind acht Silben angeordnet, oft inmitten der Blütenblätter eines erblühten Lotus. Sie symbolisieren acht Göttinnen zweiten Ranges als Helferinnen der zentralen Gottheit. Glückhafte Symbole und Verblendungen können diesen Dekor ergänzen. Wie viele andere Beispiele, die wir aus Privatsammlungen kennen, trägt die Glocke im Innern den Stempel der Regierung von Kaiser Yongle (1403–1424). Die in Relief wiedergegebenen Zeichen treten klar hervor. Der Umfang der Ziermotive, die sichere Hand bei ihrer Zeichnung und die Leuchtergehänge ausspeienden kirtimukha-Masken sind typisch für diese Zeit.

Die Spitzen des vajra und der Glockengriff sind häufig fünfzackig, so wie hier, andere auch neunzackig, und umfangen ihre Zentralachse, wie zum Beispiel auf dem vergleichbaren Objektpaar des Musée National des Arts asiatiques – Guimet, welches man der Regierung von Xuande (1426–1475) zuweisen kann[2]. Diese Besonderheit scheint weder mit einer Sektenrichtung noch mit dem Charakter der betreffenden Gottheit zusammenzuhängen.

Die hier gezeigten Gegenstände des Palastmuseums verfügen noch über das dazugehörige Etui, dessen Form an ein vergleichbares Exemplar im Rijksmuseum voor Volkenkunde, Leiden, erinnert[3]. G. B.

[1] 1995, S. 208–212.
[2] Inv. MA 5050a und b; vgl. *Arts Asiatiques*, Bd. XLIII, 1988, S. 140 Abb. 11 und 12.
[3] Inv. 3329/5a, b, c; vgl. Béguin, 1977, S. 257–258, Nr. 315.

55
Trommel in Sanduhrform mit Schlagkugeln
Knochen, Leder, vergoldetes Kupfer,
Halbedelsteine und Posamente
H.: 0,10 m; T.: 0,15 m
ohne textiles Ornament
Nordchina, 18. Jahrhundert
Inv.: G 186709

Lit.: *Cultural Relics*, 1991, S. 186. 246, Nr. 142.

Dieses originale Musikinstrument ist heute dank der Studien von Mireille Helffer[1] recht gut bekannt. Ursprünglich ist das Instrument (skt. damaru) eines der Attribute von Shiva, »dem Herrn des Tanzes«, und symbolisiert den schöpferischen Aspekt des Gottes[2]. Im vajrayâna-Buddhismus handeln verschiedene Texte vom damaru, insbesondere das *Samputa tantra*[3]. In den Ritualen des tibetischen Buddhismus spielt es eine bedeutende Rolle.
Traditionsgemäß bestehen diese Perkussionsinstrumente aus zwei Resonanzkörpern, die aus zwei an ihren Scheiteln aneinanderstoßenden menschlichen Schädelkalotten zusammengesetzt sind. Die Membranen sollen aus Affenhaut bestehen, die dergestalt gespannt und verklebt wurden, daß sie die beiden Hohlkörper fest verschließen. Zwei Schnüre, an denen Kugeln hängen, ergänzen das Ensemble. Das Instrument wird gespielt, indem man es an seinem mittleren Teil festhält. Durch schnelles Hin- und Herdrehen schlagen die Kugeln abwechselnd gegen die Membranen, wobei sie ein Feuerwerk von kurzen, schnell aufeinanderfolgenden Tönen erzeugen. Die Verwendung von Ersatzmaterial für die Schädelkalotten ist indessen weit verbreitet. So finden sich im Himalaya häufig Schädel und Häute von Affen, speziell von Semnopitheken. Theoretisch dürfen dGe-lugs-pa-Mönche keine rituellen Instrumente aus Menschenknochen verwenden.
Die Membran ist manchmal grün gefärbt wie bei dem Exemplar aus der Verbotenen Stadt. Der Resonanzkörper kann aus den verschiedensten Materialien bestehen. In China sind zahlreiche damaru aus Elfenbein gefertigt.

Die Farbe erlaubt eine Unterscheidung des polierten, glänzenden und fein gekörnten Elfenbeins vom menschlichen Schädel mit seiner leicht schwammigen Beschaffenheit und deutlich markierten Nähten sowie der matten, von gelb zu grau spielenden Farbe. Die damaru mit einem Resonanzkörper aus zwei Schädelkalotten werden manchmal als »Schädeltrommel« oder »kleine geheime Trommel« bezeichnet[4].
Bei den meisten der chinesischen damaru hat sich ihre Verzierung aus reichen Stickereien und Posamenten erhalten. Das hier gezeigte ist für diese verfeinerte Herstellung typisch. Es ist mit der heiligen Formel »Om mani padme hûm« bestickt, deren häufigste Übersetzung »Ruhm des Juwels in der Lotusblüte« lautet. Die systematische Rezitation dieses dem Bodhisatva Avalokiteshvara gewidmeten mystischen Satzes stellt für die Gläubigen ein Mittel zum Heil dar. Die Verbreitung war zum Teil das Werk des Mönches Gu-ru chos-dbang (1212–1273), der der Schule rNying lma-pa[5] angehörte.
Nach M. M. Li Zhongli und Liu Sheng[6] wurde das vorliegende damaru im kaiserlichen Palast, in einer vom Büro der Manufakturen abhängigen Werkstatt, gefertigt.

G. B.

[1] 1994, S. 233–250.
[2] Loth, 1981, S. 177. 353–358.
[3] Helffer, 1994, S. 236.
[4] Helffer, 1994, S. 235.
[5] Pommaret, 1989, S. 103–105.
[6] *Cultural Relics*, 1991, S. 246.

56
Opferschale (Schädelgefäß)
Menschlicher Knochen, vergoldetes Kupfer, und Silber
H.: 0,225 m; Br.: 0,19 m; T.: 0,193 m
Nordchina, zweite Hälfte des 18. Jahrhunderts
Inv.: G 185716

Lit.: *Cultural Relics*, 1991, S. 184. 245, Nr. 140.

In der indischen Tradition wohnt der der Welt entsagende Asket freiwillig in Beinhäusern oder in der Nähe von Verbrennungsstätten. Diese makabren, als unrein geltenden Aufenthaltsorte helfen, das Bewußtsein für die verhältnismäßige Nichtigkeit der wahrnehmbaren Welt zu schärfen. Der Heilige findet hier die für sein tägliches Leben notwendigen Dinge. Daher geht er nackt durch die Welt oder bekleidet sich wie Shâkyamuni mit Fetzen eines Leichentuchs. Ein menschlicher Schädel dient ihm als (Trink-)gefäß. Im Hin-

56 (Detail)

duismus besitzt der Gott Shiva, Asket par excellence, unter seinen verschiedenen schreckenerregenden Aspekten, wie zum Beispiel als Bhairava oder Bhiksâtana, als Attribut einen menschlichen Schädel (skt. kapâla).
Der vajrayâna-Buddhismus übernimmt dieses makabre Element ebenfalls in verschiedenen Zusammenhängen. So sind die »Großen Beherrscher vollkommener Fähigkeiten« (mahâsiddha), die am Anfang zahlreicher, den wichtigsten Schutzgottheiten gewidmeter Text- und Ritualzyklen stehen, bei ihrem Rückzug in eines der acht Beinhäuser der tantrischen Tradition mit einem Schädelgefäß ausgerüstet.

Der Buddhismus in der Verbotenen Stadt 195

Die reiche Literatur des vahrayâna-Buddhismus betont für alle Geschöpfe, die die wahrnehmbare Welt bewohnen – auf welcher spirituellen Stufe auch immer – die grundsätzliche Möglichkeit, auf dem Heilsweg voranzuschreiten, um die Erlösung aus dem Zyklus der Reinkarnationen zu erlangen. Diese Transformation wird in den mythischen Erzählungen symbolisiert durch die Transsubstantiation von unreinen Stoffen, wie zum Beispiel den fünf Sorten Fleisch oder den fünf Körpersäften (den »fünf Ambrosien«), in Nahrung und Unsterblichkeitssäfte. Diese Metamorphose findet in einem Kessel in Gestalt einer gigantischen Schädelkalotte statt, welche von drei abgeschlagenen Köpfen in verschiedenen Zersetzungsstadien gehalten wird. Ein reinigendes Feuer erlaubt diese geheime Alchimie.

Zahlreiche zürnende Gottheiten haben unter ihren Attributen ein oft mit einem Ritualmesser assoziiertes Schädelgefäß. Das Massaker an den Feinden des Buddhistischen Gesetzes und das Trinken ihres Blutes aus einem Schädel sind Elemente derselben Symbolik. Der Verzehr einer zu einem dämonischen Wesen gehörenden unreinen Substanz durch eine Gottheit erlaubt ihre segensreiche Transformation.

Die Rituale des vajrayâna-Buddhismus erfordern häufig die Verwendung von echten Schädeln oder einem entsprechenden Ersatz. Das gezeigte Exemplar ist ikonographisch vollständig. Die Schale steht auf einem dreieckigen Untersatz, der den Opferbereich verkörpert. Drei Köpfe mit verschiedenen Gesichtern markieren die Ecken. Die am weitesten entwickelten Beispiele zeigen diese in drei Stadien: frisch abgeschlagen, im Zersetzungsstadium und als Totenschädel. Unterhalb von ihnen geben Feuerzungen und Funken das Kohlebecken wieder. Der Deckel steht im Kontrast zu diesen makabren Elementen. Seine Motive betonen den segensreichen Aspekt der Zeremonie: Glückhafte Symbole, Juweleneinlagen, Griff in Gestalt eines doppelten bzw. kreuzförmigen vajra. Bei den Zeremonien dienen die kapâla als Opferschalen. Die in den tantrischen Texten als am unreinsten beschriebenen Stoffe werden bei den Zeremonien nicht verwendet, sondern durch Samenkörner oder Wasser- bzw. Biertropfen symbolisiert.

Die in den kaiserlichen Kapellen verwendeten Exemplare gehören entsprechend der Form ihres Untersatzes zu zwei verschiedenen Typen: Einige, wie das hier gezeigte, ruhen auf dreieckigen Untersätzen[1], andere hingegen auf Sockeln mit ovalem Querschnitt, jedoch sind beide Typen immer mit drei abgeschlagenen Köpfen verziert[2]. Manchmal stehen diese dreieckigen oder ovalen Untersätze auch auf breiteren Sockeln und erlangen damit größere Stabilität und Erhabenheit[3].

Das Innere des Schädels ist mit einer Folie aus gehämmertem Silber überzogen. G. B.

[1] *Masterpieces of Chinese Tibetan Buddhist Altar Fittings in the National Palace Museum*, Taipei, National Palace Museum, 1971, Nr. 24–26.
[2] *Selection of Masterworks in the Collection of the National Palace Museum*, Taipei, 1973, S. 134, Nr. 92; Béguin, 1977, S. 256, Nr. 322, Musée national des Arts asiatiques – Guimet, Inv. MA 2241.
[3] Selection (Anm. 2), 1973, S. 134, Nr. 92.

57
Horn aus Knochen
Knochen, vergoldetes Messing, Stoff
H.: 0,30 m
Nordchina, 18. Jahrhundert
Inv.: G 185409

Lit.: *Cultural Relics*, 1991, S. 192. 248ö, Nr. 148.

Die jüngst erschienene Studie von M. Helffer[1] sowie eine Klassifizierung von M. H. Roth[2] erneuern das Wissen über die Verwendung von Knochenhörnern in den Ritualen des lamaistischen Buddhismus. Vielfältige tibetische Textquellen erklären den Ursprung dieses Instrumentes, welches besonders bei drei Gelegenheiten eingesetzt wird: um die Gottheiten anzurufen, die auf Bitten des tantrischen Priesters die Feinde der buddhistischen Doktrin bekämpfen sollen, bei Ritualen, die den schreckenerregenden Schutzgottheiten geweiht sind, sowie bei den Begräbniszeremonien.

Die Verwendung von menschlichen Knochen durch dGe-lugs-pa-Lamas, welche die offiziellen Tempel im China der Qing-Dynastie innehatten, ist sehr zweifelhaft; dies gilt auch für andere rituelle Knochen-

objekte, zum Beispiel die Schädelschalen. Dieses äußerst makabre Material war im Gegensatz zu anderen tibetischen Mönchsschulen theoretisch vom Orden der »Gelbmützen« vorgeschrieben. In bezug auf die kurzen Hörner aus den dGe-lugs-pa-Klöstern erwähnt M. Helffer nicht die Verwendung eines Ersatzes für menschliche Knochen – zum Beispiel Affenknochen – wie bei den Schädelschalen. Das Verbot war wohl eher relativ zu sehen, wie von J.-L. Estournel in einem Artikel über die Ritualgegenstände aus Knochen[3] vermutet und durch das hier ausgestellte Horn gezeigt wird.

Wie bei vielen Objekten dieses Genres wird der Knochen durch Stoffäden, im vorliegenden Fall unter spiralförmig aufgewickelten Fäden aus schwarzer Seide verborgen, einem Pendant zu den in Tibet verwendeten Kupferfäden. Das Ende des Horns ist in Form eines Wasserungeheuers (*makara*) gestaltet, verlängert durch einen Schalltrichter, der wie ein »Fischmaul« aussieht[4].

Das schöne Horn des Palastmuseums besitzt Ähnlichkeit mit einem analogen Paar von weniger guter Qualität, welches im Palastmuseum Taipei verwahrt wird[5]. G. B.

[1] 1994, S. 251–273.
[2] 1989.
[3] 1992, S. 41.
[4] Helffer, 1994, S. 253.
[5] *Masterpieces of Chinese Tibetan*, 1971, Nr. 50.

58
Almosenschale
Durchbruchsarbeit in Eisen, vergoldet
H.: 0,10 m; D.: 0,15 m
China
18. Jahrhundert, Regierung von Qianlong (1736–1796)
Inv.: G 78223

Lit.: *Cultural Relics*, 1991, S. 243, Nr. 134.

Almosenschalen gehörten zum Besitz eines jeden buddhistischen Mönches, sie konnten aber auch im Hofmilieu Verwendung finden. Vermutlich wurde die hier gezeigte einem bedeutenden hohen Priester zum Geschenk gemacht. Sie wurde in den Palastwerkstätten hergestellt und trägt den Namen der Ära Qianlong.

Acht fliegende Drachen zieren abwechselnd mit den Acht Emblemen des lamaistischen Buddhismus (Kat. 59) den breiten Mittelteil. Doppelte und gekreuzte vajra schmücken den oberen Rand. Alle diese Motive heben sich vor dem Hintergrund eines Netzmusters ab. Das Innere ist mit Brokat ausgekleidet, der mit Goldfäden durchwirkt ist.

Diese Schale besitzt Ähnlichkeit mit einem viel größeren (H.: 0,166; D.: 0,298), jedoch eher nüchtern wirkenden Stück im Palastmuseum von Taipei[1]. G. B.

[1] *Masterpieces*, 1971, S. 80, Nr. 27.

58 (Detail)

59
Die »Acht Embleme« (*bajixiang*)
Vergoldetes Silber
Jedes Element: H.: 0,315
China
18. Jahrhundert
Inv.: G 184708

Lit.: *Cultural Relics*, 1991, S. 183. 245, Nr. 139

Die Acht Embleme stellen Geschenke dar, welche die göttlichen devatâ dem Buddha Shâkaymuni nach seiner Erleuchtung[1] darbrachten. Demnach gewährt der kostbare Schirm Schutz gegen alles Unheil; die zwei goldenen Fische symbolisieren die dem Ozean des irdischen Lebens, das heißt dem Zustand des Leidens, entkommenen Geschöpfe; das Gefäß aus kostbaren Steinen enthält spirituelle Juwelen; die Lotusblüte ist das Emblem der ursprünglichen Reinheit; die weiße Muschel besitzt Windungen, die analog sind dem unaufhörlich erneuerten Ruhm der Heiligen; der endlose Knoten evoziert die sich unaufhörlich erneuernden Bande der Liebe und Zuneigung, die es zu zerbrechen gilt, um zur Erleuchtung zu gelangen; das kreisförmige Banner rühmt den Sieg der wahren Glaubensdoktrin; das goldene Rad ist schließlich das Symbol des zu befolgenden buddhistischen Gesetzes.

Die Acht Embleme werden häufig mit den Sieben Schätzen des Weltenherrschers[2] verbunden. Daher werden die jeweils auf einer kleinen Schale befestigten Symbole auf Altären aufgestellt. Ihre Zahl ist unüberschaubar[3], und die schönsten nach Europa gelangten Stücke sind wohl die im British Museum verwahrten[4]. Sie können auch auf der Oberfläche der »Trommel der Kosmogramme« befestigt sein[5].

Die in der Ausstellung gezeigten Exemplare besitzen, wie es häufig der Fall ist, hohe Sockel in Gestalt von erblühten Lotusknospen. Ihre an den Seiten mit breiten, stilisierten Blättern geschmückten Stengel evozieren Bandmotive, welche in Tibet im 15. und 16. Jahrhundert in Gebrauch waren und hier als archaisierende Zitate verwendet werden.

Auf einem im Palastmuseum verwahrten Porträt[6] von Kangxi in fortgeschrittenem Alter sind die vor dem Kaiser aufgestellten Acht Embleme weder gemäß der Liste von B. Olschak noch nach der Ausstellung von 1991 in Peking angeordnet. G. B.

[1] Olslchak, 1973, S. 86.
[2] Béguin, 1995, S. 217.
[3] Olschak, 1973, S. 80–87; *Cultural Relics*, 1991, S. 182–183, Nr. 138 und 319; *Masterpieces*, 1971, Nr. 18 und 19; Sotheby's 20–21 mai, 1980, Nr. 328; Christie's, 28–29 april 1996, Nr. 547.550.
[4] Inv. 1880-127-133; Béguin, 1977, S. 258. 264, Nr. 328.
[5] *Cultural Relics*, 1991, S. 171, Nr. 127-1; Béguin, 1993, S. 39, Nr. 1.
[6] *Court Painting of the Qing-Dynasty, Beijing*, Cultural Relics Publishing House, 1992, Nr. 14.

60
Altargarnitur
Kupfer, mit Glaspaste inkrustiert
China
18. Jahrhundert
Inv.: G 178886

Seit der Song-Ära (960–1279) haben mit Holzschnitten illustrierte historische Werke, wie zum Beispiel das *Kaogutu,* die Gelehrtenwelt mit unter anderen in Shaanxi entdeckten archäologischen Spuren vertraut gemacht. In der Yuan-Ära (1279–1368) verbreitete sich die Sitte, auf Altären eine Reihe von Gefäßen aufzustellen, deren Formen auf archaische Bronzen zurückgingen.

In der Ming- (1368–1644) und Mandschu-Ära werden die Kultstätten jeder Lehrrichtung, ob buddhistisch oder daoistisch[1], mit Garnituren ausgestattet, die aus fünf Elementen bestehen: einem von altertümlichen Dreifüßen (*ding*) inspirierten zentralen Weihrauchbrenner, zwei Blumenvasen mit trichterförmiger Öffnung, Variationen der Libationsschalen (*gu*), sowie zwei Kerzenleuchtern. Manchmal erlauben die Symbole auf diesen Gegenständen, sie einem bestimmten Kult zuzuordnen. So tragen zwei Silbervasen aus dem British Museum die Acht Embleme des lamaistischen Buddhismus[2]. Der einfache florale Dekor auf den hier gezeigten Kultgeräten rät bei der Zuschreibung Vorsicht an. In der Mandschu-Ära wurden diese Garnituren aus den verschiedensten Materialen hergestellt, zum Beispiel Metall und Keramik. Liu Wanhang stellt zwei Exemplare aus Email vor[3]. Ein erlesener Dekor aus blauem und grünem Email mit floralen Motiven schmückt diese Garnitur. Die Ausarbeitung unterscheidet sich von derjenigen der cloisonnierten Emails mit glatter Oberfläche, welche in Europa am besten bekannt sind.

Hier ist das Glas in reliefierten Einfassungen eingeschlossen, welche auf vergoldetem Grund als Cloisonné klar hervortreten. Ein Teil des Kultgerätes ist ohne Dekor belassen.

Diese Technik, die in ihrem Aussehen an Emails erinnert, entwickelte sich unter der Regierung von Qianlong. Sie findet sich auf einem Gefäß im Victoria and Albert Museum[4].

Eine offensichtlich spätere Garnitur derselben Technik befindet sich noch *in situ* in der Verbotenen Stadt, im Vorzimmer des ersten Stockwerks des Pavillons der Blüte des Buddhismus[5]. G. B.

[1] Rawson, 1992, S. 202, Abb. 152.
[2] Rawson, 1992, S. 187, Abb. 138.
[3] 1985-1, S. 84, unt. und 1985-2, unt.
[4] Jenyns-Watson, 1963, S. 145, Nr. 101.
[5] *Cultural Relics,* S. 160, Abb. 120.

61 und 62
Zwei Pagoden
Zum Teil mit cloisonniertem Email
überzogenes Gold
China
18. Jahrhundert
Regierung von Qianlong (1736–1796)
Inv.: G 178968   G 178969

Außer Reliquiaren zur Aufnahme von besonders verehrten Statuetten und von Stûpas tibetischer Formen fertigten die kaiserlichen Werkstätten der Qing-Ära Pagoden rein chinesischen Typs, ein Mittelding zwischen religiösen ex-votos und Ziergegenständen. Diese Mode nimmt in der Mingzeit ihren Anfang, wie zum Beispiel eine im ersten Jahr der Ära Tainqi (1621) hergestellte und in einer japanischen Sammlung[1] verwahrte Pagode im Tang-Stil belegt.

Die beiden in der Ausstellung gezeigten Pagoden besitzen einen sechseckigen Grundriß; um jedes Stockwerk läuft eine Balustrade, die jeweils ein weit vorkragendes Vordach abschirmt. Die beiden Stücke sind dem Vorbild realer Pagoden verpflichtet, wie sie die Kaiser, zum Beispiel Kangxi und Qianlong, auf ihren Reisen nach Südchina sehen konnten. Man kennt das Bestreben von Kaiser Qianlong, diese eigentümliche Form der chinesischen buddhistischen Baukunst in den von ihm in Auftrag gegebenen Bauensembles zu wiederholen, welche manchmal in den nördlichsten Gebieten des Reiches auftreten. Wir erinnern nur an die beiden berühmten Pagoden von Jeho (Chengde): die Liuheta (1751 und 1764), welche nach dem Modell der Pagoden von Hangzhou und Suzhou in Yongyousi innerhalb des kaiserlichen Parks von Bishushanzhuang[2] gestaltet sind; des weiteren die Liuli wanshou ata (1780) am Rande des Bezirks Xumi Fushoumiao[3]. Dasselbe könnte für die Region Peking gelten, insbesondere die »Parfümierten Hügel« (Pagode von Zahomiao, 1780). Die beiden letzten Bauwerke sind mit glasierter Keramik verkleidet, in Nachahmung der berühmten »Porzellanpagode« von Nanjing, welche von Yongle (1403–1424) errichtet und im Jahr 1850 beim Aufstand der Taiping zerstört wurde.

Was auch immer ihre Bestimmung war, die in Nachahmung der Pagoden Südchinas in den verschiedensten Materialien ausgeführten Modelle sind in den europäischen Sammlungen außerordentlich zahlreich. Sie stammen häufig aus der Provinz Guandong und waren gesuchte Exportstücke. Wir erinnern nur an die sechs Porzellanpagoden für den Pavillon von Brighton (Slg. Ihrer Majestät der Königin von England), diejenige des Musée Cernuschi (Inv. M.C. 3594), die des Musée National céramique de Sèvres (Inv. 3526-8) sowie jene aus dem Victoria and Albert Museum (Inv. C 80-1954). Es wurden die verschiedensten Materialien verwendet, zum Beispiel Holz und Bambus, Speckstein, Perlmutt[4] und natürlich Elfenbein[5]. Erinnern wir ebenfalls daran, daß Kaiser Jiaqing (1796–1820) Joséphine de Beauharnais einen buddhistischen Tempel en miniature aus Elfenbein mit seinen Pavillons und seiner Pagode geschenkt hatte: diese diversen Bauelemente fanden sich in einem Miniaturgarten verteilt. Der Palast in Peking besitzt das Modell einer vergleichbaren Pagode, deren Sockel mit einer Uhr versehen ist[6].

Wie originale Pagoden besitzen die Repliken sieben, neun wie die hier gezeigten oder auch dreizehn Stockwerke. Sehr häufig, auch bei reinen Dekorationsobjekten, unterstreichen kleine Figuren den buddhistischen Zusammenhang. Ebenso beschirmt jedes Tor eine Buddha-Statuette, entsprechend dem mahâyana-Buddhismus symbolisch den vier Himmelsrichtungen zugewandt. Es ist zu vermuten, daß die beiden Pagoden des Palastmuseums einst auch mit diesen kleinen Figuren versehen waren.

Der mit Zierleisten reich geschmückte Sockel besitzt einen typischen Dekor aus breiten geometrischen Mustern (Mäandern), die in der zweiten Hälfte der Regierung Qianlong häufig vorkommen.

---

[1] Li, 1987, S. 21.
[2] Chayet, 1985, S. 26.
[3] Mortari-Vergara, 1987, S. 478.
[4] Privatslg. Buxved, Sussex, vgl. Jenyns, 1965, S. 188, Nr. 155.
[5] Slg. Museum Gugong, vgl. Luo, S. 29–33; Privatslg., vgl. the Oriental Art Gallery limited, *Oriental Jewellery and works of Art*, London, Mittwoch, 6. Dezember 1995, Nr. 186.
[6] Weng-Yang, 1982, S. 287, Nr. 197.

BEKLEIDUNG
UND TEXTILIEN
SCHMUCK UND
KLEINODE
GOLDSCHMIEDEKUNST
MOBILIAR

Offizielle und inoffizielle Kleidung am Kaiserlichen Hof unter der Qing-Dynastie

Elke Piontek-Ma

Bei den in der Schrift *Huangchao liqi tushi* aus dem Jahr 1759[1] festgelegten Bekleidungsvorschriften wird – sowohl bei Männern als auch Frauen – zwischen den offiziellen Hofroben beziehungsweise Staatsroben (*chaofu*), der halboffiziellen Festtagskleidung (*jifu*), zu der auch die Drachenroben (*longpao* und *mangpao*) gehören, und den inoffiziellen Gewändern (*changfu*) unterschieden. Bestimmte Motive, zum Beispiel Drachen und die Zwölf Symbole (*shi'erzhangwenshi*) sowie bestimmte Farben – Hellgelb, Himmelblau, Rot und Weiß – waren dem Kaiser vorbehalten. Die Motive und Wolken der kaiserlichen Robe mußten in den fünf Farben Blau, Rot, Gelb, Weiß und Schwarz ausgeführt werden. Auf diese Weise wurde der Vorstellung Genüge getan, daß diese fünf Farben den fünf natürlichen Elementen – Holz, Feuer, Erde, Metall und Wasser – entsprächen, die alle Hervorbringungen, Veränderungen und Zerstörungen (*wuxing*) beherrschen. Das Holz symbolisiert den Frühling und den Osten; das Feuer den Sommer und den Süden; das Metall den Herbst und den Westen und das Wasser schließlich den Winter und den Norden. Die Erde als Gravitationsmittelpunkt entsprach der Sommerzeit im Moment des Gleichgewichts der Kräfte. So wie jeder Farbe eine besondere Bedeutung zukam, schrieb man auch jedem der Zwölf traditionellen Symbole, die seit der Ära der Han die kaiserlichen Roben zierten, eine bestimmte Eigenschaft zu. Es gab jedoch Unterschiede: Anzahl und Anordnung der Symbole auf den Roben konnten variieren. In der Qing-Ära erfreute sich der sehr auf Tradition bedachte Kaiser Qianlong daran, die für die chinesische Kultur typischen Zwölf Symbole in den seiner eigenen Kleidung vorbehaltenen Motivkatalog aufzunehmen. Dies wurde durch das Werk *Huangchao liqi tushi* von 1759 offenkundig. Man kann feststellen, daß die Zwölf Symbole in Vierergruppen auf der kaiserlichen Robe verteilt waren. Die erste Gruppe umfaßte Sonne (*ri*), Mond (*yue*), Sternbild (*chen*) und Berg (*shan*). Die oft in Form einer roten Scheibe mit einem dreiklauigen Hahn oder Raben wiedergegebene Sonne ist auf der linken Schulter der Robe angebracht; der weiße Mond, auf dem ein weißer Hase das in einem Mörser befindliche Lebenselixier mümmelt, schmückt die rechte Schulter; das Sternbild, der Große Bär mit drei Sternen, welche die Spitze eines gleichschenkligen Dreiecks zieren, sowie der Berg sind meist über dem Hauptdrachen auf der Vorder- oder Rückseite der Robe angebracht. Die vier etwa in Hüfthöhe der Robe befindlichen Symbole bestehen aus dem Zeichen *fu* – meistens in blauer Farbe –, dem Symbol für Gerechtigkeit und Ungerechtigkeit, zwei von der Klinge einer Axt (*fu*), der rituellen Waffe, begleiteten Drachen (*long*) sowie der Wasser-

64 (Detail)

pflanze (*zao*). Die Zwölf Symbole werden von den Opferschalen (*zongyi*), auf denen man Affe und Tiger unterscheiden kann, dem Feuer (*huo*), den Hanfkörnern (*fenmi*) sowie dem Fasan (*huachong*) vervollständigt. Alle diese Symbole waren eng mit den Opferzeremonien und einer symbolischen Darstellung des Universums verbunden. Wer die Zwölf Symbole auf seiner Kleidung trug, war der Souverän[2]. Alle anderen Würdenträger griffen auf sonstige Motive zurück, zum Beispiel die Acht Embleme (*babao*), die als zusätzliche Motive angebracht wurden. In diesem Zusammenhang unterscheidet man zwischen den Acht buddhistischen und den Acht daoistischen Emblemen.

Die Staatsrobe

Die Staatsrobe (*chapao*) (Katalognummer 64) wurde bei den bedeutendsten Zeremonien bei Hofe getragen. Der Schnitt der Robe des Mannes geht wahrscheinlich auf ein Ensemble aus zwei Kleidungsstücken zurück, welches aus einer bis zur Hüfte reichenden Weste und einer Art Schurz oder drapiertem Rock bestand[3].

Unter dieser Kleidung trug man eine Hose oder einen manchmal »Knieschutz« genannten Schurz. Ein bis auf die Schultern reichender Kragen (Katalognummer 64), ein Gürtel (Katalognummer 68), die »Hofkette« und Stiefel vervollständigten die Hofrobe.

Die Staatsroben der Frauen (Katalognummer 65) waren ebenfalls von der Ming-Ära inspiriert. Aus einem Kleid mit langen Ärmeln, welches bis zu den Füßen reichte, jedoch auch auf Hüfthöhe enden konnte, sowie einem darüber getragenen langen Kleidungsstück ohne Ärmel kombinierte man eine Robe mit einer Verblendung auf Schulterhöhe und langen Ärmeln[4]. Die über dieser Robe getragene lange Weste war die sogenannte Pelerine der Morgenwolken (Katalognummer 63). Diese Robe hatte nicht das lange Kleid ohne Ärmel der Mandschu-Frauen zum Vorbild, sondern die Kleidertradition der vornehmsten chinesischen Gesellschaft der Ming-Ära; die Symbole auf der Weste geben Auskunft über den Rang der Trägerin oder ihres Gatten. Zu dieser Kleidung gehörten auch ein unter der Robe getragener Rock, die »Hofkette«, eine als sogenannte Phönixhaube beschriebene Kopfbedeckung sowie ein bis auf die Schultern reichender Kragen (Katalognummer 65). Die mit Holzsohlen versehenen Schuhe, welche im Laufe der Zeit immer höher wurden, hatten Ähnlichkeit mit den hier gezeigten (Katalognummer 74). Die Damen verfügten auch über eine große Auswahl an Schmuck. Die Ahnenporträts (Katalognummer 23 und 25) zeigen die Kaiserinnen in vollständiger Staatsrobe.

Halboffizielle und inoffizielle Gewänder

Die halboffiziellen Roben (*jifu*) wurden häufiger getragen als die Staatsroben, die nur bei den großen Ereignissen, wie zum Beispiel Staatsakten oder den Opferzeremonien, angelegt wurden. Diese halboffiziellen Roben wurden auch Drachenroben, *longpao* oder *mangpao*[5], genannt. Gemäß den Beklei-

65 (Detail)

dungsvorschriften von Kaiser Qianlong aus dem Jahr 1759 wurde diese Kleidung zur typischen Hofrobe. Diese hat die Reiterweste mit langen engen Ärmeln und den hufeisenförmigen Manschetten der Mandschu[6] zum Vorbild. Die Robe wird auf der rechten Seite mittels Knöpfen und Schlingen geschlossen; die Robe der Frau besitzt zwei Seitenschlitze, und die des Mannes weist zusätzlich je einen Schlitz auf der Vorder- und Rückseite auf. Die Motive der Drachenrobe werden wie folgt beschrieben: »Die *ji-fu*-Zeichen geben das Universum schematisch wieder. Die Saumzone symbolisiert mit ihren diagonalen und gewellten Streifen das Wasser. Auf den vier Zonen der Weltachse, welche die vier Himmelsrichtungen darstellen, erheben sich stilisierte, prismenförmige Bergmuster aus dem Meer und symbolisieren die Gebirge der Welt. Der Himmel darüber ist mit Wolken und Drachen gefüllt, den Symbolen kaiserlicher Autorität. Der Symbolismus wird beim Tragen der Robe offenkundig: der Körper stellt die Weltachse dar, der Kragen ist das Tor zum Himmel (beziehungsweise der Gipfel des Universums), welches die materielle Welt – das heißt die Robe – von der durch den Kopf des Trägers repräsentierten spirituellen Welt trennt«[7].

In den Bekleidungsvorschriften aus dem Jahr 1759 wird das Tragen eines dreiviertellangen dunkelblauen Kleidungsstücks (*bufu*) über der Drachenrobe vorgeschrieben, bei welchem die Rangabzeichen auf der Brust oder dem Rücken angebracht waren. Diese rechteckigen Zeichen geben verschiedene Tiere wieder, zum Beispiel Säugetiere für Offiziere und verschiedene Vögel für zivile Beamte: jedem Offiziersrang ist ein Säugetier bzw. ein Vogel zugeordnet. Die Kopfbedeckung des Offiziers, die »Hofkette« und die Stiefel vervollständigen diese Ausstattung.

Die in dieser Ausstellung gezeigte Drachenrobe einer Dame (Katalognummer 66) gehört selbstverständlich nicht zur Kategorie der Offizierskleidung; sie wurde aus einem besonderen Anlaß, nämlich für eine Hochzeit, hergestellt.

Die inoffizielle Kleidung, zu der die *changfu*-Roben gehören (Katalognummer 67), wurde bei Hofe nur vom Kaiser und seiner Familie bei nicht-offiziellen Anlässen getragen, das heißt in der »Freizeit«. Der Schnitt dieser Gewänder ist derselbe wie bei den Drachenroben. Motive und Farben können hier sehr unterschiedlich sein. Gemäß der Bekleidungsvorschrift aus dem Jahr 1759 konnte der Kaiser die von ihm gewünschten Motive und Farben selbst festlegen, während für alle anderen Roben Motive und Farben vorgeschrieben waren. Wahrscheinlich trug der Kaiser privat auch eine bequemere Kopfbedeckung (Katalognummer 73) als die für die offiziellen und halboffiziellen Roben vorgeschriebenen.

Die Frauenrobe (Katalognummer 67) gehört auch zu den *changfu*; sie ist ein schönes Beispiel für die bei diesem Kleidungsgenre übliche Vielfalt an Farben und Motiven.

---

[1] Huangchao ligi tushi, vol. 656, j. 4–7.
[2] Camman, Schuyler van R., 1952, S. 85–94. Dickenson und Wrigglesworth, 1990, S. 76–96.
[3] Vollmer, 1977, S. 32–34.
[4] *Ibid.* S. 35.
[5] Die Drachen mit fünf Klauen werden *long* genannt und waren dem Kaiser und seiner Familie vorbehalten. Die Drachen mit vier Klauen heißen *mang*.
[6] Camman, Schuyler beschreibt in seinem Werk »China's Dragon Robes« ausführlich Ursprung und Entwicklung dieser Roben. Camman, Schuyler van R., 1952.
[7] Vollmer, 1977, S. 50.

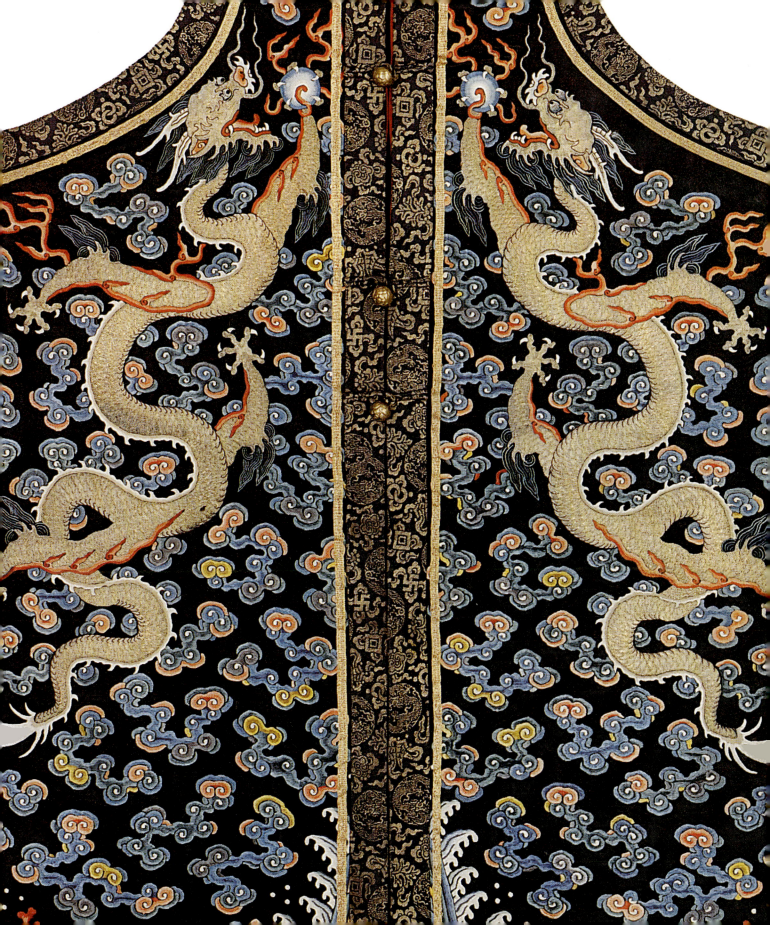

spiegelbildlich angeordnete Drachen auf der Vorder- und Rückseite. Das untere Drittel der Robe wird vom Wellenmuster eingenommen. Seine Streifen setzen sich wellenförmig in einem stilisierten Muster, bestehend aus Glückwunschzeptern (ruyi), fort. Daran schließt eine blau-weiße Bordüre aus schäumenden Wogen an. Im Mittelteil und an den Schlitzen der Weste verlaufen stilisierte Bergmuster. Wie bei der Hofrobe sind auch hier Glückssymbole zwischen die Wellen gestreut.

Alle Kanten sind mit einer Brokatborte eingefaßt, auf der sich vergoldete florale Muster von einem dunkelblauen Grund abheben. Die Weste ist mit roter Seide gefüttert.

Das Porträt der Kaiserin Xiaoxian (Katalognummer 25) zeigt diese in einer Hofrobe mit einem bis auf die Schultern reichenden Kragen und einer ähnlichen ärmellosen Oberbekleidung. E. P.-M.

63
Lange ärmellose Weste (chaogua)
Bestickter Satin
1,41 × 1,40 m
Zeichen der Regierung von Daoguang
(Regierungszeit 1821–1850)
Inv.: G 43470

Diese Oberbekleidung aus dunkelblauem Satin gehörte der Gemahlin eines Kaisers; man trug sie über der Hofrobe (Katalognummer 65). Im Gegensatz zu den Hofroben, die der Mandschu-Dynastie vorangehende Traditionen zum Vorbild hatten, geht diese Weste auf die chinesische Kleidungstradition der Han zurück. Während der Ming-Ära trugen die Damen diese sogenannten Morgenwolken-Pelerine (xiapi) bei offiziellen Anlässen, um ihren Rang oder den des Gatten zu dokumentieren.

Fünf kleine, in der Mitte angebrachte Knöpfe verschließen die reich bestickte Weste. Umgeben von farbigen Wolken, winden sich jeweils zwei große vergoldete, zueinander

64
Staatsrobe (chapao)
Seidengobelin
1,33 × 2,16 m
Zeichen der Regierung von Tongzhi
(Regierungszeit 1862–1874)
Inv.: G 58944

Die Staatsrobe (chapao) aus leuchtendgelber Seide – der dem Kaiser und der Kaiserin vorbehaltenen Farbe – wird auf der rechten Seite geknöpft. Der plissierte Rock ist an das Oberteil des Kleides angenäht. Die engen, blaugestreiften Ärmel, aus einem anderen Gewebe gefertigt, schließen mit den unerläßlichen hufeisenförmigen Manschetten ab. Alle Kanten werden von einer Borte aus Goldfäden eingefaßt. Der Drache ist die vorherrschende Verzierung: ein großer vergoldeter, in Frontalansicht dargestellter Drache schwebt in Brusthöhe auf weißen und blauen Wolken über stilisierten Wellen und dem die Erde symbolisierenden Muster mit den drei Bergen. Zwischen dem Drachenkopf und

dem sich windenden Leib ist die von Flammen umgebene Glückspearle dargestellt. Über den Glückssymbolen verlaufen stilisierte Wellenmuster.

In Hüfthöhe zieht sich um das Gewand ein Dekorstreifen mit Drachen in Seitenansicht, die mit der von Flammen umgebenen Glückspearle über dem Wellen- und Bergmuster spielen. Die Drachen sind von blauen und weißen Wolken und Fledermäusen umgeben; dieses Motiv wiederholt sich auf der Brust, dem Rücken und auf den Schultern. Die Fledermäuse sind Glückssymbole, da die Zeichen für Fledermaus und Glück auf dieselbe Weise ausgesprochen werden (*fu*).

Etwa in Kniehöhe wiederholt sich der Dekorstreifen mit denselben Motiven, die unten von Wellen- und Bergmustern und oben vom stilisierten Muster des Glückwunschzepters (*ruyi*) abgeschlossen werden. Zwischen den beiden Dekorstreifen zeigt ein Fries aus in regelmäßigen Abständen angebrachten Medaillons in Frontalansicht wiedergebene Drachen. Die hufeisenförmigen Manschetten und der zur Staatsrobe gehörige Schulterkragen (*piling*) weisen dieselben Motive auf dunkelblauem Grund auf.   E. P.-M.

65 (Rückseite)

Kleidung am Kaiserlichen Hof 211

65
Staatsrobe (*chapao*)
Bestickte Seidengaze
1,26 × 1,80 m
Zeichen der Regierung von Tongzhi
(Regierungszeit 1862–1874)
Inv. G 44056

Der Sommerrobe des Kaisers (Katalognummer 64) entspricht die der Kaiserin; beide zeigen noch Spuren des vordynastischen Kleidungsstils der Mandschu. Die Staatsrobe ist von zwei Kleidungsstücken inspiriert: einem Unterkleid mit langen Ärmeln und einem langen, ärmellosen Oberkleid. Die Schulterverblendung vermittelt den Eindruck, es handele sich um zwei Kleidungsstücke; die Robe ist jedoch einteilig. Das Kleid aus einer leichten, leuchtendgelben Seidengaze ist ebenso wie dasjenige des

Kaisers reich bestickt. In Brusthöhe ist ein großer vergoldeter, von Flammen umgebener Drache in Frontalansicht abgebildet. Zwei weitere vergoldete, zueinander spiegelbildlich angeordnete Drachen spielen jeweils mit einer Feuerperle. Über die gesamte Robe sind Wolken in Form des Glückwunschzepters (ruyi) auf gelbem Grund verstreut; die Zwischenräume sind mit rosaroten Fledermäusen gefüllt, die Glückssymbole in der Schnauze tragen. Die Saumzone besteht aus Streifen in allen Farben in Form von stilisierten Wellen. Über dem Wellenmuster verläuft ein stilisiertes Muster mit den drei Bergen. Weitere Glückssymbole sind zwischen schäumenden Wogen verstreut. Bei einer Staatsrobe der Kaiserin eher ungewohnt, finden sich die Zwölf Symbole der kaiserlichen Macht inmitten von Wolken auf der Vorder- und Rückseite der Robe; üblicherweise sind diese der Robe des Kaisers vorbehalten. Es ist jedoch bekannt, daß zumindest zwei Kaiserinnen im 19. Jahrhundert solche Roben getragen haben. Wolken, Fledermäuse und in Seitenansicht wiedergegebene Drachen auf dunkelblauem Grund schmücken die hufeisenförmigen Manschetten, die Ärmelkanten, die Schulterblende und den Schulterkragen. Der Saum der Robe und die Seitenschlitze sind mit Goldbrokat eingefaßt. E. P.-M.

66
Drachenrobe einer Dame (*longpao*)
Bestickte Gaze
1,40 × 1,88 m
Zeichen der Regierung von Guangxu
(Regierungszeit 1875–1908)
Inv. G 43567

Diese Drachenrobe (*longpao*) aus Seidengaze in leuchtendem Gelb gehört zur Kategorie der halboffiziellen Roben. Sie wird auf der rechten Seite geknöpft, besitzt die typischen hufeisenförmigen Manschetten ebenso wie die engen Ärmel aus dunkelblauer Seide. Das Gewand ist reich bestickt: Auf Brusthöhe thront ein in Frontalansicht wiedergegebener vergoldeter Drache inmitten von hohen farbigen Wolken. Sein Körper windet sich um eine von Flammen umgebene Glücksperle. Zwei weitere, zueinander spiegelbildlich angeordnete Drachen spielen ebenfalls jeweils mit einer Glücksperle. Insgesamt weist die Robe neun goldene Drachen auf: drei weitere auf der Rückseite, zwei auf den Schultern sowie – für den Betrachter unsichtbar – einen unter dem Verschluß. Die Zwölf Symbole der kaiserlichen Macht sind zwischen den Wolken verstreut; üblicherweise fanden sich die Zwölf Symbole nicht auf den weiblichen Roben. Es ist jedoch bekannt, daß im 19. Jahrhundert zwei Kaiserinnen solche Roben getragen haben. Zwischen den fünffarbigen Wolken flattern des weiteren rosarote Fledermäuse, welche Glückssymbole in der Schnauze tragen. Eine stilisierte Inschrift mit den Zeichen *wan* und *shou* wünscht ein langes Leben. In der Saumzone wird das Kleid von schäumenden Wogen abgeschlossen, über denen sich auf der Mitte und seitlich stilisierte Berge erheben. Zwischen den Wellen sind als zusätzliche Glückszeichen die sogenannten Acht buddhistischen Embleme verstreut (vgl. Katalognummer 59). Das durch verschiedenfarbige Streifen wiedergegebene Wellenmuster setzt sich bis zum Saum fort. Die auf der Gewandmitte zusammenstoßenden wellenförmigen Streifen nehmen ca. ein Drittel seiner Länge ein.

Der Kragen, die umlaufenden Streifen der Ärmel sowie die Manschetten bestehen aus einer Stickerei auf dunkelblauer Seide. Das Hauptmotiv ist wiederum der vergoldete Drache in Seitenansicht inmitten von blauen und weißen Wolken. Außer den bereits erwähnten Fledermäusen ist auch hier eine Inschrift in roten Schriftzeichen aus dem zweifachen *xi* (Freude) angebracht.

Die Robe ist mit hellblauer Seide gefüttert und besitzt zwei Seitenschlitze. Die Anzahl der Schlitze, die weiter geschnittenen und mit einer zusätzlichen Bordüre versehenen Ärmel sind Hinweise darauf, daß dieses Kleid für eine Dame hergestellt wurde. Die roten Schriftzeichen sind das Symbol zweifachen Glücks, nämlich des Eheglücks. Das Gewand wurde also wahrscheinlich für die Hochzeit einer Kaiserin angefertigt. E. P.-M.

66 (Detail)

Kleidung am Kaiserlichen Hof 213

67
Frauengewand
Bestickter Satin
1,41 × 1,20 m
Zeichen der Regierung von Guangxu
(Regierungszeit 1875–1908)
Inv. G 45717

Die inoffizielle Kleidung (*changfu*) am Ende der Qing-Dynastie zeigt eine große Vielfalt. Obgleich ihr Schnitt noch an die Drachenrobe (*longpao*) erinnert – wie diese wird sie auf der rechten Seite geschlossen –, ist sie doch viel weiter geschnitten. Typische Elemente dieses Gewandes sind die bis zur Taille reichenden langen Seitenschlitze. Die sehr weiten und verhältnismäßig kurzen Ärmel werden an der Vorderkante von einem breiten Satinband eingefaßt. Alle Kanten einschließlich des runden Halsausschnitts sind von einer dreifachen Bordüre in verschiedenen Farben und Breiten geschmückt, welche entweder aus Brokat besteht oder bestickt ist. Ein Glückwunschzeptermuster (*ruyi*) ziert den oberen Ansatz der Seitenschlitze. Das Gewand ist aus auberginefarbenem Satin gefertigt; auf den beiden symmetrischen Teilen des Kleides sind Pfingstrosen, die traditionellen Frühlingsblumen, und Schmetterlinge verstreut. Die Pfingstrosen sind in den Farbtönen Blau, Grün, Lila und Braun-Beige aufgestickt. Die Schmetterlinge weisen dieselbe Farbskala auf. Die breite Bordüre greift auf nachtblauem Grund das nämliche Motiv auf. Neben dieser Bordüre verläuft ein Streifen aus einem anderen Gewebe, ebenfalls mit Pfingstrosenmuster. Das Kleid wird von einem Brokatband mit einem vergoldeten Swastikamotiv gesäumt. E. P.-M.

68
Gürtel
Seidenband
2,37 m
Zeichen der Regierung von Yongzheng
(Regierungszeit 1723–1735)
Inv. G 7870

Lit.: Ausstellungskatalog Rotterdam, 1990, S. 186 f.

Der Gürtel besteht aus einem Band aus leuchtendgelber Seide; der auf der Vorderseite der Kleidung getragene Abschnitt ist mit Roßhaar verstärkt. Die Enden sind mit Fransen geschmückt. Verschiedene Gegenstände sind an den mit Fledermäusen und floralen Motiven verzierten Schlaufen befestigt. Durch jede Schlaufe ist ein langes plissiertes Band aus weißer Seide mit einer leuchtendgelben Verzierung gezogen, welche in stilisierter Form das Zeichen für Langlebigkeit (shou) wiedergibt. An zwei seitlich angebrachten gelben Bändern hängt je ein schwarzes Parfumbeutelchen (hebao), welches ebenfalls das mit weißen Perlen gestickte Zeichen shou trägt. Das größere Schriftzeichen wird von in gleichem Abstand angebrachten kleineren umgeben. Die kleinen Beutel sind mittels eines Bändchens aus leuchtendgelber Seide befestigt; ein kleiner, mit Gravuren versehener Elfenbeinköcher, welcher an einer der Schlaufen mit einem gelben Seidenband angebracht ist, enthält Zahnstocher. Das an der anderen Schlaufe mit einem gelben Seidenband festgemachte Etui aus Rhinozeroshorn enthält ein Messer.

Alle gelben Seidenbänder sind zusätzlich mit kleinen Perlen geschmückt.

E. P.-M.

69
Stiefel
Seide
Zeichen der Regierung von Kangxi
(Regierungszeit 1662–1722)
Inv.: G 60246

Der auf einer weißen, mit Stoff bespannten Holzsohle aufliegende Stiefelfuß ist aus dunkelblauer Seide gefertigt. Die Kappe ziert ein einfarbiges Glückwunschzeptermuster (ruyi). Zwischen der weißen Sohle und dem Fuß aus blauer Seide verläuft ein leuchtendgelbes Band. Der Stiefelschaft besteht aus leuchtendgelbem Seidendamast, welcher mit einem stilisierten monochromen Wolkenmuster in Form von ruyi geschmückt ist. Die geschwungene Oberkante der Schäfte wird durch eine blaue, mit vielfarbigen Wolken und vergoldeten Drachen verzierte Bordüre betont, auf die als zusätzlicher Schmuck zwei schmale vergoldete Streifen aufgenäht sind. Das leuchtende Gelb und die prächtige Ausführung lassen vermuten, daß die Stiefel vom Kaiser getragen wurden. Obgleich die Sohle nicht eingebuchtet ist, wie es in späterer Zeit bei den zur offiziellen und halboffiziellen Kleidung getragenen Stiefeln der Fall war, darf man aufgrund der Farbe und Ausführung annehmen, daß diese Stiefel zusammen mit der Staatsrobe aus Anlaß der Großen Zeremonien getragen wurden.

E. P.-M.

70
Oberkleid
Seide
1,44 × 1,86 m
Zeichen der Regierung von Qianlong
(Regierungszeit 1736–1796)
Inv.: G 51427

Dieses auberginefarbene Gewand gehört zur Kategorie der inoffiziellen Gewänder (*changfu*), welche der Kaiser in seinen Privatgemächern trug. Das Kleid besitzt den Schnitt und alle anderen Merkmale der Drachenrobe: lange enge Ärmel und hufeisenförmige Manschetten. Es wird auf der rechten Seite mit kleinen Knöpfen geschlossen. Das einfache Gewand besitzt vier Schlitze, das heißt zwei Seitenschlitze und je einen Schlitz auf der Vorder- und Rückseite, sowie einen runden Halsausschnitt ohne schmückende Bordüre. Es ist mit blauer Seide gefüttert. Die auberginefarbene, feine satinierte Seide trägt ein Muster aus runden Medaillons, welches Drachen wiedergibt. Dieses hebt sich weder durch einen Farbkontrast ab, noch ist es gestickt, sondern es wird durch einen Strukturwechsel an bestimmten Stellen des Gewebes sichtbar. Desgleichen kommt eine sehr diskrete Damastverzierung zum Vorschein, welche der Einfachheit der Robe jedoch viel Glanz verleiht.

Bei diesen Gewändern (*changfu*) konnte der Kaiser Farbe und Muster auswählen, während bei den offiziellen und halboffiziellen Roben Farbe und Muster vorgeschrieben waren. Die Farbwahl des Kaisers enthüllt ein gewisses Gespür für die Mode, denn diese Farbe ist erst seit dem Ende der Qing-Ära verbreitet, nachdem in den Provinzen von Jiangsu und Zhejiang, den Zentren der Textilindustrie, große Fortschritte in der Farbtechnik erzielt worden waren. E. P.-M.

71
Hose
Seidendamast
0,88 × 0,54 m (Taillenumfang)
18. Jahrhundert
Inv.: G 48779

Die Hose ist wie die kurze Weste (Katalognummer 72) aus feinem blauem Seidendamast mit monochromem Muster gefertigt. Sie ist nicht gefüttert und wurde immer unter der Kleidung getragen. In der Taille und an den Beinen wird sie mit einem dünnen Seidenband gleicher Farbe verknotet. Das Kürbisblüten-Muster wird durch die Struktur des Damastes sichtbar wie auf dem Oberkleid (Katalognummer 70). Der Schnitt ist sehr einfach. Er beschränkt sich auf zwei relativ enge Hosenbeine, welche im Schritt zusammengenäht sind. Der Taillenbund besteht aus einem doppelt gefalteten Band zum Durchzug des Seidenbandes. Die Hose scheint keinen bestimmten Schnitt zum Vorbild gehabt zu haben. Verity Wilson hat darauf hingewiesen[1], daß es Varianten im Schnitt gab.

Weder Farbe noch Stoff, Schnitt oder Muster erlauben eine eindeutige Aussage darüber, welcher Personenkreis diesen Hosentyp getragen hat. Sowohl in der Tradition der Mandschu als auch nach chinesischem Brauch trugen Frauen und Männer Hosen unter der Kleidung. E. P.-M.

[1] Wilson, 1986, S. 56.

72

71

72
Wattierte Weste
Seidendamast
0,75 × 1,62 m
18. Jahrhundert
Inv.: G 48635

Die kurze Weste aus feinem blauem Seidendamast ist mit wattierter Seide gefüttert. Sie ist mit langen engen Ärmeln und kleinen Seitenschlitzen versehen und wird auf der rechten Seite mittels Knoten und kleiner Knöpfe geschlossen. Ein feines schwarzes Band faßt den Halsausschnitt, die Ärmelkanten sowie den Verschluß auf der Vorderseite ein.
Das Symbol ehelichen Glücks, das zweifache *xi* (Glück, Freude) des monochromen Musters, wird in gleichen Abständen auf einem leuchtendblauen Grund wiederholt. Die regelmäßigen Abstände lassen ein geometrisches Muster vermuten. Dieses Symbol wird insbesondere für die Kleidung von Jungverheirateten verwendet. Meistens trägt die Frau am Hochzeitstag ein rotes Gewand; es ist möglich, daß die Weste von einem Mann im Winter unter dem Mantel getragen wurde. Tatsächlich wissen wir sehr wenig über die unter der Hauptrobe getragene Kleidung. E. P.-M.

73
Kopfbedeckung
Seidensatin
H.: 0,12 m; D.: 0,18 m
Zeichen der Regierung von Guangxu
(Regierungszeit 1875–1908)
Inv.: G 59830

Die kleine Kappe aus dunkelblauem Satin mit farbigen Applikationen wurde zusammen mit der inoffiziellen Kleidung (*changfu*) getragen. Wie die Hofroben selbst, unterlagen auch die zusammen mit der inoffiziellen und halboffiziellen Kleidung getragenen Kopfbedeckungen den Vorschriften. Allein in seinem »privaten Bereich« konnte der Kaiser Muster und Farben der Kopfbedeckungen auswählen. Wahrscheinlich wurde die Kopfbedeckung zur inoffiziellen Kleidung wie dem auberginefarbenem Oberkleid (Katalognummer 70) getragen.
Auf den dunkelblauen Seidensatin wurde eine Verzierung aus Pfirsichen – Symbole der Langlebigkeit und des ewigen Lebens – sowie Blättern appliziert. Die Farbskala erstreckt sich von Blau zu Rosa über Grün, Weiß und Lila. Das Pfirsichmuster verläuft am unteren Rand in Form einer feinen Borte aus denselben Farben, betont durch eine schmale weiße, mit einer rosa Petitpoint-Stickerei versehene Litze. Der Rand der Kappe wird von einem breiten, mit vergoldeten floralen Mustern verzierten Band aus dunkelblauem Brokat geschmückt. Die Pfirsichfarbe wiederholt sich auf der Kappenmitte in rosa Seidenfäden, die zu einer Troddel zusammengedreht sind. Farben und Hauptmotiv der Kappe sind von Heiterkeit geprägt; sie scheint zum bequemen Gebrauch bestimmt gewesen zu sein, im Gegensatz zu den eher strengen, zur offiziellen und halboffiziellen Kleidung getragenen Kopfbedeckungen. E. P.-M.

74
Damenschuhe
Bestickter Seidensatin
19. Jahrhundert
Inv.: G 61561

Die geschmeidigen und reich bestickten Schuhe besitzen in der Mitte der Sohle einen hohen »plateauförmigen« Absatz aus weißem Holz. Auf der Kappe ist die hellgelbe Seide mit einem kleinen Schmetterling bestickt. Der Schaft ist reich mit floralen Motiven bestickt. Eine schwarze Borte, auf die zwei vergoldete Litzen in Zickzackmuster aufgenäht sind, schließt den Schuh am oberen Rand ab. Drei in regelmäßigen Abständen zwischen den Litzen angebrachte Steine aus farbigem Glas bilden ein zusätzliches Schmuckmotiv. Darunter dient ein schmales Band mit aufgestickten blauen und rosa Punkten als Abschlußbordüre zur hellgelben Seide. Die »plateauförmigen« Absätze weisen die für Silberbarren typische Form auf; sie sind ebenfalls mit farbigen Glassteinen inkrustiert. Auf der Vorder- und Rückseite ist ein Schmetterling in Vorderansicht wiedergegeben, der auf beiden Seiten von einem Phönix in Seitenansicht flankiert wird.
Die erhöhten Sohlen sollten wohl die Form der bandagierten Füße chinesischer Frauen evozieren, da die Mandschu-Frauen ihre Füße nicht bandagierten. Auf diese Weise sollte der von den deformierten Füßen hervorgerufene trippelnde Gang kopiert werden, der als anziehend galt. Obgleich demnach die Mandschu die Sitte, jungen Mädchen die Füße zu bandagieren, nicht übernahmen, ahmten sie dennoch das mit dieser Praxis verbundene Schönheitsideal nach. Die »plateauförmigen« Absätze der Schuhe waren zunächst nicht derart hoch; sie wurden erst im Laufe der Zeit immer höher und machten damit das Gehen immer schwieriger. E. P.-M.

73 (Detail)

73

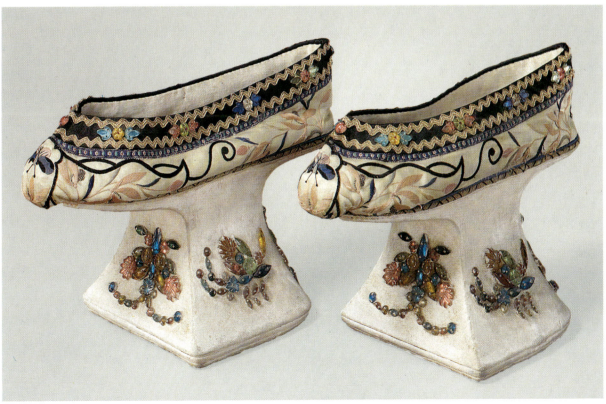

74

75
Schüssel
Bronze und bemaltes Email
H.: 0,127 m; D.: 0,470 m
18. Jahrhundert
Inv.: G 115963

Die runde Bronzeschüssel mit flachem Boden und breitem Rand ist mit durchsichtigem blauem Email überzogen und besitzt einen vergoldeten Randabschluß. Der Boden, die Innen- und Außenseiten sowie der Rand sind mit stilisierten Blumenranken und Laubwerk aus Blattgold verziert, welches direkt auf die Bronze appliziert und dann mit durchsichtigem blauem Email überzogen wurde. Dadurch scheint der Dekor zu schweben. Auf der Innenseite und dem sehr breiten Rand ist – mit Blattgold – in den Leerräumen zwischen dem Rankenwerk ein erlesen ziselierter Dekor appliziert: die Attribute der »Acht Genien« oder daoistischen »Unsterblichen«, *an baxian*, auf dem breiten Rand sowie die »Acht Embleme«, *babao*, auf der Innenseite. Die *an baxian* und die *babao* sind Glückssymbole. Die *an baxian*, die mit den »Acht Unsterblichen« verbundenen Attribute, sind folgende: der von Han oder Quan Zhongli getragene Fächer, der die Seelen der Verstorbenen reanimieren soll; der wunderbare Säbel von Lü Dongbin, mit dem er Monster und Phantome vernichtet hat; die Flöte von Han Xiangzi sowie die Kastagnetten von Cao Guojiu, den beiden Musikern der Acht Unsterblichen; der von Lan Caihe getragene Blumenkorb, im allgemeinen als Allegorie eines jungen Mädchens; eine Lotosblume oder ein Lotosblatt, Attribut der weiblichen Unsterblichen He Xiangu; die magische Kürbisflasche von Li Tieguai; schließlich das *yügu*, das Attribut von Zhang Guolao, ein Bambusstück, das zusammen mit zwei Stöcken als Perkussionsinstrument dient. Die Acht Embleme, *babao*, können aus Gruppierungen verschiedenster Gegenstände bestehen. Auf dem Schüsselrand sind hier die acht buddhistischen Embleme dargestellt: das Wassergefäß, die beiden Fische, das Rad der Lehre, die Muschel, der Schirm, die Fahne, die Lotosblume und der endlose Knoten. Die (Wasch-)Schüssel von erlesener und raffinierter Ausführung wurde unter Kombination verschiedener Techniken im 18. Jahrhundert wahrscheinlich in der Provinz Guangdong (Kanton) hergestellt. Sie bildet ein Ensemble mit der nachstehend beschriebenen ovalen, rot lackierten Wanne.   K. B.

76
Wanne
Lackiertes Holz
1,13 × 0,87 m
19. Jahrhundert
Inv.: G 118397

Von der Form her läßt das große ovale Becken an eine kleine Badewanne denken. Es wurde im übrigen als solche verwendet. Die Holzwanne ist gänzlich mit Lack in einem lebhaften Rotton überzogen und sowohl innen wie außen mit einem goldenen Rankenwerk aus breiten Blättern und Blumen geschmückt. Der Dekor wurde in goldener Farbe aufgetragen, der sogenannten Goldlackbemalung (*miaojin*). Den Rand zieren zwei Friese in derselben Technik, bestehend aus Blumenranken und – auf der Außenseite – griechischen Motiven. Dieser Wannentyp wurde unter den Qing von den kaiserlichen Konkubinen des Palastes verwendet.

K. B.

**77
Schminkkasten**
Schwarz lackiertes Holz
mit Inkrustationen
0,44 × 0,44 × 0,44 m
18. Jahrhundert
Inv.: G 180529

Lit.: Ausstellungskatalog Tokyo, 1995, Nr. 13.

Schminkkästen dieser Art wurden von der Kaiserin und ihren Ehrendamen zur Aufbewahrung von Schminkutensilien verwendet. Das Holz ist vollständig mit schwarzem Lack überzogen, welcher mit Inkrustationen aus geschnitztem und koloriertem Elfenbein verziert ist. Der Kasten setzt sich aus zwei Teilen zusammen; unter dem Deckel des oberen Teiles ist ein Bronzespiegel angebracht. Der bedeutend größere untere Teil enthält kleine Schubladen und zwei Türen, in bzw. hinter denen die Schminkutensilien untergebracht waren. Über den beiden kleinen Türen verläuft ein plastisch gearbeiteter Fries.
Die sämtliche Innen- und Außenflächen überziehenden geschnitzten und kolorierten Elfenbeininkrustationen zeigen Schmetterlinge, Fledermäuse, Glückwunschszepter (*ruyi*), Kirsch- und Pflaumenblütenzweige, Chrysanthemen, Kamelien und Narzissen, welche sämtlich Symbole für Glück, Reichtum und langes Leben darstellen. Die beiden Türen auf der Frontseite zeigen auf der Innenseite eine Landschaft mit Pavillons in Goldlackbemalung (*miaojin*).
Die Ausführung des im 18. Jahrhundert mit außergewöhnlicher Sorgfalt aus kostbaren Materialien gefertigten Kastens ist von erlesener Feinheit.

K. B.

78
Puderdose
Gemaltes Email auf Silber
D.: ca. 0,10 m
18. Jahrhundert
Inv.: G 180646

Die ovale Silberdose, einst Toilettengegenstand einer kaiserlichen Konkubine, enthielt parfümierten Puder. Im Innern des Deckels ist ein Spiegel angebracht; der Deckel ist lediglich auf der Oberseite verziert, so daß das als Unterlage der Emailmalerei selten verwendete Silber seine Wirkung voll entfalten kann[1]. Den Deckel schmückt ein Medaillon, welches von einem Blattmotiv in blauer Farbe inmitten eines Dekors aus Blumenranken auf gelbem Grund umgeben wird. Das vom europäischen Geschmack beeinflußte Medaillon zeigt zwei rosafarbene Amorfiguren in einem Garten. Üppige und farbenfrohe Drapierungen in den Farben Rosa, Blau und Gelb umhüllen ihre Nacktheit. Eine von ihnen hält eine Lanze mit roter Quaste (hongying qiang) in der Hand. Ein kleiner Hund befindet sich in ihrer Gesellschaft. Der europäische Einfluß zeigt sich auch in der Raumaufteilung und der Farbschattierung des Himmels. Die Kombination von europäischen Motiven und chinesischen Elementen – Pinie, Steine, Orchidee – vollzieht sich in gelungener Harmonie[2].

Der florale Dekor der Dose erinnert an die in Guangzhou (Kanton) hergestellten sog. Fischschüsseln[3]. Die Ausführung der europäischen Motive, die leuchtenden Farben und geschmeidigen und harmonischen Linien erinnern an die Emailmalerei von Guangzhou; mit großer Wahrscheinlichkeit stammt die Dose aus Kanton. Tatsächlich ist sie sehr verschieden von den Auftragsarbeiten nach vom Hofe vorgegebenen Mustern, wie zum Beispiel die im Museum Gugong in Peking verwahrte Serie von Tabaksdosen der Ära Qianlong[4].

Die Technik der Emailmalerei hat ihren Ursprung in Europa. Sie wurde in Guangzhou wahrscheinlich nach der Aufhebung der Seehandelsblockade im Jahr 1684 – im 23. Jahr der Ära Kangxi[5] – von jesuitischen Künstlern eingeführt und unmittelbar an Handwerker in Kanton weitergegeben[6].

Hierbei wird auf einen Metallkörper, der meist aus Kupfer, seltener aus Gold oder Silber besteht, eine Schicht aus weißem Email aufgetragen. Nach dem ersten Brennvorgang wird das Stück verziert und nochmals gebrannt. Politur und Vergoldung einzelner Teile vollenden den Herstellungsvorgang.

Guangzhou stand in der Emailherstellung an erster Stelle, insbesondere was die Emailmalerei betrifft. Die kantonesischen Manufakturen stellten nicht nur Artikel für Tribute und Auftragsarbeiten für den Hof her, sondern entsandten auch Künstler und aus Europa importierte Emails dorthin.

Die Verwendung europäischer Motive, welche in der Emailtechnik für die Ära von Qian-

79

long charakteristisch ist, sowie diejenige der in dieser Zeit sehr beliebten Blumenranken erlauben eine Datierung dieser Puderdose in die Regierungszeit von Kaiser Qianlong (Regierungszeit 1736–1796).

M. K. Y.

[1] Zur Technik der Emailmalerei siehe Einleitung.
[2] Zum Einfluß der Ölmalerei in chinesisch-europäischem oder sinisiertem Stil siehe Kao, 1991, S. 215 f.
[3] Siehe Exponat Katalognummer 152.
[4] Yang Boda, 1987, S. 54, S. 88, Nr. 51–55.
[5] Bushell weist auf einen Einfluß der Manufakturen von Limoges auf die gemalten Emails aus Guangzhou hin; Yang Boda, 1987, Anm. 28.
[6] Lu Jian, 1981.

79
Kasten mit Kämmen und Schminkzubehör
Elfenbein, Holz, Schildpatt, Kunststoff
0,037 × 0,30 × 0,21 m
19. Jahrhundert
Inv.: G 173714

Lit.: Tang-Colombei, 1992, S. 106, Nr. 48.

Der auf der Außenseite mit Brokat überzogene Kasten ist in Fächer unterteilt, in denen verschiedene Kämme und Schminkutensilien untergebracht sind. Er enthält neun Elfenbeinkämme verschiedener Größe, zwei Kämme mit sehr feinen und engstehenden Zähnen zur Entfernung von Schuppen und Staub, je ein Paar lange und kurze Bürsten, eine kleine Haarbürste, zwei Stäbchen zum Auftragen von Rouge, zwei Wimpernbürsten, zwei lange und geschmeidige Spatel (*shegua*) zum Abschaben und Entfernen von Zungenbelag sowie zwei quadratische kleine Bürsten.

Die im 19. Jahrhundert angefertigten Gegenstände sind fein geschnitzt und mit verschiedenen Mustern in Goldlack oder Farbe verziert. Als Materialien wurden Elfenbein, Schildpatt, eine Art des Buchsbaums (*huangyangmu, Buxus microphylla var. sinica*) und Kunststoff verwendet. Ein solches Ensemble wurde im Qing-Palast von den kaiserlichen Konkubinen zum Schminken und für die Frisur als unerläßlich betrachtet.

K. B.

80
Kopfschmuck der Kaiserin
Seide, Silber, Perlen und Edelsteine
Dm.: 0,30 m
Qing-Dynastie
Inv.: G 60084

Lit.: Ausstellungskatalog Tokyo, 1995–1996, Nr. 40.

Diese offizielle Kopfbedeckung wird wegen der sie schmückenden sieben Phönixe auch Phönixkappe genannt. Aus ihrer Mitte ragt eine dreistufige Schmucknadel empor, welche ebenfalls mit Phönixen verziert ist. Von der Rückseite hängt eine Art Nackenschmuck herab, auf den zwei gelbe Bänder aufgenäht sind. Die Darstellung von Phönixen auf der Kopfbedeckung des Kaisers ist seit der Epoche der Östlichen Han (25–220) belegt. Der chinesische Phönix (*feng*) ist nicht zu verwechseln mit dem griechischen Fabeltier, dem unsterblichen Vogel, der aus seiner Asche aufersteht. Der Phönix wurde als Schmuckmotiv bis in die Ära der letzten Qing-Kaiser verwendet und stellt das Symbol der Kaiserin dar, so wie der Drache (*long*) das Symbol für den Kaiser ist. Diese beiden Fabeltiere symbolisieren Glück und Wohlergehen.

D. M.

80 (Detail) ▷

81
Diadem
Seide, Gold, Edelsteine, Perlen, Eisvogelfedern
0,28 × 0,18 m
19. Jahrhundert
Inv.: G 59834

Dieser Diadem-Typ wurde von den Kaiserinnen und den Konkubinen getragen. Er besitzt eine reiche Verzierung aus Phönixen und Drachen. Die mit inkrustierten Eisvogelfedern ausgeführten Schriftzeichen geben in regelmäßigen Abständen den Schriftzug *xi*, Symbol des Glücks, wieder. Der herrliche Kopfschmuck wurde zur Vervollständigung von Staatsroben aus Anlaß Großer Zeremonien getragen.

D. M.

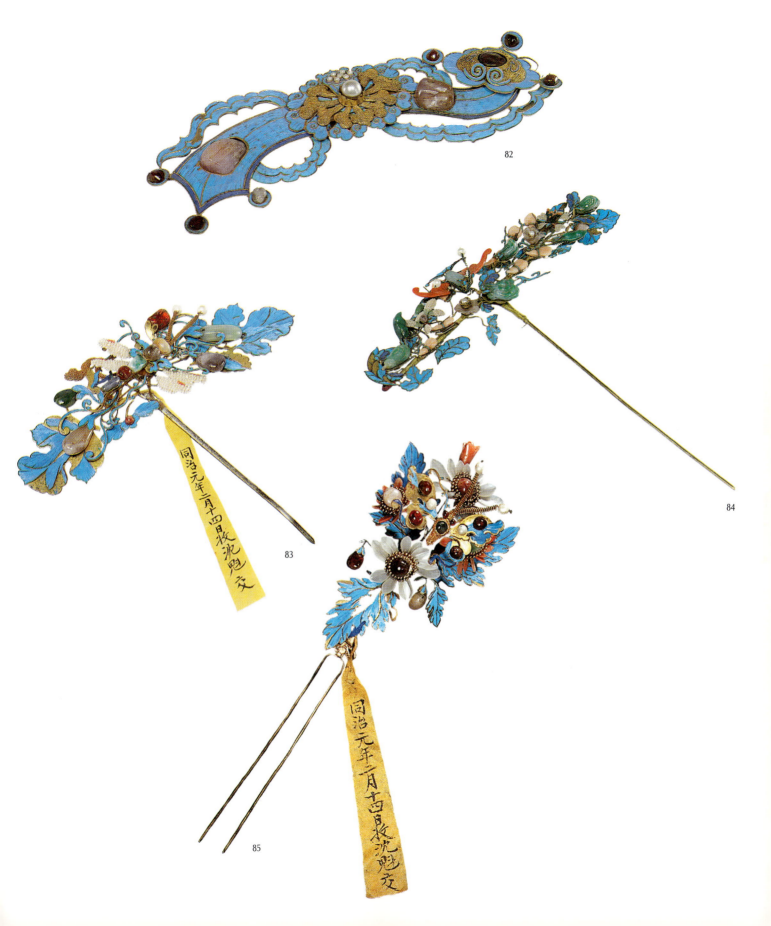

82, 83, 84 und 85
Vier Haarnadeln
Vergoldete Bronze, Eisvogelfedern,
Perlen und Edelsteine
82: 0,28 × 0,09 m
83: 0,21 × 0,09 m
84: 0,18 × 0,05 m
85: 0,13 × 0,07 m
19. Jahrhundert
Inv.: G 10046, G 10055, G 10206, G 10228

Lit.: Hartman, 1980, S. 75–81.

Kaiserinnen und Konkubinen maßen ihrer Frisur besondere Bedeutung zu. Sie bestand aus einem sehr komplizierten, mit Hilfe von Kämmen und Nadeln aufgesteckten Knoten. Die vier Nadeln in Form von Glückwunschszeptern (*ruyi*) (Katalognummer 82) oder Schmetterlingen (83, 84, 85) sind mit inkrustierten Edelsteinen und Eisvogelfedern reich verziert. Dieser in großer Zahl an Flüssen und Bächen vorkommende Vogel war insbesondere seines strahlenden, ins Bläuliche schimmernden Federkleides wegen sehr geschätzt. Im 18. und 19. Jahrhundert verzierten die chinesischen Juweliere und Goldschmiede ihre schönsten Schmuckstücke mit seinen Federn.   D. M

86
Glücksnadel
Vergoldete Bronze, Eisvogelfedern,
Perlen und Edelsteine
0,18 × 0,06 m
19. Jahrhundert
Inv.: G 10251

Die mit Rubinen, Smaragden und Perlen verzierte Haarnadel ist ein glückbringendes Schmuckstück. Wie aus der Widmung hervorgeht, wurde sie am 6. Februar 1820 zum Geschenk gemacht.   D. M.

87 und 88
Zwei Haarnadeln
Vergoldete Bronze, Perlen
und Edelsteine
87: 0,18 × 0,06 m
88: 0,17 × 0,08 m
18. Jahrhundert

Lit.: Ausstellungskatalog Tokyo, 1995–1996, Nr. 59 und 52–1.

Die beiden Haarnadeln wurden vom Kaiser oder von der Kaiserin getragen. Nach dem Vorbild der Schmetterlinge oder Libellen, deren Erscheinungsbild sie wiederzugeben trachten, besitzen sie Fühler in Form von kleinen Antennen, welche bei der kleinsten Kopfbewegung, die der Träger oder die Trägerin der von ihnen geschmückten Frisur ausführten, in Schwingungen versetzt wurden.   D. M.

89
Haarnadel
Vergoldete Bronze, Perlen und Edelsteine
0,13 × 0,05 m
1832
Inv.: G 10068

Lit.: Ausstellungskatalog Tokyo, 1995–1996, Nr. 54.

Die reiche Verzierung läßt vermuten, daß diese Haarnadel vom Kaiser oder von der Kaiserin getragen wurde. Sie besteht aus zwei Schmetterlingen, welche symmetrisch zu beiden Seiten einer Bohnenschote angebracht sind. Aufgrund der naturalistischen Inspiration und der Überfülle der Verzierungen nimmt sie die Erlesenheit der Arbeiten der besten Juweliere und Goldschmiede des Jugendstils, wie zum Beispiel Georges Fouquet, Lalique oder Vever vorweg.   D. M.

86

87

88

89

90

90
Ein Paar Ohrgehänge
Vergoldete Bronze, Eisvogelfedern
Perlmutt- und Korallenperlen
0,05 × 0,02 (2) m
19. Jahrhundert
Inv.: G. 71599

In der Qing-Ära trugen die Kaiserinnen sowie die Konkubinen von hohem Rang zur offiziellen Hofrobe üblicherweise dreifache Ohrgehänge. Größe und Güte der Perlen variierten je nach Status und gesellschaftlichem Rang. Die Perlen bilden häufig Ziermotive aus Symbolen. Die hier zu beiden Seiten einer zentralen Perle angebrachten roten Korallen formen das Zeichen *shou* für Langlebigkeit.
D. M.

91 und 92
Zwei Zeremonialketten (*chaozhu*)
Perlen und Edelsteine
1,60 (2)
18. Jahrhundert
Inv.: G 10378, G 10075

Der *chaozhu* war ein zur Dokumentation des Ranges vom Kaiser und von den hohen Würdenträgern zu den Zeremonialroben getragener Schmuck. Jedes Collier enthält 108 Perlen. Diese symbolische Zahl drückt aus, daß sich jedes Jahr aus 12 Monaten, 24 Sonnenphasen sowie 72 Perioden zu 5 Tagen zusammensetzt. Zwischen den 108 Perlen sind vier größere eingereiht (*fotou*), welche die vier Jahreszeiten darstellen. Im Zentrum befindet sich ein Medaillon, das von einem Band gehalten wird, an dessen unterem Ende ein birnenförmiger Edelstein hängt, der sogenannte »Buddhakopf«. Zu seiten des Bandes hängen drei Ketten (*jinian*), eine links sowie zwei rechts davon; sie symbolisieren die Aufteilung des Monats in drei Dekaden. Als Schmuck religiöser Natur den buddhistischen Ketten verwandt, war der *chaozhu* eine offizielle Insigne, die strengen Vorschriften unterlag.
D. M.

Schmuck 235

91

92

93
Collier
Jade
Dm.: 0,28 m
18. Jahrhundert
Inv.: G 9224

94
Anhänger
Jade
0,06 × 0,03 m
18. Jahrhundert
Inv.: G 9668

95
Anhänger
Jade
0,06 × 0,04 × 0,01 m
18. Jahrhundert
Inv.: G 9669

In China war die Jade zu allen Zeiten einer der am meisten geschätzten Steine. Ihre wesentlichen Eigenschaften, wie zum Beispiel Farbintensität und -feinheit, wunderschöner Glanz, Dichte und Dauerhaftigkeit des Materials, assoziierte das traditionelle China mit moralischen Tugenden. Die Bezeichnung Jade wird für zwei Mineralien verwendet: Nephrite und Jadeite, die sich aufgrund ihrer chemischen Zusammensetzung und ihrer Farbgebung unterscheiden, welche beim Jadeit von Grünlich bis Dunkelgrün spielt und beim Nephrit von Gelbgrün über Schwarzgrün bis zu Weißlich und Rosaviolett reichen kann. Im 18. Jahrhundert wurden große Mengen von Jade in den Steinbrüchen von Khotan und Yarkand im östlichen Turkestan abgebaut. Die Steine wurden anschließend zum Schleifen und Bearbeiten nach Peking und in die Städte des Südens (Suzhou) gebracht. Den in den kaiserlichen Werkstätten hergestellten Jadeschmuck erkennt man an der Qualität und feinen Ziselierung der Steine. Viele Schmuckstücke sind mit gravierten oder gezeichneten figuralen Motiven in Form von Rätseln verziert, deren versteckter Inhalt eine Glücksbotschaft übermittelt.

D. M.

94

95

238 Katalog

96
Ein Paar Fingernagel-Schutzhüllen
Vergoldete Bronze, Eisvogelfedern, Perlen und Edelsteine
0,089 × 0,014 m
19. Jahrhundert
Inv.: G 225578, G 225579

Lit.: Ausstellungskatalog Tokyo, 1995–1996, Nr. 45.

Unter den Qing-Kaisern erwartete die Mode von Personen hohen Ranges, ob Männer oder Frauen, daß sie den Nagel des kleinen Fingers übermäßig lang wachsen ließen. Diese Eitelkeit war auch ein Zeichen ihres gesellschaftlichen Standes, denn sie dokumentierte, daß der Träger den Lebensunterhalt nicht mit seiner Hände Arbeit verdienen mußte. Die beiden Fingernagel-Schutzhüllen dienten offensichtlich als Schmuckstücke: ihre Verzierungen aus Perlen und Edelsteinen zeigen meistens Glückwunschmotive.　　　　　　　　D. M.

96 (Detail)

97
Weinkaraffe
Gold
0,315 × 0,195 m
Ende 18. Jahrhundert
Inv.: G 11455

Lit.: Zhang Shiyun, 1987 b, S. 53; Weng Wan-go, 1982, S. 302; Wan Yi, 1989, S. 195.

Die Chinesen übernahmen und assimilierten immer wieder von anderen Völkern stammende Vorbilder. Dies gilt auch für Gegenstände aus Gold und Silber. Auf der Weinkaraffe vermischen sich islamische, chinesische und lamaistische Formen und Motive. Die wahrscheinlich aus der Regierungszeit von Qianlong (1736–1796) stammende Kanne ist eine der kostbarsten Goldschmiedearbeiten der Qing-Dynastie. Sie besteht zu 80 Prozent aus Gold, wiegt 1615 Gramm und stammt aus dem »Palast des Ewigen Alters« (*Yongshougong*). Das Gefäß war für den »Sohn des Himmels« bestimmt und diente diesem zum Ausgießen des Weines bei den kaiserlichen Riten.

Die Karaffe besitzt einen hohen, sich nach oben stark verjüngenden Fuß. Der kugelförmige Gefäßkörper geht in den gelängten Hals über, welcher sich nach oben trichterförmig erweitert. Der in konzentrischen Stufen gestaltete und von einem Juwel (*cintâmani*) bekrönte Deckel ist durch eine Kette mit dem Henkel verbunden. Der Ansatz von Henkel und Ausguß am Gefäßkörper ist mit einer Attasche verkleidet. Der in feiner getriebener Arbeit gestaltete Deckel ist mit Wolken verziert, zwischen denen Drachen mit der Glücksperle spielen.

Henkelkaraffen dieses Typs sind von persischen Vorbildern inspiriert. In China wurden erst seit dem 14. Jahrhundert solche Geräte aus Metall oder Porzellan hergestellt; sie waren für die islamische Welt bestimmt, wo sie zur Wasserverteilung bei den Reinigungen vor und nach den Mahlzeiten dienten. In den tibetischen Klöstern wurden sie als Wasserkannen während der Rituale verwendet; man benutzte sie auch, um bei Gebets-

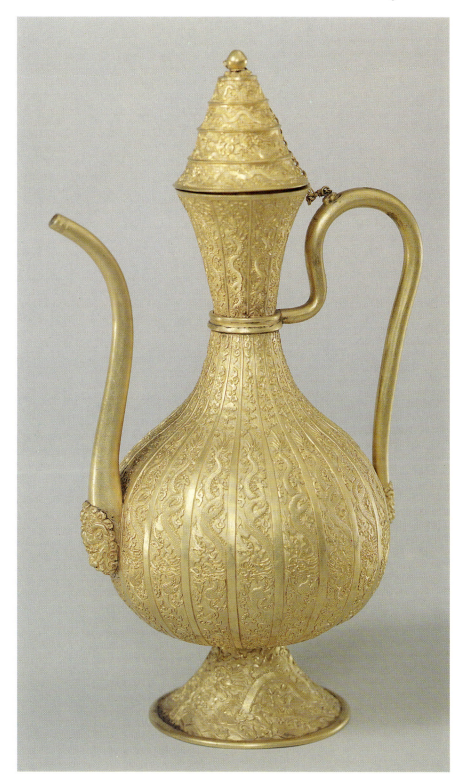

haltungen im Rahmen überlanger Liturgien Tee zu servieren. Die Deckelform der kaiserlichen Karaffe aus Gold steht in lamaistischer Tradition. Der Deckel besitzt die Form eines Stûpa und erinnert an das rituelle Kosmogramm, welchem jeden Tag ein Reisopfer dargebracht wurde[1]. Es ist nicht erstaunlich, lamaistische Motive auf einer Karaffe des kaiserlichen Palastes zu entdecken, da die Mandschu-Kaiser dieser Religion eng verbunden waren.　　　　　　　　　　P. W.

[1] Essen, 1989, Bd. 1, S. 263, Nr. 164.

98
Weintasse mit Untertasse
Gold
Tasse: 0,073 × 0,071 m
Untertasse: 0,022 × 0,195 m
Regierung von Qianlong
(Regierungszeit 1736–1796)
Inv.: G 12130

Lit.: Zhang Shiyun, 1987 a, S. 53; Weng Wan-go, 1982, S. 302; Wan Yi, 1989, S. 195.

Für den Adel der Mandschu waren die Süßwasserperlen ein Grundbestandteil kaiserlicher Prachtentfaltung. Er maß diesen Perlen aus dem Orient (*dongzhu*), die aus der Mandschurei, dem Land der Vorfahren, kamen, eine außergewöhnliche Wichtigkeit zu. Sie waren persönliches Eigentum des »Sohns des Himmels«. Die Achtundachtzig Perlenhäuser (*zhuxuan*) der Acht Banner wählten jedes Jahr 16 makellose Perlen für den Hof aus, wobei die übrigen Perlen in die Flüsse zurückgeworfen wurden. Es war streng verboten, auf eigene Faust *dongzhu* zu sammeln[1].

In den Lotosblumen- und Drachendekor von Weintasse und Untertasse sind zehn dieser kostbaren Orientperlen eingelassen. Zwei krönen die beiden Henkel in Durchbruchsarbeit, welche die Zeichen *wanshou* und *wujiang* mit dem Wunsch für ein langes, immerwährendes Leben wiedergeben. Vier weitere sind auf den Lotosblumen zwischen den eingerollten Stielen und stilisierten Wolkenmustern angebracht. Ihre Verteilung, die an die Anordnung der Noppen auf altertümlichen Bronzespiegeln erinnert, beruht auf kosmologischen Darstellungen. Auf der Mitte der Untertasse ist der nach oben abgeschrägte Fuß der Weintasse angelötet. Auf seinen Seitenwänden spielt ein die kaiserliche Macht symbolisierendes Drachenpaar mit der Glücksperle. Bereits im 16. Jahrhundert wurde dieser konische, zweihenklige, auf runden Untertassen aufgesetzte Tassentyp in Keramik gearbeitet, wie ein Gemälde mit dem Titel *Nach einem Frauenporträt der Tangepoche* von Tang Yin im Palastmuseum von Taipei zeigt. Die hier ausgestellte berühmte Ausführung aus dem 18. Jahrhundert, welche zu 80 Prozent aus Gold besteht und 1238 Gramm wiegt, stammt aus dem »Palast des Rüstigen Alters« (*Shoukanggong*). Zusammen mit der Weinkaraffe (Kat. 97) bildete sie das kaiserliche Gedeck bei den großen Zeremonien.　　　　　　　　P. W.

[1] Vgl. Ji Ruoxin, 1985, S. 100.

Tafelgeschirr 241

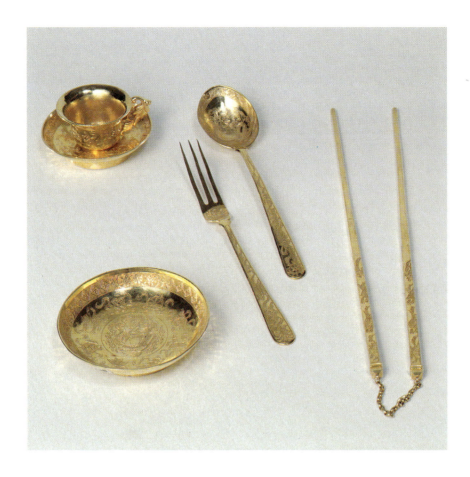

99
Tafelgedeck
Gold
Tasse: H.: 0,029 m; Dm.: 0,044 m;
Bodendm.: 0,017 m
Untertasse: H.: 0,015 m; Dm.: 0,065 m;
Bodendm.: 0,042 m
Stäbchen: 0,242 × 0,05 m
Gabel: 0,169 × 0,014 m
Schälchen: H.: 0,019 m; Dm.: 0,079 m,
Bodendm.: 0,049 m
Löffel: 0,167 × 0,035 m
China
Ende 19. Jahrhundert
Inv.: G 10712, G 10711-1, G 10711-2, G 10705, G 10709, G 10710

Die Sitte, dem Kaiser – aus Dankbarkeit oder zur Erlangung seiner Gunst – kostbare Geschenke aus Silber oder Gold zu machen, erreichte unter der Regierung des Kaisers Tang Gaozong (649–683) ihren ersten Höhepunkt. Diese Geschenke wurden im Depot des »Inneren Hofes« (neichao) zwischengelagert und anschließend weiterverschenkt[1]. Während der Qing-Ära war der Geburtstag des Kaisers ein willkommener Vorwand, um dem »Sohn des Himmels« Geschenke zu unterbreiten. Das sechsteilige Tafelgedeck vom ausgehenden 19. Jahrhundert gehörte wohl zu dieser Geschenkkategorie.
Das goldene Gedeck besteht aus einer Henkeltasse mit Untertasse, einem kleinen Teller mit Stäbchen, einem Löffel und einer Gabel. Die wichtigste Verzierung bilden neben dem Drachenmotiv die Acht Embleme des Buddhismus: das Gefäß als Symbol der ewigen Harmonie; die Muschel als Sinnbild des Weges von Buddha; der Schirm als Ausdruck geistiger Autorität; die Fahne, Zeichen der königlichen Güte; der Lotus als Symbol der Reinheit; das Rad der Lehre, Insigne der Verbreitung der Lehre Buddhas; das Fischpaar als Fruchtbarkeitssymbol und schließlich der endlose Knoten als Zeichen des langen Lebens. Die Stempel auf Tasse, Stäbchen, Gabel, Teller und Löffel tragen das Zeichen der Goldschmiede Zhongyuan in Peking.
Nach der Abdankung des letzten Kaisers Puyi wurde das Gedeck mit einem Gewicht von 301,5 Gramm von der Industriebank in Verwahrung genommen; diese gab es in intaktem Zustand, im zugehörigen Rosenholzkasten aufbewahrt, an die Verbotene Stadt zurück.
P. W.

[1] Uldry, 1994, S. 27–28.

100 und 101
Teeschale und kleiner Teller
Gold
Teeschale: H.: 0,058 m; Dm.: 0,096 m;
Bodendm.: 0,051 m
Teller: H.: 0,025 m; Dm.: 0,104 m;
Bodendm.: 0,068 m
1872
Inv.: G 11578, G 11587

Die mit einem äußerst präzisen Dekor gravierte Teeschale nimmt innerhalb des kaiserlichen Geschirrs vom Ende der Qing-Ära den ersten Platz ein. Zusammen mit dem kleinen Teller (*die*), einem Paar Stäbchen und einem goldenen Löffel mit Jadegriff stellt sie das persönliche Gedeck von Kaiser Tongzhi (r. 1862–1874)[1] dar.

Die Schale weist einen schmalen zylindrischen Fuß auf, verstärkte Gefäßwände und einen leicht nach außen schwingenden Rand; sie stellt somit den klassischen Typ der chinesischen Schale dar. Die für die Außenseiten verwendete Gravurtechnik erinnert an die Technik der Lackgravur; sie ist mit einem derart hohen Materialverlust verbunden, daß sie sehr selten verwendet wird: Fuß und Tassenrand sind außen mit einem griechischen Muster (Mäander) verziert. Das zweifache Schriftzeichen für Glück (*shuangxi*) und dasjenige der Langlebigkeit (*shou*) wiederholen sich viermal. Die Bodeninschrift datiert das Stück auf 1872, das elfte Jahr der Regierung von Tongzhi. Im Gegensatz zur Schale ist der kleine Teller unverziert. Beide Stücke weisen einen Goldgehalt von 80 Prozent auf. Die Schale wiegt 260 Gramm und stammt aus dem »Palast des Ewigen Alters« (*Yongshougong*), der kleine Teller ist 223 Gramm schwer und wurde im benachbarten »Palast der Pflege des Herzens« (*Yangxindian*) aufbewahrt, wo Kaiser Tongzhi meistens aß, da es für die Einnahme der Mahlzeiten keinen bestimmten Raum gab. Entsprechend den mandschurischen Sitten nahm der Kaiser seine beiden Hauptmahlzeiten – morgens und mittags – in seinen Gemächern ein; abends und am Nachmittag ließ er sich einen Imbiß und Wein bringen. Meistens aß er allein. Nur unter bestimmten Umständen war es erlaubt, mit ihm zusammen zu essen. Die Kaiserinwitwe, die Kaiserin und die Konkubinen nahmen ihr Mahl ohne Ausnahme in ihrem Palast ein. Nur an Festtagen fand sich die Familie zum Essen zusammen.

P. W.

[1] Vgl. *Pekin kokyu hakubutsuin meihoten*, S. 34–35, Nr. 14.

100 (Innenansicht)

Tafelgeschirr 243

102
Messer
L.: 0,231 m
Goldgriff: L.: 0,091 m
China und Deutschland
Ende 19. Jahrhundert
Inv.: G 11599

103
Dreilagige Kiste
Rotes Sandelholz (*zitan*),
mit kostbaren Materialien inkrustiert
0,35 × 0,26 × 0,31 m
Ende 18. Jahrhundert
Inv.: G 121715

Am kaiserlichen Hof war es nicht unüblich, mit Stäbchen zu essen, doch dies war eher die Ausnahme. Daher enthält das persönliche Gedeck von Kaiser Qianlong sowohl Jade- und Goldstäbchen als auch eine Obstgabel, einen vergoldeten Löffel sowie ein Tafelmesser mit vergoldetem blauen Emailgriff samt goldverziertem Etui.

Das mit einem goldenen Griff versehene und in seiner Formgebung westlich beeinflußte Messer besitzt Ähnlichkeit mit Gedecken und Griffen europäischer Vorbilder des 17. und 18. Jahrhunderts; es wiegt 56,5 Gramm. Der spiralförmig gedrehte Griff endet in einer Kugel. Ungeachtet dessen handelt es sich um ein rein chinesisches Erzeugnis, wie die vor dem Heft eingravierten sechs Schriftzeichen bezeugen; diese weisen es als Produkt zweiter Wahl aus (*yi*), nennen die Fabrikationswerkstatt (*Baoyuanzhan*) und belegen schließlich seine Herstellung aus purem Gold (*zuchi*).

Die galvanisierte Stahlklinge wurde in Deutschland angefertigt. Dies geht aus der Signatur «Rich. Abr. Herder Solingen» hervor. Die Klinge stammt also aus der Produktion von Richard Abraham Herder, einem Unternehmen, das noch heute unter diesem Namen fortbesteht; nach seiner Gründung im Jahr 1884 unterhielt es einen intensiven Warenaustausch mit Ostasien und entsandte im Jahr 1907 sogar einen Beauftragten nach China.

Die Klinge wurde in den letzten Jahren der Qing-Dynastie nach China ausgeführt; ein chinesischer Goldschmied versah sie dann mit einem Griff, bevor sie in das Tafelservice des Kaisers gelangte. P. W.

[1] Vgl. Wan Yi, 1989, S. 194–195.

Dieser aus mehreren übereinandergestellten Fächern bestehende Kistentyp (im allgemeinen drei oder fünf, Glückszahlen) mit als Griffen dienenden Leisten wurde zum Transport und zum Darreichen von Nahrungsmitteln verwendet. Die verschiedenen Etagen der Kiste konnten somit eine Auswahl an

Tafelgeschirr 245

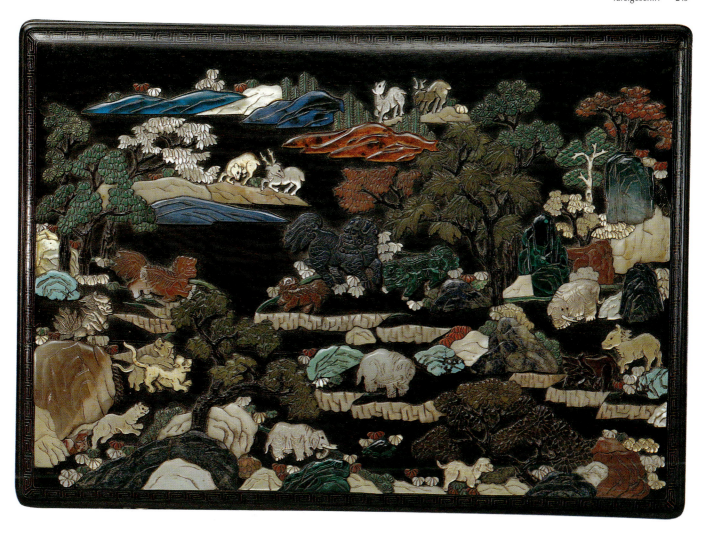

Leckerbissen, ja eine komplette Mahlzeit aus mehreren Gängen enthalten. In China war es üblich, sich vollständig vorbereitete Gerichte bringen zu lassen. Derartige mit Schmuck versehene und zu Paaren angeordnete Kisten konnten ein insbesondere für Verlobung oder Hochzeit, aber auch für eine bedeutende Persönlichkeit bestimmtes Geschenk darstellen. Andere Kisten ähnlichen Typs enthielten Getränkeservice (für Wein oder Tee)[1].

Sie waren häufig mit Motiven aus guten Vorzeichen, wie zum Beispiel glückbringenden Blumen und Früchten[2], verziert oder – wie hier gut zu erkennen – mit den «Hundert Tieren» (baishou), deren Bezeichnung gleichlautend ist mit dem Ausdruck für «Hundert lange Leben». Eine ganze Menagerie aus Löwen, Tigern, Leoparden, Bären und Chimären (qilin) tummelt sich in einer Landschaft aus Bergen, Flüssen, Steinen und Bäumen. Achtzehn Tiere auf der Kistenoberseite sowie zweiundachtzig auf den vier Seiten ergeben eine Gesamtzahl von hundert Tieren. Alle diese Motive sind äußerst minuziös ausgeführt und mit Inkrustationen aus Perlmutt, Bernstein, Shoushan-Stein, Achat, Harz, Malachit und Schildpatt geschmückt. Die Vielfalt an strahlenden Farben ergibt im Kontrast zu dem dunklen Hintergrund aus Sandelholz einen bezaubernden Effekt.

A. G.

[1] z. B. in Wan-Wanag-Lu, 1985, Abb. 282, S. 196.
[2] Vgl. eine ähnliche Kiste in Christie's, 1996, Kat. 29.

104

104
Teekanne
Vergoldetes Silber
0,35 × 0,48 m
19. Jahrhundert
Inv.: G 137685/15

Lit.: *Qingdai huangdi yitian de shenghuo*, Ausstattg. – Kat. Hong Kong.

Im Unterschied zu den chinesischen Ernährungsgewohnheiten bilden Milchprodukte, wie zum Beispiel Sahne, Käse, Dickmilch, die Nahrungsgrundlagen der Mandschu. Man verwendet viel Milch zum Tee, welcher seit jeher nicht nur als Getränk, sondern als wertvolles und anregendes Nahrungsmittel betrachtet wird. Die Zubereitung des mit Milch getrunkenen, starken und aromatisierten Tees ist folgende: zuerst wird das Wasser erhitzt, danach wird die Kuh-, Schaf- oder Stutenmilch zugegossen, und der Tee in einem Beutel (*poria coccos*) zusammen mit Kandiszucker hinzugefügt; das Ganze wird aufgekocht und anschließend in die Teekanne gegossen[1].

Die Teekanne aus vergoldetem Silber befindet sich seit dem 19. Jahrhundert in der Verbotenen Stadt. Sie hat einen bauchigen

104 (Detail)

Gefäßkörper mit leicht gerundeter Schulter. Der kurze Hals ist zylinderförmig ausgebildet. Der Gefäßkörper ruht auf einem konischen Sockel. Eine von Blättergirlanden gerahmte Kugel in der Form einer Feuerperle sitzt auf dem kuppelförmigen Deckel. Den Henkel bildet ein plastisch ausgeführter Drache mit zwei nach hinten gerichteten Hörnern. Der zum leichteren Gießen gekrümmte lange Ausguß entspringt dem Maul eines mythischen Wassertieres (*makara*), das zusammen mit dem Drachen Fruchtbarkeit und Überfluß symbolisiert.

Bei den Banketten wurden diese großen silbernen Teekannen nach dem Auftragen der kalten und warmen Gerichte und der verschiedenen Suppen dazu verwendet, den zum Schluß gereichten Tee einzugießen. Unmittelbar danach wurden die Gedecke abgeräumt und alkoholische Getränke sowie verschiedene Desserts angeboten.

Allein im kaiserlichen Teehaus (*yuchashanfang*), auch im Teehaus der Qing, wurden 120 Personen beschäftigt; 160 Angestellte arbeiteten im Bankettdienst sowie im Küchendienst für «à la carte» bestellte Gerichte[2].

P. W.

[1] Wang Honggang, 1991, S. 46.
[2] Wan Yi, 1989, S. 172.

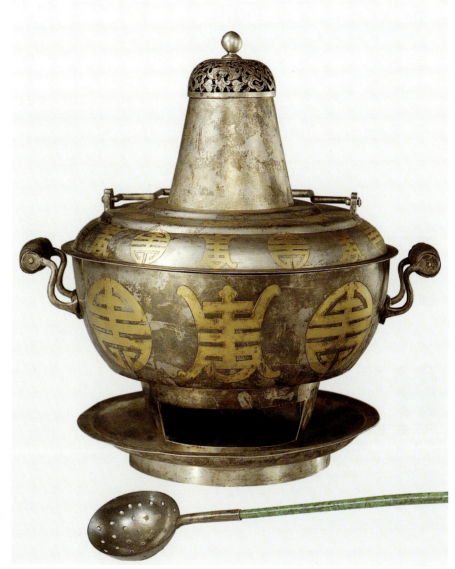

105 und 106

105 und 106
Fleischtopf (*huoguo*) mit Sieblöffel
Mit verbleitem Gold beschichtetes Silber
Blaugrüner Halbedelstein
19. Jahrhundert
Kessel: H.: 0,35 m; Br.: 0,23 m
Sieblöffel: 0,265 m
Inv.: G 139650, G 139797

Der Fleischtopf *huoguo* ist eine über tausend Jahre alte mandschurische Erfindung; er bezeichnet gleichzeitig ein Nationalgericht, welches in der Qing-Ära in ganz China populär wurde. Er hat seinen Ursprung in einer Keramikschüssel, welche die Dschurdschen verwendeten, um ihr Fleisch auf einem Lagerfeuer zu kochen. Die Mandschu-Kaiser hegten eine große Vorliebe für den *huoguo*. So wird berichtet, daß Kaiser Qianlong während seiner sechs Inspektionsreisen in den Süden in keiner der Etappen auf sein tägliches *huoguo*-Gericht verzichten wollte.

Der in das 19. Jahrhundert datierte Kessel steht auf einem flachen Teller mit kleinem, zylindrischen Fuß. Ein auf der Mitte angebrachtes konisches «Öfchen», dessen Basis mit Holzkohle gefüllt wird, dient zur Erhitzung eines runden Topfes. Wände und Deckel des Topfes sind mit einer umlaufen-

107

den, aus mit Blei legiertem Gold bestehenden Inschrift versehen, welche in aufrechter, gerundeter Schrift das Zeichen für langes Leben (*shou*) wiedergibt. Zusammen mit dem Schriftzeichen Zehntausend (*wan*) auf dem Deckel und der Darstellung von Fledermäusen als Symbolen für Reichtum drücken diese Zeichen den Wunsch für ein glückliches endloses Leben aus.

Als bevorzugtes Gericht aus dem *huoguo* galt Fleisch mit «Hautgoût» (*yeyi huoguo*), zu dem in der »Geschichte der Bitten an den Himmel« (*Fengtain tongzhi*) folgendes gesagt wird: «Sobald das Wasser den Siedepunkt erreicht, bringt man verschiedene getrocknete Fleischsorten von Huhn und Fisch zum Kochen. In der Zwischenzeit bereitet man Ginseng vor. Die in Frage kommenden Fleischarten sind Schwein, Schaf, Rind, Fisch, Huhn, Ente, Fasan, Frosch und Krabbe[1].« Die verschiedenen Zutaten werden in den Kessel gegeben und danach mit dem Sieblöffel wieder herausgenommen. Der Löffel besteht aus einem blaugrünen Halbedelstein, der eine zu große Erhitzung ausschließt.

Beim Bankett aus Anlaß der Inthronisation von Kaiser Jiaqing (r. 1796–1820) – der prächtigsten, die jemals in der Verbotenen Stadt stattgefunden hat –, wurden mehr als 1500 *huoguo* zubereitet, welche auf 800 Tischen für mehr als 5000 Gäste aufgestellt worden waren. P. W.

[1] Wang Honggang, 1991, S. 46.
[2] Wan Yi, 1989, S. 172.

107
Kleiner Teller
Vergoldetes Silber
0,02 × 0,10 m
18. Jahrhundert
Inv.: G 140790

Seit dem 2. Jahrhundert v. Chr. war in China der daoistische Glaube verbreitet, wonach die Benutzung von Geschirr aus Gold das Leben verlängere[1]. Er hat wahrscheinlich dazu beigetragen, daß seit der Tang-Ära (609–918) Gold- und Silbergedecke zu Emblemen des Adels wurden, obgleich das Buch der Riten (*Liji*) die Konfuzianer gemahnte: »Der Gelehrte hängt sein Herz nicht an Gold und Edelsteine, seine Schätze sind Rechtschaffenheit und Beständigkeit[2].«

Der flache vergoldete Teller mit leicht gebauchtem Boden und leicht nach außen ausladendem Rand sitzt auf einem breiten Fuß von geringer Höhe. Der Teller trägt keinerlei Inschrift oder Verzierung. Zu seiner spezifischen Funktion oder seiner Zugehörigkeit zu einem bestimmten Bereich der Verbotenen Stadt liegen keine Angaben vor. Wahrscheinlich wurde er bei Festlichkeiten für *huoguo*-Gerichte verwendet, möglicherweise zum Servieren des gekochten und anschließend mit einer aromatisierten Sauce übergegossenen Fleisches. Mit Sicherheit war der Teller kein Einzelstück, sondern gehörte zu einem Tafelgeschirr des 18. Jahrhunderts. Bis Mitte des 19. Jahrhunderts wurde eine große Menge von Silber- und Goldgedecken im kaiserlichen Palast in Peking angehäuft. In der Epoche von Daoguang (1821–1850) führte die kaiserliche Küche mehr als 3000 Gold- und Silbergedecke auf. Das Goldgeschirr hatte ein Gesamtgewicht von 140 kg, die Silbergegenstände wogen insgesamt mehr als 1250 kg[3].

P. W.

[1] Vgl. Needham, 1976, Bd. 5, Teil III, S. 29–31.
[2] In Wilhelm, S. 195.
[3] Vgl. Wan Yi, 1989, S. 173.

108
Tischdecke
Bestickte Seide
0,73 × 0,73 m
Zeichen der Regierung von Guangxu
(r. 1875–1908)
Inv.: G 72363

Die Tischdecke aus gelber Seide war ursprünglich mit einer Borte aus rosafarbener Seide eingefaßt. Das Quadrat in leuchtendem Gelb – der dem Kaiser und der Kaiserin vorbehaltenen Farbe – ist mit reichen Stickereien versehen. Ein großes vergoldetes Schriftzeichen in der Mitte des Vierecks zeigt das zweifache *xi* (Glück und Freude); es wird auf einer Seite von einem großen Drachen, dem Symbol kaiserlicher Macht, flankiert und auf der anderen von einem großen, in den Farben Blau und Grün aufgestickten Phönix, dem Emblem der Kaiserin. Zwischen blauen und weißen, die gesamte gelbe Fläche bedeckenden Wolken fliegen Fledermäuse in rosaroter Farbe, die Glückssymbole in der Schnauze tragen. Die Wolken enthalten die Acht Embleme des Buddhismus

108

(*babao*). Neben dem Drachen findet sich noch ein kleiner gestickter Hirsch und zu seiten des Phönix ein kleiner Kranich – beide Symbole für ein langes Leben. In den vier Ecken erscheint das rote, stilisierte Zeichen *shou* (Langlebigkeit). Das reich bestickte Viereck wird von einer Bordüre aus leuchtendgelber Damastseide mit monochromen Motiven gerahmt, außerdem von einem Fries aus kleinen Blumen und Blättern. Die Ecken des gelben Tuches tragen das zweifache, vergoldete Zeichen *xi*.

Die goldenen Schriftzeichen, Drache und Phönix lassen vermuten, daß das Tischtuch bei einer kaiserlichen Hochzeit verwendet wurde. Alle Symbole wünschen dem jungen Paar Glück und ein langes Leben. E. P.-M.

109
Sessel
Hirschgeweih und *huanghuali*
Datierung: 1772
Inv.: G 207860

Lit.: Hu Desheng, 1986; Wan-Wang-Lu, 1985, Abb. 169 S. 121.

Der Hirsch spielt in Lebensweise und Glauben der verschiedenen Völker Ost- und Nordasiens, insbesondere Sibiriens und der Steppe, eine fundamentale Rolle, welche ihm häufig Zauberkräfte zuschreibt. Die Mandschurei, wo das Tier in großer Zahl auftritt, scheint seit ältester Zeit eine Region gewesen zu sein, die Hirschgeweih – als kostbare Ingredienz zur Herstellung von Potenzmitteln in der chinesischen Pharmakologie – exportierte. Bereits im altertümlichen China war der Hirsch ein Opfertier; er stellte außerdem das Hauptwild bei den großen, von den Kaisern veranstalteten zeremoniellen Jagden dar[1]. Darüber hinaus bildet der Hirsch ein in der Kunst häufig wiedergegebenes Motiv, da er Unsterblichkeit symbolisiert und oft zusammen mit dem Kranich abgebildet wird, mit dem er die Pflanze der Unsterblichkeit beschützen soll (*lingzhi*, cf. Kat. 110)[2].

Die Herstellung von Sesseln aus Hirschgeweih geht auf die Anfänge der Mandschu-Dynastie zurück. Sie hat im übrigen Parallelen in Europa, wo ähnliches Mobiliar für die großen, mit der Jagd verbundenen Fürstensitze angefertigt worden ist, wie zum Beispiel Chambord in Frankreich und Mafra in Portugal. Der zweite Mandschu-Kaiser, Taizong (1627–1643), ließ sich einen Thron dieses Typs anfertigen, der heute im Palastmuseum Shenyang (das alte Mukden), der ersten «Verbotenen Stadt» der Mandschu (vgl. Abb. 25 Will) verwahrt wird. Diese Mode scheint unter Qianlong eine Renaissance erlebt zu haben. Das Palastmuseum besitzt mindestens drei Exemplare dieses Sessels[3].

Zwei vollständige Geweihe wurden zur Herstellung der hufeisenförmigen Rückenlehne, der typischen Form bei Prunksesseln, verwendet; diese wurden in China üblicherweise aus Luxushölzern wie *zitan* oder *huanghuali* hergestellt. Auf der Platte im Zentrum der Rückenlehne ist folgendes Gedicht des Kaisers Qianlong eingraviert:

109 (Detail)

«Beim Betrachten dieses Stuhles erkennt man zwei ganze Geweihe.
Der Bogen erreicht sein Ziel: ich denke an den Ursprung.
Die Autorität bewirkt,
daß alle anderen Länder gehorchen.
Dank des göttlichen Willens und der rechten Führung
Wohlergehen für zehntausend Jahre.
Von unendlichem Respekt ergriffen, wage ich nicht Platz zu nehmen, bin ich mir doch der Bedeutung der Mäßigung bewußt, und beuge mich ohne Bedauern der Hoffart.
Hetuala[4] ist nah, die Hauptstadt (Peking) ist fern.
Übergeben wir in Pietät das Gesetz der Familie, bis zum Ende».

Das vom Kaiser für diese besonderen Sessel bekundete Interesse bezeugt seine intellektuelle Neugier und den Wunsch, seine Vorgänger nachzuahmen, deren Kultur tief in der Welt der Jagd und der Steppe verwurzelt war. A. G.

[1] Vgl. Rawson, 1984, S. 108.
[2] Li Zuding, 1989, S. 15.
[3] Vgl. Hu Desheng, 1986.
[4] In Chinesisch: Xingjing in Liaoning, Hauptstadt Huang Taiji.

Mobiliar 251

110

Wandschirm

Zunderschwamm, rotes Sandelholz (*zitan*), eingelegtes Silber

1,25 × 1,025 × 0,05 m

Zunderschwamm: max. 0,575 × 0,675 m

Regierung von Qianlong

(Regierungszeit 1736–1796)

Inv.: G 199130

Lit.: Hu Desheng, 1991.

In China führte die Vorliebe für unregelmäßige oder bizarre Formen der Natur zu deren Integration in die Kunst: diese bringt sie zur Geltung, lädt zu ihrer Betrachtung ein oder zum Erkennen verschiedenster Formen, wie zum Beispiel Wolken, Berge, Silhouetten oder Schriftzeichen. Man findet Gefallen daran, einen Drachen in einem Felsen zu erkennen oder ein bedeutungsvolles Zeichen in einem knorrigen Baum. Der Kunstgriff des Menschen kann sich auf die Auswahl oder auch auf die Wahl des Standortes einer natürlichen Form beschränken, die aufgrund der durch sie hervorgerufenen Assoziationen Interesse erweckt; der Kunstgriff kann auch darin bestehen, die Natur zur Hervorbringung bizarrer oder phantastischer Formen zu veranlassen, wie dies zum Beispiel in der Kunst der Miniaturlandschaften der Fall ist (*penjing*). Vor allem Steine wurden seit der Tang-Ära (618–907) in Gelehrtenkreisen in allen Formen, gleich ob natürlich oder bearbeitet, geradezu leidenschaftlich gesammelt. Die Tuschesteine *duanzhou* aus Guangadong waren ihrer schmeichelnden Oberfläche und ihrer natürlichen «Augen» wegen sehr gesucht. Die geaderten Marmore aus Dali in Yunnan wurden außerordentlich geschätzt: auf der polierten Oberfläche der gerahmten oder in Möbeln eingelassenen Marmorplatten entdeckte man gerne phantastische Berglandschaften, Fledermäuse oder Drachen. Diese Steine wurden oft so montiert, daß sie kleine Wandschirme bildeten, die man, auf dem Arbeitstisch, Stuhl, der Ofen- (*kang*) oder Sitzbank aufstellte, je nachdem, wo man sich gerade niederließ.

Der hier gezeigte Wandschirm gibt auch eine Landschaft wieder, anstatt eines Steines ist jedoch ein Stück Zunderschwamm verwendet worden. Dieser auf Blättern und totem Holz wachsende Schwamm, aus dem man in Europa den Zunder gewinnt, wird in China mit der mythischen Pflanze der Unsterblichkeit (*lingzhi*) in Zusammenhang gebracht; man schreibt ihm alle möglichen Eigenschaften zu: er wird eingesetzt zur Behandlung von Muskelermüdung und Krämpfen, Augenleiden und Gedächtnisverlust. Unter den Qing war der Zunderschwamm ein Luxusgegenstand, der regelmäßig auf den Listen der dem Kaiser dargebrachten Tribute erschien. Die schönsten Exemplare mußten den kaiserlichen Werkstätten anvertraut werden. Das Palastmuseum besitzt noch drei weitere Wandschirme dieses Typs, alle aus der Ära Qianlong. Bei dem hier gezeigten Schirm erinnert das Schwammfragment an Wolkenformationen. Das ausgewählte Stück wurde in einen kunstvoll geschnitzten Sandelholzrahmen (*zitan*) eingefügt: auf der einen Schirmseite finden Wolkenmotive ihren Widerhall in den natürlichen Formen des Zunderschwamms und laden zur Betrachtung der Ähnlichkeiten ein; auf der anderen Seite rühmt ein Gedicht des Kaisers Qianlong aus zweihundertdreißig, in Abständen von einem halben Zentimeter angebrachten und mit Silber eingelegten Schriftzeichen die Eigenschaften des Zunderschwamms und die Wunder, welche auf dem Schirm zu entdecken sind, wie ein Kommentar zu einem Gemälde. Den Sockel entlang wiederholt sich das verschlungene Motiv des »Jahreszyklus«. Der vor dem Betrachter aufgestellte Wandschirm isoliert ihn von der übrigen Welt und entläßt ihn durch Kontemplation in ein fremdes Universum. Außerdem soll der Schirm durch sein bloßes Vorhandensein einen wohltuenden Einfluß auf seine Umgebung ausüben.   A. G.

110 (Detail)

111 und 112
Zwei Bildtafeln aus inkrustiertem Holz
Lackiertes Holz, Inkrustationen
aus Elfenbein und Perlmutt
0,71 × 1,04 m
18. Jahrhundert
Inv.: G 210619

Die zum Aufhängen an der Wand bestimmten gerahmten Bildtafeln wurden in China, zweifellos unter europäischem Einfluß, während der Qing-Dynastie eingeführt und kamen bald in Mode bei der Palastdekoration. Die beiden zusammengehörigen Tafeln geben jeweils eine mit Einlegearbeiten aus Perlmutt und Elfenbein gestaltete Landschaft auf einem Hintergrund aus schwarzem Lack wieder; sie wird durch den skulptierten, rot lackierten Rahmen zur Geltung gebracht. Diese auf Holztafeln ausgeführte Verzierungstechnik wurde bereits seit langer Zeit bei der Dekoration von Luxusmöbeln eingesetzt (Schränke, Kisten und Kästen jeder Größe, Sessel, Schirme und Paravents). Die Rückseite dieser Bildtafeln ist mit rotem, mit floralen Motiven verziertem Lack überzogen.

Auf der Vorderseite wird der Blick gemäß der traditionellen Malerei sowie deren Nachahmung im Porzellandekor auf »Berge und Wasser« (*shanshui*) gelenkt, die nach chinesischer Auffassung zur Strukturierung und Kennzeichnung einer Landschaft dienen. Hierbei handelt es sich um die Negativversion einer Tuschzeichnung auf Papier. Der schwarze Hintergrund eignet sich einzigartig zur Evozierung einer von kleinen Perlmuttwellen bewegten Wasserfläche. Kleine, durch Brücken oder Deiche verbundene Inselchen sind mit einer üppigen Vegetation bedeckt, bei der man Pinien und Weiden unterscheiden kann. Kioske oder zerbrechliche, auf Pfählen erbaute Pavillons und eine ferne Pagode setzen, unbekümmert um Proportionen, Akzente in der Ferne. Der Blick wird dazu eingeladen, vom einen zum anderen Ende der Tafel zu wandern und sich in den Bergen am Horizont zu verlieren.   A. G.

113 und 114
Zwei Wandschirme
Rotes Sandelholz (*zitan*), Seidenbrokat
Einlegearbeiten aus Elfenbein und
Eisvogelfedern
1,455 × 0,95 × 0,056 m
18. Jahrhundert
Inv.: G 209108, G 209109

Die beiden großen Wandschirme mit dem prächtigen blauen, schwarzen und goldenen Dekor sind typisch für das Mobiliar des kaiserlichen Palastes der Qing. Minuziöse Genauigkeit in den Details und Virtuosität bei der Ausführung stellten, besonders am Ende der Dynastie, die unumstößlichen Qualitätskriterien bei einem für den Kaiser bestimmten Gegenstand dar.

Fuß und Rahmen bestehen aus rotem, mit vegetabilischen und von Europa beeinflußten Motiven skulptiertem Sandelholz (*zitan*) auf einem schachbrettartigen geometrischen Hintergrund chinesischer Art; sie sind charakteristisch für die Serienproduktion der kaiserlichen Werkstätten gegen Ende des achtzehnten Jahrhunderts. Die beiden Schirme geben Szenen des traditionellen Laternenfestes (*zhongqiu*) wieder, welches jedes Jahr in der Herbstmitte gefeiert wurde; der Überlieferung nach strahlt dann der Vollmond des achten Monats in reinstem Glanz. Dieses nächtliche Licht badet hier die leuchtenden Felsen, durchdringt die durchsichtigen Wolken und wird von den Seen wie von einem Spiegel zurückgeworfen. Zahllose Laternenträger drängen sich um erleuchtete Pavillons. Die verwendeten Eisvogelfedern heben sich in schillernden Farben von dem matten Hintergrund aus schwarzem Brokat ab und verleihen den in der Nacht leuchtenden Laternen einen wunderbaren Zauber. Dieses luxuriöse Material wurde vom Südchinesischen Meer über den Hafen von Guangzhou (Kanton) eingeführt und erscheint regelmäßig auf den Listen der dem Kaiser von den Küstenprovinzen dargebrachten Tributleistungen. Es liegen keine Angaben dazu vor, ob die Schirme von kantonesischen Handwerkern oder von den kaiserlichen Werkstätten in der Hauptstadt angefertigt worden sind.   A. G.

Mobiliar 255

111 (Vorderseite)

111 (Rückseite)

112 (Vorderseite)

112 (Rückseite)

Mobiliar 257

115 und 116
Zwei Wandschirme
Rotes Sandelholz (*zitan*)
und bemaltes Email (*huafalang*)
2,18 × 1,14 m
18. Jahrhundert
Inv.: G 205605, G 205606

Die Technik der Emailmalerei ist europäischen Ursprungs und wurde etwa im 13. Jahrhundert aus der byzantinischen Welt nach China eingeführt. Obgleich sie in China vollständig übernommen und beherrscht wurde, empfand man sie immer als fremd und assoziierte sie häufig mit für Europa repräsentativen Gegenständen oder Themen. Die Region um Guangzhou (Kanton), dank ihrer Handelsverbindungen in Kontakt mit Europa, war im 18. Jahrhundert auf diese Technik spezialisiert. Die beiden Wandschirme wurden wahrscheinlich dort angefertigt und dem Kaiser von der Provinz als Tribut dargebracht.

Die beiden großen, offensichtlich zur Möblierung eines Palastes oder einer kaiserlichen Residenz gedachten Schirme sind nach chinesischer Art gerahmt und auf Sockeln aus rotem Sandelholz (*zitan*) montiert, die mit traditionellen chinesischen Motiven skulptiert sind (Fledermäuse, gewundene Drachen-Schlangen, Wolkengebilde, Symbole des Glücks und des langen Lebens). Sie geben jeweils eine Gartenszene wieder, die Frauen europäischen Aussehens in einer Umgebung zeigt, deren Architektur an das europäische Barock erinnert. Kaiser Qianlong ließ im übrigen in diesem Stil von den an seinem Hof anwesenden Jesuiten einen Teil des Sommerpalastes (*Yuanmingyuan*) einrichten.

Die architektonischen Räume sind hier in der europäischen Technik der Zentralperspektive wiedergegeben, welche auf etwas abrupte Weise, nach Art eines Theaterdekors, ausgeführt wird. Aus Stein erbaute Pavillons öffnen sich auf eine mit Bäumen bepflanzte und einer Balustrade versehene Terrasse, welche auf einen darunterliegenden Garten hinausgeht. Die flachen, terrassenförmigen Dächer, skulptierten Friese und Gesimse, die mit einem Bogen überbauten oder mit einem dreieckigen Giebel versehenen Tür- und Fensteröffnungen sowie die sonderbare, von einer Spitze bekrönte Kuppel gehören zwar zum europäischen Formenschatz, doch wurden sie von den chinesischen Handwerkern auf deren Art gesehen und dargestellt. Dasselbe gilt für das Mobiliar: Tischchen, Sessel, Hocker weisen europäische Vorbilder auf, sind jedoch wie in einem chinesischen Garten im Freien aufgestellt. Aus letzterem erwachsen unregelmäßig geformte Felsen, die aus dem Vordergrund der dargestellten Szene aufzutauchen scheinen. Schatten, Hell-Dunkel-Effekte und Drapierungen sind ebenfalls europäische Anleihen.

Die Hauptpersonen sind in lange, dekolletierte Roben gekleidete Frauen von eher großem Wuchs, die mit aristokratischer Allüre auftreten und an europäische Damen erinnern. Frisuren und Gebaren dagegen sollen wohl chinesisch sein, wie zum Beispiel bei der Zofe, die einen phantasievollen Fächer in Händen hält.

A. G.

115 (Detail)

KUNSTOBJEKTE
AUS DER
KAISERLICHEN
SAMMLUNG

Die Kaiserliche Gemäldesammlung der Qing

Claudia Brown

Die Kaiserliche Sammlung chinesischer Gemälde ist in den letzten Jahren durch Wanderausstellungen des Palastmuseums in Peking und durch Ausstellungen des Nationalen Palastmuseums von Taiwan zugänglich gemacht worden[1]. Der wechselvolle Lauf der Geschichte Chinas nach dem Ende des Kaiserreichs im Jahr 1911 führte zur Gründung dieser zwei Museen, deren beider Schätze vor allem aus der ehemaligen Kaiserlichen Sammlung der Qing stammen, zu denen im wesentlichen Kaiser Qianlong beigetragen hat. Dieser hatte eine große Anzahl von Werken von seinen Vorgängern, den Kaisern Kangxi und Yongzheng, geerbt, weitere gingen vom Kaiserhaus der Ming auf ihn über. Den größten Teil seiner Sammlung erlangte er jedoch aus Privatbesitz, sei es durch Kauf oder als Geschenk.

Die Sammlung von Qianlong ist durch den erlesenen Geschmack ihres Besitzers geprägt. Sie enthält eine große Zahl sehr bedeutender Gemälde aus den kaiserlichen Malakademien verschiedener Epochen. So bietet das hier gezeigte Werk von Zhu Jianshen (Kat. 118) ein gutes Beispiel für den Schutz der Gemälde der Ming-Dynastie durch das Kaiserhaus der Qing. Sein Kunstsinn führte Kaiser Qianlong auch zu den monochromen Tuschezeichnungen der großen chinesischen Meister und zu den wichtigsten Werken der Yuan- und Ming-Gelehrten. Bei Künstlern seiner Zeit bevorzugte der Kaiser den klassischen Stil; die »Exzentriker« seiner Epoche – von denen die meisten als dem Hof feindlich gesinnt betrachtet wurden –, waren in der Palastsammlung nur in geringer Zahl vertreten. Zahlreiche Gemälde tragen Siegelabdrücke der vorangegangenen kaiserlichen Regierungen oder von Persönlichkeiten des kaiserlichen Hofes der Song, Yuan und Ming, ein Hinweis auf traditionsreiche kaiserliche Vorbesitzer. Die Häufigkeit der Siegelabdrücke von Kaiser Qianlong fällt dabei ins Auge, da dieses Zeichen sowohl auf den Gemälden als auch auf den Kalligraphien der Sammlung, insbesondere im Inventar der Kaiserlichen Kataloge, angebracht worden ist.

Die Kaiserliche Sammlung war besonders reich ausgestattet mit Werken der Schule der Wu, Künstlern der Ming-Dynastie. Diese Schule besaß ihr Zentrum in der Stadt Suzhou, die wegen ihrer Gärten und ihrer lebendigen Kultur berühmt war. In der Palastsammlung sind ihre qualitätvollen Werke besonders zahlreich vertreten; dies beruht zum Teil darauf, daß ihr Stil die Gunst der Meister und Kenner genoß, welche die Ausrichtung der Kaiserlichen Sammlung im 18. Jahrhundert beeinflußten. Selbstverständlich stammte eine große Zahl der zu dieser Malakademie gehörenden Künstler sowie ihrer Meister aus Suzhou. Das Gemälde von Shen Hao (Kat. 120), einem Künstler aus Suzhou gegen Ende der Ming-Zeit, liefert dafür ein gutes Beispiel. Die Sammlung von Gemälden und Kalligraphien des Palastes spiegelt das künstlerische Schaffen während der gesamten Qing-Dynastie wider, das heißt mehr als 250 Jahre kultureller Entwicklung. Die Malakademie der Ming hatte das Ende der Dynastie überlebt und wurde unmittelbar von der Qing-Dynastie übernommen. Der erste Qing-Kaiser, Shunzi (Regierungszeit 1644–1661), der sich selbst als Maler betrachtete, hat der Kaiserlichen Sammlung einige Werke hinterlassen. Wie alle Mandschu bevorzugte er eine Technik, bei der die Tusche mit dem Fingernagel und nicht mit dem Pinsel aufgetragen wird. Es ist bekannt, daß er Künstler an den Hof berief und somit wieder eine Kaiserliche Malakademie begründete. Der Einfluß seines Sohnes, des Kaisers Kangxi, auf die Künste wird durch die Gründung der Palastwerkstätten (*zaobanchu*) in der Verbotenen Stadt illustriert, welche zur berühmtesten Schöpfung der kaiserlichen Verwaltung auf dem Gebiet der Künste und des Handwerks wurden. Obgleich der Kunstgeschmack von Kangxi äußerst eklektisch war und im Jahr 1690 sogar zur Gründung einer von Europäern – insbesondere jesuitischen Missionaren – eingerichteten und geleiteten Glaswerkstatt führte, vernachlässigte er keineswegs die traditionelle chinesische Malerei und Kalligraphie. Er selbst wurde zum fleißigen Kalligraphen, dessen eifriges Schaffen in dieser Ausstellung durch ein Rollbild (Kat. 121) dokumentiert wird. Kangxi förderte den Aufschwung der Malakademie, deren professionelle Maler mit Staatsaufträgen überhäuft wurden. Zu den berühmtesten kaiserlichen Aufträgen gehört die Serie *Inspektionsreise in den Süden*, für die Wang Hui (1632–1717), bekannt als Schöpfer von Meisterwerken, an den Hof berufen wurde. Aus diesen Arbeiten von Wang aus der Zeit zwischen 1691–1698 ging ein dokumentarischer Zyklus hervor, bestehend aus zwölf herrlichen und detailliert erzählenden Rollbildern; sie befassen sich mit der Reise des Kaisers in die Region von Jiangnan im Jahr 1689. Dieses Werk ist ein Vorläufer des in der Ausstellung gezeigten Rollbildes (Kat. 127) aus dem Jahr 1769. Kaiser Kangxi stellte auch als erster Giuseppe Castiglione in den Dienst bei Hofe (Kat. 124 und 125). Der wachsende Austausch zwischen europäischen und chinesischen Malern am Hofe der Qing während des gesamten 18. Jahrhunderts – der den Palastsammlungen ein bedeutendes Kontingent an europäischen Werken bescherte – ist ein Thema, welches die Experten leidenschaftlich beschäftigte. Kaiser Yongzheng, der seines Geschmackes und der Feinheit der Kunsterzeugnisse wegen berühmt war, die an seinem und für seinen Hof hergestellt wurden, unterhielt wie sein Vater Kangxi eine Malakademie. Im Gegensatz zu den Gewohnheiten seiner Vorgänger und Nachfolger geht die Rolle von Yongzheng für die Kaiserliche Gemäldesammlung nicht immer unmittelbar aus den Widmungen und Inschriften auf den alten Bildern hervor. Doch zeigen die lebendigen und von großer Feinheit geprägten Porträts von Yongzheng und seinem Hof, von denen einige hier ausgestellt sind (Kat. 26, 122 und 123), eine kontinuierliche Entwicklung für diese Zeit. Ende der zwanziger Jahre des 18. Jahrhunderts begann Prinz Hongli als junger Mann mit der Malerei, ca. sechs Jahre bevor er unter dem Namen Qianlong Kaiser wurde. Seit dieser Zeit besaß er eine in der Kalligraphie geübte Hand und ein ausgeprägtes Interesse an der Sammlung alter und zeitgenössischer Gemälde. Die Ursprünge des dem Kaiser eigenen Kalligraphiestils zeigen sich bei seinen ersten Kopien der Werke von Wang Xizhi (307–365), Mi Fu (1051–1107) und Dong Qichang (1155–1636). Seine ersten Vorbilder waren von sehr unterschiedlicher Art, später richtete er seinen Blick auch auf die Blumen- und Vogelmaler der Fünf Dynastien und die Kunst der Song-Zeit[2]. Bald darauf sollten aber andere Vorbilder Priorität haben, darunter Dong Qichang, dessen Werke (Kat. 119) eine beherrschende Stellung in den Palastsammlungen einnehmen. Während der ersten acht Jahre seiner Herrschaft muß der junge Kaiser entweder wenig gemalt haben, oder aber er bewahrte nur wenige seiner Erzeugnisse auf. Seit etwa der Mitte der vierziger Jahre des 18. Jahrhunderts scheint er sich – bis zu seinem Tod im Alter von 87 Jahren – wieder sehr intensiv der Malerei gewidmet zu haben. Das Jahr 1744 sollte für den Künstler-Kaiser eines der bedeutendsten sein. In diesem einzigen Jahr fertigte er nicht nur die 25 in der Kaiserlichen Sammlung verwahrten Gemälde an, sondern er kümmerte sich auch um die Herstellung der ersten Kataloge von alten und zeitgenössischen Kalligraphien und Gemälden der Sammlung. Sie bilden zwei Abteilungen: den *Bidian zhulin*, in dem die buddhistischen und daoistischen Texte und Bilder aufgeführt sind, und den *Shiqu baoji*, welcher die alten Gemälde und Kalligraphien beschreibt. Der Kaiser hatte ein persönliches Interesse an diesen Inventarisierungsarbeiten, welche unter Aufsicht von Zhang Zhao (1696–1745) ausgeführt wurden, dessen kalligraphische Werke als Vorbilder für diejenigen Qianlongs angesehen werden[3]. Dong Bangda (1699–1759), ein weiterer Mitarbeiter am *Shiqu Baoji*, hatte wahrscheinlich großen Einfluß auf die Malerei des Kaisers. Zu dieser Zeit wurde der schöpferische Elan des Kaisers wohl von seiner Teilnahme an der Inventarisierung der Palastsammlung genährt. Entscheidend hierbei war zweifellos sein Wunsch, als Künstler-Kaiser die höchstmögliche Kompetenz durch die Kenntnis der künstlerischen Tradition zu erlangen. Während der fünfziger, sechziger und siebziger Jahre des 18. Jahrhunderts hielt Qianlong an der traditionellen Malweise fest. In den letzten Jahren seiner Herrschaft, als seine Kräfte nachließen, malte er weniger und bevorzugte das kleine Format mit einfachen Kompositionen, so entstanden etwa Blumenbilder als Neujahrs-Glückwünsche.

Die Inventarisierungsarbeiten wurden sehr ernst genommen[4], die Experten von hohem Rang wählte der Kaiser selbst aus. Sie hatten die Aufgabe, die Gemälde zu bewerten, ihre Authentizität festzustellen sowie Kommentare zu verfassen. Auch Kaiser Qianlong persönlich verbrachte viele Stunden damit, die Kunstwerke zu untersuchen und Texte zu verfassen. Diese notwendige und zeitraubende Tätigkeit lief parallel zur Gründung der Akademie der Qing: Daß diese beiden Tätigkeiten eng mit den künstlerischen Aktivitäten des mäzenatischen Hofes verbunden waren, beweist eine Prüfung von Gemälden und Dokumenten aus dieser Zeit.

Den drei Editionen des kaiserlichen Gemäldekatalogs, dessen erste Bände in den Jahren 1744–1745 und dessen letzte im Jahr 1816 erschienen, ist zu entnehmen, daß die Sammlung des Hofes überwiegend aus Werken der dem Hof angehörenden Künstlern bestand: von den 15 000 Gemälden und kalligraphischen Werken der Kaiserlichen Sammlung wurden zwei Drittel nach 1644 gemalt[5]. Das Bewertungs- und Inventarisierungsverfahren der alten Gemälde führte zur Entstehung neuer Kunstgegenstände, einerseits in Form von Verzeichnissen, von denen einige illustriert sind, andererseits in Form von Kopien, die zugleich frei und werktreu sind. Was die Kaiserliche Sammlung der Qing angeht, so stammen 7500 Gemälde und kalligraphische Arbeiten von Gelehrten, Prinzen und Kaisern, während nur 1200 das Werk von Malern der Akademie sind[6]. Dieser außergewöhnlich hohe Anteil von Literatenmalern zeigt, daß es falsch ist, den höfischen Malstil von dem der unabhängigen Künstler des 18. Jahrhunderts trennen zu wollen.

Die Literatenmaler bei Hofe schöpften ihre Inspiration aus denselben Quellen wie die nicht-gelehrten Maler oder diejenigen, denen es nicht gelungen war, einen hohen Rang einzunehmen. Beide Gruppen wiesen dieselbe Erziehung auf; die erstklassige Begabung einer großen Zahl derer, die »exzentrisch« genannt wurden, hätte diese an den Hof führen können (ein Werk von Jin Nong erscheint im Katalog, Kat. 129).

Ungeachtet dessen fassen die erwähnten Kataloge nicht nur die Geschichte der Hofmalerei zusammen, sondern auch die der von den Kaisern zusammengetragenen Sammlung. Da Kataloge von ihrer Anlage her die Aufmerksamkeit auf die gelehrten Traditionen der Sammlung, Konservierung, Forschung, Analyse und Kopie sowohl alter als auch zeitgenössischer Gemälde lenken, ignorieren sie häufig die Porträts oder die historische Freskenmalerei. Die Monumentalmalerei auf Leinwand oder als Wandmalerei sowie die *tieluo* von Castiglione oder anderen[7] entziehen sich einer Inventarisierung. Selbst die großen dokumentarischen Zyklen, wie zum Beispiel die *Inspektionsreise in den Süden* (Kat. 127), sind nicht in den Aufstellungen der Gelehrten enthalten, die den Kaiserlichen Katalog erstellten[8].

Die am Ende der Qing-Ära herrschenden Kaiser – von Jiaqing (Regierungszeit 1796–1820) bis zur Kaiserinwitwe Cixi (1835–1908) – pflegten ebenfalls eine Vorliebe für die Malerei und die Sammlungen, obgleich unter Jiaqing die Akademie beträchtlich verklei-

264 Katalog

nert wurde. Nach dem Vorbild von Qianlong malte und kalligraphierte auch Cixi selbst. Während aber Qianlong den Kaiser-Malern Huizong der Song und Xuanzong der Ming nacheiferte, mußte Qianlong Cixi zum Vorbild dienen.

[1] Zur Geschichte des Nationalen Palastmuseums vgl. Chang Linsheng, 1996, S. 3–25.
[2] Chou und Brown, 1985, S. 17.
[3] Li Man-kuei, 1943, S. 24.
[4] Kohara, 1988, S. 65–66.
[5] Rogers, 1985, S. 303.
[6] Chou und Brown, 1988, S. 166–167.
[7] Zu einigen dieser Architekturmalereien vgl. Nie Chongzheng, 1995, S. 51–55.
[8] Hearn, 1988, S. 113.

schweiften Kästchen liegt ein Tusche- oder Bimsstein zur Herstellung von Tusche; in den beiden quadratischen Behältnissen befindet sich jeweils ein Kästchen aus Zellenschmelz für den zinnoberroten Siegellack sowie ein Siegel aus weißer Jade mit einem Griff in Tierform. Der große viereckige Kasten in Form eines Buchdeckels ist auf den Querseiten mit Elfenbeintafeln geschmückt, die mit feinen Blumenranken verziert sind; er umschließt einen Band des *Peiwen yun fu*, dem unter Kaiser Kangxi (1662–1723) zusammengestellten Literatur- und Poesielexikon. Das runde, einem Pinselbehälter ähnliche Gefäß, enthält fünf Papierbeschwerer aus cloisonniertem Email.

K. B.

117
Kostbarkeiten des Gelehrten
Holz, rote Lackschnitzerei und Elfenbein
0,118 × 0,285 × 0,255 m
18. Jahrhundert
Inv.: G 109583

Das Ensemble für das Arbeitszimmer eines Gelehrten besteht aus einem rechteckigen niedrigen Tisch oder Untersatz und den auf seiner tablettartigen Oberfläche befindlichen verschiedenen Schreibutensilien. Alle Gegenstände tragen einen erlesenen und schlichten Dekor aus roter Lackschnitzerei. Der Untersatz ist mit einem Rankenwerk mit Lotusblumen verziert; das Tablett trägt ein feines geometrisches Muster. Darauf befinden sich zwei röhrenförmige Pinselhüllen, fünf Kästchen sowie ein runder Behälter ohne Deckel.
Das rechteckige Kästchen mit abgerundeten Ecken enthält ein mit kleinen, vergoldeten Wellen verziertes Tusche- bzw. Schreibrohr mit der Inschrift *San xi tang* (Kabinett der Drei Kostbarkeiten, Name des Studierkabinetts von Kaiser Qianlong, bei der Halle der Pflege des Herzens, *Yangxindian*). In dem ge-

118
Glückverheißende Gaben zum Neujahrstag
Zhu Jianshen (1488–1487)
Tusche und Farben auf Papier,
auf Rolle montiert
Darstellung: 0,597 × 0,355 m
Rolle: 2,57 × 0,60 m
Datierung: 1481
Inv.: G 5021

Lit.: Gugong Shuhuaji, 1930, T. 26, Nr. 9; *Gugong zhoukan* Nr. 19, 1935, S. 1181; Harada, 1936, 489; Herbert Butz in Ausstellungskatalog Berlin 1985, S. 210.

Das Bild wurde von Kaiser Chenghua (Regierungszeit 1465–1487) aus der Ming-Dynastie, dessen persönlicher Name Zhu Jianshen lautete, aus Anlaß des Neujahrstags gemalt. Es zeigt den Dämonenbezwinger Zhongkui, der in der Rechten ein Glückwunschszepter (*ruyi*) hält und die Linke auf die Schulter eines kleinen, ihn begleitenden Dämons stützt. Dieser trägt mit erhobenen Händen eine Schale mit glückverheißenden Gaben: Zedernzweige (*bai*), Persimonen (*shi*), gleichlautend mit »Hundert Dingen« (*baishi*), Symbolen des Überflusses. Beider Blick ist auf die über ihnen fliegende Fledermaus gerichtet, die als Glückssymbol (die chinesische Bezeichnung *fu* ist gleichlautend mit dem Wort Glück) galt.

Das Gemälde ist oben links signiert und datiert: »Im Jahr *xinchou* der Amtszeit des Chenghua (1481), in der Halle der Literarischen Blüte (*Wenhuadian*), mit kaiserlichem Pinsel ausgeführt«. Auf die Inschrift ist der kaiserliche Siegelabdruck gesetzt (*guangyun zhi bao*).

Die Rolle wurde in der Kaiserlichen Sammlung der Qing verwahrt, wie die Siegel von Qianlong, Jiaqing und Xuantong (dem letzten Kaiser, Puyi) belegen. Sie ist auch im Kaiserlichen Katalog (*shiqu Baoji*) von 1745 aufgeführt.

A. G.

119

»Landschaft bei Sheshan«
Dong Qichang (1555–1636)
Tusche auf Papier, auf Rolle montiert
Darstellung: 0,982 × 0,47 m
Rolle: 2,66 × 0,69 m
Datierung: 1627
Inv.: X 16654

»Vierter Mond des Jahres *bingyin* (1627). Auf der Reise nach Longhua malte ich unterwegs den Berg She. Gestern stieg ich hinab zur Hütte des ›Unverbesserlich Unsterblichen‹. Geschrieben am 14. Signatur: Siwun (der alte Shi)«. Ein Siegel mit weißen Zeichen: »*xuanzai* (Der das Mysterium regiert)«.

Laut Inschrift wurde die hier gezeigte Landschaft nach der Natur gemalt, während einer Reise, die der Autor in die Umgebung von Sheshan unternahm, einem Gebirge im Westen des heutigen Shanghai, im heutigen Bezirk Songjiang gelegen[1]. Dong Qichang, dessen Name (*zi*) Xuanzai und dessen Beiname (*hao*) Sibai (Si der Weißkopf) lautet, ist übrigens in dieser Region, in Huating (heute Shanghai), geboren. Er war zu dieser Zeit 72 Jahre alt. Als ehemaliger hoher Beamter (*shangshu*) des Ministeriums der Riten hatte er sich, nach einer bewegten Karriere, ins private Leben zurückgezogen und schuf nun zahlreiche Landschaftsbilder[2].

Dieses Gemälde ist typisch für das Schaffen des Künstlers in dieser Phase. Ein Wasserlauf, an dessen Ufern einige Behausungen zu entdecken sind, sucht sich seinen Weg zwischen mit Tannen bewachsenen Felsmassen am Fuße des Berges She, der das Ganze überragt. Berge und Steine sind mittels weicher Konturen (*gou*) wiedergegeben, wobei die Grate durch Reihungen paralleler, in aufgelöster Tusche ausgeführter Linien (*cun*) umrissen werden. Der Eindruck einer nach einem Regen feucht, ja beinahe leuchtend erscheinenden Vegetation wird durch kleine, in der sogenannten Technik des liegenden Pinsels (*wobi*) nebeneinandergesetzte Pinselstriche sowie durch seitlich angebrachte Punkte (*hengfeng*) hervorgerufen. Die am Horizont

119 (Detail)

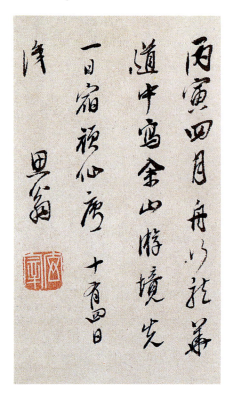

stehenden Bäume wirken kaum konturiert und scheinen sich im Nebel zu verlieren. Hingegen sind die Bäume, die aus den mächtigen Felsen im Vordergrund ragen, deutlich charakterisiert, im Falle der Kiefern durch kleine Punkte, des Ahorns durch Kringel (*quan*) und bei dem Baum mit dem aufrechten Stamm in der Bildmitte durch kleine Kreise. Die Form des letzteren, welche mit derjenigen der krummen Stümpfe und Zweige der Nachbarbäume stark kontrastiert, findet oberhalb des Wildbaches einen Nachklang in dem großen dunklen Einschnitt, welcher die Bergflanke teilt und aus dem wohl ein Wasserfall herabstürzt. Die beiden großen Bildflächen des Vorder- und des Hintergrundes erhalten ihr ausgleichendes Gegengewicht jeweils durch eine freie Fläche, die beim Betrachter recht deutlich die Vorstellung eines ruhigen Gestades oder eines Wasserlaufs hervorruft.

Diese zwischen den großen, aufeinander bezogenen Einheiten geschaffene Spannung als Ergebnis einer intellektuellen Konstruktion ist typisch für die von Dong Qichang in dieser Zeit gemalten Landschaften[3]: Man kann immer eine mehr oder weniger große, die Komposition durchziehende leere Fläche entdecken, welche sich nach links unten hin verbreitert (vgl. die Landschaften aus dem Jahr 1624 und 1625 im Museum Rietberg[4] oder diejenige im Palastmuseum von 1628, aus der Bauten von Menschenhand verschwunden sind[5]). Ausgehend von der Nachahmung des Stils von Huang Gongwang (1269–1354) über die Aneignung der Manier eines Dong Yuan (um das Jahr 950 tätig), gelang es Dong Qichang, aus den verschiedenen stilistischen Möglichkeiten seiner Vorgänger einen eigenen Stil zu entwickeln[6]. Dieser sollte Schule machen und für die folgenden drei Jahrhunderte als Fundament der orthodoxen Malerei betrachtet werden.   A. G.

[1] Ho, Wai-Kam, 1992, Band II, Karten XVI–XVII.
[2] Riely, 1992, S. 428.
[3] Reardon, 1988, S. 28; Siren, 1958, Band V, S. 4.
[4] Li, 1974, Taf. XXXIII, Abb. 23–24.
[5] Weng, 1982, Ill. 107, S. 206.
[6] Vandier-Nicolas, 1983, S. 211–222.

120

»Sich zurückziehen, um Kiefern zu pflanzen«
Shen Hao (1586 – nach 1661)
Tusche und Farben auf Papier
Datierung: 1633
Inv.: X 146281

Shen Hao wurde am Ende der Mingzeit in Suzhou geboren und starb nach der Thronbesteigung von Kaiser Kangxi. Er ist einer der hervorragenden Repräsentanten der sogenannten Wu-Schule (*Suzhou*), die einen überragenden Einfluß am Hofe der Qing auf den Geschmack und die Malerei haben sollte[1].

Er erhielt die typische Erziehung eines Gelehrten, wandte sich später dem Buddhismus zu und wurde Mönch. Im reifen Alter widmete er sich der Poesie, der Kalligraphie und der Malerei. Er spezialisierte sich auf Landschaften in der Manier des Shen Zhou (1427–1509), einem der großen, zu Beginn der Mingzeit aus derselben Region hervorgegangenen Meister. Da seine Malerei vom selben Geist wie die des Meisters beseelt war, ohne diese jedoch sklavisch nachzuahmen[2], nahm er den Beinamen Shitian (*Himmel aus Stein*) an, als Wortspiel mit dem Namen Shen Zhou (*Shitian, Feld aus Stein*), wodurch er sich über letzteren erhob[3]. Als Theoretiker[4] weniger systematisch als sein Zeitgenosse Dong Qichang (Kat. 119), trug er zum Entstehen der seitdem üblich gewordenen Unterscheidung zwischen der Süd-Schule (der Amateur-Gelehrten) und der Nord-Schule (der professionellen Maler) bei. Diese sollte während der Qing-Dynastie prägenden Einfluß auf die Malerei und die Ästhetik ausüben. Daher ist es nicht verwunderlich, daß die hier gezeigte, für sein Werk repräsentative Landschaft Teil der Kaiserlichen Sammlung war, wie das rechts oben im Bild angebrachte runde Siegel des Kaisers Qianlong belegt: »*Qianlong jianshang* (für gut befunden von Qianlong)«.

120 (Detail)

Am Ufer eines von knorrigen Kiefern umgebenen Sees sieht man ein Studierkabinett mit einem schreibenden Greis. Die Komposition ist einfach und doch sehr wirkungsvoll. Das im Gelehrtenmilieu klassische Thema des zurückgezogenen Studiums in einer Einsiedelei wird klar zur Geltung gebracht, wobei der winzige Mensch von Bäumen eingerahmt wird, deren Stämme ihn zu umarmen scheinen. In seinem Kabinett erschafft der Gelehrte die Natur, in der er lebt und die ihn belebt, neu. Die Kiefern und Felsen im Vordergrund sind sehr detailliert mit trockenem Pinsel ausgeführt. Sie stehen im Kontrast zu der viel leichteren Ausführung der menschlichen Behausung, welche dadurch sehr fragil erscheint. Diese Darstellungsart ist eine Anleihe bei Wang Meng (1309–1385) und Shen Gu (14. Jahrhundert).

Die beiden alten Kiefern am Ufer des Sees scheinen in eine unendliche Weite zu ragen. Dieser Eindruck wird durch die relativ freie Fläche links unten und durch die leere Himmelszone des Bildes hervorgerufen. Die beiden fast ineinander verwachsenen und mit Kletterpflanzen überzogenen Kiefern spielen auf das traditionelle Thema der beiden treuen Freunde an.

Der kalligraphische Titel oben links kommentiert mit Selbstironie die vom Maler ungeschickt in sein Gemälde »gepflanzten« Kiefern: »So viele Jahre des Sich-Zurückziehens, um etwas zu gestalten, und dann sind alle gepflanzten Kiefern regelmäßig mit alten Schuppen von Drachen bedeckt!«

Die daran anschließende Inschrift aus vier Kolumnen kleinerer Buchstaben besagt, daß dieses Gemälde zu Ehren der Abreise seines engen Freundes An Su gemalt wurde: »Herr An Su küßt das *dao*, tief geneigt schreibt er jeden Tag lange Texte... Ich hätte ihm gerne etwas anderes geschenkt, um ihm meine tiefe Freundschaft zu beweisen, ergreife jedoch die Gelegenheit, um ihm meine guten Wünsche zum Abschied darzubringen«.

Es folgen Datum und Signatur: »Herbstmitte des Jahres *guiyou* (1633), Lang, der Daoist,

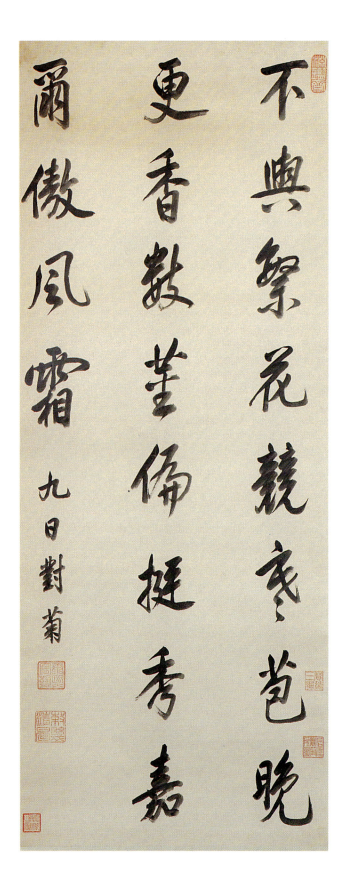

Hao«. Lang ist das erste Zeichen des Namens (*zi*) des Künstlers; der Titel *daoren*, Mensch des *dao*, läßt eindeutig seine Neigung zum auf die Natur gerichteten Mystizismus erkennen. Hao ist sein offizieller Name (*mingzi*).
Zwölf Siegel, darunter:
«*Sanxitang jingjianxi* (Siegel einer sorgfältigen Expertise im Sanxitang)«, Siegel des Gelehrtenkabinetts von Qianlong.
Vor dem Titel steht das Siegel »*gu chu*« (Altertümliche Landschaft). A. G.

[1] Li, 1974, Band I, S. 93–6.
[2] Vandier-Nicolas, 1983, S. 222.
[3] Li, 1974, Band I, S. 96.
[4] Siren, 1958, Band IV, S. 84.

121
Kalligraphie
Kaiser Kangxi (1654–1722)
Tusche auf Papier, auf Rolle montiert
Kalligraphie: 1,253 × 0,513 m
Rolle: 2,44 × 0,715 m
Regierung von Kangxi
(Regierungszeit 1662–1722)
Inv.: G 237966

Als echter Gelehrter besaß Kaiser Kangxi eine große Leidenschaft für die Kalligraphie. Er bewunderte vor allem den Stil von Dong Qichang (Kat. 119), den er aufs genaueste nachahmte. Es ist im übrigen zum großen Teil dieser kaiserlichen Gunst zu verdanken, daß der Künstler unter den Qing sowie bis heute einen immensen Einfluß auf das Gelehrtenmilieu ausübt; seine Theorien stellen seither die Grundlagen der orthodoxen Malerei und Kalligraphie dar.
Der in Kursivschrift (*xingshu*) wiedergegebene kalligraphierte Text mit kraftvollem, entschlossen angesetztem Schriftzug ist ein vom Kaiser selbst verfaßtes Gedicht in der klassischen Form eines wohlausgewogenen fünfsilbigen Vierzeilers:

»Ohne Wettstreit mit dem Glanz
anderer Blumen
verströmen Winterknospen verspätet
lieblichen Duft.
Einige Stengel graziöser Anmut
erheischen, Nordwind und Rauhreif trotzend,
Lob und Bewunderung.«

Dem Titel links unten »*Zwiegespräch mit einer Chrysantheme am neunten Tag* (das heißt des neunten Monats, Anspielung auf das Fest der doppelten Neun, an dem man die Chrysanthemenblüte feierte) folgen zwei Siegel mit roten Schriftzeichen: »*kangxichenhan* (Kaiserlicher Pinsel von Kangxi)« und »*qijiqingyan* (Kaiserliche Sammlung der Qing)«.

Rechts oben ein Siegelabdruck mit weißen Schriftzeichen: »*yuanjianzhai* (Kabinett des Spiegels der großen Tiefe)«; unten in roten Schriftzeichen: »*baojisan bian* [und] *shiqubaojisuozang* (Siegel der Kaiserlichen Sammlung)«; links unten, in roten Schriftzeichen: »*xuantongqiuxinzhibao* (Kostbarkeit des neuen Herrschers Xuantong), Siegelabdruck der Sammlung des letzten Kaisers, Puyi. A. G.

122
Kaiser Yongzheng und sein Sohn
Anonym
Tusche und Farben auf Seide,
auf Rolle montiert
Darstellung: 1,65 × 0,957 m
Rolle: 3,40 × 1,285 m
Regierung von Yongzheng
(Regierungszeit 1723–1735)
Inv.: G 6437

Lit.: *Qingdai dihou xiang*, 1931, T. I, 24; Huang Pei, 1974, S. 186.

Die Szene spielt in einem Garten, der vielleicht an den Garten des Hellen Vollmonds (*Yuanmingyuan*)[1] erinnern soll. Eine Sommerresidenz dieses Namens hatte Kangxi dem künftigen Kaiser Yongzheng zur Verfügung gestellt[2]. Abgesehen von dem Bam-

bus im Vordergrund rufen der rechteckige Fels, der Tisch, der Laufsteg und das Terrasseneck mit Balustrade eine perspektivische Wirkung in der traditionellen chinesischen Technik der Parallelperspektive hervor. Der Malstil dieses Gemäldes will eine Nähe zu den Werken der Hofmaler (*huayuan*) herstellen, wie zum Beispiel Jiao Bingzhen (zwischen 1680 und 1720 tätig) oder Chen Mei (1694?–1745)[3]. Zu beiden Seiten eines gewundenen Bachlaufs, der sich in den im Hintergrund befindlichen See ergießt, stehen sich zwei Gruppen von hintereinandergestaffelten Personen gegenüber. Rechts wird Kaiser Yongzheng, mit einem Gewand mit dem kaiserlichen fünfklauigen Drachendekor bekleidet, in strenger Frontalität wie auf einem Ahnenporträt dargestellt. Er sitzt mit untergeschlagenen Beinen auf einem reich verzierten Kissen, das auf einem Felsen in Form einer Schildkröte, dem Symbol des Universums, liegt. Der im Schnittpunkt der von den vier Beinen des Tieres markierten Himmelsrichtungen thronende Kaiser hält auf diese recht deutliche Weise den Mittelpunkt der Welt besetzt. Er befindet sich in Gesellschaft von drei Personen: die vorderste ist wahrscheinlich ein Vertrauter, die beiden anderen, hinter ihm befindlichen, sind wohl Diener; der jüngste von ihnen hält in den erhobenen Händen dem Kaiser ehrerbietig ein Buch entgegen; dieser scheint ihn nicht zu bemerken, ebensowenig wie den zusammengefalteten Fächer in seiner Hand. Die Gruppe befindet sich im Schatten einer Kiefer, Symbol des langen Lebens und der Weisheit, deren hohler Stamm, krumme Zweige und Wurzeln von ihrem hohen Alter zeugen. Die Zweige neigen sich zur linken Bildseite, das heißt zum Ufer jenseits des Baches, der von einem Steg überspannt wird; dort wird die zweite Gruppe, vom Betrachter etwas entfernter, von der Kulisse eines Kraft und Jugend symbolisierenden Bambushains hinterfangen. Vor dem zum Schreiben ansetzenden, an einem Marmortisch sitzenden Jüngling, der nur ein Kaisersohn sein kann, wahrscheinlich der künftige Kaiser Qianlong[4],

liegen Papier und Tuschestein. Er befindet sich in Gesellschaft eines kaiserlichen Lehrers, durch den Bart als alt und weise charakterisiert, der einzigen Person, die in Anwesenheit des Prinzen – und sogar mit diesem am selben Tisch – sitzen darf. Die beiden aufrecht stehenden jungen Männer im Hintergrund sind vielleicht weitere Prinzen oder auch Diener; da sie gewöhnliche Sommerkleidung tragen, läßt sich ihr Rang nicht eindeutig erkennen. Alle Personen halten den Blick auf den Betrachter gerichtet und scheinen ihn zum Zeugen der Szene zu machen. Das zu den sogenannten Prinzenvergnügen (*xingletu*) gehörende Werk bringt die Vorzüge des Herrschers zur Geltung, der sich in seiner Freizeit gemeinsam mit seinem Erben den Studien hingibt und ihm dadurch als Vorbild dient. Seine aufmerksame Haltung und seine heitere Gelassenheit entsprechen vollständig dem chinesischen philosophischen Ideal des Herrschers[5]. A. G.

[1] Ausstellungskatalog Berlin, 1985, 38, S. 159.
[2] Malone, 1966, S. 43.
[3] *Qingdai gongting huihua*, 1992, Nr. 37 und 38, S. 267.
[4] Vgl. Herbert Butz in Ausstellungskatalog Berlin, 1985, S. 159.
[5] Vgl. *wuwei*, S. 79.

123 (Detail)

123
Konkubine von Kaiser Yongzheng
Anonym
Tusche und Farben auf Seide,
auf Rolle montiert
Darstellung: 1,83 × 0,98 m
Rolle: 3,12 × 1,30 m
Regierung von Yongzheng
(Regierungszeit 1723–1735)
Inv.: G 6458

Lit.: *Lidai shinu hua*, 30, 31; Huang Miaozi, 1983, 28–34; Ausstellungskatalog Berlin, 1985, Kat. 111,2; *Qingdai gongting huihua*, 1994, 41–42 und S. 267.

Das Gemälde ist Teil einer Serie von zwölf Rollbildern (vgl. Abb. im Aufsatz von Pirazzoli-t'Serstevens), die wohl erst später den Titel »Vergnügen der Konkubinen von Yongzheng« erhielt. Es handelt sich wahrscheinlich um ein Ensemble aus der Zeit, als Yongzheng noch nicht den Thron bestiegen hatte und als Prinz den Namen Yinzhen trug. Die Sommerresidenz *Yuanmingyuan*, die ihm sein Vater, Kaiser Kangxi, zur Verfügung gestellt hatte, könnte dem Dekor von Gemächern und Gärten, in denen die Konkubinen dargestellt sind, als Anregung gedient haben. Die Frauen sind zwanglos in lange, weite, auf der Vorderseite offene Gewänder mit Stehkragen gekleidet; diese Kleidung unterscheidet sich von den mandschurischen Roben, die bei offiziellen Anlässen getragen wurden.

Das Gemälde zeigt eine Innenszene: die auf einem Stuhl aus gesprenkeltem Bambus sitzende Konkubine wendet, fast überrascht und von Scham ergriffen, dem Betrachter das regelmäßige Oval des sanft geneigten Gesichtes zu, allerdings ohne diesen anzusehen. Sie ist gerade dabei, ihren an der Rückenlehne des Stuhles hängengebliebenen, zurückgeschobenen breiten Gewandärmel zu lösen, der das Handgelenk freigibt. Vor ihr befindet sich ein mit Gegenständen überhäufter Lacktisch, auf dem eine altertümliche Feldflasche (*bianhu*) aus Bronze, ein Tuschestein und -behälter, eine Blumenvase sowie im Vordergrund auf einem Tischchen ein *penjing* aus Bambus stehen. Die Kabinettecke wird von Regalen mit unregelmäßigen Fächern gefüllt, in denen Sammelobjekte aufgestellt sind: ein Wandschirm aus Marmor, eine Glocke (*zhong*) und eine Weintasse (*you*) aus Bronze, Gegenstände aus Jade, mit Gold verzierte Lackarbeiten, Bücher, Porzellan; das Ensemble sollte wohl den ausgesuchten Geschmack einer kultivierten Frau widerspiegeln. Kostbare Details und der Reichtum der Farben vermitteln einen Eindruck von Luxus und Raffinesse. Jedes Gemälde stellt eine Konkubine in ihrer jeweils unterschiedlich dekorierten Umgebung dar, die mit einer Tätigkeit befaßt ist, die wohl einem bestimmten Monat des Jahres zugeordnet werden soll[1], wie es bei anderen Serien mit ähnlichen Themen der Fall ist[2].

Indessen sind die zwölf Monate hier ebenso schwer zu unterscheiden[3] wie die Konkubinen selbst. Es hat den Anschein, als ob einige von ihnen mehrmals in der Serie abgebildet worden seien[4]. Der eher stereotype Aspekt dieser Schönheiten läßt vermuten, daß wir es hier eher mit einer Kollektion von dekorativen Gemälden zu tun haben, die das Auge erfreuen und wohl eher auf das geheime Privatleben der Konkubinen im Palast anspielen als individuelle Porträts sein wollen.   A. G.

[1] Ausstellungskatalog Rotterdam, 1992, S. 159.
[2] Ausstellungskatalog Berlin, 1985, S. 241, Kat. 112.
[3] *Ibid.*, S. 232.
[4] *Qingdai gongting huihua*, 1992, 38, S. 267.

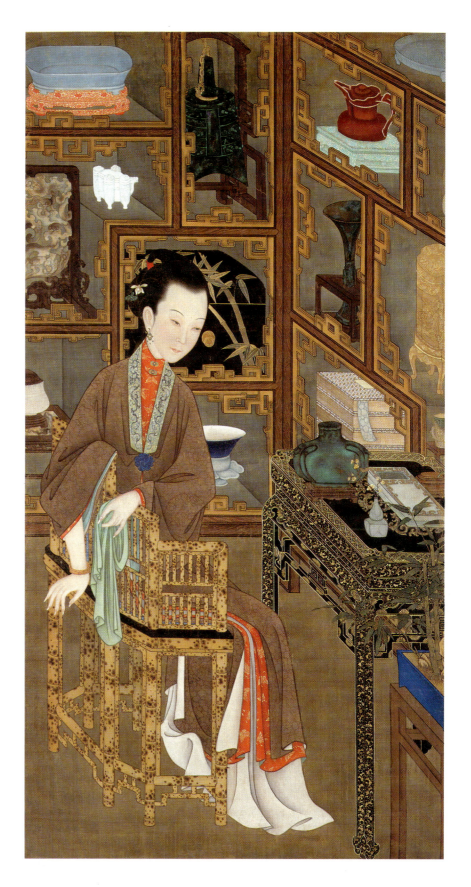

Giuseppe Castiglione, mit chinesischem Namen »Lang Shining« (1688–1766)

Michèle Pirazzoli-t'Serstevens

Der aus Mailand stammende Giuseppe Castiglione erhielt seine erste Ausbildung als Maler wohl im Noviziat in Genua, bevor er im Jahr 1707 in den Jesuitenorden eintrat. Er sah seine Bestimmung in der Bekehrung der Chinesen. Bevor er sich 1714 mit dem Ziel Macao einschiffte, wurde er nach Portugal geschickt und beendete dort sein Noviziat in Coïmbra. Nach seiner Ankunft in China, Ende des Jahres 1715, wurde er Kaiser Kangxi als Maler vorgestellt und begann, zusammen mit dem Neapolitaner Matteo Ripa (1682–1745), für den Hof zu arbeiten.

Im Jahr 1721 wurde Castiglione zum Koadjutor auf Zeit ernannt. Während seiner ersten Jahre in Peking arbeitete er als Maler der Palast-Ateliers, vor allem in der Email-Werkstatt. Darüber hinaus war er an der Ausschmückung der Kirche des hl. Joseph beteiligt und befaßte sich mit der Übertragung von Andrea Pozzos Abhandlung *Perspectiva Pictorum et Architectorum* ins Chinesische, da er sich als Schüler von Pozzo betrachtete.

Bei der Thronbesteigung von Qianlong im Jahr 1736 galt Castiglione als der beste der am Hofe tätigen europäischen Maler. Seine gesamte Tätigkeit widmete er nun dem Kaiser, dessen bevorzugter Porträtist er wurde. Diese Aktivitäten waren von beträchtlichem Umfang, äußerst vielfältig und erfolgten oft in Zusammenarbeit mit den europäischen und chinesischen Kollegen. Sie erstreckten sich von der Anfertigung von Gedenk-Rollbildern, der Porträt- und Pferdemalerei über Entwürfe für Druckgraphik oder Kunsthandwerk bis zu Planung und meisterlicher Ausführung von Palästen und Gärten in europäischem Geschmack. Diese Anlagen ließ der Kaiser innerhalb seiner Sommerresidenz *Yuanmingyuan* ab dem Jahr 1747 erbauen. Castiglione verstarb in Peking vor der Vollendung des letzten dieser Paläste.

Bald nach seiner Ankunft in Peking hat Castiglione die religiöse Malerei nach und nach aufgegeben, um sich mit der Schule der chinesischen Malerei zu befassen. Von nun an malte er hauptsächlich die vom Kaiser in Auftrag gegebenen Sujets in Tusche und Wasserfarben auf Seide: Blumen, Vögel, Haustiere, vor allem aber Porträts und Pferde, alles Themen, welche die Person des Kaisers und seine Politik feiern sollten. Seine bemerkenswerte Begabung ermöglichte es Castiglione, in den chinesischen Darstellungskanon eine große Zahl der Errungenschaften europäischer Tradition einfließen zu lassen; dazu gehören zum Beispiel die Zentralperspektive, ein naturalistischer Ansatz bei der Anatomie, eine natürliche Wiedergabe von Bewegungen sowie die Erzeugung von Bildraum durch Schattierung.

Zur Erreichung dieser Synthese griff Castiglione vermutlich auf die von den Mandschu-Kaisern hochgeschätzte europäische Miniaturmalerei zurück, die er seit Beginn seiner Tätigkeit im Palast ausführte. Er entwickelte darin einen eigenen Stil, den man an der Leuchtkraft der Figuren, einem leichten, schwingenden Pinselstrich, an durchscheinenden Farben und an abgestuften Schattierungen erkennen kann. Diesen Stil gab er an den 1739 an den Hof gelangten französischen Jesuiten Jean-Denis Attiret (Dôle 1702 – Peking 1768) weiter, in geringerem Maße auch an Pater Ignace Sickelpart (1708–1780), der im Jahr 1745 nach Peking gekommen war und den er in der Malerei ausbildete.

124
»Wurui tu«
(Talisman zum Fest der Doppelten Fünf)
Giuseppe Castiglione
(Lang Shining, 1688–1766)
Tusche und Farben auf Seide, auf Rolle montiert
1,40 × 0,84 m
1732?
Inv.: G 137132

Lit.: Wei, 1988, S. 81–82; *Qingdai gongting huihua*, 1992, Nr. 47.

Signatur rechts unten »*Chen Lang Shining gong hua* (mit Ehrerbietung gemalt von Eurem Diener Lang Shining)«, zusammen mit zwei Siegeln des Malers. Ein großes Petschaft von Qianlong »*Qianlong yu lan zhi bao*« oben in der Mitte des Gemäldes.
Die Mitte des Bildes nimmt die Vase *meiping* in blaßblauem Porzellan mit Stockrosen, Granatapfelbaumblüten und Kalmusblättern ein. Die Vase hat ein *guan* zum Vorbild, die Keramik der staatlichen Keramikwerkstätten der Songzeit (1127–1279) in Hangzhou. Vor der Vase steht ein flacher Korb, der Pfirsiche (oder Pflaumen) und Kirschen (Zweige und Früchte) enthält. Rechts daneben liegen fünf in Bambusblätter eingeschlagene Reiskuchen.
Diese Leckereien (*zongzi*) wurden insbesondere am Fest der Drachenschiffe, am 5. Tag des 5. Monats, gegessen. Bei diesem Fest verteilte man in den Wohnungen Stengel oder Blätter des Kalmus, die gegen Epidemien schützen sollten. Die Symbolsprache dieses Bildes, die im China des 17. und 18. Jahrhunderts sehr gebräuchlich war, verweist durch die Gegenstände und Pflanzen auf das Fest der Doppelten Fünf.

Das Werk trägt keine Datierung. Es zeigt Ähnlichkeit mit der berühmten, in das Jahr 1723 datierten Komposition *Jurui tu* (Zahlreiche gute Vorzeichen) des Nationalen Palastmuseums von Taipei, welches das älteste überlieferte der von Castiglione für den

Palast hergestellten Gemälde ist. Das außergewöhnlich qualitätvolle Rollbild aus dem Jahr 1723 zeigt in Komposition und Technik bereits die Verbindung von zwei Maltraditionen zu einem chinesischen Thema. Es bleibt indessen sehr der europäischen Tradition verhaftet, sowohl was die Anordnung der Pflanzen in der Vase angeht als auch ihre naturalistische und detaillierte Ausführung, die ihren Ursprung in den Stilleben Nordeuropas hat.
Das von rechts kommende Licht, wobei die Lichtwirkung durch den Auftrag von weißen Deckfarben erzielt wird, das Volumen von Stengeln, Blättern und Früchten, welches mit Hilfe von Schattierungen herausgearbeitet wird, all dies gehört zur europäischen Tradition. Das Gemälde aus dem Palastmuseum in Peking teilt diese Eigenschaften in abgeschwächter Form, insbesondere in bezug auf das Spiel von Licht und Schatten. Desgleichen haben Vase und Leckereien (*zongzi*) etwas Schwebendes und wirken weniger konkret. Es hat den Anschein, als ob der chinesisch-europäische Kompromiß, den Castiglione einging, um den Geschmack seines kaiserlichen Auftraggebers zu treffen, hier stärker ausgeprägt wäre. Trotz allem datiert das Gemälde aufgrund seines Stiles, ebenso wie dasjenige aus Taipei, aus den Anfängen der Karriere Castigliones in China. Diese stilistische Datierung wird bestätigt durch einen Vermerk im Archiv der *zaobanchu*. Dieses führt mit Datum des 29. Tages des 4. Monats 1732 eine an Castiglione in Auftrag gegebene und von ihm ausgeführte »Jahreszeitliche Malerei« unter dem Titel *Wurui tu* an. Sehr wahrscheinlich handelt es sich dabei um das hier ausgestellte Gemälde.   M. P. t'S.

125
Reiterporträt von Kaiser Qianlong bei der Truppeninspektion
Giuseppe Castiglione
(Lang Shining, 1688–1766)
tieluo-Gemälde, Tuschen und Farbe auf Seide
Darstellung: 3,22 × 2,32 m
Rolle: 5,01 × 2,85 m
Inv.: G 8761

Lit.: Zhu, 1988, S. 82–83.

Das Gemälde ohne Signatur und Datierung war ursprünglich auf eine Wand des Xinyamen Xinggong, des Palastes im Jagdpark Nanyuan im Süden Pekings, aufgeklebt. Im Jahr 1914 wurde es in den Palast der Himmlischen Reinheit (*Qianqinggong*) in der Verbotenen Stadt verbracht. Es wird im *Rixia jiuwen kao* beschrieben und in einem im Jahr 1783 verfaßten Gedicht von Qianlong zitiert. Der Kaiser erwähnt es darin als sein Porträt aus Anlaß der großen Truppeninspektion des Jahres 1758; es handelt sich dabei um die bedeutende Parade, die in Nanyuan stattfand und an der nicht nur die Regimenter der Acht Mandschurischen Banner und die Würdenträger des Hofes, sondern auch die kasachischen, burytischen und tadschikischen Stammesfürsten teilnahmen.

Vor einer in feinen Abstufungen wiedergegebenen Hintergrundlandschaft sind Pferd und Reiter in annähernd natürlicher Größe ausgeführt. Die Wolken sind in europäischer

125 (Detail)

Tradition gemalt, desgleichen die im Vordergrund auftauchenden, im Detail wiedergegebenen und vom Licht modellierten Pflanzenbüschel in verschiedenen Grüntönen; letztere bilden ein bei den Gemälden Castigliones häufiges Motiv (siehe zum Beispiel *Die hundert Pferde* aus dem Jahr 1728). Die Pferdehufe scheinen über dem Boden zu schweben, wie es manchmal bei solchen Gemälden der Fall ist, die Castiglione in Zusammenarbeit mit anderen Künstlern angefertigt hat. Möglicherweise hat es der italienische Künstler, nachdem er die Bildkomposition des Kaisers zu Pferde und die Grasbüschel im Vordergrund gemalt hatte, einem Schüler überlassen, die Landschaft zu vervollständigen; dies würde den fehlenden Kontakt zwischen Pferd und Boden, der durch den Verzicht auf Schattierungen noch akzentuiert wird, erklären.

Qianlong, in Paraderüstung, nimmt gut drei Viertel des Gemäldes ein. In der Ausführung von Rüstung, Anatomie und Pferdedecke tritt die Qualität Castigliones als Maler zutage. Zur Erzielung von Bildraum, Stofflichkeit und Lichteffekten setzt er dabei sehr feine, in vielen Farbabstufungen überabandergesetzte Pinselstriche ein. Dieses Vorgehen, vermutlich eine Anleihe bei der Kunst des Miniaturmalers, wird auch beim Antlitz des Kaisers angewendet. Im Vergleich mit dem konventionellen, hieratischen und entpersonalisierten, um das Jahr 1500 geradezu erstarrten chinesischen Staatsporträt mußten die Porträts Castigliones für den Kaiser etwas Verführerisches gehabt haben. Castiglione malte Qianlong in verschiedenen Rollen: in Zeremonialrobe, als Krieger und Reiter wie hier, als konfuzianischer Gelehrter, als Liebhaber der chinesischen Kunst und schließlich als Bodhisatva – immer jedoch mit einer Ausstrahlung von Würde und Ruhe. Er kam damit dem bei Qianlong so ausgeprägten Verlangen nach Dominanz und Selbstüberhöhung entgegen. M. P. t'S.

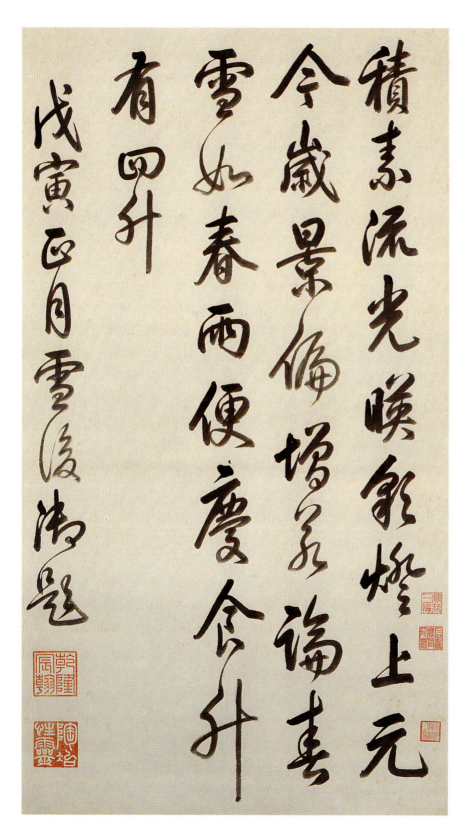

126
Kalligraphie
Kaiser Qianlong
(Regierungszeit 1736–1796)
Tusche auf Papier, auf Rolle montiert
Kalligraphie: 1,115 × 0,64 m
Rolle: 2,60 × 0,85 m
Datierung: 1758

Vom Wunsch beseelt, seinen Großvater Kangxi nachzuahmen, lag auch Kaiser Qianlong viel daran, selbst ein vollendeter Gelehrter zu sein. Da er ein großer Liebhaber und Sammler von Gemälden, Poesie und Kalligraphie war, wurde er selbst zum Maler; er verfaßte eine große Zahl von Texten und vertraute bei jedem sich bietenden Anlaß seine Gefühle und Eindrücke Pinsel und Tusche an. Von ihm sind zahllose Gelegenheitsgedichte überliefert, die er als Kommentare zu seinen Reisen und zu den Kunstwerken seiner Sammlung schrieb. Seine Kalligraphie wurde häufig in Form von Gravuren auf Stein wiedergegeben, oder sie schmückte Wandtafeln an bekannten Orten, die er besucht hatte; dies gilt insbesondere für seine berühmten Inspektionsreisen in den Süden.

Das hier gezeigte kalligraphierte Gedicht, ein siebensilbiger Vierzeiler, ist typisch für die poetischen Erzeugnisse von Qianlong. Es ist in Kursivschrift (*xingshu*) mit Schriftzügen geschrieben, deren systematische Bögen einer gewissen Affektiertheit nicht entbehren. Das Gedicht wurde aus Anlaß des Laternenfestes verfaßt, das am 15. des ersten Monats des Jahres gefeiert wird und das Ende der Neujahrsfestlichkeiten markiert: Jeder geht nachts mit einer Laterne ausgerüstet aus dem Haus, um den winterlichen Vollmond zu betrachten (vgl. die beiden Wandschirme Kat. 111 zu demselben Thema):

«*Gesammelte Reinheit, schillerndes Licht, Widerschein vielfarbiger Laternen,
Dieses Jahr wird der erste Vollmond noch mit reicherem Schmuck begangen,
Was den Schnee angeht, der statt Frühlingsregens fällt,*

Machen wir uns bereit für eine Ernte im Überfluß und den Frieden überall auf der Erde.«

Die letzte Kolumne links nennt die Umstände der Entstehung des Gedichts: »Kaiserliche Aufzeichnung, verfaßt am Ersten Vollmond des Jahres *wu yin* (1758) nach einem Schneefall«. Darunter befinden sich zwei Siegelabdrücke, die zur Identifizierung des Autors beitragen, eines mit roten Zeichen »*Qianlong chenhan* (Kaiserlicher Pinsel von Qianlong)«, das andere mit weißen Zeichen »*taoye xingling* (Sein Naturell verwirklichen, eine der Devisen des Kaisers)«.

Drei weitere Siegelabdrücke rechts unten, davon zwei identisch mit denen aus Kat. 121: »*baojisanbian*«, »*shiqubaojisuozang*«. Das dritte ist eine Variante des Siegels von Puyi in Kat. 121: »*xuantongzunqinzhibao* (Kostbarkeit der Eltern von Xuantong)«. A. G.

127
Reise des Kaisers Qianlong in den Süden
Xu Yang (von 1751 bis 1776 am Hofe tätig)
Neunte Rolle
(Neuntes zyklisches Schriftzeichen, *ya*)
Tusche und Farben auf Seide,
auf Rolle montiert
Darstellung: 0,689 × 10,50 m
Zwischen 1764[1] und 1769
Inv.: G 5445

Kaiser Qianlong machte während seiner Regierungszeit sechs Reisen nach Südchina (1751, 1757, 1762, 1765, 1780 und 1784). Diese führten ihn in die großen intellektuellen Zentren der reichen Regionen am unteren Yangzi (Yang-tse). Er folgte damit den Spuren seines Großvaters Kangxi, der seinerseits sechs ähnliche Expeditionen durchgeführt hatte (1684, 1689, 1699, 1703, 1705 und 1707)[2]. Wie Maxwell K. Hearn zeigt, sind die Reisen Qianlongs indessen nicht mehr von der Notwendigkeit geprägt, die neue mandschurische Macht in den traditionellen Provinzen des Südens zu bekräftigen. Obgleich der Vorwand wie zu Zeiten Kangxis darin bestand, die Arbeiten zum Schutz gegen Hochwasser und zur Regulierung der Flußläufe zu inspizieren, wurde Qianlong vor allem von intellektueller Neugier und dem tiefen Bedürfnis nach Wettstreit getrieben: Auch hier geht es darum, als ein ebenso großer Monarch wie sein Großvater zu gelten und sich als würdiger Inhaber des himmlischen Mandats zu beweisen.

Im Laufe seiner ersten Reise im Jahr 1751 nach Suzhou fiel ihm ein Maler mit dem Namen Xu Yang auf, der ihm, wie damals üblich, eine Mappe mit seinen Werken überreichte. Der Kaiser lud ihn nach Peking ein, wo er 26 Jahre im Dienste des Hofes verblieb. Xu Yang war unter den am Hofe tätigen Malern (*huayuan*) einer der begabtesten und zeichnete sich in unterschiedlichen Gattungen der Malerei, zum Beispiel in der Darstellung von Landschaften, Personen, Tieren und Blumen aus; darüber hinaus fertigte er auch Architekturmalerei mit großen Genreszenen in Panoramaformat (*jiehua*) an. Im Jahr 1766 verlieh ihm der Kaiser offiziell das Diplom eines Beamten *juren* und den Titel *zhongshu* innerhalb des Großsekretariats. Es hat jedoch den Anschein, als ob es sich um eine Belohnung ehrenhalber gehandelt hätte; Xu Yang dürfte seine Talente bei Hofe demnach nur auf dem Gebiet der Malerei ausgeübt haben[3].

Im Jahr 1764 erteilte ihm der Kaiser den Auftrag für eine Serie von zwölf Gedenk-Rollen über seine Reise von 1751. Dieses Vorhaben gehörte zu den Vorbereitungen zum 60. Geburtstag des Kaisers im Jahr 1771. Auch hier imitierte Qianlong Kangxi, der von Wang Hui (1632–1720) eine ähnliche Serie malen ließ[4]. Die Xu Yang unterstehende Malerwerkstatt war bis 1769 mit der Ausführung beschäftigt. Die Gemäldeserie lief parallel mit der Publikation eines der Reise gewidmeten Werkes mit dem Titel *Nanxu Shengdian*[5].

Die Serie stellt eine Auswahl von zwölf bedeutenden Ereignissen der 139 Tage während, vom 8. Februar bis zum 26. Juni des Jahres 1751 unternommenen Reise dar:

1. Abreise aus der Hauptstadt: Tor der Mittagssonne (*Zhengyangmen*) in Peking, Bezirk Liangxiang.
2. Ankunft in Dezhou, in Shandong.
3. Überquerung des Gelben Flusses (*Huanghe*).
4. Zusammenfluß des Flusses Huai und des Gelben Flusses: Inspektion der Präventivmaßnahmen gegen die Überschwemmungen.
5. Überquerung des Blauen Flusses (*Yangzi* oder *Changjiang*) von Jinshan nach Jiaoshan.
6. Ankunft in Suzhou von Norden und Tigerhügel (*Hushan*).
7. Ankunft in der Provinz Zhejiang, bei Jiaxing.
8. Hangzhou und der See des Westens (*Xihu*).
9. Shaoxing und der Tempel von Yu dem Großen.
10. Truppeninspektion in Nanking.
11. Auf dem Marsch nach Norden von Qinghe nach Shandong.

127 (Gesamtansicht)

12. Rückkehr nach Peking: Vom Mittagstor (*Wumen*) zum Tor der Aufrichtigkeit (*Duanmen*).

Von diesen Rollen werden zwei im Metropolitan Museum in New York (4 und 6), eine im Musée Guimet (10), eine im Musée Chéret in Nizza (3) und zwei im Palastmuseum in Peking (9 und 12) verwahrt. Mindestens zwei weitere befinden sich in Privatbesitz, je eine in Kanada (2) und in Japan (5).

Die neunte Rolle gibt eine bedeutende Etappe der Reise wieder: die Wallfahrt zum Tempel Yu des Großen, des mythischen Gründers der chinesischen Zivilisation und Flußregulators[6]; Qianlong, seinerseits Inhaber des himmlischen Mandats, sah sich als dessen geistiger Nachfahre und Wahrer der imperialen Kontinuität. Die Stadt Shaoxing war im übrigen die südlichste Etappe seiner Expedition, der stolze Höhepunkt, von dem aus sich der Kaiser dann wieder auf den Heimweg begab.

Am Anfang der Rolle gab ein von Qianlong verfaßtes und von Yu Minzhong (1714–1780)[7] kalligraphiertes Gedicht das Thema vor, das die Überlegungen des Kaisers zu diesem Besuch mitteilt:

«Im Verlauf der Reise in den Süden betrachten wir das gewaltige Panorama des Landes von Yue; um zum rechten Weg zu gelangen, müssen wir das Wesentliche der hohen Taten von Yu erfassen. Sein Ruhm ist unsterblich; wir müssen immer dem großen Weg der Mäßigung folgen und den Geist der Vorfahren preisen. Unsere Pflicht ist es, die Menschen gut zu regieren, in Harmonie mit dem Gesetz des Universums.

Kaiserliche Dichtung aus Anlaß des Besuches am Grab von Yu dem Großen, in ehrfürchtiger Übereinstimmung mit den Reimen eines Gedichtes des kaiserlichen Großvaters (Kangxi).

In Ehrerbietung geschrieben auf Euren Befehl, Euer Diener, Yu Minzhong.«

Auf die Signatur folgen zwei Siegel: »*chen yu minzhong*« in weißen und »*yiyufaxin*« in roten Schriftzeichen.

Die Rolle hat Erinnerungsfunktion, einerseits für den Kaiser, der bei ihrer Betrachtung im nachhinein über die großen Ereignisse seiner Herrschaft meditieren kann; andererseits auch für nachfolgende Generationen, welche damit über ein Zeugnis seiner Persönlichkeit verfügen. Das Querformat erlaubt es dem Betrachter, die Reiseroute des Kaisers von rechts nach links visuell nachzuvollziehen: von Westen auf dem Kanal eingetroffen, der Hangzhou mit Shaoxing verbindet, durchquerte er zuerst die Stadt von einem Tor zum anderen. Der Kanal umfließt diese zu Füßen ihrer Mauern und trennt sie von der Landschaft von Yue (altertümlicher Name dieses Teils von China), welche auf der Rolle oben in Form von Hügeln markiert wird. Der Blick des Betrachters taucht in lange Geschäftsstraßen und Innenhöfe reicher Residenzen im Inneren der Mauern; diesen Blick hat man zweifellos von zwei Hügeln herab, die die Stadt überragen und von denen einer von einem Pavillon, der andere von einer Pagode bekrönt wird. Beim Verlassen der Stadt überquert man über eine Brücke erneut den Kanal, ehe man in eine Vorstadt gelangt. Man steigt vom Pferde, um dann eine zweite Brücke zu überqueren, welche Zugang zu dem von einem Spalier aus Soldaten bewachten Heiligtum des Grabmals von Yu gewährt. Hier taucht die lange Zeit erwartete Gestalt des von seinem Gefolge eskortierten Kaisers auf. Die Landschaft wird von einem Gebirgsmassiv abgeschlossen, das sich im Nebel verliert. Ein sich tief im Tal hinziehender Weg überquert einen Wildbach. Ein Einsiedler, von einem Diener begleitet, überquert einen einfachen Steg auf Steinen, der mit den herrlichen Brücken der Stadt kontrastiert. Der Eremit symbolisiert die Weisheit dessen, der in Harmonie mit dem *dao* lebt, dem von Yu erreichten Ideal, welches der Kaiser seinerseits zu verwirklichen sucht: der Einsiedler scheint dem Kaiser entgegenzugehen. Das auf dem Rollbild entwickelte Geschehen erhält seinen Rhythmus durch die Gipfel der Hügel, die um so höher und enger werden, je weiter man in der Betrachtung fortschreitet. Das Gemälde beginnt mit einer weiten, offenen Fläche, welche die Ebene von Zhejiang meint; es endet mit dem mächtigen Gebirgsmassiv, an dessen Fuß sich das Grabmal anlehnt; es markiert das Ziel der Reise sowie die Möglichkeit, einen Zugang zu einer darüber hinausgehenden idealen Welt zu erlangen.

Die zwölf Rollen hatten also nicht nur die Funktion, als Gedächtnisstütze zu dienen bzw. Reisesouvenirs und Kuriositäten auf dem Reiseweg zu schildern; sie sollten sowohl das physische als auch das spirituelle Fortschreiten des Kaisers preisen. Die Etappe von Shaoxing erscheint somit als eine Zusammenfassung der gesamten Unternehmung. Um über den kaiserlichen Weg Rechenschaft abzulegen, griff Xu Yang auf eine Technik der Verkürzung zurück, welche die optimale Wiedergabe von wichtigen Details, allerdings auf Kosten von leichten Ungenauigkeiten, erlaubte: beim Verlassen der Vorstadt verschwindet der von der Straße begleitete Kanal plötzlich aus dem unteren Teil der Rolle, um etwas später lotrecht wiederaufzutauchen: dieser Kunstgriff erlaubt die Darstellung der vom Kaiser überquerten Brücke in Seitenansicht. Dieser geht auf dem nach links abbiegenden Weg in Richtung des Betrachters. Von der folgenden Gruppe leicht abgehoben, ist das Gesicht des Kaisers sorgfältiger und detaillierter ausgeführt als das der anderen Personen. Es ist auch in etwas größerem Maßstab ausgeführt; dies gewährt dem Künstler den Vorteil, dessen Gesichtszüge genauer zu charakterisieren und ihn damit besser zur Geltung bringen zu können (obgleich der Kaiser, wie überliefert, tatsächlich einen größeren Kopf als der Durchschnitt gehabt haben soll). Die erzählerische Wiedergabe nährt außerdem eine regelrechte Spannung in bezug auf den Augenblick, in dem der Kaiser auftaucht. Was mindestens ebenso zählt wie seine Physiognomie, ist die Inszenierung seiner Person beim Erreichen des äußersten Punktes der Reise, das heißt der Wallfahrt auf den Spuren von Yu, welche mit seinem Rückgriff auf die ältesten

Die Kaiserliche Gemäldesammlung 283

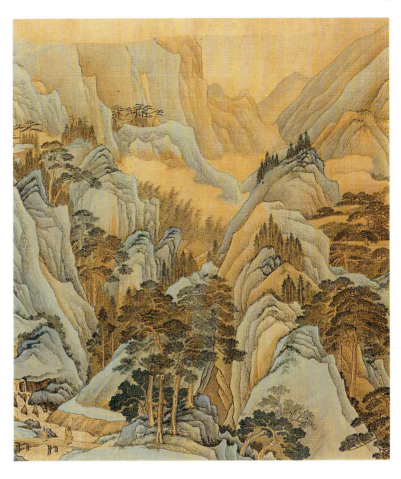

Die Abbildung dieser Rolle entfaltet sich von rechts nach links, beginnt also S. 286.

Die Kaiserliche Gemäldesammlung 285

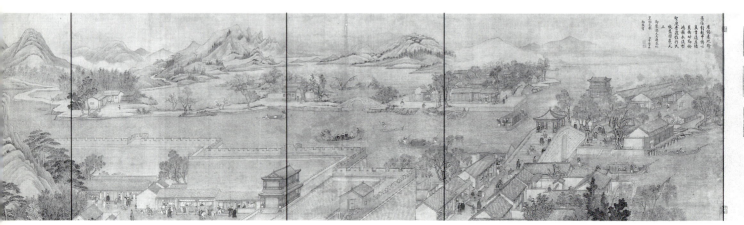

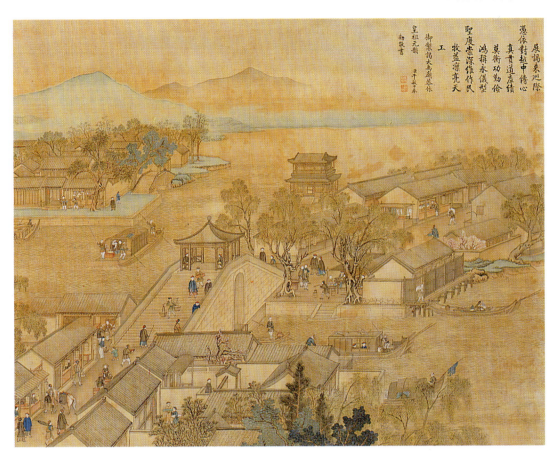

und tiefsten Wurzeln der chinesischen Zivilisation zusammenfällt. Das Grabmal ist im übrigen kaum zu sehen: nur die Präsenz des Kaisers zählt an diesem heiligen Ort am Fuße des Gebirges.

Das Gemälde ist in einem zwitterhaften Stil gemäß der Tradition der Panorama-Genreszenen ausgeführt (*jiehua*), welcher in der zweiten Hälfte des 18. Jahrhunderts die neuen europäischen Einflüsse einbezieht. Die Qualität der Ausführung erreicht indessen keineswegs die der von Wang Hui für Kaiser Kangxi ausgeführten Rollen, insbesondere was Detailreichtum und Charakterisierung der Personen angeht.

Mit dieser Gemäldeserie hinterließ Qianlong indessen eine wunderschöne Beschreibung seiner Reise. Sichtlich angetan vom Ergebnis, ließ er eine zweite Version auf Papier ausführen, welche heute im Historischen Museum von Peking verwahrt wird[8].

Dem Gemälde gehen fünf Siegelabdrücke voraus: ein langes in weißen Schriftzeichen »*jingshici*«, ein weiteres in roten Schriftzeichen »*yumei wantanbai*« und drei große rote Siegel von Qianlong »*wufu wudaitang guxi tianzi bao, bazheng maonian zhi bao, taishang huangdi zhi bao*«, welche mit denen auf Rolle 6 der Serie identisch sind.   A. G.

---

[1] Vgl. Hearn, 1996, Anm. 259, S. 217.
[2] Gernet, 1972, S. 414.
[3] Chou und Brown, 1985, S. 39, basierend auf der Erwähnung des Malers durch Hu Jing in seinem Guochao Yuanhua Lu, 1816, Hrsg. huashi congshu, S. 1848–50, zitiert in Elegant Brush S. 41.
[4] Vgl. Heilesen in Ausstellungskatalog Berlin, 1985, S. 96–115.
[5] Vorwort von 1771, vgl. Gao Jin, Komp., 1979.
[6] Blanchon, 1993, S. 31.
[7] Vgl. Hearn, 1996, Anm. 247, S. 216.
[8] *Ibid.*, Anm. 260, S. 217.

128
Unterhaltung von Palastkonkubinen
Ding Guanpeng (tätig ca. 1726–1770)
Tusche und Farben auf Seide,
auf Rolle montiert
Darstellung: 1,074 × 0,586 m
Rolle: 2,44 × 0,85 m
Mitte des 18. Jahrhunderts
Inv. G 107963

Lit.: *Qingdai gongting huihua*, 1992, 69 S. 137.

Ding Guanpeng ist zusammen mit Xu Yang (Kat. 127) einer der bedeutendsten Hofmaler unter der Regierung von Qianlong[1]. Das Werk ist typisch für die Erzeugnisse der Genremalerei und soll eine ideale Vorstellung vom Leben im Innern der kaiserlichen Paläste geben (vgl. Kat 123).
Die Darstellung der Konkubinen wird häufig assoziiert mit derjenigen des Lebens in den Privatgemächern und den angrenzenden Gärten. Fünf Konkubinen werden hier in einem luxuriösen Garten wiedergegeben: eine mit Vorsprüngen versehene Marmorbalustrade gliedert die Bildkomposition und schafft eine Illusion von Tiefe. Sie trennt den Vordergrund von einer darunterliegenden Gartenfläche mit Felsen und Bambussträuchern. Diese beiden Grundelemente des chinesischen Gartens könnten das Sujet eines im Gelehrtenmilieu angesiedelten Gemäldes bilden. Auf der linken Bildseite scheint eine junge Frau zwei eleganter gekleidete und geschmückte Damen zu bedienen, welche an die Balustrade gelehnt Konversation treiben. Die junge Frau stellt einen abgeschnittenen Zweig in eine kostbare, mit Drachen verzierte blau-weiße Porzellanvase. Auf dem Steintisch liegen in einer Schale »Buddha-Hände« genannte Zitronenfrüchte (*foshou* vgl. Kat. 132, 133), daneben befindet sich ein Bücherstapel. Ein Gartentischchen (vgl. Kat. 149) und eine mit einem Teppich belegte Steinbank stellen die traditionellen Garten-

128 (Detail)

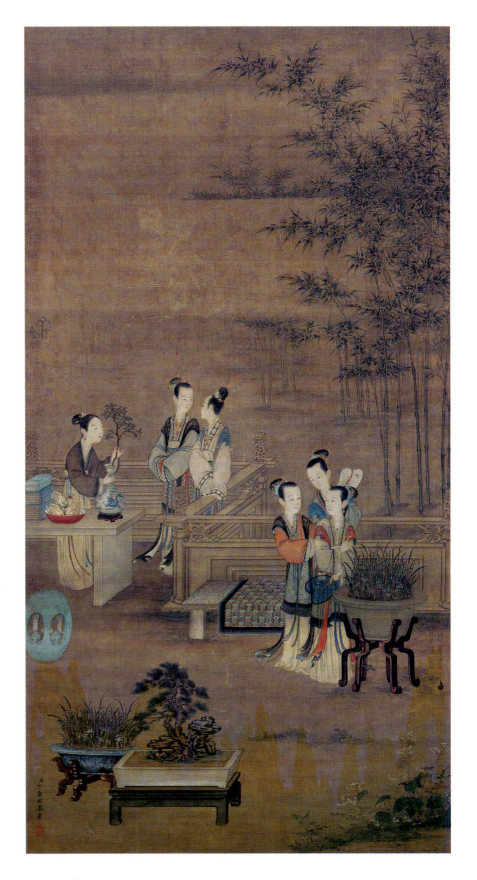

möbel dar. Eine Gruppe aus drei weiteren Konkubinen kommentiert die Vorzüge von verschiedenen, auf Untersätzen aufgestellten *penjing* (vgl. Kat. 151): zwei große ovale Wannen, in denen Orchideen wachsen, sowie eine rechteckige Schale mit einer sich an einen Felsen schmiegenden Miniaturkiefer. Alle diese Details geben dem Maler Gelegenheit, seine Virtuosität bei der realistischen Wiedergabe der Gegenstände unter Beweis zu stellen: Lichtreflexe auf dem glänzenden oder gesprenkelten Porzellan der Vasen, leuchtende Kanten an den Untersätzen aus lackiertem Holz, die besondere Beschaffenheit des Steins einer Sitzbank, durchsichtige Fächer, welche den Faltenwurf eines Gewandes durchscheinen lassen. Das gekonnte Spiel mit den parallelen Linien von Balustrade und Mobiliar, zwischen denen sich die Personen aufhalten, zeugt von der Beherrrschung der durch die Kenntnis europäischer Werke beeinflußten Perspektive.

Das Gemälde trägt links unten eine Signatur: »*chen Ding Guanpeng gonghua* (gemalt von Eurem Diener Ding Guanpeng)«.

Anschließend folgen zwei Siegelabdrücke: »*chending guanpeng*«, sodann »*gonghua*« in roten Schriftzeichen. Eine weitere, zum großen Teil verwischte Inschrift unten rechts sowie eine kleine Tuschezeichnung finden sich nahe am Rand links von der Bildmitte.   A. G.

[1] Sirén, 1958, Band V, S. 232–233.

129
Mann bei der Verehrung Buddhas
Jin Nong (1687 bis ca. 1764)
Tusche und Farben auf Papier,
auf Rolle montiert
Darstellung: 0,918 × 0,57 m
Rolle: 2,55 × 0,78 m
18. Jahrhundert
Inv.: G 134383

Lit.: Sirén, 1958, Band VI, Taf. 256 A; Cahill, 1967; Li, 1974; van der Meyden, 1985.

Jin Nong, Poet, Kalligraph, Kritiker und Autor einer Abhandlung über die Malerei, wird traditionell als erster unter den »Acht Exzentrikern von Yangzhou« (*Yangzhou baguai*) genannt. Dies ist die Bezeichnung für eine Gruppe von Literatenmalern, welche in der zweiten Hälfte des 18. Jahrhunderts in dieser reichen Handelsstadt des Südens tätig waren, wo sie das Mäzenatentum reicher Kaufleute genossen. Die Kunstgeschichte ist sich im übrigen nicht immer einig in bezug auf die in dieser Gruppe vertretenen Maler. Sie werden exzentrisch genannt, weil sie in einem ganz persönlichen Stil malen und es ablehnen, die Vorschriften der bei Hofe gepriesenen sogenannten orthodoxen Malerei zu befolgen. Diesen Malern ist keine Stilrichtung gemeinsam, sondern eher eine gemeinsame Haltung, derselbe Geschmack an der Freiheit des Schaffens; dies waren bereits im 17. Jahrhundert Eigenschaften der gelehrten »Individualisten« Shitao und Badashanren, welche vom Umherirren oder dem Sich-Zurückziehen des weisen Daoisten angezogen waren, die man zur selben Zeit bei einem Gao Qipei findet[1]. Jin Nong begann erst im Alter von fünfzig Jahren zu malen, nachdem er lange Zeit die Kunst der Großen Meister studiert hatte[2]. Er widmete sich den klassischen Themen der Literatenmalerei und scheint gegen Ende seines Lebens tief vom Buddhismus geprägt gewesen zu sein.

»*Zwei Bäume beschirmen den Hof, in dem der Knoblauch wächst*[4];
der eifrige Gläubige verehrt Buddha mit gefalteten Händen.
All dies kommt aus meinem Herzen
und ist keine Nachahmung.
Dem fertigen Gemälde füge ich dieses Gedicht bei:
Sich dreimal waschen und parfümieren vor dem Öffnen
des Sûtrabeutels.
Die Energie durchdringt den Wald,
und ein mystisches Echo pflanzt sich fort.
Die Verehrung des Buddha, mein unnützer Leib
wird erleuchtet.
Beim Schreiben dieser Zeilen senden meine Finger, wie Jade,
Lichtblitze aus«.
Signatur: »*Das buddhistische Herz, das die Welt verlassen hat*«.

Das hier ausgestellte Gemälde zeigt einen auf einem runden Teppich knienden Mann in der vertrauten Umgebung eines Pavillons, der an eine Waldeinsiedelei denken läßt; er opfert einer auf einem kleinen Tisch neben einem Weihrauchgefäß und einem Sûtrabehälter stehenden Buddha- oder Bodhisatva-Statuette. Hier handelt es sich weniger um ein Selbstporträt als um eine gewollt ungeschickt zu Papier gebrachte, spontane Projektion eines der Erleuchtung verwandten Geisteszustandes; dies geht aus der auf einem Albumblatt angebrachten, in bezug auf Sujet und Gedicht fast identischen Beischrift hervor, welche sich heute in einer Privatsammlung in Japan befindet[3]:

zu 129

Das hier gezeigte Gemälde scheint das Thema des Albumblatts in großem Format aufzugreifen. Es wurde wahrscheinlich von einem Sammler in Auftrag gegeben, bevor es in die Kaiserliche Sammlung gelangte. Rechts unten ist es in derselben quadratischen, archaisierenden Schrift signiert[5]: »Gemalt von Jin Nong Hangjun«.

Die Tatsache, daß dieses Gemälde Teil der Palastsammlungen geworden ist, beweist das von den Sammler-Kaisern an diesem Gemäldetyp gezeigte Interesse; sein Stil ist allerdings von demjenigen, der bei Hofe en vogue war, weit entfernt. A. G.

[1] Cahill, 1967.
[2] Van der Meyden, 1985.
[3] Sirén, 1958, Bd. VI, Taf. 256 A.
[4] Im Chinesischen *rencao*, eine in der Nähe von Einsiedeleien traditionell angepflanzte und mit der Erleuchtung assoziierte Knoblauchart.
[5] Vgl. Li, 1974, Nr. 51, S. 223–241.

130
Szepter (*ruyi*)
Vergoldete Bronze und Jade
0,646 × 0,15 × 0,107 m
18. Jahrhundert
Inv.: G 116926

Das *ruyi* wurde ursprünglich als Rückenkratzer benutzt. Im Laufe der Zeit hat es seine nützliche Funktion verloren, jedoch die Form, das heißt das gebogene Profil und die beiden runden Enden, beibehalten. Von einem Instrument, das dazu gedacht war, physisches Wohlbefinden zu bereiten, ist es infolge einer Bedeutungsverschiebung zu einem Glücksbringer geworden, zu einem »Talisman zur Wunscherfüllung«. Die ältesten bekannten Beispiele gehen auf die Mingzeit zurück. Während der Qing-Dynastie wurden zahlreiche *ruyi* als Geschenke an Menschen hohen Alters oder besonderen Rangs hergestellt, deren Dankbarkeit oder Gunst man erlangen wollte. Das hier gezeigte Exemplar wird aufgrund der drei eingelassenen Jadesteine als »*ruyi* mit drei Inkrustationen« bezeichnet. Auf jedem ist eine Fledermaus eingeschnitten. Die Rückseite ist mit Lotuszweigen verziert. Vier in ein Band eingearbeitete rosafarbene Perlen sowie eine Quaste mit gelben Fransen sind an einem der Enden angebracht. D. M.

131
Szepter (*ruyi*)
Cloisonniertes Email auf Kupfer
0,36 m (ohne Seidenquaste)
18. Jahrhundert
Inv.: G 10383

Das *ruyi* weist ein Ende in Form der *lingzhi* auf, der Pflanze der Unsterblichkeit, die mit einer Fledermaus, dem Symbol immerwährenden Glücks, geschmückt ist. Das Gelb der Quaste am gegenüberliegenden Ende bringt die kräftigen Emailfarben Rot, Gelb, Kobaltblau und Türkis zur Geltung. D. M.

132 und 133
Zwei Szepter (*ruyi*)
Geschnitztes Holz, gefärbtes Elfenbein, Achat und Jade
0,43 m (ohne Seidenquasten)
18. Jahrhundert
Inv.: G 123362

Die beiden ein Paar bildenden *ruyi* sind vor allem ihrer reichen Verzierung und Polychromie wegen bemerkenswert. Beide sind an ihren Enden mit zwei Zitronenfrüchten geschmückt, deren chinesische Bezeichnung *foshou* mit »Buddha-Hand« übersetzt werden kann, da die Fruchtform an die Finger einer Hand denken läßt[1]. D. M.

[1] Gournay, 1995, S. 255.

131

130

132

133

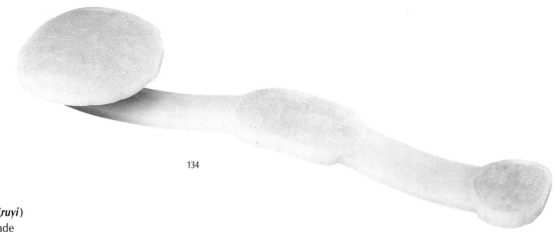

134

134
Szepter (*ruyi*)
Weiße Jade
L.: 0,44 m
Inv.: G 103709
19. Jahrhundert

Lit.: Chen Xiasheng.

Das *ruyi* (dessen wörtliche Bedeutung »erfüllter Wunsch« lautet) hat eine sehr lange Geschichte, deren Wurzeln bis zur Ära der Östlichen Zhou zurückreichen. Im Laufe der Jahrhunderte hat es unterschiedliche Formen und Funktionen besessen. Am Ende der Mingzeit war es nach Meinung der Experten ein Schmuckgegenstand. Das *ruyi* der Mingzeit war meistens aus Baumwurzeln geschnitzt, deren knorrige Formen man sich zunutze machte, um darin die Gestalt eines *qi* zu erkennen – des chinesischen Pendants zur romantischen Vorstellung der »interessanten Form«. Andere *ruyi* der Mingzeit sind aus Metall, im allgemeinen aus mit Silber überzogenem Stahl, und besitzen die regelmäßige Form, die den Prototyp der *ruyi* der Qing-Dynastie ausmacht.
Seit Beginn des 18. Jahrhunderts wurde das *ruyi* als traditionelles Geschenk an den Kaiser aus Anlaß des neuen Jahres oder seines Geburtstages betrachtet. Als Gegenleistung verschenkte er *ruyi* an Untertanen als Zeichen kaiserlicher Gunst. Da die Versorgung mit Jade in der zweiten Hälfte der Qing-Dynastie recht einfach zu bewerkstelligen war, waren die meisten *ruyi* aus Jade oder aus Holz mit Jadebesatz gefertigt. Die *ruyi* der frühen Qingzeit nach dem Vorbild der Ming besitzen noch keine verbreitete und in der Mitte sowie an den Griffenden verzierte Oberfläche, wie an dem vorliegenden Stück zu sehen ist; dies wurde erst zu Beginn des 19. Jahrhunderts Mode.
Auf dem *ruyi* sind die Acht Unsterblichen Daoisten in Reliefarbeit dargestellt, ein in der Kunst am Ende der Mingzeit und während der Qingzeit sehr verbreitetes Thema. J. W.

135
Weihrauchgefäß mit Deckel
Grüne Jade (Nephrit)
H.: 0,175 m; Dm.: 0,214 m
Ende 18.–19. Jahrhundert
Inv.: G 103389

Lit.: Yang Boda; Deng Shuping.

Eine bedeutende Gruppe von Jadeschnitzereien aus der Zeit Qianlongs besteht aus Kopien alter Kunstgegenstände aus der Kaiserlichen Sammlung. Einige Skulpturen, wie zum Beispiel dieses Weihrauchgefäß, verwenden neben den modernen Formen auch traditionelle Elemente und Schmuckmotive, die von archaischen Bronzen inspiriert sind. Es ist erstaunlich, daß Kaiser Qianlong, der in bezug auf Jadeskulpturen eine äußerst entschiedene Meinung vertrat, keine Farbpräferenzen besaß. Während in den alten Dynastien dunkelgrüne bzw. gesprenkelte Jaden vom kaiserlichen Gebrauch ausgeschlossen waren, ist eine große Anzahl von schönen Skulpturen der Qing-Dynastie aus Jade in dunkelgrüner Farbe hergestellt; dies war zweifellos eine Reaktion auf den zu dieser Zeit wachsenden Erfolg des grünen Jadeits aus Birma.
Weihrauchgefäße dieser gedrungenen Form mit Tierköpfen entspringenden Henkeln und einem Deckel, der identisch ist mit denen der Bronzegefäße *gui* der Epoche der Westlichen Zhou wurden am Ende des 18. Jahrhunderts und im 19. Jahrhundert in großer Zahl hergestellt.
Im übrigen finden sich die vorliegenden Henkel in Form von beweglichen Ringen im allgemeinen auf Gefäßen europäischen Stils, welche ihrerseits von Jaden aus dem Indien der Moghulzeit oder Zentralasiens inspiriert sind. Jadeskulpturen im europäischen Stil wurden in der Spätzeit der Regierung von Qianlong angefertigt, nachdem der Kaiser

»Seit kurzer Zeit findet man unter den Gegenständen aus Orten wie Suzhou und Yangzhou zahlreiche Gefäße sowie Schüsseln aus Jade, alle in Durchbruchsarbeit gefertigt, ebenso Schalen und Weihrauchgefäße. Sie sind vollständig unnütz. Um benutzt werden zu können, müssen Schüsseln und Schalen Flüssigkeiten, müssen Weihrauchgefäße Asche aufnehmen können. Was für einen Nutzen könnten sie haben, wo sie doch vollständig durchbrochen sind? Die Ursache hierfür liegt in der Verkommenheit der Handwerker, die solche Gegenstände herstellen; sie betrachten sich als scharfsinnig und hoffen auf große Vorteile ... wir haben niemals einen dieser Gegenstände als Geschenk angenommen oder einen Preis dafür bezahlt ... und nunmehr machen selbst die muselmanischen Territorien (Xinjang) davon Gebrauch, und alle schönen Jaden werden verdorben ... Die lokalen Beamten von Yangzhou und Suzhou erhalten die Order, den fehlgeleiteten Handwerkern zu verbieten, diese Gegenstände in Durchbruchsarbeit herzustellen.« Auszug aus *Donghua lu*, juan 119[1].   J. W.

[1] Zitiert nach Zhou Nanquan, 1991.

aus Xinjiang eine große Zahl von Jaden im Stil der Moghulzeit als Tributleistungen erhalten hatte.

Das Auftreten von ringförmigen Henkeln an Jadearbeiten europäischen Stils ist das Ergebnis des Aufeinandertreffens von zwei Stilen, die zur selben Zeit Mode wurden. Die ringförmigen Henkel wurden nicht nur bei Jadeskulpturen verwendet. Die Elfenbeinschnitzer der Palastwerkstätten fertigten im 18. Jahrhundert ebenso lange Ketten mit kleinen, im Detail mit minuziöser Sorgfalt geschnitzten Objekten.

Der Fuß des Weihrauchgefäßes trägt das Zeichen »daqing qianlong fanggu« (in Nachahmung des Altertums, Regierungszeit von Qianlong, dem Großen Qing).   J. W.

136
Weihrauchgefäß
Hellgrüne Jade
H.: 0,13 m; Dm. an der Öffnung: 0,124 m
Ende 18. – Beginn 19. Jahrhundert
Inv.: G 100440

Lit.: Yang Boda; Zhou Nanquan, 1991.

Das Weihrauchgefäß ist vom gleichen Typ wie das vorhergehende. Die in plastischem Relief ausgeführte Jadeschnitzerei ist äußerst sorgfältig gearbeitet und mit floralen Motiven in Durchbruchsarbeit versehen. Es besitzt vier Henkel. Dieser Stil ist am Ende des 18. Jahrhunderts sehr verbreitet. Zwei Jahre vor dem Ende seiner Regierung (1794) erließ Kaiser Qianlong ein Edikt, in dem es heißt:

137
Große Dose
Holz, mit polychromem inkrustiertem Lacküberzug
H.: 0,18 m; Dm. 0,453 m
18. Jahrhundert
Inv.: G 112760

Lit.: Speiser, 1965, S. 59; Arakawa, 1974, Nr. 60–62; Tokyo, 1977, Nr. 583; Brandt, 1988, Nr. 83.

Die große Dose mit einem sechzehnfach gebogenen Rand in Form einer Chrysanthemenblüte wurde im 18. Jahrhundert mit bemerkenswerter Sorgfalt von den Kaiserlichen Palastwerkstätten (zaobanchu) hergestellt. Die Außenfläche ist mit rotem Lack überzogen, dessen Dekor eingeritzt und anschließend mit Lack in unterschiedlichen Farben, das heißt Gelb, Grün, Dunkelgrün und Ocker, gefüllt wurde; die Dekorkonturen wurden graviert und mit Gold hervorgehoben. Die Technik, die darin besteht, Dekorelemente in eine Grundschicht aus noch nicht verfestigtem Lack – hier in roten Lack – einzuritzen und mit Lack anderer Farbe aufzufüllen, wird *tianqi* (inkrustierter Lack) genannt. Die Gravurtechnik der mit Gold hervorgehobenen Dekorkonturen heißt *qianjin* (gravierte und vergoldete Linien). Die Kombination beider Techniken wird *diaoqian* (geritzt und inkrustiert) genannt.

Den Deckel zieren als Hauptmotiv fünf Drachen zwischen stilisierten Wolken. Der zentrale Drache mit der von Flammen umzüngelten Perle (*zhu*) wird von vier weiteren Drachen umgeben. Die bauchige und mit Kreisbögen versehene Deckelwand ist von der Oberfläche durch einen in schwarzem Lack gravierten und vergoldeten Mäander abgesetzt. Die sechzehn Bögen sind ebenfalls jeweils mit einem Drachen samt Perle zwischen stilisierten Wolken verziert. Die Ränder des Deckels sowie des Unterteils der Dose sind mit einem Fries aus Fledermäusen und stilisierten Wolken geschmückt, der ebenfalls die beiden Techniken *tianqi* und *qianjin* kombiniert. Die Außenseite des ringförmigen Sockels schmückt wieder ein Mäander. Sockel und Innenflächen der Dose sind mit schwarzem Lack überzogen.

Mehrere Stücke ähnlicher Größe in vergleichbarem Dekor befinden sich in verschiedenen Sammlungen, so zum Beispiel in der Sammlung Eisei Bunko in Tokyo, im Nationalmuseum Kyoto, im Museum Kaisendo Yamagata sowie im Linden-Museum Stuttgart. K. B.

137 (Aufsicht)

138 (Aufsicht)

138
Große runde Dose
Holz und Lackschnitzerei
H.: 0,215 m; Dm. 0,490 m
18. Jahrhundert
Inv.: G 109729

Lit.: Li, 1985, Nr. 317.

Die große runde Dose ruht auf einem hohen runden Sockel. Den Untergrund bildet eine dunkelgrüne Lackschicht, die mit einem geometrischen Motiv versehen ist; darüber liegt eine dicke rote Lackschicht, in die Szenen eingraviert sind.

In der Oberflächenmitte des bauchigen Deckels ist ein großer, Felsen und Wellen überfliegender Drache dargestellt, welcher in seinen beiden Vorderklauen das riesig wirkende chinesische Schriftzeichen *sheng* (heilig, geheiligt) hält. Zu beiden Seiten des Zeichens *sheng* finden sich die beiden kleinen Zeichen *bi* und *fu*, welche die Bedeutung von Hilfe und Beistand haben, desgleichen zwei im Fluge befindliche Fledermäuse, deren chinesischer Name gleichlautend ist mit *fu*, »Glück«. Die bauchige Deckelwand ist mit vier über Wellen fliegenden Drachen geschmückt; diese sind jeweils durch Wolken und Schriftzeichen, *qian, kun, ru* und *yi*, voneinander abgesetzt, welche zusammen den Wunsch »Möge alles sich wie gewünscht erfüllen« ausdrücken. In den Rand ist ein umlaufender Fries aus einem Blumen- und Rankenmuster geschnitzt. Dieselben Motive, mit Ausnahme der Schriftzeichen in derselben Anordnung, zieren den bauchigen Unterteil. Nunmehr sind es die Zeichen *fu, lu, chang* und *chun*, welche ebenfalls den Wunsch nach »Glück und Wohlergehen ohne Ende« zum Ausdruck bringen. In der Mitte des mit schwarzem Lack überzogenen Sockels sind in der Regelschrift *kaishu* die beiden Inschriften »*da qing qianlong nianzhi*« (hergestellt während der Regierungszeit des Qianlong der großen Qing-Dynastie) und »*fei long yan he*« (Bankettdose mit fliegenden Drachen) eingraviert und mit Gold hervorgehoben.

Kunsthandwerk 299

Die Dose besitzt einen Korpus aus Holz, welcher mit einer dünnen Schicht aus dunkelgrünem Lack überzogen ist; diese wiederum wird von einer dicken Schicht aus rotem Lack bedeckt, welche aus mehreren Dutzend feinen, übereinander aufgetragenen und dann reliefierten Lagen besteht. Dieses mit sehr großer Sorgfalt hergestellte Exemplar wurde während der Qing-Dynastie bei den Großen Zeremonien und Festlichkeiten im kaiserlichen Palast benutzt. Eine ganz ähnliche Dose mit fast identischen Abmessungen befindet sich in der Sammlung des Palastmuseums. K. B.

Pfirsichform waren sehr verbreitet[1]; manchmal sind sie mit Edelsteinen inkrustiert. Das gezeigte Objekt ist mit Korallenteilchen bedeckt, welche den Eindruck von rotem Lack hervorrufen[2]. Diese Zweideutigkeit bei den Materialien ist für das Handwerk der Qingzeit charakteristisch. Dies gilt auch für eine kleine Korallendose, die einer Lackdose zur Nachahmung diente[3]. In China wurde Koralle in zwei unterschiedlichen Farbtönen verwendet: entweder in Rot, wie bei der hier gezeigten Dose, oder in mehr oder weniger verwaschenen Nuancen der Farbe Rosa.

Die Dose ist mit einem vielfältigen Flechtwerk überzogen. Dasjenige des Deckels erinnert an den reptilienartigen Leib eines Drachen, das des Unterteils an stilisierte Wellen. Laut Überlieferung soll diese Dose Qianlong im Jahr 1790 von einem Minister zu seinem 80. Geburtstag geschenkt worden sein. Ein vergleichbares zweites Exemplar wird in den Sammlungen des Palastmuseums verwahrt. G. B.

[1] Lion-Goldschmidt, 1973, S. 128.
[2] Soames Jenyns, 1965, Nr. 195.
[3] Sotheby's, Hongkong, 28.–29. November 1978, Nr. 163.

139
Dose in Pfirsichform
Gold und Koralle
H.: 0,195 m; L.: 0,245 m; B.: 0,205 m
Ende der Regierung Qianlong
(Regierungszeit 1736–1796)
Inv.: G 11646

Dosen in Pfirsichform mit einem darin enthaltenen Geschenk waren im alten China eine traditionelle Geburtstagsgabe. In der volkstümlichen Überlieferung besitzt Xiwangmu, die Königinmutter des Westens, in ihrer mythischen Residenz der Kunlun-Berge einen Garten mit Pfirsichbäumen. Dessen wunderbare Bäume blühen nur alle dreitausend Jahre, und es braucht weitere dreitausend Jahre, bis die Früchte zur Reife gelangen. Einen Pfirsich zu schenken oder einen kostbaren Gegenstand in Pfirsichform, wie diese Dose, bedeutet Versöhnung und Glückwunsch für ein hohes Alter. Das Schriftzeichen *shou* (Langlebigkeit) ist zusätzlich auf dem höchsten Punkt der Dose angebracht. In Lack ausgeführte Dosen in

Porzellane

Gilles Béguin

Die Qing-Ära stellt in der Porzellankunst einen Höhepunkt sowohl in bezug auf die verwendeten Materialien (fein geschlämmte Tone, exquisite Glasuren) als auch den Brennvorgang dar. Der größte Teil der Stücke stammte aus der Manufaktur von Jingdezhen, die Kaiser Kangxi um das Jahr 1682/1683 wieder einrichten ließ. Dieses gewaltige Produktionszentrum im Norden der Provinz Jiangxi, nordöstlich des Sees Poyang gelegen, war von den Unruhen, die dem Wechsel von der Ming-Dynastie zur Qing-Dynastie folgten, erheblich in Mitleidenschaft gezogen worden: zwischen 1674 und 1680 mußte dort die Produktion sogar gänzlich eingestellt werden. Kaiser Kangxi ernannte einen energischen Mann, Zang Yingxuan, zum neuen Leiter der Manufaktur und beauftragte ihn mit der Wiederherstellung der Infrastruktur und der Wiederaufnahme der Fabrikation[1]. Zang Yingxuan sollte bis zum Jahr 1710 auf diesem Posten bleiben.
Staatliche und private Brennöfen arbeiteten nebeneinander. Ein Kanalnetz erleichterte den Transport der Erzeugnisse.
Ihrer großen Produktionszahlen wegen verdienen die Stücke mit dem Dekor *yingcai* (kräftige Farben), die von dem Sammler Albert Jaquemard im 19. Jahrhundert »famille verte« (Grüne Familie) genannt wurden, besondere Erwähnung. Der Dekor, der aus Aufglasurmalerei besteht, geht auf die *wucai* (Fünf Farben) der Mingzeit zurück (Türkis, Rot, Braun, Gelb, Grün), wobei Türkisblau von Veilchenblau abgelöst wurde. Während der Regierungszeiten der Kaiser Yongzheng und Qianlong tauchte ein neuer Dekor von großer Erlesenheit auf der Basis von Goldchlorid auf; er wurde von den Chinesen *yangcai* (Malerei in fremden Farben) und von den Europäern »famille rose« (Rosa Familie) genannt. Unter den Direktoren Nian Yiayo (1726 bis 1736) und Tang Ying (1736 bis etwa 1756) stand die Porzellankunst von Jingdezhen in ihrem Zenit. Tang Ying verfaßte ein kostbares Verzeichnis der Dekore des kaiserlichen Porzellans, wobei er 58 Glasurtypen und verschiedene Verfahren anführte. Die unter der Direktion von You Bashi (nach 1756) ausgeführten Stücke sind insgesamt überladener, bleiben jedoch ihrer technischen Glanzleistungen wegen beeindruckend.
Parallel zu diesen neuen Dekoren kann man die Wiederkehr oder das Fortbestehen von alten Verfahren feststellen, welche einem traditionellen Geschmack entgegenkamen: »Weiß und Blau« war immer vorhanden, besonders jedoch in der Ära von Kangxi; *doucai* (Kontrastfarben) wurde unter der Regierung von Yongzheng produziert, außerdem auch viele monochrome Stücke von großer Vollendung. Während der Regierung von Qianlong tauchten europäische, speziell für den Kaiserhof ausgeführte Motive auf.
Im Jahr 1855 wurden die Werkstätten von Jingdezhen während des Aufstands der Taiping zerstört. Erst im Jahr 1864 wurden sie mit der Ernennung eines neuen Verwalters, Cai Jinqing, wieder in Betrieb genommen. Die Unterbrechung der Arbeit der Kaiserlichen Manufaktur begünstigte die Arbeit anderer Zentren, hauptsächlich Guangzhou (Kanton), dessen gewaltige Produktion vor allem für den Export bestimmt war.
Im übrigen China verdienen nur die »Weißen« Porzellane aus der Provinz Fujian Aufmerksamkeit.

[1] Beurdeley-Raindre, 1986, S. 44–45.

140
Vase
Porzellan
H.: 0,77 m
Inv.: G 156997
Regierung von Kangxi
(Regierungszeit 1662–1722)

Die hier gezeigte Porzellanvase soll Kaiser Kangxi im Jahr 1705 zum 52. Geburtstag geschenkt worden sein. Die Oberfläche der Vase ist mit insgesamt zehntausend *shou*-Schriftzeichen (Langlebigkeit) vollständig bedeckt, die dem Monarchen »Zehntausende immerwährende Leben« wünschen.

Das Stück hebt sich seiner Form und des Dekors wegen von den übrigen Erzeugnissen der Ära Kangxi ab. Seine eiförmige Silhouette unterscheidet es vollständig von den im 17. und 18. Jahrhundert so zahlreichen *meiping*-Vasen.

Der Vasenfuß, bestehend aus einer flachen Standleiste, die leicht nach außen schwingt, ist ansonsten bei großformatigen Stücken nicht üblich. Die Vase belegt den großen Erfindungsreichtum der chinesischen Porzellanhersteller in der zweiten Hälfte der Regierungszeit von Kangxi.

Darüber hinaus treten in der Ära Kangxi Keramiken mit fortlaufenden Inschriften selten auf. Erwähnenswert sind indessen eine zylindrische Vase der Sammlung Wah Kwong[1] sowie zwei Pinselbehälter[2]. Während der Ära Qianlong taucht dieser Dekortyp häufiger auf, wie eine in Guangzhou hergestellte und im Peabody-Museum in Salem (Mass.) verwahrte Vase der »famille rose« belegt[3] sowie eine kleine Vase aus gelbem Glas[4]. Im 19. Jahrhundert wurde der Dekor Allgemeingut.

Die blauen Schriftzeichen der Vase heben sich von dem leuchtenden Hintergrund in vollendeter Wirkung ab. Die »Weiß-Blauen« der Ära Kangxi waren so geschätzt, daß sie bis ins 19. Jahrhundert in großer Zahl kopiert wurden.   G. B.

[1] *Ch'ing Porcelain from the Wah Kwong*, 1973, Nr. 73.
[2] *Singapore Art*, 1953, Nr. 94; Sotheby's, Hong Kong 20.–21. Mai 1987, Nr. 474.
[3] Beurdeley-Raindre, 1986, S. 221, Abb. 302.
[4] Beurdeley-Raindre, 1986, S. 232, Abb. 78.

141
Schale
Porzellan
H.: 0,05 m; Dm.: 0,10 m
Regierungszeichen von Yongzheng
(Regierungszeit 1723–1735)
Inv.: G 151911

Lit.: Feng-Geng, 1994, Nr. 42; Treasures of the Palace Museum Beijing, Ausstellung Japan 1995–96.

Monochrome Porzellane, insbesondere die der kaiserlichen Tafel vorbehaltenen Schüsseln und Schalen mit einem leuchtendgelben Überzug, sind charakteristisch für die Regierung von Hongzhi (1488–1505) aus der Ming-Dynastie. In der Ära Kangxi wurde in der Manufaktur Jingdezhen unmittelbar nach ihrer Wiedereinrichtung diese technisch raffinierte Produktion wiederaufgenommen.
In der Keramikherstellung wird die gelbe Farbe aus Eisen oder oxydiertem Antimon bei niedrigen Temperaturen erzielt, manchmal aus einer Mischung beider Substanzen[1]. Die

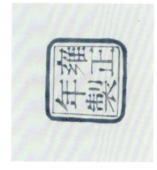

141 (Marke)

ausnehmend schwierig herzustellenden monochromen gelben Gefäße wurden immer in geringer Zahl hergestellt; ihre Farben können – infolge von Unwägbarkeiten beim Brand – von einem mehr oder weniger verwaschenen Zitronengelb bis zu einem intensiven Gelbton variieren. Unter den drei großen Monarchen, Kangxi, Yongzheng und Qianlong, blieb die Qualität konstant. Die Porzellane dieses Typs, im allgemeinen Stücke von geringer Größe, wie zum Beispiel

Schälchen, Weintassen oder Teller, wurden häufig paarweise geliefert[2]. Die hier beschriebene Schale trägt auf dem Boden ein Regierungszeichen des Kaisers Yongzheng (1723–1735). Sie weist mehrere Unterscheidungsmerkmale gegenüber den Stücken des 15. Jahrhunderts auf, von denen sie beeinflußt ist: im Vergleich zu einer berühmten Schale der Percival David Foundation[3] besitzt das Stück aus dem Palastmuseum ein weniger ausschwingendes Profil und eine weiter ausgreifende Randlippe; das Innere ist weiß belassen[4]. Die Gefäßwand ist mit einem feinen Ritzdekor aus Drachen geschmückt, die inmitten von Wolken die heilige Perle zu erhaschen suchen.   G. B.

[1] Beurdeley-Raindre, 1986, S. 164.
[2] Sotheby's Hong Kong, 20. Mai 1981, Nr. 815; Sotheby's, 24.–25. November 1981, Nr. 374; Krahl, 1994, Band 2, S. 240–241, Nr. 908–910.
[3] Inv. A 558, cf. Lion-Goldschmidt, 1978, S. 111, Nr. 93.
[4] Dies gilt auch für die beiden monochromen Schalen der Ära Yongzheng im Palastmuseum Taipei. Vgl. Watt, 1996, S. 524–525, Taf. 317–318.

142

Vase vom Typ *meiping*
Porzellan mit *doucai*-Dekor
H.: 0,263 m; Dm.: 0,119 m
Regierungszeichen von Kaiser Yongzheng
(Regierungszeit 1723–1735)
Inv.: G 151900

Die Vase ist fast identisch mit einer anderen aus den Sammlungen des Palastmuseums[1], von der sie nur in wenigen Details der Verzierung abweicht. Beide schmückt ein erlesener Dekor vom Typ *doucai* (Kontrastfarben). Dieses Verfahren vereint zwei Techniken auf demselben Stück: eine Zeichnung in der Farbe Hellblau vor dem Schmelzauftrag und

142 (Marke)

Aufglasurmalerei nach dem Brand in Rot, Grün, Gelb, Türkis sowie in blassem Aubergine[2]. Das Ensemble zeigt eine Harmonie in Pastellfarben von seltener Erlesenheit. Der Dekor *ducai* wurde unter der Regierung von Chenghua (1465–1487) aus der Ming-Dynastie kreiert und geriet während der Ära Yongzheng (1723–1735) wieder in Mode. Die beiden *meiping*-Vasen aus dem kaiserlichen Palast sind in horizontal angeordneten Registern mit floralen Motiven und markanten Bordüren geschmückt. Die das Stück mehr oder weniger dicht bedeckenden floralen Bordüren blieben während der Qing-Dynastie in den Regierungszeiten von Qianlong (1736–1796)[3], (Jiaqing (1796–1820)[4] und Dao-

guang (1821–1850)[5] in Mode. Ungeachtet dessen können allein die Stücke der Ära von Yongzheng, wie zum Beispiel das hier gezeigte, in bezug auf Qualität und Harmonie der Motive mit den Erzeugnissen der Ming-Ära konkurrieren. G. B.

[1] Feng-Geng, 1994, S. 170–171.
[2] Lion-Goldschmidt, 1978, S. 99.
[3] Treasures of the Palace Museum Beijing, Ausstellung Japan, 1995, S. 122, Nr. 91; I Tresori del Palazzo imperiale di Shenyang, S. 232–233, Nr. 31; Sotheby's, Hong Kong, 20. Mai 1981, 868.
[4] Sotheby's, Hong Kong, 24.–25. November 1981, Nr. 293; Sotheby's Hong Kong, 20. November 1984, Nr. 416.
[5] Sotheby's Hong Kong, 14. November 1983, Nr. 184; Beurdeley-Raindre, 1986, S. 178, Abb. 246.

143

Doppelvase
Porzellan mit *yangcai*-Dekor
H.: 0,215 m; L.: 0,196 m; T.: 0,098 m
Regierungszeichen von Qianlong
(Regierungszeit 1736–1796)
Inv. : X 135907

Lit.: Weng-Yang, 1982, S. 112, Abb. 41; Baoguanbu, 1985, Nr. 114; Feng-Geng, 1994, S. 306, Nr. 38; *Treasures of the Palace Museum Beijing*, Ausstellung Japan 1995–96, S. 118–119, Nr. 88.

Der Dekor der Doppelvase (*shuanglianping*), eines der berühmtesten Stücke des Palastmuseums, besteht aus einem von den Chinesen *yangcai* (Malerei in fremden Farben) und von den Europäern »famille rose« genannten Verfahren.
Das Rosa aus Goldchlorid wurde im Jahr 1680 in Leiden von dem Mediziner Andreas Cassius entdeckt (Cassiussches Goldpurpur). Bald darauf wurde es von den süddeutschen Kupferemailmalern übernommen. Die Jesuiten führten es um das Jahr 1719 in China ein. Zuerst nur bei einigen Emailarbeiten in den Palastwerkstätten und sehr sparsam auf Porzellanen der »famille verte« benutzt, wurde seine Anwendung beim Keramikdekor um das Jahr 1730 Allgemeingut. Die Farbe Rosa hat man damals mit Porzellan-

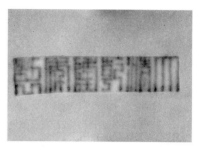

143 (Marke)

malerei in Pastelltönen assoziiert: Durch die Zufügung von Weiß wurde eine raffinierte Palette mit unendlichen Variationsmöglichkeiten erzielt.
Seit der Regierungszeit von Yongzheng kennt man kleine Doppelvasen[1]. In der Ära von Qianlong wurden die originellen Stücke geradezu modern. Es wurden sogar Vasen mit mehrfachen Schultern und Öffnungen hergestellt[2].
Vasen in derselben Form des hier gezeigten

143 (Rückseite)

Stückes und mit einer Höhe von ca. 21 Zentimetern sind in mehreren Exemplaren bekannt; diese weisen allerdings cinen ganz anderen Dekor auf³. Der Dekor des in der Ausstellung gezeigten Stückes besteht in seinem zentralen Register aus spielenden Kindern. Dieses mit guten Vorzeichen besetzte Bildmotiv wurde in der Ära Qianlong häufig gewählt. G. B.

[1] *Chinese Ceramics Ching Dynasty*, 1991, S. 174 unten.
[2] Sotheby's Hong Kong, 19. November 1986, Nr. 258.
[3] *Chinese Ceramics Ching Dynasty*, 1991, S. 206, S. 238; Li-Cheng, 1984, S. 61; Watt, 1996, S. 508, Taf. 238.
[4] *Ch'ing Porcelain from the Wah Kwong...*, 1973, Abb. 114; Feng-Geng, 1994, S. 28, Nr. 13; S. 298, Nr. 29, S. 308, Nr. 40.

144 (Detail)

charakteristisch². Vergleichbare Vasen wurden auf dem Kunstmarkt angeboten³. G. B.

[1] Levefre d'Agencé, 1967, S. 158, Abb. A.
[2] Zum Beispiel: Feng-Geng, 1994, S. 228, Nr. 20.
[3] Sotheby's Hong Kong, 21.–22. Mai 1985, Nr. 159 und 162.

144
Vase mit einem Dekor aus Blumen und Vögeln
Porzellan
H.: 0,328 m
Regierungszeichen von Qianlong
(Regierungszeit 1736–1796)
Inv.: 154556

Die Form der Vase mit rechteckigem Fuß und flachem Gefäßkörper ist den archaischen Vasen vom Typ *hu* frei nachempfunden. Der leicht nach innen gezogene Vasenhals besitzt allerdings keine Auskragungen, etwa in der Art von angedeuteten Handgriffen, wie er bei derartigen Gefäßen häufig vorkommt. Die in den blauen Hintergrund eingelassenen Bildfelder sind mit Blumen und Vögeln in der Art von Gemälden geschmückt. Unterschiedliche vegetabilische Motive, wie zum Beispiel Palmetten, stilisiertes Rankenwerk und erblühte Blumen, sind in Gold appliziert und betonen die Vasenform. Diese üppigen Applikationen sind für die Ära Qianlong

Porzellan 307

überwachte persönlich die Herstellung dieser speziellen Stücke. Eines von ihnen zeigt im übrigen ein vom Monarchen im Jahr 1742 verfaßtes Gedicht über die Porzellankunst[2]. Der Wechsel von mit Kalligraphien verzierten und mit Gemälden versehenen Bildfeldern – im allgemeinen Blumen und Vögel – war ein häufiges Motiv auf diesen Vasen[3]. Andere Vasen wurden ausschließlich durch Bildfelder mit Landschaftsdarstellungen[4] geschmückt. Dieses neue Genre wurde unter der Leitung von You Bashi (ab 1756) beibehalten und setzte sich bis ins 19. Jahrhundert fort. So sind auch einige Stücke aus der Regierungszeit von Jiaqing (1796–1821) erwähnenswert[5].

Die Landschaften sind in Blau- und Grüntönen gehalten, Farben der archaisierenden Landschaften nach dem Geschmack der Tang (618–904). Die Bildkomposition dagegen hat eher die Gemälde der Gruppe der Vier Wang, berühmten Meistern der Qing-Ära, zum Vorbild, von denen Wang Shimin (1592–1680) den ersten Rang einnahm und am bekanntesten war.

G. B.

[1] Beurdeley-Raindre, 1986, S. 160.
[2] Beurdeley-Raindre, 1986, S. 113.
[3] Sotheby's, Hong Kong, 9. Juli 1974, Nr. 420; Sotheby's Hong Kong, 28.–29. November 1979, Nr. 254; Sotheby's, Hong Kong, 14. November 1983, Nr. 185.
[4] Zum Beispiel im Victoria and Albert Museum (Inv. C 1466-1910), in Kerr, 1987, S. 174, Taf. 6.
[5] Sotheby's, Hong Kong, 11.–12. Mai 1983, Nr. 230; Sotheby's, Hong Kong, 19. November 1986, Nr. 270.

145
Viereckige Vase
Porzellan
H.: 0,575 m
Regierungszeichen von Qianlong
(Regierungszeit 1736–1796)
Inv.: G 154746

Lit.: Zhao, 1996, S. 84, Abb. 2.

Diese viereckige Vase – deren Bildfelder mit wechselnden Darstellungen von Landschaften und kalligraphierten Gedichten von Kaiser Qianlong vor einem Hintergrund aus Blumenranken der »famille rose« stehen – ist typisch für die zweite Hälfte der Regierungszeit des Monarchen. Im Jahr 1741 wurde zum ersten Mal, auf ausdrückliche Anordnung des Souveräns, ein Gedicht von Kaiser Qianlong auf Porzellan übertragen[1]. Tang Ying, der Leiter der Manufaktur von Jingdezhen,

145 (Marke)

146
Teller
Porzellan
Dm.: 0,63 m
1872
Inv.: G 156608

Der Teller unterscheidet sich vom traditionellen und oft archaisierenden Stil der Keramiken aus Jingdezhen nach 1864. Der aus einer Vielzahl von kleinen Figuren gebildete Dekor und die nach europäischer Art durch Vergoldung hervorgehobene Randlippe lassen die Herstellung des Tellers in der Region von Guangzhou vermuten.

Zu einem fröhlichen Umzug haben sich Kinder zusammengefunden, welche Fliegenklatschen, Laternen und Hirschkäfer bei sich tragen, Barken auf Rädern und einen Wagen in Gestalt eines Elefanten schieben, einen

Papierdrachen und einen Löwen mit sich führen und schließlich Zimbeln und verschiedene andere Musikinstrumente spielen. Diese Vergnügungen deutet Hélène Chollet von der Bibliothek des Museums Cernuschi als das Fest des Sonnengottes, welches nach Frühlingsbeginn (*Lichun*) stattfand, oder als das Laternenfest (*Yuanxiao*), das in der Nacht des Fünfzehnten des ersten Monats nach dem Mondkalender gefeiert wurde[1].
Knaben halten Fächer in Händen mit der Inschrift: »Glücksbringer Drache und Phönix«, die bekannten Symbole für Kaiser und Kaiserin. Der Teller soll aus Anlaß der Hochzeit von Kaiser Tongzhi (Regierungszeit 1862–1874) in Auftrag gegeben worden sein.
Das intensive Gelb des Außenrandes kontrastiert mit der Innenfläche in makellosem Weiß.

G. B.

[1] Li, 1991, S. 32 und S. 38.

Chinesisches Glas

Peter Hardie

Die Chinesen lernten Glas erst relativ spät kennen: ca. 950 v. Chr. in Form der »Ägyptischen Fayencen« und um das Jahr 475 v. Chr. als eigentliches Glas. Trotz einiger höchst qualitätvoller Erwerbungen aus dem Ausland durch den Kaiserlichen Hof sollte das Material in China nur eine marginale Bedeutung gewinnen.

Am Ende der Ming-Dynastie gab es eine Glasindustrie in der Provinz Shandong, welche hauptsächlich Schmuckgegenstände für den persönlichen Gebrauch herstellte; die Mandschu kannten das Glas aus Shandong, da sie mit dieser Provinz Handelsverbindungen unterhielten, lange bevor sie in China eindrangen. Die Lage der Porzellanindustrie in dem von Han-Chinesen dominierten Süden und deren temporäre Zerstörung durch den Bürgerkrieg (1674–1680 und zum zweiten Mal 1855 bis etwa 1861) scheinen die Mandschu dazu bewogen zu haben, ihren Bedarf an Porzellan und Ehrengeschenken in größerer Nähe zu ihrer Hauptstadt zu decken.

Ähnliche Überlegungen könnten Kaiser Kangxi dazu veranlaßt haben, die Errichtung einer Glaswerkstatt durch Kilian Stumpf in der Residenz der französischen Jesuiten in Peking im Jahr 1696[1] der Aufsicht der Kaiserlichen Werkstätten (*zaobanchu*) zu unterstellen. Die Missionare der Kaiserlichen Glaswerkstatt scheinen sich hauptsächlich mit der Fabrikation von emailverzierten Tabakdosen, Tafelgegenständen aus geschliffenem Glas und Linsen für die Teleskope des Kaiserlichen Observatoriums befaßt zu haben. Der Einfluß der europäischen Glaskunst blieb also selbst in der Glaswerkstatt der Qing sehr gering.

Die Geschichte der chinesischen Glasherstellung wurde erst in der Qing-Dynastie aufgrund der Existenz von mindestens vier Herstellungszentren, das heißt der Kaiserlichen Glaswerkstatt, den Privatwerkstätten in Peking, dem Zentrum von Shandong in Boshan – später unter dem Namen Yanshan bekannt – und schließlich Guangzhou, unübersichtlich. Es ist sehr schwierig, ein Stück einem der vier Zentren zuzuordnen. Gleichwohl kann man eine allgemeine Entwicklung feststellen, die mit Vasen aus geblasenem und in erhitztem Zustand bearbeitetem Glas beginnt und über transparentes – oft mit der »Glaskrankheit« behaftetem – Glas bis hin zu größeren Stücken aus opakem Glas mit breiter Farbskala reicht, welches sich wie harter Stein zur Gravur eignete. Gravuren, die sich nunmehr in einer oder mehreren Schichten über die gesamte Glasfläche erstrecken, sind relativ neuen Datums; man kann also bei der chinesischen Glaskunst verschiedene Stufen feststellen, die gegen Ende der Qing-Ära zu vollendeter Meisterschaft gelangten.

[1] Curtis, 1990.

147
«Baluster«-Vase
Glas
H.: 0,295 m; Dm.: 0,95 m
Inv.: G 107206
Ende 19. Jahrhundert
Regierung von Tongzhi?
(Regierungszeit 1862–1874)

Lit.: Yang Boda, 1983

Das opakweiße Glas ist mit einer Schicht aus rotem Glas überzogen. Aus ihr wurden in Relief zwei Drachen herausgearbeitet, die sich in schützenden Wolken aufhalten und unterhalb eines Frieses in altherkömmlichem Dekor die Feuerperle zu erhaschen suchen.

Zwei verschiedene Schnittebenen vermitteln den Eindruck von zwei Rottönen, Zinnober und Purpur. In die Standfläche sind die sechs Schriftzeichen der Regierung Qianlong eingeritzt. Die Verwendung von zwei Schnittebenen beim selben Überzug ist bei gläsernen Gegenständen für die Tafel sehr selten; sie findet sich indessen manchmal auf Tabakdosen, zum Beispiel aus der »Seal School« vom Ende des 19. Jahrhunderts, der das mit großer Feinheit gravierte Stück wahrscheinlich zugeschrieben werden kann. Die meisten der kaiserlichen Zeichen auf Glas bestehen aus vier Schriftzeichen; die Stücke aus opakem weißem Glas mit einem Schmuck aus einer farbigen, tief gravierten Glasschicht können deren sechs auf einer waagerechten Linie aufweisen.

P. H.

148
Vase
Glas
H.: 0,208 m; Dm.: 0,11 m
Inv.: 107311
Ende 19. Jahrhundert,
vielleicht europäisch?

Lit.: Yang Boda, 1983.

Der Vasenkörper besteht aus milchigweißem, durchscheinendem Glas mit einem Spiraldekor in Zinnoberrot, Blau und zwei verschiedenen Weißtönen. Der obere Rand und der Fuß, beide in Jaspisgrün, sind angesetzt und im Brennofen poliert. Der Fuß trägt in Form einer eher groben Ritzung das Regierungszeichen von Qianlong, welches wie bei einem Geldstück um einen Fixpunkt nach Nord, Süd, Ost und West angeordnet ist.
Die Verwendung von milchigweißem Spiraldekor ist von einer Schale aus transparentem Glas bekannt, dem opakweißen *latticino* venezianischer Art; sie befindet sich im Victoria and Albert Museum (C 683–1936) und datiert wahrscheinlich aus dem 17. Jahrhundert. Die vorliegende Anordnung des Regierungszeichens (*nianhao*) ist selbst bei Glasobjekten sehr selten, wo sie nur auf zehn, offensichtlich späten Stücken vorkommt. Eine andere bikonische Vase mit einem Spiraldekor aus blauem, rotem sowie hellgrünem Glas und grüner Lippe und Fuß zeigt dasselbe Regierungszeichen; sie befindet sich augenblicklich im Bristol City Museum and Art Gallery (Or N 4746). Obgleich dieser im Glasofen hergestellte Typ in der Glaskunst der Qing-Ära sehr früh auftritt (Hardie, 1990), ist er auch für das europäische Glas charakteristisch; wäre da nicht der imposante Fuß, wäre es verführerisch, die Vase – und ihr Pendant in Bristol – dem Muranostil am Ende des 19. Jahrhunderts zuzuschreiben. P. H.

149
Gartentischchen
Porzellan
H.. 0,52 m; Dm.: 0,31 m
18. Jahrhundert
Inv.: G 156558

Lit.: Feng/Geng, 1994, S. 323.

Dieser Typ des Porzellantischs wird in China traditionell im Garten benutzt. Sein Format und das Material, aus dem er besteht, machen ihn zu einer leicht nach draußen zu bringenden und der Witterung widerstehenden Sitzgelegenheit. Bei kaltem Wetter konnte das Innere vom Boden her mit Holzkohle beschickt werden, welche die Sitzfläche erwärmte.
Die Form gleicht einer Trommel, welche an jedem Ende mit Leder bespannt ist, das durch einen Ring aus lackiertem Holz oder dunklem Metall mit eingelegten goldenen oder vergoldeten Nägeln befestigt wird. Ring und Nägel sind reliefartig an dem Porzellankörper angebracht. Die beiden ursprünglich zur Klangmodulation an den Längsseiten befindlichen Öffnungen dienen hier als Griffe und Warmluftdurchlaß. Das Tischchen ist im übrigen nicht so symmetrisch gestaltet wie eine tatsächliche Trommel: Die als Sitz dienende Oberfläche bildet einen Deckel, der an den Seiten übersteht, während der mit Nägeln beschlagene untere Ring bis zum Boden reicht. Der Sitz hat einen rosafarbenen Grund, welcher symmetrisch mit floralen und vegetabilischen Motiven in Gelb, Rot und subtilen Grüntönen verziert ist. Die den Rand der vier Öffnungen bildenden Einfassungen rahmen das zentrale ausgeschnittene Motiv einer stilisierten Lotusblüte. Die Seitenflächen zeigen in blauer Abtönung einen üppigen Dekor aus der Wasserwelt, Blüten, Stengel und Blätter des Lotus heben sich in verschwenderischer Fülle ab. Sie sind hier in bemerkenswertem Realismus und großem Perspektivenreichtum wiedergegeben: Blumen als Knospen oder in der vollen Pracht ihrer Blüten, die alle Tönungen von Weiß zu Rot durchlaufen; glatte oder schrumpelige Blätter stellen bald ihre matte Unterseite, bald ihre leuchtende Oberfläche zur Schau. Die Wahl dieses Dekors ist für ein Gartenmöbel in Trommelform sehr passend. Der Lotus wurde an der Oberfläche von Wasserbecken gezogen, wegen des bewegten Spiels der breiten, duftenden Blätter, die sich im Sommer an langen Stengeln bis zu einem halben Meter über die Wasserfläche erhoben. In Poesie und Malerei bilden Regentropfen, die mit dumpfem Klang auf die undurchlässigen Blätter herabtrommeln und dann in einem weiten Rund platzen, ein häufiges Thema. Das Tischchen sollte wohl das einfache Leben draußen und die Ruhe durch meditative Betrachtung der Natur spiegeln.
Paradoxerweise ist es zu einem Gegenstand von größtem Luxus geworden, welches seines glanzvollen Dekors wegen geschätzt wird, der eine Glanzleistung der kaiserlichen Keramikwerkstätten darstellt. A. G.

149 (Detail)

Die *Penjing*

Antoine Gournay

Die Kunst der *penjing*, die darin besteht, in Schalen mit Hilfe von Steinen, Pflanzen und Figürchen Miniaturlandschaften zu komponieren, reicht in China mindestens bis zur Tang-Dynastie (618–907) zurück[1], und auch die japanische *bonsai*-Technik hat hier ihre Wurzeln. Den *penjing*, in denen sich, konzentriert in einem geschlossenen Gefäß, die natürliche Energie manifestiert, wird eine wohltuende Ausstrahlung auf ihre Umgebung zugeschrieben; außerdem werden sie mit der Vorstellung eines langen Lebens assoziiert.

Diese tragbaren Gärtchen werden traditionell in Höfen von Tempeln und Häusern aufgestellt[2]. Die Felsen oder Pflanzen darin imitieren das Aussehen von Bäumen und Bergen in natürlicher Größe. Ausgefeilte Techniken zur Kontrolle des Pflanzenwachstums tragen übrigens dazu bei, daß die Bäume, die man durch Verdrahtung krümmt und durch Beschnitt der Wurzeln, Äste und Blätter klein hält, sehr früh das Aussehen uralter Solitäre bekommen. Die schönsten Exemplare erfordern eine konstante Pflege von Generationen von Gärtnern.

Eine dauerhafte, jedoch leblose Variante dieser lebenden Sujets stellen die *penjing* mit künstlichen Pflanzen aus kostbaren Materialien dar; vollkommen erstarrt spiegeln sie auf ihre Weise die Ewigkeit wider. Diese Luxusgegenstände wurden zur Dekoration der Paläste verwendet, in denen sie auf unbegrenzte Zeit, ohne Pflege zu erfordern, aufgestellt wurden. Unter der Qing-Dynastie spezialisierten sich die kantonesischen Handwerker auf diese Objekte, die dem Kaiser regelmäßig paarweise im Rahmen der von den Provinzen erbrachten Tribute gesandt wurden. Die Glanzleistung bestand darin, trotz Verwendung einer großen Zahl von harten, schwierig zu bearbeitenden Materialien die Illusion von Fragilität und Vergänglichkeit zu erzielen. Die Töpfe bestanden oft aus cloisonniertem[4] oder bemaltem Email.

[1] Stein, 1993.
[2] Gournay, 1993, S. 274.
[3] Yang, 1987, S. 46.
[4] Ausstellung Montréal, Kat. 147–8, S. 184.

150
Penjing aus Steinen
H.: 0,515 m
H. Topf: 0,165 m; Dm. Öffnung: 0,20 m
18. Jahrhundert
Inv. G 125516

Unter dem Anschein äußerster Einfachheit und Bescheidenheit stellt dieses *penjing* einer *Rhodea japonica* ein Stück von großer handwerklicher Virtuosität im Dienst eines gesuchten Illusionismus dar: die kugelförmigen Träubchen bestehen aus glänzend roten Perlen aus Koralle und Elfenbein, die großen, fleischig wirkenden Blätter sind aus Jaspis und bieten dem Betrachter, wie die reale Pflanze, ihre glänzende Oberseite sowie eine matte Unterseite dar.

Der porzellanartig wirkende Topf mit gerader Wand, der mit goldenen Lackinkrustationen überzogen ist, bietet ein weiteres Beispiel für die typisch chinesische Vorliebe für die Nachahmung eines Materials durch ein anderes. Zwischen zwei mit eingerollten Gräsern verzierten Friesen (*juncao*), welche auf einem Untergrund aus geometrischen, vom Swastikamotiv abgeleiteten Mustern – dem vom Buddhismus aufgenommenen Emblem indischer Herkunft – zu schweben scheinen, sind die Acht Unsterblichen abgebildet; sie stehen aufrecht auf Wolken aus kleinen vielfarbigen Spiralen. Diese volkstümlichen, aus der daoistischen Mythologie hervorgegangenen Figuren können Wunder vollbringen und verteidigen die Schwachen und Unschuldigen. Die Kombination aus eimerförmigem Topf (*tong*), gleichlautend mit dem chinesischen Wort für Dauer, mit der *Rhodea japonica* (*wannianqing*) bildet ein Bilderrätsel zum sprichwörtlichen Ausdruck »*yitongwannian*« (immerwährende Langlebigkeit). Wird das *penjing* verschenkt, wird dieser Wunsch der beschenkten Person gegenüber zum Ausdruck gebracht. A. G.

151
Pfirsichbaum en miniature
Sandelholz, Steine, Porzellan
H.: 0,56 m; Dm.: 0,30 m
18. Jahrhundert
Inv.: G 125265

Das kleine Gewächs steht für einen blühende Pfirsichbaum, der in China traditionell Glück und langes Leben symbolisiert; er bildet daher ein häufiges Sujet sowohl für lebende als auch leblose *penjing*[1]. Der knorrige und knotige Stamm ist aus rotem Sandelholz (*zitan*) geschnitzt, die Blumen sind aus

Jade, die Blüten aus gefärbtem Elfenbein und die Früchte aus Bernstein gearbeitet. Der zu Füßen des Baumes blühende Rosenstock besitzt Stiele aus vergoldetem Kupfer, Blüten aus Glas und Koralle sowie Knospen aus Rosenquarz. Der Porzellantopf mit der Kontur einer Kastanienblüte ist mit Päonien in Schattierungen von Rosa bis Weiß geschmückt. Der Topf ist identisch mit dem eines anderen im Palastmuseum verwahrten *penjing* in Gestalt eines Zitronenbäumchens[2]. A. G.

[1] Katalog Ausstellung Hong Kong, 1987, Kat. 59, S. 90 und 133.
[2] *Ibid.*, Kat. 60, S. 90 und 133–134.

152
Fischschüssel (*yugang*)
Bemaltes Email auf Kupfer
H.: 0,28 m; Dm. 0,36 m
Beginn der Regierung von Qianlong
(Regierungszeit 1736–1799)
Inv.: G 119887

Lit.: Ang Boda, 1987, S. 39 f., S. 131 Nr. 45, S. 84 Nr. 45; *Zhongguo meishu quanji*, 1987, Band 10, S. 192 Nr. 344.

Die Schüssel gehört zu einem Paar, welches zusammen mit einem Paar größerer Schüsseln Kaiser Qianlong im Jahr 1745 – am vierten Tag des dritten Monats des zehnten Jahres der Ära Qianlong – von dem General von Guangzhu und dem Leiter der Direktion Seehandel als Tribut dargebracht wurde. Die beiden Schüsselpaare sind als lokale Tribute in den Listen der Tributleistungen des Hofes registriert[1]. Heute stehen ca. zehntausend Stücke aus lokalen Tributleistungen der Region Guangzhu im Palastmuseum. Ein großer Teil von ihnen stammt aus der Ära Qianlong.
Der Körper der bauchigen Schüssel besteht aus Kupfer. Er erhebt sich auf einer schmalen Basis, wird ausladend und verjüngt sich wie-

der. Die Bordüren auf Sockel und Hals sind vergoldet. Die gesamten Ziermotive sind typisch für die Regierung von Qianlong[2]: Der Halsfries ist mit stilisierten *kui*-Drachen (*kuiwen*) über einer Bordüre aus Zeptern (*ruyi*) (*ruyitou wen*) verziert. Auf dem Bauch der Schüssel öffnen sich vier Bildfelder in einem Hintergrund aus floralem Rankenwerk (*goulian wen*) auf gelbem Grund. Zwischen den Bildfeldern befinden sich vier kleine runde, mit blauen Drachen geschmückte Medaillons. Ein doppeltes Medaillon aus blauen Drachen *chi* (*chilong wen*) ist auf den Boden aufgemalt. Die Bildfelder zeigen Szenerien mit Personen in einem Garten. Die behandelten Themen lauten: »Wünsche für ein langes Leben«, »Spiel mit Kindern«, »Beim Betrachten der Störche« und »Zuhören beim Flötenspiel«.

Der die Bildfelder rahmende Dekor aus *lingzhi*-Pilzen, die Szepter (*ruyi*) sowie die Szenenwahl »Beim Betrachten der Störche« und »Wünsche für ein langes Leben« sind Beschwörungen eines langen Lebens. Die Päonien des Rankenwerks sowie die an ein Geldstück erinnernde Form der Medaillons symbolisieren Reichtum. Das Wort Fisch (*yu*), gleichlautend mit dem Wort Überfluß, bekräftigt diese Vorstellung.

Die Szenen »Spiel mit Kindern« und »Zuhören beim Flötenspiel« sind eine Anspielung auf die Freude (*yule*), welche gleichlautend ist mit dem Ausdruck »Die Fische freuen sich«. Wie die Fische, freut sich auch der Mensch. Das Objekt selbst – eine Schüssel, die für schwimmende Fische gedacht ist – spielt darauf an, und die Wahl der gesamten Ziermotive betont diesen Aspekt.

Der europäische Einfluß wird sowohl bei der Behandlung des Raumes und der Schattierung der Farben des Himmels als auch bei der Technik offenkundig.

Die Schüssel ist charakteristisch für die bemalten Emails des Stils Guangzhu[3].   M. K.-Y.

[1] Nr. 0219 der Tributliste der Verbotenen Stadt; Yang Boda, 1987, S. 131.
[2] National Palace Museum, 1984.
[3] Yang Boda, 1987, S. 63.

Europäische Wissenschaft und Technik am Hofe der Kaiser von China

Catherine Jami

Während der Regierungszeit der ersten vier Kaiser der Qing-Dynastie waren die wissenschaftlichen und technischen Aktivitäten unter kaiserlichem Patronat zum großen Teil mit den bei Hofe anwesenden Jesuiten verbunden. Seit den Anfängen der jesuitischen Mission Ende des 16. Jahrhunderts wurden europäische Wissenschaft und Technik von den Missionaren, welche sich der politischen Bedeutung der Astronomie in China bewußt waren, in den Dienst der Glaubenspropaganda gestellt. Im Jahr 1629 – also noch in der Ming-Ära – hatten die Jesuiten den Auftrag erhalten, den Kalender zu reformieren. Auch diese Reformen übernahm die Qing-Dynastie nach ihrer Machtergreifung. Darüber hinaus wurden einige Jesuiten, die bis dahin den Status von Beamten des Kaiserlichen Büros der Astronomie innehatten, bei Hofe empfangen und gelangten in direkte Berührung mit dem Kaiser – eine ganz neue Entwicklung. Seit der Regierung von Kangxi (1662–1722) übernahmen sie im Dienste des Kaisers die Rolle der Gelehrten bei Hofe. Ihre Tätigkeiten änderten sich von Epoche zu Epoche: Sie waren Lehrer, Kartographen, Ingenieure, Mechaniker. Wir kennen sie vor allem aufgrund ihrer in Europa bewahrten Korrespondenz; die chinesischen Quellen zu diesem Thema sind meist sehr knapp.

Die Aktivitäten der Jesuiten gaben Aufschluß über »Künste und Wissenschaften«. Ferdinand Verbiest (1623–1688), der erste Jesuit in der Rolle des kaiserlichen Experten, erstattete der europäischen Öffentlichkeit seiner Zeit Bericht über seine Arbeiten: Abgesehen von der Astronomie, die eine zentrale Stellung einnahm, sind die von ihm erwähnten wichtigsten Disziplinen folgende: Geometrie, Arithmetik, Kosmographie, Geodäsie, Gnomonik, Ballistik, Mechanik, Optik, Katoptrik, Perspektive, Statik, Hydraulik, Pneumatik, Musik, Uhrenkunde und Meteorologie[1]. Für ihn wie auch seine Nachfolger bestand die Ausübung dieser Disziplinen die meiste Zeit darin, technische Objekte zu entwickeln oder zu vervollkommnen. Die Jesuiten waren eher zu dem Zweck eingestellt, ihre Fertigkeiten in der Praxis anzuwenden, als ihr Wissen zu übermitteln. Es gab jedoch auch bedeutende Ausnahmen.

Das Hauptziel der Jesuiten war darauf ausgerichtet, die Gunst des Kaisers zu erlangen. Weit davon entfernt, als kontinuierlich und systematisch gelten zu können, waren ihre wissenschaftlichen und technischen Aktivitäten den Wünschen und Interessen der aufeinanderfolgenden Kaiser unterworfen. Daß die Regierung von Kangxi in dieser Hinsicht die reichste Ernte einbrachte, beruhte auf dem einzigartigen Interesse des Kaisers an den »europäischen Studien«. Er nahm Kurse in Mathematik und Astronomie, ließ seine Söhne darin unterrichten und brillierte mit seinem Wissen bei Hofe. All dies war Teil einer regelrechten Wissenschaftspolitik, die die Errichtung von wissenschaftlichen Institutionen zum Ziel hatte und erreichen sollte, daß sich die chinesischen Gelehrten die neuen Kenntnisse aneigneten[2]. Die Nachfolger von Kangxi fuhren in der Nutzung der Kompetenz der Jesuiten fort, indem sie die Vorstellung übernahmen, daß die europäischen Wissenschaften, wie jedes Wissen oder jede technische Fertigkeit, ein nützliches Instrument zur Regierung des Reiches darstellten. Dagegen scheinen sie kaum ein tieferes Interesse an den Jesuiten selbst gehabt noch sich Sorgen um deren Ausbreitung gemacht zu haben.

Für den Unterricht von Kangxi verfaßten die Jesuiten eine Anzahl von Abhandlungen in mandschurischer Sprache. Einige wurden ins Chinesische übertragen und in eine Enzyklopädie der Mathematik, Astronomie und musikalischen Harmonielehre aufgenommen, welche im Jahr 1723 erschien, *Lüli yuanyuan* (Quelle des Kalenders und der Harmonie); dieses Werk wurde unter dem Patronat des Kaisers von chinesischen Gelehrten zusammengestellt (auf der Autorenliste erscheint kein einziger Jesuit).

Der mathematische Teil bietet eine Synthese der Kenntnisse der damaligen Zeit unter Berücksichtigung sowohl der chinesischen Traditionen als auch der durch die Jesuiten seit Beginn des 17. Jahrhunderts eingebrachten Erkenntnisse und der Neuerungen, die seit Beginn der Regierung Kangxi am Hofe eingeführt worden waren.

Der die Harmonie behandelnde Teil berücksichtigt ebenfalls beide Kulturen: sein Schlußkapitel präsentiert europäische Erkenntnisse. Der Teil, der die Astronomie behandelt, ist im wesentlichen eine Aufbereitung des Systems von Tycho Brahe (bei der Kalenderreform verwendet) mit Verbesserungen der astronomischen Konstanten.

Im Jahr 1742 wurde ein neues astronomisches Werk unter kaiserlicher Schirmherrschaft veröffentlicht; hier wurden die Kreisbahnen durch die von Kepler vorgeschlagenen elliptischen Bahnen unter Beibehaltung des geozentrischen Modells ersetzt. Das heliozentrische Modell wurde offiziell erst im Jahr 1757 eingeführt, nachdem das Werk des Kopernikus in Europa kurze Zeit vorher vom Index abgesetzt worden war[3].

In der Mathematik sollte die Enzyklopädie von 1723 bis zur Mitte des 19. Jahrhunderts die wichtigste Grundlage bleiben[4].

Nicht allen Abhandlungen der Jesuiten widerfuhr eine solch ruhmreiche Würdigung: so wurde eine *Anatomie* in mandschurischer Sprache nicht publiziert, da sie von Kangxi für eine weitere Verbreitung als ungeeignet befunden wurde[5]. Unter den Schriften der Jesuiten stellte dieser anatomische Traktat eine große Ausnahme dar, denn im allgemeinen spielten weder die Naturwissenschaften noch die europäische Medizin im damaligen China eine bedeutende Rolle. Eines der wichtigsten, in Zusammenarbeit mit chinesischen und mandschurischen Beamten fertiggestellten Werke der Jesuiten ist der Atlas von China, bekannt geworden unter der Bezeichnung *Atlas des Kangxi*; nach zehnjähriger Vorbereitung (1707–1717) wurde er im Jahr 1718 in Kupfer gestochen. Weitere Forschungen zwischen 1759 und 1767 erlaubten dann die Neubearbeitung des Kartenwerkes, dem nun auch die Karten der jüngst eroberten Gebiete in Zentralasien hinzugefügt wurden; der *Atlas des Qianlong* wurde 1769 gedruckt. Die beiden Atlanten zählen zu den besten kartographischen Arbeiten jener Zeit[6]. Die Tatsache, daß man zur Fertigstellung des Atlas von 1769 wiederum auf die Dienste der Jesuiten angewiesen war, zeigt, daß diese ihre Fertigkeiten nicht weitergaben; zweifellos kümmerten sich die Kaiser ihrerseits wenig um die Verbreitung dieser Technik, die von entscheidender strategischer Bedeutung sein konnte.

Ein anderer sensibler Bereich war der des kriegstechnischen Wissens: es ist bekannt, daß Verbiest von Kangxi den Auftrag erhielt, Kanonen zu gießen. Weniger bekannt ist, daß das Expertentum der Jesuiten, besonders in Fragen der Ballistik, für Qianlong bei seinen Feldzügen in Zentralasien sehr wertvoll war[7]. Das Ausmaß ihrer militärischen Aktivitäten wird noch immer unterschätzt: in Europa rühmten sie sich ihrer nicht, und auf chinesischer Seite fielen sie unter das Militärgeheimnis.

Einige Missionare wurden als Ingenieure und Techniker zu Aufgaben herangezogen, die direkt das Leben bei Hofe betrafen. Unter den dem Kaiser dargebrachten Geschenken waren die Uhren vielleicht die spektakulärsten Objekte, doch auch viele andere Gegenstände wurden von den Jesuiten eingeführt oder hergestellt, darunter Rechenmaschinen und Musikinstrumente, eine beeindruckende Vielfalt astronomischer Instrumente, Sonnenuhren sowie Kuriositäten, die auf optischen Phänomenen beruhen, und Automaten. Den Missionaren oblag die Herstellung oder zumindest die Wartung dieser Objekte.

Das offenkundige Interesse des chinesischen Hofes an europäischer Wissenschaft und Technik beruhte auf der so oft festgehaltenen Neugier auf raffinierte Erfindungen. Zweifellos lag dies sehr an dem hohen Prestige, das mit ihnen verbunden war, sowie an der Tatsache, daß sie bis Mitte des 19. Jahrhunderts die hauptsächlichen Exportgüter von Europa nach China gewesen zu sein scheinen. Wie wir gesehen haben, ging aber der Gebrauch, den die ersten Mandschu-Kaiser von der wissenschaftlichen und technischen Kompetenz der Jesuiten zu machen wußten, bei weitem über die simple Vorliebe für luxuriöse und fremdartige Objekte hinaus.

[1] Golvers, 1993, S. 101–129.
[2] Jami, 1994b, S. 198–207.
[3] Sivin, 1973, S. 92–103.
[4] Jami, 1994a, S. 231–235.
[5] Jami, 1994b, S. 202.
[6] Foss, 1988, S. 219–240; Needham, 1954 ff., Band III, S. 585–586.
[7] Waley-Cohen, 1993, S. 1536–1540.

153
Globus (*Tianquiu yi*)
Gold und Perleninkrustation;
Untersatz aus Cloisonné
H.: 0,82 m
17./18. Jahrhundert
Inv.: 141905

Dieser kleine prachtvolle Globus darf als Modell der Himmelssphäre gelten. Der mit Hilfe einer am Sockel angebrachten Magnetnadel auszurichtende Globus besteht aus der eigentlichen Kugel sowie aus zwei auf ihrer Oberfläche befestigten Ringen. Der eine stellt den Horizontal- oder Azimutring dar, der andere, senkrecht zu diesem angebracht, ist ein als Deklinationsring (parallel zum Himmelsmeridian) eingesetzter Meridianring. Dieser den Globus umlaufende, den Äquator im rechten Winkel schneidende Ring ist auf diesem an zwei symmetrischen Punkten, dem Nord- und Südpol, befestigt. Die Drehachse läßt sich mit Hilfe des Horizontalringes neigen. Die konkave Krümmung des fest angebrachten Meridianrings entspricht genau der konvexen Wölbung des Globus. Der Meridianring ist in 360 Grade unterteilt, die auf einer Seite des Ringes markiert sind, während die andere verziert ist. Auf diesem Ring entsprechen die Markierungen von 90 Grad dem Nord- und dem Südpol, die Nullgrad-Markierungen entsprechen dem Äquator und sind in altertümlicher Schrift im Stil *xiaozhuan* oder *Kleine Sigillata* ausgeführt. Über die Oberfläche des Globus ziehen sich der Kreis des Himmelsäquators sowie 28 große Kreise, die den Äquator schneiden und den 28 Häusern des Mondkalenders entsprechen. Dieses chinesische System wurde in der Frühlings- und Herbstperiode (*Chunqiu* 770–476 v. Chr.) entwickelt. Die Ausdehnung der Häuser wird von einem bestimmenden Stern zum nächsten gemessen. Ein Mondhaus umfaßt den gesamten Sektor im Osten eines Großkreises. Die Position der Sterne wird durch in die Globusoberfläche eingelassene Perlen wiedergegeben (einige von ihnen sind verlorengegangen). Die Größe der Perlen entspricht der Sternengröße proportional. Die Sterne sind untereinander durch gravierte Linien verbunden und nach Konstellationen gruppiert, deren Bezeichnung ebenfalls eingetragen ist. Der Sockel ruht auf Tiermasken, die nach den vier Himmelsrichtungen ausgerichtet sind. Vom cloisonnierten, Gebirge und Gewässer darstellenden Sockel steigen Drachen auf, Symbole der herrscherlichen Macht. Diese gewundenen Drachen, von Wolkenmotiven flankiert, halten den Horizontalring.

Bereits im 5. Jahrhundert wird ein chinesi-

153 (Detail)

322 Katalog

153

scher Globus erwähnt; dabei handelte es sich um den Globus des Qian Lezhi, der nach der von Chen Zhuo im vorangegangenen Jahrhundert gezeichneten Sternenkarte ausgeführt war. Ein zweiter Globus ist für das Jahr 1090 belegt; er gehörte zum Turm der astrologischen Uhr von Su Song. Im Jahr 1376 ließ der Astronom Guo Shoujing einen Globus konstruieren; während der Ming-Dynastie wurden weitere Globen unter den Regierungen von Zhengtong (1436–1450) und Chenghua (1465–1488) angefertigt[1]. Für das 17. Jahrhundert sind mit Hilfe der Jesuiten hergestellte astronomische Instrumente nachweisbar[2]. Das bekannteste ist ohne Zweifel der berühmte, bis zum heutigen Tag erhaltene Himmelsglobus von Ferdinand Verbiest; er gehört zu den sechs neuen Bronze-Instrumenten, welche für das kaiserliche Observatorium in Peking in den Jahren von 1669 bis 1673 konstruiert und in dem Werk *Xin zhi lingtai yixiang zhi* beschrieben wurden[3]. Mehrere dieser Stücke wurden in den von Kaiser Kangxi im Jahr 1680 eingerichteten Werkstätten gebaut, in denen Handwerker aus allen Gegenden des Reiches arbeiteten. Im Palast von Peking wurde die unter dem Namen *Ruyiguan* im Garten *Qixianggong* – dem heutigen *Taijidian* – gelegene Halle als Werkstatt ausgebaut; hier versammelte der Kaiser die in seinen Diensten stehenden Maler, Handwerker und Architekten. Missionare aus Europa arbeiteten dort als Maler und Graveure oder befaßten sich mit Reparaturen von Uhren und anderen aus Europa eingeführten und dem Kaiser zum Geschenk gemachten Instrumenten. Diese mehr als ein Jahrhundert in Betrieb befindlichen, insgesamt 27 Werkstätten wurden nach dem Ende der Regierung Qianlongs eine nach der anderen geschlossen; was von den Bauten übrigblieb, wurde im Jahr 1860 niedergebrannt[4].
Das hier gezeigte Stück steht am Ende einer langen Reihe von prächtigen und kostbaren Globen, welche im Auftrag der Kaiser als Schmuckstücke des Hofes ausgeführt wurden. Ein ähnlicher Globus befindet sich in Italien. Kaiser Friedrich II. (1197–1250) besaß einen bemerkenswerten Himmelsglobus aus Gold, der in seinem Auftrag von einem arabischen Gelehrten bei Hofe angefertigt worden war. Auf seiner Oberfläche waren die Sterne ebenfalls durch eingelegte Perlen wiedergegeben[5], deren Größe der der Sterne proportional war. Die Araber stellten ähnliche Himmelsgloben auch zum eigenen Gebrauch her; mehrere sind aus verschiedenen Epochen bekannt. Die Existenz solcher Globen am Hofe von Peking ist durch mehrere Dokumente nachgewiesen. In einem Schreiben von Jean de Haynin vom 20. Oktober 1669 findet sich die Beschreibung eines dem Kaiser Kangxi von den Jesuiten geschenkten Himmelsglobus: »Sie präsentierten einen Globus mit goldenen mandschurischen Schriftzeichen und einem Sockel aus kostbarem Holz, dem sogenannten Sandelholz«[6]. Aus einem Brief an A. Delisle (August 1754) zitiert Gaubil: »Wir haben keinen Globus; lange Zeit haben wir vergeblich unsere Oberen in Paris darum gebeten; der portugiesische Botschafter hat den portugiesischen Patres einen solchen aus England beschafft. Im Palast gibt es schöne Globen; wir können sie zwar ansehen, sie dürfen den Palast jedoch nicht verlassen[7]« (Jehol, 15.–16. September 1793).
Die Engländer fühlten sich gedemütigt, als sie in den Pavillons des Spielzeugparks Uhren und Globen sahen, die so vollkommen waren, daß sie ihre eigenen Geschenke an Schönheit zu übertreffen drohten[8]. Die wissenschaftlichen Instrumente nahmen bei den Repräsentationsgeschenken einen wichtigen Platz ein, sie waren die Glanzstücke der diplomatischen Missionen. Astronomische Instrumente erschienen als zweckdienliche Geschenke (siehe die Mission von Macartney). Abgesehen vom Planetarium waren die eindrucksvollsten wissenschaftlichen Geschenke ohne jeden Zweifel die von Dudley Adams hergestellten Erd- und Himmelsgloben, die er im Auftrag des Kaisers von China ausführte und deren wertvollste mit versilberten und vergoldeten Sternen inkrustiert waren[9].

N. H.

[1] Needham, 1959, Band 3, S. 382–390; Maspero, 1939, S. 352; SKQS 789–749, hfdst. 100 789–814; *Xinfasuanshu*, Kap. 97 und Kap. 100; *Wenyuange sikuquanshu*, Band 789, S. 749 und 814.
[2] Hashimoto, 1988.
[3] Halsberghe, 1992.
[4] Hummel, 1943, S. 329; Bredon, 1931, S. 103.
[5] Stevenson, 1921, Band 1, S. 39; Lelewel, 1852, Band 2, S. 2.
[6] Bosmans, 1908, S. 19.
[7] Gaubil, 1970, S. 728.
[8] Cranmer-Byng, 1957b, S. 137.
[9] Cranmer-Byng, 1981a, S. 513 and 524.

154
Kalenderuhr
Vergoldete Bronze
0,96 × 0,44 × 0,40 m
18. Jahrhundert
Inv.: G 182824

Im Jahr 1601 machte der Jesuitenpater Matteo Ricci dem Kaiser Wanli eine Taschenuhr und eine Kaminuhr zum Geschenk; diese beiden Zeitmesser begründeten das leidenschaftliche Interesse des chinesischen Kaiserhofes an europäischen Uhren. Die Begeisterung für technische Apparate und Instrumente aus Europa, insbesondere für Uhren, und für das zu ihrer Herstellung notwendige Wissen erlebte unter den Kaisern Kangxi und Qianlong einen Höhepunkt. Pater Valentin Chalier, der bei Hofe die Funktionen eines Uhrmachers und Automatenherstellers einnahm, schätzte die Zahl der Taschenuhren, Uhren, Glockenspiele und mechanischen Instrumente, die er zur Reparatur oder Wartung in Händen gehalten hatte, auf über 4000 Stücke; sie gehörten zur kaiserlichen Sammlung und waren überwiegend in Paris und London hergestellt worden[1]. Dieses englische Exemplar ist charakteristisch für europäische Uhren, die für den chinesischen Markt bestimmt waren. Teils Spieluhr, teils Automat, nimmt die eigentliche Uhrenfunktion nur einen nachrangigen Platz ein. Das Gerät diente wohl eher der Dekoration und Kurzweil als der genauen Zeitmessung. D. M.

[1] Pagani, 1995, S. 77, Anm. 5.

324 Katalog

154

Wissenschaft und Technik 325

155
Uhr der Langlebigkeit
Vergoldete Bronze
0,70 × 0,31 × 0,25 m
18. Jahrhundert
Inv.: G 182780

Lit.: Tang und Colombel, 1992, S. 23, Nr. 72.

Die massive und doch schlanke Uhr ist ein charakteristisches Beispiel für die im 18. Jahrhundert in Guangzhou (Kanton) gefertigten chinesischen Uhren, in denen sich beinahe zwitterhaft europäische Dekorationselemente mit chinesischen Glücksmotiven mischen. Der Sockel, in dem sich eine Spieluhr verbirgt, trägt ein dreigeschossiges Gehäuse. Im unteren Teil erscheinen in den in die Fassade eingelassenen Fenstern automatisch bewegte Figuren, die wie Schauspieler auf einer Bühne agieren. Darüber zählt ein emailliertes Zifferblatt mit römischen Ziffern Stunden und Minuten. Die Spitze des Aufbaus krönt ein mit Stäben aus farbigem Glas versehener kleiner Rundpavillon. Beim Drehen bilden diese das Zeichen *shou* (Langlebigkeit). D. M.

156
Uhr
Geschnitztes Holz
1,00 × 0,51 × 0,41 m
18. Jahrhundert
Inv.: G 182730

Die Form dieser Uhr erinnert an englische Uhren, welche ihres architektonischen Aufbaus und ihres strengen Aussehens wegen als »religiöse« bezeichnet wurden. Das Gehäuse aus geschnitztem Holz trägt einen Dekor aus Lotusblättern und wird von einem kleinen Pavillon auf vier Pilastern bekrönt. Die Uhr zählt nicht nur die Viertelstunden und Stunden, sondern auch die 108 Abschnitte der Nachtwache. D. M.

155

157
Uhr mit einer weiblichen Automatenfigur
Vergoldete und emaillierte Bronze
0,96 × 0,44 × 0,40 m
18. Jahrhundert
Inv.: G 183077

Ob als Singvögel oder als Menschen gestaltet: Automatenfiguren waren immer eine große Leidenschaft der chinesischen Kaiser. George Staunton, der im Jahr 1793 die Gesandtschaft Macartney nach China begleitete, bemerkte, daß die kaiserlichen Residen-

157

156

zen eine große Zahl dieses mechanischen Spielzeugs enthielten: »Im Überfluß in den Palästen vorhanden waren die aus Europa herbeigebrachten Menschen- und Tierfiguren, die mittels eines Räderwerks und verborgener Triebfedern spontan erscheinende Bewegungen ausführen«[1]. In Frauenkleidern auf einem Sockel mit Emailschmuck kniend, präsentiert die Figur dieses Automaten eine Art Zitrone, die Buddha-Hand (*foshou*) genannt wird. Die Bewegungen des Fächers in der Rechten folgen dem Rhythmus der Zeiger der Uhr, die auf dem Rücken eines Elefanten angebracht ist.　　　　D. M.

[1] Chapuis, 1919, S. 27.

ANHANG

Bibliographie

A Sanctuary of Chinese Art, The National Palace Museum
1990 Taipei, National Palace Museum, 6ᵉ édition.

Anderson, Aeneas
1978 *Relation du voyage de Lord Marcartney à la Chine dans les années 1792, 1793, et 1794*, Paris, Aubier-Montaigne.

Apfel, Iris Barrel
1992 *Dragon Threads. Court Costumes of the Celestial Kingdom*, Newark, (N.J.), The Newark Museum.

Arakawa, Hirokazu
1974 *Zuhan shiryô sôkin chinkin zonsei*, Tôkyô, Tôkyô National Museum.

Arlington, L. C. et Lewisohn, William
1987 *In Search of Old Peking*, (Pékin, Henri Vetch, 1935), rep. Oxford, Oxford University Press.

Bartlett, Beatrice
1991 *Emperors and Ministers: The Grand Council in Mid-Ch'ing China, 1723-1820*, Berkeley, University of California Press.

Beal, S.
1871 *A Catena of Buddhist Scriptures from the Chinese*, Londres.

Beauvoir (de), Simone
1957 *La Longue Marche*, Paris, Gallimard.

Béguin, Gilles
1977 *Dieux et démons de l'Himâlaya*, Paris, R.M.N.
1993 *Mandala. Diagrammes ésotériques du Népal et du Tibet au musée Guimet*, Paris, Éditions Findakly.
1994 « Les objets des temples bouddhiques » *in* Colombe Samoyault-Verlet, Jean-Paul Desroches, Gilles Béguin, Albert Le Bonheur : *Le Musée chinois de l'impératrice Eugénie*, Paris, R.M.N., p. 65-72.
1995 *Les Peintures du bouddhisme tibétain*, Paris, R.M.N.

Beurdeley, Michel et Raindre, Guy
1971 *Giuseppe Castiglione: A Jesuit Painter at the Court of the Chinese Emperors*, édition anglaise, Rutland (Vermont) - Tokyo.
1986 *La Porcelaine des Qing. « Famille verte et famille rose », 1644-1912*, Paris, Office du Livre - Éd. Vilo.

Bidian zhulin-Shiqu baoji sanbian
1969 réimpr. de Hu Jing *et alii*, *Bidian zhulin sanbian* et *Shiqu baoji sanbian* (1816), Taipei, National Palace Museum.
1971a réimpr. de Wang Jie *et alii*, *Bidian zhulin xubian* et *Shiqu baoji xubian* (1793), Taipei, National Palace Museum.
1971b réimpr. de Zhang Zhao *et alii*, *Bidian zhulin* (1744) et *Shiqu baoji*, (1745), Taipei, National Palace Museum.

Blanchon, Flora
1993 *Arts et histoire de Chine*, t. I, Paris, Presses de l'Université de Paris-Sorbonne.

Bland, J. O. P. et Backhouse, E.
1910 *China Under the Empress Dowager*, Londres.

Bolton, Andrew
1996 « Fashion in China 1910-1970 », *in China Review*, n° 3, Pékin, p. 30-33.

Bosmans, Henri
1908 « La correspondance inédite du Père Jean de Haynin d'Ath », *in Analectes pour servir à l'histoire ecclésiastique de Belgique*, Bruxelles, 3ᵉ série, vol. IV, p. 32.

Brandt, Klaus J. et Desroches, Jean-Paul
1986 *Laques chinois du Linden-Museum de Stuttgart*, Paris, R.M.N.

Brandt, Klaus
1988 *Chinesische Lackarbeiten*, Stuttgart, Linden-Museum, Stuttgart.

Bredon, Juliet
1931 *Peking, A Historical and Intimate Description of its Chief Places of Interest*, Shanghai, Kelly and Walsh.

Brinker, Helmut et Lutz, Albert
1985 *Chinesisches Cloisonné: Die Sammlung Pierre Uldry*, Zurich, Rietberg Museum.

Brown, Claudia et Rabiner, David
1987 *The Robert H. Clague Collection, Chinese Glass of the Qing Dynasty*, Phoenix (Arizona), Phoenix Art Museum, p. 71-86.

Brunnert, H. S. et Hagelstrom, V. V.
1912 *Present Day Political Organization of China*, Shanghai.

Cahill, James
1967 *Fantastics and Eccentrics in Chinese Painting*, New York.

Calvino, Italo
1984 *Les Villes invisibles*, Paris, Éditions du Seuil.

Cammann, Schuyler van R.
1944 « The Development of the Mandarin Square », *in Harvard Journal of Asiatic Studies*, 8, p. 71-130.
1952 *China's Dragon Robes*, New York, The Ronald Press.

Capon, Edmund
1968 « Chinese Court Robes in the Victoria and Albert Museum », *in Victoria and Albert Museum Bulletin*, Londres, 4 : 1, p. 17-25.

Carrington Riely, Celia
1992 « Tung Ch'i-ch'ang's Life », *in* Ho, Wai-Kam (1992).

Cat. expo. Berlin
1985 Cf. Ledderose.

Cat. expo. Hong Kong
1987 Cf. Tributes from Guangdong.

Cat. expo. Montréal
1986 Cf. Elisseeff.

Cat. expo. Rotterdam
1992 Cf. Uitzinger.

Chinese Cultural Art Treasures
1966 *Chinese Cultural Art Treasures. National Palace Museum Illustrated Handbook*, Taipei, The National Palace Museum.

Ch'ing Porcelain from the Wah Kwong Collection
1973 Hong-Kong, the Art Gallery, Institute of Chinese Studies, Hong Kong, Chinese University, nov. 1973- fév. 1974.

Chang Lin-sheng
1991 « Ch'ing Dynasty Imperial Enamelled Glassware », *in Arts of Asia*, May-June, p. 95-107.
1996 « The National Palace Museum: A History of the Collection » *in* Wen C. Fong et James C.Y. Watt, *Possessing the Past: Treasures from the National Palace Museum, Taipei*, New York, The Metropolitan Museum of Art.

Chang Te-ch'ang
1972 « The Economic Role of the Imperial Household in the Ch'ing Dynasty », *in Journal of Asian Studies*, vol. 31, n° 2, février, p. 243-273.

Chapuis, Alfred
1919 *La montre chinoise*, Neuchâtel, Attinger Frères.

Chateaubriand, François René (de)
1966 *Génie du Christianisme*, Paris, Garnier-Flammarion.

Cheng, Anne
1993 « La notion d'espace dans la pensée traditionnelle chinoise », *in* Flora Blanchon (éd.), *Asies*, II, *Aménager l'espace*, Paris, Presses de l'Université de Paris-Sorbonne, p. 33-43.

Chayet, Anne
1985 *Les Temples de Jehol et leurs modèles tibétains*, Paris, Éditions Recherche sur les civilisations.

Chen Juanjuan
1984 « Ming Qing Song Jin » (titre anglais : Imitating Song Brocade of the Ming and Qing Dynasties), *in Gugong bowuyuan yuankan*, n° 4, p. 15-25.

Chen Juanjuan et Huang Nengfu
1995 *Zhongguo fuzhuangshi*, Pékin, Zhongguo luyou chubanshe.

Chen Xiasheng
1995a « Ruyi kao-lidai ruyi de shiyong yu fuzhan » (Étude sur les *ruyi*, leur fonction, et leur évolution à travers les âges), *in Gugong Xueshu Jikan*, Taipei, vol. 12, n° 2, janvier, p. 21-79.
1995b *Auspicious Ju-i Scepters of China*, Taipei.

Cheng Dong et Zhong Shaoyi (éd.)
1990 *Zhongguo gudai bingqi tuji* (Album d'armes chinoises anciennes), Pékin, Jiefangjun chubanshe.

Chiu Che Bing
1993 « Pékin, espace sous influences », *in* Flora Blanchon (éd.) *Asies*, II, *Aménager l'espace*, Paris, Presses de l'Université de Paris-Sorbonne, p. 51-73.

Chou Ju-hsi et Brown, Claudia, (éd.)
1988 *Chinese Painting under the Qianlong Emperor*, *Phoebus* 6, Number 1, Tempe (Arizona), Arizona State University, 1988.

Chou Ju-hsi et Brown, Claudia
1985 *The Elegant Brush: Chinese Painting under the Qianlong Emperor, 1736-1795*, Phoenix (Arizona), Phoenix Art Museum.

Christie's
1996 *The Imperial SaleFine Chinese Ceramics and Works of Art*, Hong-Kong, 28-29 avril.

Chung Young C.
1980 *The Art of Oriental Embroidery*, London, Bell & Hyman.

Claudel, Paul
1957 *Cinq grandes Odes*, Paris, Gallimard.

Clunas, Craig
1991 *Superfluous Things*, Oxford, Polity Press.

Combaz, Gilbert
1909 *Les Palais impériaux de la Chine*, Bruxelles, De Vromant.

Cranmer-Byng, J. L. et Levere, Trevor H.
1981 « A Case study in Cultural Collision: Scientific Apparatus in the Macartney Embassy to China, 1793 » *in Annals of Science*, 38, p. 503-525.

Cranmer-Byng, J. L.
1957 « Lord Macartney's Embassy to Peking in 1793. From official Chinese Documents », *in Journal of Oriental Studies*, vol. IV, p. 117-187.

Cultural Relics of Tibetan Buddhism collected in the Qing Palace
1991 Beijing, Forbidden City Press-The Woods Publishing Company.
1992 Musée du Gugong (éd.), Pékin, Forbidden City Press.

Crossley, Pamela et Rawski, Evelyn S.
1993 « A profile of the Manchu language in Ch'ing history », *Harvard Journal of Asiatic Studies*, 53/1, p. 63-102.

Curtis, Emily B.
1990 « The Kangxi Emperor's Glass-house... nella Fornace di Vetri », *in Journal of the International Chinese Snuff Bottle Society*, Baltimore t. 22, n° 4, p. 4-16.
1995 « Qing Imperial Glass », *in Chinese Snuff Bottles in the Collection of M. et G. Bloch*, Londres, p. XIV-XXVII.

Da ming huidian
1989 Édition de Wanli (1587), rep. Yangzhou, Jiangsu guangling guji keyinshe.

Da Qing lüli xinxiu tongzuan jicheng
1898 (Nouvelle compilation révisée du Code des Qing), Zhesheng dajie hefang bendang fadui.

Da Qing tongli
1759 (Rituel en usage dans tout l'empire des Qing), Pékin, 1759, 50 juan.

Dan Shiyuan
1986 « Guanli gongting shenghuo de qingdai neiwufu zuzhi jigou ji qi dang'an » (L'organisation et les archives de la Maison impériale, chargée de pourvoir à la vie matérielle de la cour sous les Qing), *in Gugong bowuyuan yuankan*, n° 3, p. 21-25.

De Verboden Stad
1990 *De Verboden Stad-Hofcultuur van de Chinese Keizers* (titre anglais : The Forbidden City-Court Culture of the Chinese Emperors 1644-1911), Rotterdam, Museum Boymans-van Beuningen (catalogue d'exposition).

DeGraw, Imelda Gatton (éd.)
1981 *Secret Splendors of the Chinese Court. Qing Dynasty Costume from the Charlotte Hill Grant Collection*, Denver, Denver Art Museum.

Demiéville, Paul
1962 *Anthologie de la poésie chinoise classique*, Paris, Gallimard, (Connaissance de l'Orient, Collection UNESCO d'œuvres représentatives).

Deng Shuping
1983 *Catalogue of a Special Exhibition of Hindustan Jade*, Taipei, National Palace Museum.

Dermigny, Louis
1964 *La Chine et l'Occident, le commerce à Canton au XVIIIe siècle, 1719-1833*, 3 vol., Paris.

Dickinson, Gary et **Wrigglesworth, Linda**
1990 *Imperial Wardrobe*, Hong Kong, Oxford University Press.

Dien, Albert E.
1981-82 « A Study of Early Chinese Armour », *in Artibus Asiae*, vol. XLIII, 1/2, p. 5-66.

Douin, G.
1910 « Cérémonial de la Cour et coutumes du peuple de Pékin », *in Bulletin de l'Association amicale franco-chinoise*, vol. 2, n° 2, avril 1910, p. 105-138 ; vol. 2, n° 3, juillet 1910, p. 215-237 ; vol. 2, n° 4, octobre 1910, p. 347-368.

Drège, Jean-Pierre
1991 *Marco Polo et la route de la soie*, Paris, Découvertes-Gallimard.

Droguet, Vincent
1994 « Les Palais Européens de l'empereur Qianlong et leurs sources italiennes », *in Histoire de l'art*, n° 25/26, mai, p. 5-28.

Durand, Antoine et **Thiriez, Régine**
1993 « Engraving the Emperor of China's European Palaces », *in Biblion, The Bulletin of The New York Public Library*, vol. 1, n° 2, Spring, p. 81-107.

Durand, Pierre-Henri
1991 *Lettrés et pouvoirs : un procès littéraire dans la Chine impériale*, Paris, Éditions de l'EHESS.

Eberhard, Wolfram
1983 *Lexikon chinesischer Symbole*, Dusseldorf, Diederichs.

Elisseeff, Danielle
1986 *Chine. Trésors et splendeurs* (catalogue d'exposition, Palais de la Civilisation, Montréal, 1986), Paris, Arthaud.

Essen, Gerd-Wolffgang et **Thingo Tsering Tashi**
1989 *Die Götter des Himalaya, Buddhistische Kunst Tibets, die Sammlung Gerd-Wolfgang Essen*, catalogue d'exposition, Munich, Cologne.

Estournel, Jean-Luc
1992 « Rus-pa'i-rgyan : parures rituelles tibétaines en os humain », *in Histoire de l'Art*, Paris, La documentation française, n° 20.

Fairbank, John K. et **Teng Ssu-yü**
1961 « On the transmission of Ch'ing documents », *Harvard Journal of Asiatic Studies*, 4 (1939), p. 12-46. Repris dans Fairbank et Teng, *Ch'ing Administration: Three Studies*, Cambridge (Mass.), Harvard University Press.

Fang Jianjun
1991 *Zhongguo chutude shiqian ji shangdaide yueqi* (Les instruments de musique de la préhistoire et des Shang mis au jour en Chine), 1, p. 4-5.

Faulkenhausen, Lothar von
1993 *Suspended Music, chime bells in the culture of Bronze Age China*, Berkeley, University of California Press.

Faure, Élie
1964 *Œuvres diverses*, Paris, Jean-Jacques Pauvert.

Feng Xianning et **Geng Baochang**
1994 *Selected Porcelain of the Flourishing Qing Dynasty at the Palace Museum*, Pékin, Forbidden City Publishing House.

Fernald, Helen
1946 *Chinese Court Costumes*, Toronto, Royal Ontario Museum.

Forêt, Philippe
1993 « Les concepts géomantiques des trois capitales Qing », *in* Flora Blanchon (éd.), *Asies*, II, *Aménager l'espace*, Paris, Presses de l'Université de Paris-Sorbonne, p. 123-138.

Fortune, Robert
1847 *Three Years' Wandering in the Northern Provinces of China*, 2e édition, Londres, Murray.

Foss, Theodore N.
1988 « A Western Interpretation of China: Jesuit Cartography », *in* C. E. Ronan et Bonnie B. C. Oh (éd.), *East Meets West. The Jesuits in China, 1582-1773*, Chicago, Loyola University Press, p. 109-251.

Fu Lianzhong
1986 « Qingdai Yangxindian shinei zhuangxiu ji shiyong qingkuang » (L'aménagement intérieur et la fonction de la Salle de la Nourriture de l'Esprit à l'époque des Qing), *in Gugong bowuyuan yuankan*, n° 2, p. 41-48.

Gao Jin et alii
1979 *Nanxun shengdian* (Célébration des voyages dans le Sud), préface de 1771, repr. Taipei.

Garner, Sir Harry
1979 *Chinese Lacquer*, Londres, Faber and Faber.

Garrett, Valery M.
1994 *Chinese Clothing. An Illustrated Guide*, Hong Kong, Oxford University Press.

Gaubil, Antoine S. J.
1970 *Correspondance de Pékin 1722-1759*, Genève, Librairie Droz.

Golvers, Noël
1993 *The Astronomia Europaea of Ferdinand Verbiest, S. J. (Dillingen, 1687)*, Nettetal, Steyler Verlag, Monumenta Serica Monograph Series XXVIII.

Goodrich, Luther Carrington
1935 *The Literary Inquisition of Ch'ien-Lung*, Baltimore, Waverly Press.

Gournay, Antoine
1995a « Les fruits du jardin chinois », *in* Flora Blanchon (éd.), *Asie*, III, *Savourer, goûter*, Paris, Presses de l'Université de Paris-Sorbonne, p. 249-258.

1995b « Le jardin chinois », *in* Philippe Bruneau et Pierre-Yves Balut (éd.), *in Ramage*, n°12, Paris, Presses de l'Université de Paris-Sorbonne, p. 119-135.

Gugong bowuyuan (The Conservation Department of the Museum)
1985 « Ren zhen zuo hao baiwan jianwenwu cangpin baoguan gongzuo » (Do our best at the conservation of millions of cultural Relics in our Museum), *in Gugong bowuyuan yuankan* n° 3, p. 22-24.

Guillain, Robert
1986 *Orient Extrême. Une vie en Asie*, Paris, Arléa.

Gugong shuhuaji
1930 Beiping gugong bowuyuan (éd.), *Gugong shuhuaji* (Catalogue de peintures et calligraphies du Gugong), 47 vol., Pékin, Beiping gugong bowuyuan.

Gugong Zhoukan
1935 *Gugong Zhoukan* (Revue du Gugong), 510 numéros, Pékin, Beiping gugong bowuyuan, 1930-36.

Guo Fuxiang
1993 *Qianlong gongting yinzhang shulüe* (Résumé sur les sceaux à la cour de Qianlong), *in Gugong bowuyuan yuankan*, Pékin, n° 1, p. 36-43.

Guo Moruo (Kuo Mojo)
1951 *Qingtong shidai*, Pékin, Xinwenyi chubanshe.
1962 *Jiaguwenxue yanjiu*, Pékin, Kexue chubanshe.

Guo Qinghua
1995 *The Structure of Chinese Timber Architecture. Twelfth Century Design Standards and Construction Principles*, Doct. dissert., Göteborg, Chalmers University of Technology, School of Architecture, Department of Building Design.

Guo Songyi, Li Xinda, Li Shangying
1993 *Qingchao dianzhi* (Les institutions de la dynastie des Qing), Changchun, Jilin wenshi chubanshe.

Guochao gong shi
(Histoire du palais de la présente dynastie), 1770, 36 juan.

Guochao gong shi xubian
Continuation de l'histoire du palais de la présente dynastie), 1810, 100 juan.

Guy, R. Kent
1987 *The Emperor's Four Treasuries: Scholars and the State in the Late Ch'ien-Lung Era*, Cambridge (Mass.), Council on East Asian Studies.

Halsberghe, Nicole
1992 *Xin zhi ling tai yi xiang zhi (Vertoog over de nieuwgebouwde instrumenten op het observatorium, Ferdinand Verbiest, Beijing 1674)*, thèse de doctorat, Louvain, F. Verbiest Foundation, Chinese studies.

Harada Kinjirô (éd.)
1936 *Shina meiga hôkan* (titre anglais : The Pageant of Chinese Painting), Tôkyô.

Hardie, Peter
1990 « Glass in China, late Ming to early Qing », *in Transactions of the Oriental Ceramic Society*, London 1990/1, t. 55, p. 9- 28.

Harlez (de), Ch.
1887 *La religion nationale des Tartares Orientaux, Mandchous et Mongols, comparée à la religion des anciens Chinois, d'après les textes indigènes, avec le rituel tartare de l'empereur K'ien-Long*, Bruxelles.

Hartmann, Roland
1980 « Kingfisher feather jewellery », *in Arts of Asia*, mai-juin.

Hashimoto Keizo
1988 *Hsu Kuang-chi and Astronomical Reform, The process of the Chinese acceptance of Western astronomy 1629-1635*, Kansai University Press.

Hearn, Maxwell
1988 « Document and Portrait: The Southern Tour Paintings of Kangxi and Qianlong », *in* Ju-hsi Chou et Claudia Brown, (éd.), *Chinese Painting under the Qianlong Emperor*, Phoebus 6, Number 1, Tempe (Arizona), Arizona State University, p. 91-131.

Hearn, Maxwell et **Lutz, Albert**
1996 *Mandate of Heaven*, catalogue d'exposition, Zurich, Museum Rietberg.

Heaven's Embroidered Cloths. One Thousand Years of Chinese Textiles,
1995 Urban Council of Hong Kong, Hong Kong Museum of Art.

He Benfang
1985 « Qingdai de queguan yu neiwufu » (Les douanes et la Maison impériale sous les Qing), *in Gugong bowuyuan yuankan*, n° 2, p. 3-11.

Heilesen, Simon B.
1985 « Bilder von der Südreise des Kaisers Kangxi », *in* Ledderose et Butz (1985).

Heissig, W. et **Tucci, G.**
1973 *Les religions du Tibet et de la Mongolie*, Paris.

Helffer, Mireille
1995 *Mchod-rol. Les instruments de la musique tibétaine*, Paris, Éditions du CNRS - Éditions de la Maison des Sciences de l'Homme.

Hevia, J.
1993 « Lamas, Emperors and Rituals : Political Implications in Qing Imperial Ceremonies », *in Buddhist Studies*, vol. 16, n° 2, hiver 1993, p. 243-278.

Hobogirin, Dictionnaire encyclopédique du bouddhisme d'après les sources chinoises et japonaises
1981 Paris, Académie des Inscriptions et Belles-Lettres - Jean Maisonneuve, vol. 1 (rééd).

Ho Wai-Kam (éd.)
1992 *The Century of Tung Ch'i-Ch'ang (1555-1636)*, Seattle et Londres, The Nelson-Atkins Museum of Art et The University of Washington Press.

Hou Jinlang et Bi Meixue
1982 « *Mulantu yu Qianlong qiuji daliezhi yanjiu* », (La peinture *Mulan*, une recherche sur les grandes chasses d'automne de Qianlong), *in Gugong congkan*, Taipei, janvier, n° 25.

Hou Jinlang et Pirazzoli, Michèle
1979 « Les chasses d'automne de l'empereur Qianlong à Mulan », *in T'oung Pao*, Paris, Vol. LXV, 1-3, p. 13-49.

Hu Desheng
1986 « Qianlong lujiao yi » (Chaises en bois de cerf de Qianlong), *in Wenwu*, 1986-1987, p. 84-85.
1991 « Qianlong lingzhi da chaping » (Les grands écrans d'amadouvier de Qianlong), *in Zijincheng*, n° 62 (1991-1).

Huang Pei
1974 *Autocracy at Work. A Study of the Yung-cheng period, 1723-1735*, Bloomington et Londres, Indiana State University Press.

Huang Miaozi
1983 « Yongzheng fei huaxiang » (Portraits de concubines de Yongzheng), *in Zijincheng*, n° 20, p. 28-34.

Huang Shiqing
1988 « Qingdai de yinjian zhidu » (le système des audiences impériales à l'époque des Qing), *Lishi dang'an*, 1, p. 79-86.

Hu Yanjiu
1987 *Zhongguo yueji tuzhi*, Pékin, Qinggongye chubanshe.
1992 *Zhongguo yueqi tujian*, Jinan, Shandong jiaoyu chubanshe.

Huang Nengfu et Chen Juanjuan (éd.)
1995 *Zhongguo fuzhuang shi*, Pékin, Zhongguo lüyou chubanshe.

Huangchao liqi tushi,
préface de 1759, imprimé en 1766, rééd. Wenyuange sikuquanshu distribution, Taipei, Taiwan shangwu yinshuguan, t. 656.

Huc, Évariste
1992 *L'Empire chinois*, 2 vol. (première éd. 1854), Pékin, Imprimerie des Lazaristes, 1926, rééd. Paris, Kimé.

Hummel, Arthur W (éd.)
1943-44 *Eminent Chinese of the Ch'ing Period (1644-1912)*, 2 vol., Washington D.C, Library of congress, Washington, D.C., US Government Printing Office, repr. Taipei, SMC Publishing, 1991.

Imperial Taste, Chinese Ceramics from the Percival David Foundation
1989 Chronicle Books, San Francisco, Los-Angeles County Museum of Art, Percival David Foundation of Chinese Art.

Jagchid, S. et Bawden, R.
1968 *Notes on hunting of some nomadic peoples of Central Asia*, in *Asiatische Forschungen*, Wiesbaden, Band 26.

Jami, Catherine
1994a « Learning Mathematical Sciences During the Early and Mid-Ch'ing », *in* B. Elman et A. Woodside (éd.), *Education and Society in Late Imperial China 1600-1900*, Berkeley, Los Angeles et Londres, University of California Press, p. 223-256.
1994b « L'empereur Kangxi (1662-1722) et la diffusion des sciences occidentales en Chine », *in* I. Ang et P.E. Will (éd.), *Nombres, astres, plantes et viscères. Sept essais sur l'histoire des sciences en Asie orientale*, Paris, Collège de France, Mémoires de l'Institut des Hautes Études Chinoises, vol. XXXV, p. 193-209.

Jenyns, R. Soame et Watson, William
1963 *Arts de la Chine. Or, argent, bronzes des époques tardives, émaux, laques, bois*, Fribourg, Office du Livre - Paris. Société française du Livre, (rééd. 1980).

Jenyns, R. Soame
1965 *Arts de la Chine. Soieries et tapis. Verre. Ivoire. Pierres dures, Flacons à tabac. Pierres à encre et autres objets d'art*. Fribourg, Office du Livre, (rééd. 1980).

Ji Ruoxin
1985 « Baishan heishui chu dongzhu », *in The National Palace Museum Monthly of Chinese Art*, Taipei, n° 20, p. 99-103.

Jin gong tan mi
1991 (À la recherche des secrets du palais interdit), Pékin, Zhongguo wenxue chubanshe.

Jin Yi
1993 *Mémoires d'une dame de la cour dans la Cité Interdite*, traduit du chinois par Dong Qiang, Arles, Éditions Philippe Picquier.

Jochim, Christian
1979 « The imperial audience ceremonies of the Ch'ing dynasty », *in Bulletin of the Society for the Study of Chinese Religion*, n° 7, automne 1979, p. 88-103.

Ju Deyuan
1989 « Qingdai yesuhuishi yu xiyang qiqi », *in Gugong bowuyuan yuankan* 1989/1, p. 3-16.

Kahn, Harold
1971 *Monarchy in the Emperor's Eyes: Image and Reality in the Ch'ien-lung Reign*, Cambridge (Mass.), Harvard University Press.

Kanda Kiichirô
1976 *Chûgoku no ko-in, sono kanshô no rekishi* (Sceaux anciens de la Chine, histoire de leur appréciation), Tôkyô, Nigensha.

Kao Mayching
1991 « European Influences in Chinese Art », *in* Lee Thomas H. C. (éd.) *China and Europe*, Hongkong, The Chinese University Press.

Kerr, Rose
1987 « Traditional and Conservative Styles in the Ceramic Art of China », *in Style in the East Asian Tradition*, Londres, University of London, School of Oriental and African Studies, Perceval David Foundation of Chinese Art, Colloquies on Art and Archeology in Asia, n° 14, p. 169-181.

Knapp, Ronald G.
1990 *The Chinese House*, Hong Kong, Oxford University Press.

Kohara Hironobu
1988 « The Qianlong Emperor's Skill in the Connoisseurship of Chinese Painting », *in* Ju-hsi Chou and Claudia Brown, (éd.), *Chinese Painting under the Qianlong Emperor*, Phoebus 6, Number 1, Tempe (Arizona), Arizona State University, p. 56-73.

Krahl, Regina
1994 *Chinese Ceramics from the Meiyintang Collection*, Londres, Azimath Ed. (2 vol.).

Kuhn, Dieter
1995 « Silk Weaving in Ancient China: From Geometric Figures to Patterns of Pictorial Likeness », *in Chinese Science* 12, p. 77-114.

Kuhn, Philip A.
1978 « The Taiping rebellion », *in* John K. Fairbank (éd.), *The Cambridge History of China*, vol. 10, *Late Ch'ing, 1800-1911, Part I*, Cambridge, Cambridge University Press, p. 264-317.
1990 *Soulstealers: The Chinese Sorcery Scare of 1768*, Cambridge (Mass.), Harvard University Press.

Kuo Jason C.
1992 *Word as Image, The Art of Chinese Seal Engraving*, New York City, China Institute in America.

Kuwayama, George
1982 *Far Eastern lacquer*, Los Angeles, Los Angeles County Museum of Art.

Lang Xiuhua
1991 « Qingdai gongting xiqu fazhan qiantan » (Aperçu du développement de l'opéra de cour sous les Qing), *in Gugong bowuyuan yuankan*, n° 1, p. 70-76.

Langles, L.
1804 *Rituel des Tartars-Mantchoux, rédigé par l'ordre de l'empereur Kien-Long*, Paris.

Lecomte, Louis
1990 *Un Jésuite à Pékin. Nouveaux mémoires sur l'état présent de la Chine 1687-1692*, Paris, Phébus.

Ledderose, Lothar et Butz, Herbert (éd.)
1985 *Palastmuseum Peking. Schätze aus der Verbotenen Stadt*, catalogue d'exposition, Berliner Festspiele, Francfort/Main, Insel Verlag.

Ledderose, Lothar
1978/79 « Some Observations on the Imperial Art collection in China », *in Transactions of the Oriental Ceramic Society*, 1978-79, p. 33-46.

Lefebvre d'Argencé, René-Yvon
1967 *Chinese Ceramics in the Avery Brundage Collection*, San-Francisco, The de Young Museum Society.

Leiris, Michel
1994 *Journal de Chine*, Paris, Gallimard.

Lelewel, Joachim
1875 *Géographie du moyen âge*, 3 vol., Bruxelles, Ve et J. Pilliat, successeurs de J. P. Voglet, 1852.

Lessing, F. D
1942 *Yung-He-Kung, An Iconography of the Lamaist Cathedral in Peking with Notes on Lamaist Mythology and Cult*, Stockholm.
1956 « The Topographical Identification of Peking with Yamântaka », *in Central Asiatic Journal*, vol. II, p. 140-141.

Lettres édifiantes et curieuses de Chine par des missionnaires jésuites, 1702-1776,
1979 Chronologie, introduction, notices et notes par Isabelle et Jean-Louis Vissière, Paris, Garnier-Flammarion.

Leys, Simon
1974 *Ombres chinoises*, Paris, Robert Laffont.

Li Chunyi
1984 *Zhongguo gudai yinyue shigao, Essai historique sur la musique chinoise ancienne*, Pékin, Renmin yinyue chubanshe.

Li Chu-tsing
1974 *A Thousand Peaks and Myriad Ravines. Chinese Paintings in the Charles A. Drenowatz Collection*, 2 vol., Ascona, Artibus Asiae Publishers.

Li Jiufeng
1985 « Gugong bowuyuan cang diaoqi » (Carved lacquer in the collection of the Palace Museum), Pékin, Wenwu chubanshe.

Li Lulan
1991 « Zhongguo minjian chuantong Jieri » (Fêtes populaires chinoises traditionnelles), Jiangxi, meishu chubanshe (Zhongguo minjian wenhua tushuo).

Li Man-kuei
1945 Notice « Chang Chao », *in* Arthur W. Hummel (éd.), *Eminent Chinese of the Ch'ing Period*, Washington, U. S. Government Printing Office.

Li Yumin
1987 « Fojiao meishu yuanliu yu fachan » (Origne et développement de l'art bouddhique), *in Gugong wenwu yuekan*, vol. 5, n° 7, p. 18-37.

Li Zhiyan et Cheng Wen
1984 *Chinese Pottery and Porcelain*, Pékin, Foreign Languages Press.

Li Zuding (éd.)
1989 *Zhongguo chuantong jixiang tu'an* (titre anglais : *Chinese Traditional Auspicious Patterns*), Shanghai, Shanghai Popular Science Press.

Liang Ssu-ch'eng
1984 *A Pictorial History of Chinese Architecture*, ed. by Wilma Fairbank, Cambridge (Mass.) et Londres, The MIT Press.

Lidai shinu hua,
1981 Gugong bowuyuan (ed.), *Gugong bowuyuancang lidai shinuhua xuanji*, Tianjin, Tainjin daxue chuabanshe.

Lion-Goldschmidt, Daisy
1973 « Nouveaux laques chinois », *in La Revue du Louvre et des Musées de France*, n° 2, p. 119-128.

Liu Ruoyu
1980   *Ming gong shi* (Histoire du palais des Ming), vers 1640, rep. Pékin, Guji chubanshe.
1935   *Zhuo zhong zhi* (Chronique éclectique), vers 1640, rep. Shanghai, Shangwu yinshuguan.

Liu Wanhang
1985a   « Zhongguo jingtailan de yuanlai: jian tan chicuo jishu » (L'origine des émaux cloisonnés chinois ainsi que l'art de leur fabrication) *in Gugong wenwu Yuekan*, vol. 1, n° 3, p. 81-87.
1985b   « Neiting falang: jian tan tiban zhengcangyuan suo cang de falang yin jing » (Les émaux cloisonnés : à propos du miroir en argent conservé au Shosoin, Japon) *in Gugong Wenwu Yuekan*, vol. 2, n° 5, p. 68-74.

Londres, Albert
1992   *Œuvres complètes*, Paris, Arléa.

Loth, Anne-Marie
1981   *Védisme et hindouisme. Du divin et des dieux*, Les Pavillons-sous-Bois, Le Bas père et fils.

Loti, Pierre
1991   « Les derniers jours de Pékin », *in Voyages (1872-1913)*, Paris, Robert Laffont.

Lu Jian
1981   « Kangxi huafalang suoyi », *in Gugong bowuyuan yuankan*, n° 3, Pékin.
1981   « Discussion on Painted Enamels with Kangxi Reign Marks », *in Palace Museum Journal*, n° 3, Pékin.

Lun kongqian fada de qianlong chao yuqi
1991   (Au sujet du développement sans précédent de la sculpture du jade pendant le règne de Qianlong), *in Gugong wenwu yuekan* (105), Taipei, nov., vol. 9, n° 8, p. 100 à 119.

Luo Fuyi
1973   Wang Renzong, *Yinzhang Gaishu* (Généralités sur les sceaux), Hong-Kong, Zhonghua shuju.

Luo Zhewen
1994   *Les pagodes de la Chine ancienne*, Pékin, Éditions en langues étrangères.

MacFarquhar, D. M.
1968   « The Origins of the Manchu's Mongolian Policy », *in The Chinese World Order*, Cambridge (Mass.), Harvard University Press, p. 198-205.
1978   « Emperor as Bodhisattva in the Governance of the Ch'ing Empire », *in Harvard Journal of Asiatic Studies*, vol. 38 n° 1, p. 5-34.

Mailey, Jean
1978   *Embroidery of Imperial China*, New York, China House Gallery.

Malaparte, Curzio
1959   *En Russie et en Chine*, Paris, Denoël.

Malone, Carroll B.
1966   *History of the Peking Summer Palaces under the Ch'ing Dynasty*, Urbana (Illinois), 1934, repr. New York, Paragon Book Reprint Corp.

Malraux, André
1967   *Antimémoires*, Paris, Gallimard.

Maspero, Henri
1939   « Les instruments astronomiques des Chinois au temps des Han » *in Mélanges chinois et bouddhiques*, 6, p. 183.

Masterpieces of Chinese Writing Materials
1971   *Masterpieces of Chinese Writing Materials in the National Palace Museum*, Taipei, National Palace, Museum.

Mayuyama Yasuhiko, Tamura Jitsuzo et Yang Boda
1985   *Shikinjō no kyūtei geijutsu-Kokyū Hakubutsukan ten*, Tokyo, Seibu Bijutsukan et Asahi Shimbun.

Medley, Margaret
1982   *The Illustrated Regulations for Ceremonial Paraphernalia of the Ch'ing Dynasty*, London, Han-Shan Tang.

Ming shi
1974   *Mingshi* (Histoire des Ming), Pékin, Zhonghua shuju distribution.

Mortari Vergara, Paola
1987   « L'architecture de style tibétain en Chine. Époque Qing ». in Paola Mortari Vergara et Gilles Béguin (éd.), *Demeures des hommes - sanctuaire des dieux. Sources, développement et rayonnement de l'architecture tibétaine*, Rome, Universita di Roma, « La Sapienza », p. 453-480.

Naquin, Susan
1976   *Millenarian Rebellion in China: The Eight Trigrams Uprising of 1813*, New Haven, Yale University Press.
1981   *Shantung Rebellion: The Wang Lun Uprising of 1774*, New Haven, Yale University Press.

Natschlaeger, Helga
1987   *Universum in Seide. Roben der Qing-Dynastie (1644-1911) aus der Sammlung des Österreichischen Museums für angewandte Kunst*, Waldviertel, Österreichisches Museum für angewandte Kunst.

Needham, Joseph
1954   *Science and Civilisation in China*, Cambridge, Cambridge University Press, 7 vol., 15 tomes parus.

Nie Chongzheng
1995   « Architectural Decoration in the Forbidden City: Trompe-l'œil Murals in the Lodge of Retiring from Hard Work » *in Orientations*, Hong Kong, vol. 26, n° 7, juillet-août, p. 51-55.

Ogawa, K.
1906   *Photographs of Palace Buildings of Peking compiled by the Imperial Museum of Tokyo*, Tokyo.

Olshak, Blanche-Christine
1973   *Mystic Art of Ancient Tibet*, Londres, Georges Allen and Unwin.

Pagani, Catherine
1995   « Clockmaking in China under the Kangxi and Qianlong Emperors », *in Arts Asiatiques*, Paris, EFEO et CNRS, tome L, p. 76-84.

Pal, Pratapaditya
1990   *Art of Tibet. A catalogue of the Los Angeles County Museum of Art Collection*. Los Angeles, Los Angeles County Museum of Art.

Pang, Mae Anna (éd.)
1988   *Dragon Emperor-Treasures from the Forbidden City*, Melbourne, National Gallery of Victoria (catalogue d'exposition, Melbourne, Sydney, Perth, 1989).

Pang, Tatiana A.
1993   « The Kun-ning-gung Palace in Peking: The Manchu Dynasty's Shaman Center in the "Forbidden City" », *in Shaman*, vol. 1, n° 2, automne 1993, Budapest.

Pekin Kokyū hakubutsuin meihōten
1995   (titre anglais : *Treasures of the Palace Museum, Beijing*), Tokyo, Fuji Art Museum (catalogue d'exposition), Tōkyō, Saitama, Hokkaidō, Chiba, Osaka.

Pelliot, Paul
1976   *Carnets de Pékin 1899-1901*, Paris, Imprimerie Nationale.

Peng Guodong
1969   *Qingshi wenyan zhi* (Les procès littéraires dans l'histoire des Qing), Taipei, Shangwu yinshuguan.

Peyrefitte, Alain
1975   *Quand la Chine s'éveillera*, Paris, Le Livre de Poche.

Picard, René
1973   *Les Peintres jésuites à la cour de Chine*, Grenoble.

Pirazzoli-t'Serstevens, Michèle (éd.)
1987   *Le Yuanmingyuan, jeux d'eau et palais européens du XVIIIe siècle à la cour de Chine*, Paris, Éditions Recherche sur les Civilisations.

Polo, Marco
1980   *Le Devisement du monde ou le Livre des Merveilles*, Paris, La Découverte.

Pommaret, Françoise
1989   *Les revenants de l'au-delà dans le monde tibétain*, Paris, CNRS.

Priest, Alan
1945   *Costumes from the Forbidden City*, New York, The Metropolitan Museum.

Qi Rushan
1968   *Beiping* (Pékin), Taipei, Zhengzhong shuju.

Qianlong
1969   *Yuzhi shi*, 1755 *in Shiqubaoji xubian*, repr. Taipei National Palace Museum.

Qin Guojing
1990   « Qingdai gongting de jingwei zhidu » (La garde du palais sous les Qing), *in Gugong bowuyuan yuankan*, n° 4, p. 4-71.

Qinding Da Qing Huidian
1899   (Recueil des Institutions des Qing), Taipei, Shangwu yinshuguan.

Qingdai dihou xiang
1931   Beiping gugong bowuyuan (ed.), *Qingdai dihou xiang* (Portraits des empereurs et impératrices de la dynastie des Qing), 4 vol., Pékin, Beiping gugong bowuyuan.

Qingdai gongting huihua
1992   Gugong bowuyuan (éd.), *Qingdai gongting huihua* (titre anglais : *Court Paintings of the Qing Dynasty of the Collection in the Palace Museum*), Pékin, Wenwu chubanshe.

Rault-Leyrat, Lucie
1992   « L'harmonie du Centre, aspects rituels de la musique dans la Chine Ancienne », *in Cahiers d'ethnomusicologie*, Genève, 5, p. 111-125.

Rawson, Jessica (éd.)
1992   *Chinese Art*, Londres, the Trustees of the British Museum, British Museum Press.

Ren Guichun (Im Kaye Soon),
1993   *Qingchao baqi zhufang xingshuai shi* (La mise en place et le déclin des garnisons des Huit Bannières à l'époque des Qing), Pékin, Sanlian shudian.

Reardon, Jackie
1988   « Structural tension in the paintings of Hongren », *in Oriental Art*, Londres, vol. 34, n° 1, Spring 1988, p. 20-34.

Ricci, Matthieu et Trigault, Nicolas
1978   *Histoire de l'expédition chrétienne du royaume de la Chine, 1582-1610*, Paris, Desclée de Brouwer/Bellarmin.

Rogers, Howard
1985   « Court Painting under the Qianlong Emperor » *in The Elegant Brush: Chinese Painting under the Qianlong Emperor, 1735-1795*, Phoenix, Phoenix Art Museum.
1988   « For Love of God: Castiglione at the Qing Imperial Court » *Phoebus 6*, n° 1, Tempe (Arizona), Arizona State University, p. 141-160.

Rongling
1979   « Wo zuo xitaihou yuqian nüguan suo yi » (Petits souvenirs du temps où j'étais dame d'honneur de l'impératrice douairière Cixi), *in Chunqiu zazhi* (Revue des printemps et automnes), n° 538, 1er décembre, p. 10-15 ; n° 539, 16 décembre, p. 11-16.

Roth, H.
1989   *Katalog der Tibetischen und Mongolischen Sachkultur*, Wiesbaden, Otto Harrasowitz.

Salviatti, Filippo
1995   « The Dongxi Collection of Chinese Jades », *Orientations*, Hong Kong, novembre, p. 46-51.

Scott, Rosemary E.
1987   « 18th century overglaze enamels : the influence of technological development on painting style », *in* R. E. Scott et Graham Hutt, *Style in the East Asian Tradition*, Londres, University of London.

Segalen, Victor
1995   *Œuvres complètes*, Paris, Robert Laffont.

Sichuan sheng wenwu guanli weiyuanhui
1985   « Nan Song Yu Gongzhu fufu hesang mu », *in Kaogu xuebao* n°3, p. 383-402.

Simon, Eugène
1992   *La Cité chinoise*, Paris, Nouvelle Revue, 1885 (rééd. Paris, Kimé).

Sirén, Osvald
1924   *The Walls and Gates of Peking*, Londres, John Lane The Bodley End Ltd.
1958   *Chinese painting. Leading Masters and Principles*, 7 vol., Londres, Lund Humphries et New York, Ronald Press, 1956-58.

Sivin, Nathan
1973   « Copernicus in China », *in Studia Copernicana*, Varsovie, vol. VI, p. 63-122.

Soper, Alexander (trad.)
1951   *Kuo Jo-Hsü's Experiences in Painting*, Washington, D. C.
1982   *Comprehensive Illustrated Catalog of Chinese Painting*, Tokyo.

Sotheby's Hong Kong
catalogues de vente :
- 9 juillet 1974
- 28 et 29 novembre 1979
- 20-21 mai 1980
- 20 mai 1981
- 24-25 novembre 1981
- 14 novembre 1983
- 21-22 mai 1985.

Speiser, Werner
1965   *Lackkunst in Ostasien*, Baden-Baden, Holle Verlag.

Spence, Jonathan D.
1976   « The Wan-li period vs. the K'ang-hsi period: Fragmentation vs. Reintegration », *in* C. Murck (éd.), *Artists and Traditions, Uses of the past in Chinese Culture*, Princeton, Princeton University Press.
1996   *God's Chinese Son: The Taiping Heavenly Kingdom of Hong Xiuquan*, New York, Norton.

Stein, Rolf
1939   « Notes et commentaires du *Liaozhi* », *in T'oung pao*, Paris, Vol. XXXV, 1-3.
1987   « Jardins en miniature d'Extrême-Orient », *in Le Monde en petit*, Paris, Flammarion, coll. Idées et recherches.

Stevenson, Edward Luther
1921   *Terrestrial and Celestial globes*, New Haven, published for the Hispanic society of America by the Yale University Press.

Suzuki Chûsei
1952   *Shinchô chûki shi kenkyû* (Recherches sur l'histoire du milieu des Qing), Toyohashi, Aichi daigaku kokusai mondai kenkyûjo.
198?   « Kenryû jûnana nen ba chôshu no han Shin undô: Chûgoku minshû no yûtopia undô no ichirei » (Le mouvement anti-Qing de Ma Chaozhu en 1752 : un exemple de mouvement utopique de masse en Chine), in *Ronshû kindai Chûgoku kenkyû* (mélanges en l'honneur d'Ichiko Chûzô), Tokyo, p. 177-193.

Taipei Gugong bowuyuan
1984   *Taipei Gugong bowuyuan* Falang hua, Qingdai huafa-lang tezhan mulu, Taipei.

Tang Lan
1933   « Guyueqi xiaoji », *Yangjing xuebao*, 14.

Tang, Rinnie et Colombel, Pierre
1992   *Trésors de la Cité interdite : art de vivre des empereurs de Chine*, catalogue de l'exposition Chinagora, Alfortville (1990), introduction par Alain Peyrefitte, Moisenay, Rémy - Marie-Ange.

Tenri Daigaku (éd.)
1987   *Tenri Daigaku fuzoku tenri sankokan zôhin - pekin no kamban*, Tenri, Tenrikyo doyusha.

Tesori (I) del Palazzo Imperiale di Shenyang
1989   catalogue d'exposition, (Palazzina di Caccia, Stupinigi, Turin, 1989-1990), Turin, Fabbri Editori.

The Manchu Dragon
1981   *The Manchu Dragon. Costumes of the Ch'ing Dynasty 1644-1912*, New York, The Metropolitan Museum.

Thorp, Robert L.
1988   *Son of Heaven. Imperial Arts of China*, Seattle, Son of Heaven Press.

Tokyo Fuji (cf. *Pekin Kokyû*)

Tong Yan
1986   « Gugongcang qingdai xinjiang ditan » (Tapis du Xinjiang de la dynastie des Qing dans les collections du Gugong), *in Wenwu*, 1986-7, p. 81-83.

Torbert, Preston M.
1977   *The Ch'ing Imperial Household Department: A Study of its Organization and Principal Functions, 1662-1796*, Cambridge (Mass.), Harvard University Press.

Tôyô no shikkô-gei
1971   Tôkyô National Museum, *Tôyô no shikkô-gei* (titre anglais : *Oriental Lacquer Arts*), Tôkyô, Tôkyô National Museum.

Tributes from Guangdong
1987   *Tributes from Guangdong to the Qing Court*, catalogue d'exposition, Hong Hong, Art Gallery, The Chinese University of Hong Kong.

Uitzinger, Ellen (éd.)
1990   Cf. *De Verboden Stad*.

Uitzinger, Ellen
1993   « For the man who has everything, western-style exotica in birthday celebrations at the court of Ch'ien-lung », *in* L. Blussé, H. T. Zurndorfer (éd.), *Conflict and Accomodation in Early Modern East Asia, Essays in Honour of Erik Zärcher*, Leyde.

Uldry, Pierre
1994   *Chinesisches Gold und Silber, Die Sammlung Pierre Uldry*, catalogue d'exposition. Zurich, Rietberg Museum.

Van der Meyden, Hans
1985   « Jin Nong. The life of an eccentric scholar and artist: a study of his socio-cultural background », *in Oriental Art*, Londres, vol. 31 n° 2, Summer 1985, p. 174-185.

Vandier-Nicolas, Nicole
1983   *Peinture chinoise et tradition lettrée*, Fribourg, Office du Livre.

Verne, Jules
1967   *Robur-le-conquérant*, Lausanne, Éditions Rencontre.
1994   *Les Tribulations d'un Chinois en Chine*, Paris, Le Livre de Poche.

Vissière, A.
1900   *Pékin, le palais et la cour*, Caen, Henri Delesques.

Vollmer, John E.
1977   *In the Presence of the Dragon Throne. Ch'ing Dynasty Costume (1644-1911) in the Royal Ontario Museum*, Toronto, Royal Ontario Museum.

Wakeman, Frederic Jr.
1985   *The Great Enterprise, The Manchu Reconstruction of Imperial Order in Seventeenth-Century China*, 2 vol., Berkeley, University of California Press.

Waley-Cohen, Joanna
1993   « China and Western Technology in the Late Eighteenth Century », *in The American Historical Review*, December, vol. 98, n° 5, p. 1525-1544.

Wan qing shenghuo: Wan qing gongting shenghuo jianwen
1983   (Témoignages et récits sur la vie au palais impérial à la fin des Qing), Taipei, Muduo chubanshe.

Wan Yi, Wang Shuqing et **Lu Yanzhen** (éd.)
1985   *Qingdai gongting shenghuo* (La vie au palais impérial à l'époque des Qing), Hong Kong, Shangwu yinshuguan (Commercial Press).

Wan Yi, Wang Shuqing et **Lu Yanzhen**
1989   *Das Leben in der Verbotenen Stadt*, Pékin, (version allemande de Wan Yi, Wang Shuqing et Lu Yanzhen (1985).

Wan Yi
1985   « Qingdai gongsu yu minsu » (Coutumes du palais et coutumes populaires sous les Qing), *in Gugong bowuyuan yuankan*, n° 2, p. 45-48.

Wang Baoguang
1985   « Ebilong dao », *in Zijincheng*, vol. 31, p. 10-11.

Wang Bomin (éd.)
1988   *Zhongguo meishu quanji: huihua bian*, vol. 20, Banhua, Shanghai, Renmin Meishu chubanshe.

Wang Daocheng
1985   « Yiheyuan xiujian niandai kao » (Examen critique de la date de construction du nouveau Palais d'Été), *in* Lin Keguang, Wang Daocheng et Kong Xiangji (éd.), *Jindai jing hua shiji* (Traces historiques des splendeurs de Pékin à l'époque moderne), Pékin, Zhongguo renmin daxue chubanshe.

Wang Honggang et **Fu Yuang**
1991   *Manzu fengsu zhi*, Pékin.

Wang Jiapeng
1990   « Gugong yuhuage tanyuan » (L'origine du Pavillon des Fleurs en Pluie au palais impérial), *in Gugong bowuyuan yuankan*, n° 1, p. 50-62.
1991   « Zhongzhengjian yu qing gong zangchuan fojiao » (Le Palais de l'Équité et de la Droiture et le bouddhisme tibétain au palais des Qing), *in Gugong bowuyuan yuankan*, n° 3, p. 58-71.

Wang Shuqing
1984   « Qingchao taijian zhidu » (L'institution des eunuques sous la dynastie des Qing), *in Gugong bowuyuan yuankan*, n°2, p. 3 -12.

Wan-Wang-Lu
1985   Cf. Wan Yi, Wang Shuqing et Lu Yanzhen (1985).

Wang Zhimin
1994   *Longpao*, Taipei, Yishu tushu gongsi.

Wang Zilin
1995   « Qingdai nu lüelun », *in Wenwu* n° 3, p. 64-68.

Watt, James C.Y
1996   « The Antique Elegant », in Wen C. Fong et James C. Y. Watt, *Possessing the Past. Treasures from the National Palace Museum, Taipei*, (New York, The Metropolitan Museum of Art - Taipei, National Palace Museum), New York, Harry Abrams, p. 502-553.

Wei Dong
1988   « Lang Shining yu Qing gong jielinghua », *in Gugong bowuyuan yuankan*, Pékin, n° 2, p. 80-87.

Weng Wan-go et **Yang Boda**
1982   *Die Schätze der Verbotenen Stadt*, Munich (version allemande).
1982   *The Palace Museum, Peking: Treasures of the Forbidden City*, New-York, Harry Abrams.

Wilhelm, Richard
Li Gi, Das Buch der Sitte des älteren und jungeren Dai, Düsseldorf et Köln o.J., Diederichs Taschenbuchausgabe 16.

Will, Pierre-Étienne
1980   *Bureaucratie et famine en Chine au XVIIIe siècle*, Paris, Éditions de l'EHESS/La Haye, Mouton.
1991-92 « Résumé des cours et travaux », *Annuaire du Collège de France*, p. 679-688.
1994   compte rendu de Bartlett, *Emperors and Ministers*, in *Harvard Journal of Asiatic Studies*, LV/1, p. 313-337.

Will, Pierre-Étienne et **R. Bin Wong**
1991   *Nourish the People: The State Civilian Granary System in China, 1650-1850*, Ann Arbor, The University of Michigan Center for Chinese Studies.

Wilson, Verity
1986   *Chinese Dress*, London, Victoria and Albert Museum, Londres, Victoria and Albert Museum, Far Eastern Series.

Wood, Frances
1995   *Did Marco Polo go to China*, Londres, Secker and Warburg.

Wu Changyuan
1964   *Chen yuan zhilüe* (Abrégé de la ville impériale), 1788, rep. Pékin, Beijing chubanshe.

Wu Hung
1995   « Emperor's Masquerade - 'Costume Portraits' of Yongzheng and Qianlong », *in Orientations*, Hong Kong, juillet-août, p. 25-41.

Wu Xiangxiang
1962   *Wan qing gongting shiji* (Mémoires véridiques sur la cour à la fin des Qing), Taipei, Zhengzhong shuju.

Wu Zhenyue
1983   *Yang ji zhai conglu* (Recueil du Cabinet pour goûter l'heureuse fortune), Pékin, vers 1855, rep. Beijing guji chubanshe.

Xin fa suan shu
1972/1977 in *Wen yuan ge si ku quan shu,* vol. 789, Taipei, Shangwu yinshuguan.

Xu Kun
1994   « Qingchu huangshi yu douzhen fangzhi » (La famille impériale et la prévention contre la variole au début des Qing), *in Gugong bowuyuan yuankan,* n° 3, p. 91-96.

Yan Chongnian
1993   « Qingdai gongting yu saman wenhua » /La cour des Qing et la culture chamanique), *in Gugong bowuyuan yuankan,* n° 2, p. 55-64.

Yan Yiping
1976   *Zengding zhuanke rumen* (Initiation à la sigillographie), 2 vol., Taipei, Yiwen yinshuguan.

Yang Boda
1981   « Qingdai gongting yuqi » (Les jades à la cour sous les Qing), *in Gugong bowuyuan yuankan,* Pékin, vol. 15., n° 1, p. 49-61, planches 6-8.

1983   « Qing Dai boli gaishu » in *Gugong bowuyuan yuankan,* Pékin, t. 4, p. 3-17 (Résumé en anglais *in* Brown and Rabiner, 1987).

1985   « Qingdai huayuan guan », *in Gugong bowuyuan yuankan,* 1985/8, p. 54-68.

1987   « The characteristics and Status of Guangdong Handicrafts as seen from Eighteenth Century Tributes from Guangdong in the Collection of the Former Qing Palace » *in* cat. expo. *Tributes from Guangdong to the Qing Court,* cf. Tributes from Guangdong, (1987).

1991a   « An Account of Qing Dynasty Glassmaking », *in* Robert H. Brill et John H. Martin (éd.), *Scientific Research in Early Chinese Glass,* Corning, The Corning Museum of Glass, p. 131-150.

1991b   « The development of the Ch'ien-lung Painting Academy », *in* A. Murck et W. Fong, *Words and Images,* New York et Princeton, The Metropolitan Museum of Art and Princeton University Press, p. 333-356.

Yang Xinwen
1990   *Qingdai yuyuan tiying* (titre anglais : *The Best Specimens of Imperial Gardens of the Qing Dynasty),* Tianjin, Tianjin daxue chubanshe.

Ye Zhiru
1988   « Cong huangshi wangfu nupu xiaren renshen diwei kan qingdai shehui de fuxiu moluo » (La corruption et la décadence sociale à l'époque des Qing à la lumière du statut personnel de la domesticité dans la maison impériale et les maisons princières), *in Gugong bowuyuan yuankan,* n° 1, p. 21-28.

1990   « Cong rencan zhuancai zhuanmai kan qing gongting de tegong baozhang » (Le monopole de la récolte et de la vente du ginseng et la couverture des besoins de la cour des Qing), *in Gugong bowuyuan yuankan,* n° 1, p. 67-80.

Yu Zhuoyun (comp.)
1984   *Palaces of the Forbidden City,* traduit par Ng Mau-sang, Chan Sinwai et Puwen Lee, New York, Viking Press.

Yu Zhuoyun (éd.)
1995   *Zijincheng jianzhu yanjiu yu baohu* (Etude et protection de l'architecture de la Cité interdite), Pékin, Zijincheng chubanshe.

Yuan Hongqi
1991   « Lun Qianlong shiqi Qing gong jieqing huodong » (La célébration des fêtes saisonnières au palais des Qing au temps de Qianlong), *in Qingdai gongshi tanwei* (Enquêtes sur l'histoire du palais sous les Qing), Pékin, Zijincheng chubanshe, p. 369-383.

Zao Hong
1996   « A Preliminary Study of Civilian Kilns Producing Porcelains in the Style of Official Ware by Order of the Authorities », Taipei, *Palace Museum Journal,* n° 1, p. 81-85.

Zhang Guangwen
1990   « Qingdai gongting fanggu yuqi » (Les Jades Qing imitant l'Antiquité), *in Gugong bowuyuan yuankan,* Pékin, n° 2, p. 39-51.

Zhang Naiwei
1988   *Qinggong shu wen,* (Au fil du récit sur le Palais des Qing), 1937, réédition Pékin, Beijing guji chubanshe.

Zhang Shiyun
1987a   « Jin qianzhu zanhua bei », in *Zhongguo meishu quanji. Gongyi meishu bian,* vol. 10, *Jinying boli falang qui,* Shanghai, Shanghai renmin meishu chubanshe, notice n° 183, p. 53.

1987b   « Jinzan yunlongwen zhihu », in *Zhonguo meishu quanji, Gongyi meishu bian,* vol. 10, *Jinying boli falang qui,* Shanghai, Shanghai renmin meishu chubanshe, notice n° 184, p. 53.

Zheng Zhihai et Qu Zhijing
1993   *The Forbidden City in Beijing,* China Today Press.

Zhongguo meishu quanji
1987   Gongyi meishu bian, vol. 10, jin yin falang boliqi, Shanghai, Shanghai renmin meishu chubanshe.

Zhou Nanquan
1991   « Lun kongqian fada de qianlong chao yuqi » (Sur le développement sans précédent de la sculpture sur jade sous Qianlong), in *Gugong wenwu yuekan* (105), Taipei, rev., vol. 9, n° 8, p. 100-119.

Zhou Xun et Gao
1984   *Chunming, Zhongguo lidai fushi,* Shanghai, Xuelin chubanshe.

Zhou
1984   *Xibao, Zhongguo gudai fushi shi.* Pékin, Zhongguo xiju chubanshe.

Zhu Jiajin
1988   « Castiglione's Tieluo Paintings », *in Orientations,* novembre, p. 80-83.

Zhuang Benli
1968   *Zhouqingzhi yanjiu* (Recherches sur les phonolithes Zhou), Taipei, Musée National d'Histoire.

Die neuere Literatur zum Thema Militärwesen findet sich im Beitrag von Oliver Moore, »Die militärischen Traditionen der Qing«, S. 115.

Neue Literatur

Encyclopædia Universalis : article « Chine ».

Béguin Gilles et Morel Dominique,
    La Cité interdite, Paris, Gallimard/Paris-Musées, 1996, coll. Découvertes Gallimard.

Cao Xueqin,
    Le rêve dans le pavillon rouge, traduit du chinois par Li-Tche-Houa, J. Alézaïs, A. d'Hormon, 3 vol., coll. La Pléiade, Paris, Gallimard, 1981.

Charleux Isabelle, Chollet Hélène, Frémaux Nathalie,
    L'ABCdaire de la Cité interdite, préface de Gilles Béguin, Paris, Flammarion/Paris-Musées, 1996, coll. ABCdaire.

Dan Shi,
    Mémoires d'un eunuque dans la Cité interdite, traduit du chinois par Nadine Perront, Arles, Philippe Picquier, 1991, Picquier/poche, 1995.

Frédéric Louis,
    Kangxi, Grand Khân de Chine et Fils du Ciel, Paris, Arthaud, coll. Biographie, 1985.

Gaubil Antoine S. J.,
    Correspondance de Pékin, 1722-1759, Genève, Librairie Droz, 1970.

Gernet Jacques,
    Le Monde chinois, Paris, Armand Colin, coll. Destins du Monde, 1972.

Huc Régis Évariste,
    L'Empire chinois, (2 vol.), Paris, Kimé, 1993.

Jin Yi,
    Mémoires d'une dame de la cour dans la Cité interdite, traduit du chinois par Dong Qiang, Arles, Philippe Picquier, 1993.

Johnston Reginald F.,
    Au cœur de la Cité Interdite, traduit de l'anglais par Christian Thimonier, Paris, Mercure de France, coll. Le Temps retrouvé n° 69, 1995.

    Le Voyage en Chine. Anthologie des voyageurs occidentaux du Moyen Age à la chute de l'empire chinois, préface de Ninette Boothroyd, introductions par Muriel Détrie, Paris, Robert Laffont, coll. Bouquins, 1992.

Lecomte Louis,
    Un Jésuite à Pékin. Nouveaux mémoires sur l'état présent de la Chine, 1687-1692, Paris, Phébus, 1990.

    Lettres édifiantes et curieuses de Chine par des missionnaires jésuites (1702-1776), chronologie, introduction, notices et notes par Isabelle et Jean-Louis Vissière, Paris, Garnier-Flammarion, 1979.

Lévy Roger,
    « La Chine et la Haute-Asie » *in Histoire universelle,* vol. III, Encyclopédie de la Pléiade, Paris, Gallimard, 1962, p. 1333-1453.

Loti Pierre, Pichon Stephen et Darcy Eugène,
    Les derniers jours de Pékin, La ville en flammes, La défense de la légation de France, Paris, Julliard, 1991.

Peyrefitte Alain,
    Un choc de culture, la vision des Chinois, Paris, Fayard, 1992.

Pirazzoli-t'Serstevens Michèle,
    Chine, Fribourg, Office du Livre, coll. Architecture universelle, 1970.

Segalen Victor,
    René Leys (1922), rééd. Paris, Gallimard, coll. L'imaginaire, 1978, et *in Œuvres complètes,* Paris, Robert Laffont, 1995.

Timkovski George,
    Voyage à Pékin à travers la Mongolie en 1820 et 1821, (trad. J. Klaproth), Paris, Kimé, 1993.

Wan Yi, Wang Shuqing, Lu Yanzhen,
    Pékin la Cité Interdite, Paris, Nathan, 1986.

Will Pierre-Étienne,
    Bureaucratie et famine en Chine au XVIIIe siècle, Paris, Éditions de l'EHESS/La Haye, Mouton, 1980.

故宫	皇帝像	军事
Verbotene Stadt	*Kaiserporträt*	*Militär*
传统	佛教	礼服
Tradition	*Buddhismus*	*Zeremonialkleidung*

御殿	首饰	手工品
Thronsaal	*Schmuck*	*Kunsthandwerk*
清朝	画年	皇帝
Qing-Dynastie	*Malerei*	*Kaiser*

牧藏家　　　　　　　影响　　　　　　　西方

Sammler　　　　　　Einfluß　　　　　　Westen